漳州年鉴

2023

中共漳州市委党史和地方志研究室 编

方志出版社
Publishing House of Local Records

图书在版编目（CIP）数据

漳州年鉴. 2023 / 中共漳州市委党史和地方志研究室编. —北京 : 方志出版社, 2023.12
ISBN 978-7-5144-6004-9

Ⅰ. ①漳… Ⅱ. ①中… Ⅲ. ①漳州－2023－年鉴
Ⅳ. ① Z525.73

中国国家版本馆 CIP 数据核字（2023）第 253040 号

责任编辑：王娜
责任校对：张玉霞
责任印制：梅中英
出 版 者：方志出版社
地　　址：北京市朝阳区潘家园东里 9 号（国家方志馆 4 层）
邮　　编：100021
网　　址：http://www.zgfzcb.cn
发　　行：方志出版社图书营销中心（010-67110500）
印　　刷：福建大通印业科技股份有限公司
开　　本：889 毫米 ×1194 毫米 1/16
印　　张：23 印张　插页：2 印张　地图：1 幅
字　　数：604 千字
版　　次：2023 年 12 月第 1 版
印　　次：2023 年 12 月第 1 次印刷
定　　价：280.00 元

《漳州年鉴》编纂委员会

《漳州年鉴》编辑部

编辑说明

一、《漳州年鉴》是由中共漳州市委、漳州市人民政府主办，中共漳州市委党史和地方志研究室编纂的年度资料性文献，以马克思列宁主义、毛泽东思想、邓小平理论、“三个代表”重要思想、科学发展观、习近平新时代中国特色社会主义思想为指导，坚持辩证唯物主义和历史唯物主义的立场、观点和方法，记述漳州的年度发展新情况。首卷年鉴于 2000 年公开出版，《漳州年鉴（2023）》为第 22 卷。

二、《漳州年鉴（2023）》的资料收录范围原则上为 2022 年 1 月 1 日至 12 月 31 日，记述漳州市自然、政治、经济、文化、社会和生态文明建设等方面的基本情况，反映各行各业新成就、新经验、新趋势。

三、《漳州年鉴（2023）》采用分类编辑法，主体内容分为类目、分目、条目三个层次，部分分目下设子分目。全书框架结构结合漳州实际情况，在 2022 卷的基础上，对部分类目名称、排列顺序、所辖分目做了适当调整。

四、《漳州年鉴（2023）》所收录的资料，除少数转载公开出版的报纸杂志外，主要由漳州市党政军机关、群众团体、企事业单位提供。因统计口径的原因，数据与市统计局公布略有差异的，读者在使用时，请以统计部门公布的为准。

五、《漳州年鉴（2023）》中，“党”特指中国共产党，其他党派名称用全称或规范简称。全市指漳州市。市直属各单位和相关单位名称根据有关文件规定使用规范简称。因党政机构改革或机构调整前后名称不一致的，据文中具体时间使用实际名称。供稿单位署名按党政机构改革后确定的新名称。

六、《漳州年鉴（2023）》中，数字用法、标点符号用法分别采用国家标准《出版物上数字用法》（GB/T15835—2011）、《标点符号用法》（GB/T15834—2011）。计量单位采用国家技术监督局 1993 年 12 月发布的《量和单位》系列国家标准。

漳州市地图

比例尺 1：770 000

编制单位：福建省地图出版社　审图号：漳S〔2023〕048号　资料截至：2022年12月

城市名片

全国文明城市
全国双拥模范城市
全国科技进步先进市
全国绿化模范城市
全国综治工作优秀单位
国家历史文化名城
国家卫生城市
国家森林城市
国家级台商投资区
国家级跨境电商综合试验区
国家节水型城市
国家现代农业示范区
国家一类开放口岸
台湾农民创业园

中国优秀旅游城市
中国特色魅力城市
中国钟表名城
中国温泉之城
中国食品名城
中国十大“心仪之城”
中国百强城市
中国活力城市
中国水仙花之乡
中国女排娘家
中国菇都
世界食用菌罐头之都
海峡两岸农业合作实验区
海峡西岸石化产业基地

资料来源《漳州统计年鉴（2023）》

数字漳州 2022

行政区域面积	1.29 万平方千米
市区建成区面积	107.38 平方千米
陆地海岸线	715 千米
户籍人口	527.28 万人
常住人口	506.8 万人
森林覆盖率	45.18 %
地区生产总值	5706.58 亿元
地方一般公共预算收入	250.6 亿元
港口吞吐量	5111.04 万吨
公路通车里程（含村道）	1.32 万千米
高速公路通车里程	723 千米

资料来源《漳州统计年鉴（2023）》

漳州台商投资区中心城区（张奇辉 摄）

学习宣传贯彻党的二十大精神

2022 年，漳州市把学习宣传贯彻党的二十大精神作为首要政治任务，及时召开市委常委会（扩大）会议、市委十二届四次全会等进行学习贯彻，印发有关通知、决定，强化部署，推动全面学习、全面把握、全面落实。市领导带头赴基层宣讲、调研，组织市县媒体开辟专题专栏，刊发各类报道 5800 多篇（条），开展主题宣讲超 6000 场次，推动党的二十大精神家喻户晓、深入人心。

2022年10月18日，以“庆祝党的二十大·艺心团聚共奋进”为主题的漳州市青年优秀文创作品展开展。图为游客参观作品展　　（严 洁 摄）

2022年11月1日，芗城区老年大学金源社区教学点内，学员们用自编自唱的“三句半”，宣传党的二十大精神（游斐渊　摄）

2022年11月7日，“学习贯彻党的二十大精神”漳州市书法精品展在漳州古城文艺交流中心开展。图为群众观看书法展览（李林　摄）

2022年11月11日，“沿着总书记的足迹”——党的二十大精神宣讲座谈会在东山县陈城镇澳角村举办。图为现场歌舞表演

（严 洁 摄）

2022年11月14日，“奋进新征程 建功新时代——漳州市宣传贯彻党的二十大精神文艺巡演”在漳州古城启动。图为启动仪式上歌舞表演

（张 晗 摄）

2022年11月16日，学习贯彻党的二十大精神省委宣讲团报告会在漳州召开。图为报告会现场

（林 忠 摄）

2022年11月27日，“学习二十大　筑梦向未来”漳州市少年儿童朱子文化诵读会在漳州市艺术馆举办。图为学生朗诵朱子诗词

（黄子君 摄）

产业发展项目建设攻坚年

2022年，漳州市开展“产业发展项目建设攻坚年”活动，实施“七比一看”竞赛，加快培育9个千亿级、5个超五百亿产业集群，新增新上“四上”企业1497家，国家高新技术企业总数突破700家；全年获批建设用地近2000公顷；中心城区15个重点片区稳步推进。

2022年2月7日，漳州市2022年“产业发展项目建设攻坚年”动员大会召开。图为会场 （林 忠 摄）

2022年4月1日，漳州市2022年第二季度招商项目集中签约活动举行 （闽南日报社 供图）

2022年5月2日，在芗城区三宝广场项目现场，工人施工作业

（谢威 摄）

2022年5月3日，在平和县霞寨镇寨北村小流域生态滤床项目施工现场，工人铺设花山溪拦截坝和生态滤床

（林忠 摄）

2022年6月3日，中沙古雷乙烯项目正式落地漳州古雷开发区。图为中沙古雷乙烯项目选址地

（詹照宇 摄）

2022年7月30日，中信重工漳州公司承制揭阳神泉二350MW海上风电项目增容项目Ⅱ标段25根单桩完工。图为风电单桩装船出运

（黄曦 摄）

2022年8月12日，威驰腾（福建）汽车有限公司工人在生产车间里调试新能源牵引车

（漳州开发区管委会 供图）

2022年8月18日，漳州旗滨光伏新能源科技有限公司工人在一窑多线光伏组件高透基板材料项目建设现场施工作业

（饶超毅 摄）

2022年8月23日，漳州核电2号机组内穹顶成功吊装。图为吊装现场

（游斐渊 摄）

2022年11月9日，福建云霄抽水蓄能电站主体工程开工。图为开工动员大会现场

（云霄县融媒体中心 供图）

2022年11月22日，芗江酒店商业综合体建设基本完成。图为施工现场

（张贤宇 摄）

2022年12月5日，联盛林浆纸一体化项目建设推进。图为项目现场

（漳浦县 供图）

2022年12月27日，漳州语堂数字经济产业园楼体封顶。图为漳州语堂数字经济产业园楼体

（漳州市发改委 供图）

决策督查

漳州市委、市政府高度重视决策落实工作，于 2021 年 11 月成立市决策督查工作领导小组，由市委、市政府主要领导挂帅，下设一办六组，聚焦提高效率、提升效能、提增效益，围绕重大目标任务、重点项目、重要工作开展督查。2022 年，市决策督查工作领导小组有针对性地开展 21 个专题督查、调研，获市委、市政府主要领导批示肯定 13 次，推动大事办成、难事突破、要事跟紧，着力贯通决策落实“最后一公里”，充分发挥先进典型的激励和示范带动作用。全市土地违法行为整改率、新增乱占耕地建房问题处置率均排名全省第一；全市党政领导生态环境保护目标责任书考评实现历史性突破，排名全省第四。

2022年5月17日，漳州市决策督查组赴平和县开展花山溪饮用水水源地风险突出问题综合整治工作专项督查

（漳州市决策督查办 供图）

2022年6月14日，漳州市决策督查组赴台商投资区督查进度滞后的重点项目推进情况
（漳州市决策督查办 供图）

2022年8月18日，漳州市决策督查组赴漳浦县督查国控、省控断面水质整治提升工作
（漳州市决策督查办 供图）

纪念红军攻克漳州 90 周年系列活动

2022 年 4 月 20 日，漳州市启动“纪念红军攻克漳州 90 周年”系列活动，中央党史和文献研究院二部发来贺信。该系列活动包括课题研讨、主题讲座、知识竞赛、视频展播、全媒体采访、宣讲展览等主题宣传活动，并开展主题党日、主题团日活动和重走红军攻克漳州路等主题纪念活动，进一步引导和激励广大干部群众从中汲取奋勇前行的智慧和力量。

2022年4月19日，“铭记来时路，奋进新征程”主题邮展在芝山公园举办。图为群众观看邮展

（严 洁 摄）

2022年4月20日，“纪念红军攻克漳州90周年”系列活动启动仪式在中国工农红军东路军攻克漳州纪念碑前举行。图为启动仪式现场

（游斐渊 摄）

2022年4月20日，“重走红军攻克漳州路”团体代表从中国工农红军攻克漳州纪念碑前再出发　　（林忠 摄）

2022年4月20日，“红星照耀龙江大地——龙海区纪念红军攻克漳州90周年”系列活动启动仪式在龙海月港双拥公园举行。图为文艺表演

（龙闻 供图）

2022年4月20日，红军攻克漳州90周年主题纪念活动启动仪式举行。图为锦歌表演《红军进漳颂》（郑文典 摄）

2022年4月20日，纪念红军攻克漳州90周年“漳州战役”理论研讨会在漳州宾馆举行。图为研讨会现场（李林 摄）

乡村振兴

2022 年，漳州市继续在全市组织实施特色产业发展、农村人居环境整治提升、乡村生态保护、文明乡风塑造、乡村治理提升、乡村民生改善、脱贫成果巩固、人才科技支撑、农村改革创新、农村党建引领等十大行动，推动乡村全面振兴。

2022年，华安县先锋村打造出乡村振兴的“先锋模式”。图为摄于2022年3月7日的华安县先锋村

（漳州市农业农村局 供图）

2022年4月2日，在芗城区绿田园食用菌专业合作社菌房，工人采摘杏鲍菇

（郑文典 摄）

2022年4月12日，云霄县和平乡棪树村黄观音茶开采

（周先丽 摄）

2022年4月22日，长泰区陈巷镇青枣被福建省气象服务中心授予“气候优质农产品”认证。图为长泰区果农在陈巷镇美彭村一家果蔬专业合作社的果园采摘青枣（游斐渊 摄）

2022年5月11日，南靖县刘阁兰花有限公司员工挑选、包装网销产品（林忠 摄）

2022年9月5—9日，第六批省、市派驻村第一书记和部分新任村党组织书记抓党建促乡村振兴专题培训示范班在福建谷文昌干部学院开班。图为开班式
（漳州市农业农村局 供图）

2022年9月6日，漳州市驻村第一书记“情系乡村 振兴有我”乡建乡创项目评选比赛在福建谷文昌干部学院举行
（漳州市农业农村局 供图）

2022年11月8日，漳浦县六鳌镇店下村村民晒紫菜

（漳州市农业农村局 供图）

2022年12月30日，南靖县书洋镇田中村田中赋景区被列为国家AAA级旅游景区。图为田中赋景区

（漳州市农业农村局 供图）

社会民生

2022 年，漳州市克服新冠疫情影响，狠抓为民办实事工作落实，兜牢民生底线，30 项为民办实事项目的年度目标全面实现，人民群众获得感幸福感安全感不断增强。

2022年5月4日，芗城区金峰花园北区安置房项目建设现场，工人施工建设

（郑文典 摄）

2022年7月12日，漳州市市政工程中心对钟法路两座彩虹飘带桥灯笼进行更换。图为工人更换灯笼

（李林 摄）

2022年7月13日，芗城区新桥中心小学开展暑托班课后延时服务。图为学生在老师指导下做手工折纸

（郑文典 摄）

2022年8月22日，西湖生态园景观工程施工有序推进。图为施工现场

（闫锴 摄）

2022年，漳州市“四好农村路”建设取得成效。图为摄于9月20日的东山乡道铜梧线Y611庄园御海风景路段

（漳州市交通运输局 供图）

2022年10月28日，福建省漳州市医院总部院区开诊启用仪式举行。图为开诊仪式现场

（严 洁 摄）

2022年，漳州市加大市区内河水环境综合整治。图为摄于2022年11月20日的整治后的内河一隅

（谢淑秋 摄）

漳台融合

2022年，漳州市持续探索漳台融合发展新路，开展100场对台交流活动，全市新批办台资企业项目90个，海峡两岸最大的石化合作项目古雷炼化一体化项目投入商业运营。

2022年9月24日，“相亲相爱一家人”——2022在漳台湾同胞中秋联谊活动在长泰区举办

（漳州市台联 供图）

2022年12月17日，第十四届海峡两岸中华武术大家练活动在吾悦广场举行。图为武术表演现场

（黄子君 摄）

2022年12月19日，福建漳州古雷炼化一体化项目投入商业运营仪式在古雷举行

（陈逸帆 摄）

2022年12月21—24日，第六届海峡两岸（漳州）青年交流周活动举办。图为青年合影

（团市委 供图）

目 录

专 文

大事记

市情总貌

中国共产党漳州市委员会

漳州市人民代表大会

漳州市人民政府

政协漳州市委员会

纪检监察

民主党派·工商联

群众团体

外事·侨务·台港澳事务

法治

军 事

综合经济管理

应急管理

农 业

工 业

商贸服务业

经贸合作

金融业

交通

邮政·通信

口岸管理

开发区

城市建设

乡村振兴

环境・资源

科学技术

教 育

文化·旅游

卫生·体育

人力资源

社会民生

县区概况

人物·荣誉

附录

索引

专 文

重温红色历史　汇聚奋进力量
——“纪念红军攻克漳州90周年”系列活动综述

廖瑜婷　王叶青

拨动时光的指针，有一种精神力量历久弥新，在岁月的打磨中愈发震撼人心。

九十年前，1932年4月20日，漳州城红旗高高飘扬，红十一师三十三团在群众的热烈欢迎声中，迈着整齐的步伐入城。毛主席率领中国工农红军东路军攻克漳州，是土地革命战争时期中国工农红军在政治上、军事上、经济上取得全面胜利的一场重大战役，鼓舞了苏区人民的革命斗志，巩固发展了中央苏区，推动了闽南革命发展。

九十年后，2022年4月20日，中国工农红军东路军攻克漳州纪念碑前人头攒动、庄严肃穆。市委书记张国旺宣布“纪念红军攻克漳州90周年”系列活动正式启动，并向纪念碑敬献花篮、向“重走红军路”团体代表授旗。省委党史研究和地方志编纂办公室副主任王盛泽现场宣读中央党史和文献研究院第二研究部的贺信，共同追忆烽火岁月，不断传承红色基因。

号令即出，动若风发。一段时间来，漳州各级各有关部门通过开展课题研讨、主题讲座、知识竞赛、视频展播、全媒体采访、宣讲展览等主题宣传活动，组织主题党日、主题团日、重走红军攻克漳州路等主题纪念活动，引导党员、干部和群众弘扬红军精神、赓续红色血脉、汲取奋进力量。

一次穿越时空的追寻

搏击浪花渡过永丰溪，巧出奇兵奔袭五峰山，居高临下俯攻十字岭……在漳州，红军攻克漳州的英勇故事口口相传、深入人心，但我们只有再次身临其境，沿着红军足迹再出发，才能真切触摸历史的纹路，切身感受历史的温度。

追寻，用脚步丈量征程——

6月5日，“红星耀漳州 初心永相传”纪念红军攻克漳州90周年全媒体采访活动在毛主席率领红军攻克漳州纪念馆前正式启动。一支由市直宣传、党史、文史等工作部门和市县媒体记者组成的队伍，奔赴江西省赣州市、瑞金市和福建省龙岩市、漳州市等地，对红军攻克漳州的历史脉络进行更加深入细致的叙述和更深远的溯源。

从中央红军长征出发地纪念园，到中华苏维埃共和国临时政府旧址，再至中央苏区（闽西）历史博物馆……全媒体采访团以过硬的脚力、眼力、脑力和笔力，以独特的视角、专业的镜头、诚挚的笔触，挖掘记录红军攻克漳州历史意义和时代价值，制作推出有思想、有深度、有温度的新闻作品。

“过去，我时常从史料中了解红军长征的烽烟历史，被红军精神所感动。然而，当我第一次用脚步丈量红军长征路，进行一场穿越时空的追寻与探问，振奋、震撼之感油然而生。”闽南日报社记者陈慧慧说，作为新闻工作者，要用心重温光辉历程、用情传承红色印记、用功创作精品力作，将这段红色历史广泛播撒进漳州人民心中，让红色精神在新时代迸发出激荡人心的强大力量。

一路追寻，是为了铭记历史，更是为了不忘来时路、奋进新征程。一段时间来，全市近百名各界青年代表也组织开展重走红军路活动，打起背包、扛起红旗、唱起红歌，从内洞八一希望小学出发，沿着红军曾经走过的道路开展徒步拉练；漳浦团县委组织 40 多名团员青年重走红军路，参观红军井，体验红军饭；南靖县检察院组织党员、团员干部到十字岭战斗遗址，聆听红色事迹，感悟红色精神；云霄团县委带领团员们赴乌山，回忆感受革命的艰辛；芗城区芝山街道金永社区组织党员到天宝镇风霜岭，重走红军路线，重温入党誓词。

一次广泛深入的探索

“漳州战役推动了福建反蒋抗日运动的发展。”省革命历史纪念馆研究员吴明刚说。

“中国共产党在漳州战役期间将抗日宣传与反对蒋介石国民党、群众工作、筹集款物相结合。”闽南师范大学马克思主义学院院长陈再生说。

“漳州战役的胜利彰显了历史主动精神的伟大。”市委党校哲学法学教研室副主任陈贤滨说。

“漳州战役将毛泽东同志、中央红军和漳州这座历史名城紧密地联系在一起，凸显了漳州对中国革命的重大贡献”市中级人民法院督察室主任郑丰城说。

“漳州战役中所体现的红色革命精神，可以在伟大建党精神中找到其精神根源和底色底蕴。”漳浦县委党史和地方志研究室党史编研科科长陈旖旎说。

……

在研讨中碰撞火花，在思考中深化认识。4 月 20 日，漳州召开纪念红军攻克漳州 90 周年“漳州战役”理论研讨会，深入研讨漳州战役的光辉革命历程和重要历史意义，巩固拓展深化党史学习教育成果，推动党史学习教育常态化长效化。研讨会还征集到来自中央党史和文献研究院、国防大学、中国人民解放军军事科学院、福建省委党史方志办、闽南师范大学，以及北京、江西、湖南、广东、福建等地党史界、学术界提交的论文共 68 篇，这些论文从多角度、多方位研究和阐释了漳州战役。

由表及里、由点到面，探索再升华、再拓展。

一场场专题讲座、辅导报告、知识竞赛，让我们更加深刻理解红军攻克漳州的时代含义。省委党史研究室原副主任、市委党校原常务副校长、漳州诚信促进会会长巩玉闽作“光荣的历史 宝贵的财富——中共漳州地方史综述”专题辅导报告，将中共漳州地方史在全省乃至全国党史上具有重大影响的历史事件、历史人物的闪光部分梳理提炼并一一展现。围绕红军攻克漳州历史，漳州邀请史志专家作“红军攻克漳州历史专题讲座”“中国工农红军闽南独立第三团历史专题讲座”“从漳州战役中走出的那些人”三场主题讲座。市委理论中心组学习、市直机关工委举办专场报告会，系统讲解红军光辉事迹。开展全市青少年线上答题知识竞赛活动，融知识性、趣味性、教育性为一体。

一次坚定信念的教育

怀着崇高的共产主义信仰和坚定的革命必胜的信念，红军英勇奋战，前赴后继，不怕牺牲，最终得以攻克漳州。

习近平总书记曾说，“信仰、信念、信心，任何时候都至关重要”。漳州深入开展“纪念红军攻克漳州90周年”系列活动，正是一次“思想再充电”“精神再补钙”“工作再鼓劲”的理想信念教育。

一段时间来，全市上下不断从红军革命精神中坚定理想信念，汲取智慧力量——

开展系列活动，缅怀丰功伟绩。“赓续红色血脉 汲取奋进力量”之“红星照耀——纪念红军攻克漳州90周年”芗城系列活动启动，通过举办“青春之歌”《红星照耀时》线上读书交流会、“‘棋’开得胜”红色文创真人秀、“再现经典”芗城党史故事线上活动等十大主题活动，重温红军攻克漳州历史，缅怀革命先烈丰功伟绩，激发干事创业动力。

举办主题展览，重温往昔峥嵘。举办纪念红军攻克漳州90周年沙画艺术作品展，展出50余幅沙画作品；举办“红色回响——中国工农红军东路军东征漳州红色标语展”，呈现丰富多彩的标语和历史文物；举办“铭记来时路，奋进新征程”主题邮展，吸引了不少干部群众前往欣赏；举办“硝烟离去 光辉永照”——纪念红军攻克漳州90周年红色文献展，现场展出120余册图书。

组织党团日活动，坚定理想信念。市退役军人事务局开展“重温烽火岁月 传承红色基因”党日活动，军休干部自述参战经历、演唱经典红歌、制作“弘扬红军精神”剪纸；市公安局警卫支队党支部书记以《毛泽东率领红军攻克漳州历史分析》为题为支部民警讲授专题党课。

深入主题宣传，弘扬红军精神。我市不仅组建起宣讲队，走进农村、社区、机关、企业、学校、军营开展“六进”宣讲，还通过展播红军攻克漳州文献纪录片《东征凯歌》、电影《红色金融家——高捷成》、“讲好漳州故事 | 红军攻克漳州”微电影的形式，进一步推动红军精神在漳州落地生根。市留学生同学会青委会主任刘凡观看《东征凯歌》后，感慨万千地说：“作为红军后代，我们要讲好这些故事，更要成为实现中华民族伟大复兴的生力军，如此才能对得起先辈们抛洒下的革命热血。”

随着活动深入开展，全市党员、干部和群众更加爱党、爱国、爱社会主义，纷纷发挥所长、精心创作，为纪念红军攻克漳州90周年献礼：

全市200多所学校的学生积极参与小学生手抄报比赛，拿起手中画笔，围绕“纪念红军攻克漳州90周年”“童心向党”“红色传承”等主题创作超万幅作品；

老党员吴两同出版的长达50米的作品《毛泽东诗意图卷》，作品选取毛主席的十三首诗词，赞美共产党人百折不挠的风骨；

“‘三从’如玉，掩密必安（打一漳州战役地名）”“雪芹《石头记》，别梦依稀处（打一漳州革命基地）”市灯谜协会副秘书长郑志强创作出一系列以红军攻克漳州为主题的灯谜。

……

回顾历史，是为了总结历史经验、把握历史规律，增强开拓前进的勇气和力量。

九十年来，漳州人民传承弘扬革命精神，攻坚克难、拼搏奋进，取得了革命、建设、改革的一个又一个胜利。当前，漳州正处在全方位推进高质量发展超越的关键时期，朝着市第十二次党代会绘就的宏伟蓝图勇毅前行。我们将牢记革命历史，弘扬革命精神，砥砺奋进之志，聚焦提高效率、提升效能、提增效益，深入开展“产业发展项目建设攻坚年”活动和“七比一看”竞赛，加快建设现代化滨海城市，奋力谱写富美新漳州建设新篇章。

（资料来自《闽南日报》2022年7月1日第02版）

大事记

1月

1日，亚细亚食品（南靖）有限公司通过中国国际贸易“单一窗口”向漳州海关发送RCEP《区域全面经济伙伴关系协定》原产地证书申请，这是漳州市签发的首票RCEP原产地证书，也是福建签发的首票农产品RCEP原产地证书。

3日，漳州市2022年第一季度重点项目集中开竣工活动举行。此次集中开竣工活动的项目共156个，总投资1180亿元。

4日，政协第十四届漳州市委员会第一次会议在漳州宾馆开幕。

5日，漳州市第十七届人民代表大会第一次会议在市人民剧场开幕。市长王进足在市十七届人大一次会议上作政府工作报告。

8日，漳州市十七届人大常委会举行第一次会议，表决通过《漳州市人民代表大会常务委员会组成人员守则》。

9日，中国2021（第五届）博鳌企业论坛举行。古雷开发区获“2021年全国最具投资价值园区奖”。

10日，漳州市举行庆祝第二个“中国人民警察节”系列活动。作为系列活动之一的“漳州110”事迹展览馆新馆启用仪式举行。该馆位于“漳州110”基地，展陈面积逾1000平方米，共设置5个展区。

10日，2022年漳州市招商大会暨项目签约活动以“线上+线下”形式在漳州宾馆主会场和各地分会场举行，大会共签约项目187个，总投资1183.5亿元。

11日，以创新、驱动、提升——“漳州产 全球销”为主题的漳州跨境电商（数字贸易）孵化园开园仪式暨首届漳州数字经济峰会在龙文区举行。

11日，华安县乡村振兴发展大会暨茶王赛颁奖仪式在仙都镇华仙茶都举行，现场签约项目23个，总投资53.71亿元。

11—25日，国家体育总局排球中心沙滩排球队首次在漳州训练。

13日，漳州九龙江古雷发展集团有限公司举行揭牌仪式。

14日，全市党史学习教育总结会召开。会议以视频形式召开，各地设分会场。

14日，市委农村工作会议召开。

15日，工业和信息化部公布2021年度绿色制造名单，正兴车轮集团有限公司榜上有名。

18日，东山县、漳龙集团分别与闽西南集团进行项目签约。

18日，闽西南协同发展区联席会议第四次会议上审议通过《厦门市海沧区—漳州台商投资区加快融合发展打造区域协同发展先行示范区的实施方案》。

19日，漳州市安全生产暨第一季度防范重特大生产安全事故视频会议召开。

26日，“学习强国”漳州学习平台正式上线。平台共设置13个栏目。

26日，“科举制度在台湾——台湾进士专题展”在漳州文庙开展。

29日至2月7日，漳州电视台1套每天晚上《漳州新闻》后播出“福满乾坤 开‘漳’大吉”漳州市迎新春线上文艺汇演节目。

2月

4日，漳州市卢云秀、谭偲作为火炬手，参与北京2022年冬奥会火炬接力。

7日，市委、市政府召开全市产业发展项目建设攻坚年动员大会。会议以视频形式召开。

7日，漳州市行政服务中心大楼正式启用，是全省单体最大的行政服务中心。市委书记张国旺、市长王进足为大楼启用揭牌。

12日，水利部副部长刘伟平到漳州调研指导抗旱保供水工作。

14日，全市乡村振兴现场推进会在华安县召开。

15日，漳浦天福医院正式开业。

18日，中共漳州市委十二届三次全会召开。表决确定漳州市推荐的福建省出席党的二十大代表候选人初步人选。

18日，福建平和农村商业银行股份有限公司挂牌开业。

18日，副省长郑建闽带领省直有关单位负责人深入平和县调研中央生态环保督察反馈问题整改工作。

18—19日，省委常委、统战部部长王永礼带队到漳州，就贯彻落实省委关于实施“提高效率、提升效能、提增效益”行动的要求，围绕“开门稳”“开门红”，开展对台、侨务等工作调研。

22日，东山县在漳州宾馆太阳海缆项目合资协议签约仪式举行。项目总投资约19亿元，位于东山经济开发区临港工业区。

23日，第七届漳州市道德模范座谈会召开。

24日，漳州市“党建+金融指导员”助力乡村振兴启动仪式在南靖举行。

25日，市委政法工作会议召开。

25日，漳州市退役军人职业技能培训承训机构集中签约暨授牌仪式在市退役军人事务局举行。漳州技师学院、龙毅职业培训学校等14家培训机构被确定为漳州市退役军人职业技能培训签约承训机构，培训项目涉及电工、焊工等57个工种。

2月，漳州市编制出台《漳州市“十四五”粮食安全和物资储备发展专项规划》，从粮食行业的发展布局、科技含量提升、存储调用模式、应急预案管理、粮食文化推广和专业人才建设等方面展开深入研究，作出科学合理规划，助力乡村振兴，更好发挥粮食和应急物资储备对社会稳定的保障作用。

3月

1日，漳州市编制的《漳州市快递物流园区发展规划（2021—2050年）》通过专家组评审。

7日，漳州市政府与中石化福建公司签署加强产业合作框架协议。

7日，市长王进足在漳州宾馆会见一龄医院管理集团董事长李玮一行，双方就加强医疗康养领域合作深入座谈交流。

7—9日，全省人大环城工作专题培训班在漳州市长泰区举行。省人大常委会副主任檀云坤出席开班式并讲话。

9日，省政协副主席张兆民带队到漳州开展“中央及省委政协工作会议精神贯彻落实情况”专题调研，指导推动漳州市政协履职工作。

10日，全球石化巨头沙特基础工业公司（SABIC）与福建能化集团合资企业福建中沙石化有限公司注册成立，标志着福建省迄今为止一次性投资最大的中外合资项目——中沙古雷乙烯项目建设正式启动。

10日，由市工信局、古雷开发区管委会联合主办的漳州市石化产业产销对接会在古雷石化公司举行，推动产业链上下游、产供销对接，促进石化产品流通和企业间互惠互利。

12日，漳州市公布2021年“四好农村路”市级示范乡（镇），漳浦县大南坂镇、长桥镇，云霄县火田镇，诏安县金星乡，南靖县书洋镇上榜。

24日，漳州在全省率先开通首个公租房APP线上申请系统，市民足不出户就可“云申请”公租房，打通便民服务“最后一公里”。

25日，市属国有企业结构布局优化调整工作推进会在漳州宾馆召开。

29日，花山溪饮用水水源地风险突出问题整改工作座谈会在平和县召开。

4月

1日，全市2022年第二季度招商项目集中签约和重点项目集中开竣工活动举行。共落实可望签约项目110个，总投资721亿元。

2日，《漳州市安全生产违法行为举报奖励办法（试行）》印发，鼓励公众积极参与安全生产工作的监督管理，进一步提升安全生产工作水平。

9日，福建援沪医疗队漳州队进驻上海世博方舱医院。

9日，由闽南师范大学主办的中国语言文学一级学科博士点建设暨中国语言文学发展高端论坛举行。

12日，漳州跨境电商产业学院成立。

14日，漳州市闽南文化生态保护中心成立，加挂“漳州市非物质文化遗产保护中心”。

15日，正兴医院乳腺外科被授予“乳腺癌规范化诊疗示范中心”荣誉和资质，是全国获此资质的唯一一家私立医院。

15日，福建福船一帆新能源装备制造有限公司举行豪氏威马海上桅杆式起重机吊臂项目完工交付仪式。

16日，中国女排第48次回到“娘家”漳州进行封闭集训，备战2022年女排国家联赛（VNL）、杭州亚运会和世界女排锦标赛等各项赛事，这是主教练蔡斌上任以来正式开展的首期国家队集训。

18日，漳州市出台“十四五”能源发展专项规划，详细阐述漳州市能源发展的目标、重点任务及保障措施。

19日，第二季度全省重大项目视频连线集中开工活动暨全省季度经济会议举行。漳州28个重大项目集中开工，总投资150亿元。

20日，“纪念红军攻克漳州90周年”系列活动启动仪式在漳州市芝山大院中国工农红军东路军攻克漳州纪念碑前举行。

21日，副省长林文斌带领省直有关部门负责人到漳州，就城市建设发展工作开展实地调研。

22日，全国文明城市创建工作推进会召开。

24日，在首届全民阅读大会·年度最美书店发布活动会上，福建漳州市芗城区博文图书文化有限公司—新华西路店获评全国“年度最美书店”。

24日，农业农村部管理干部学院、阿里研究院联合发布《“数商兴农”：从阿里平台看农产品电商高质量发展》，公布农产品数字化百强县名单。其中，漳州市龙海区、南靖县入选，分别列第15位、第36位。

25日，漳州古城公益诉讼保护法治实践基地揭牌。

27日，副省长李德金带领省直有关部门负责人深入漳州卫生职业学院、漳州三中、漳州市医院龙文院区等地调研教育、卫生、疫情防控工作，并赴漳州体育训练基地看望中国女排运动员。

27日，漳州市林业地票、林票首发式暨“银政合作”签约仪式举行，发放全省首张林业地票、全市首张林票。

27—28日，省政协副主席刘献祥一行赴长泰区、龙文区围绕省政协“加快培育我省文旅经济产业”议政性常委会协商课题开展调研。

29日，漳州在全省首创“人大代表调解室”，首批10名调解员上岗。

29日，省工业和信息化厅公布新一代信息技术与制造业融合发展项目（第一批），漳州12个项目榜上有名。分别为中科智谷的5G+机器视觉项目，锐腾电器的继电器零配件智能化生产车间，中裕水性超纤的新材料智能制造项目，海山重工的物流与港口机械专用设备智能制造项目，科华电气的全智能化示范车间，明鑫的数据采集、远程运维系统，欣龙包装制品的基于5G+工业互联网纸箱生产线改造提升项目，科能电器的5G+智慧园区用电安全管理与服务，盛新彩钢的数控全自动钢筋桁架生产线集成系统平台的研发及应用，众环科技的IDS系统（入侵检测系统），盈塑工业的基于多平台的智能化精密塑胶件制造项目，立达信的工业互联网安全防护系统和工业互联网分类分级管理。

29日，漳武高速（南靖段）通车。该路段的通车标志着漳武高速全线建成贯通。

5月

1日，古雷海关签发首份石化类产品原产地证书。

11日，由国家中医药管理局、福建省人民政府主办的2022金砖国家传统医药高级别会议召开，以视频会议形式在北京、漳州设双会场。开幕式上，国家中医药管理局局长于文明、福建省人民政府副省长李德金代表主办方先后致辞；中国工程院院士张伯礼、漳州市人民政府市长王进足等在相关议题研讨上作交流发言。

11日，副省长李德金在漳浦县中医院参加“5·12”护士节座谈会，看望慰问护理工作者代表。

13日，漳州市召开学习贯彻习近平总书记在庆祝中国共产主义青年团成立100周年大会上的重要讲话精神座谈会，深入推进漳州市共青团事业发展。

13日，漳州市地方金融业协会成立大会暨第一届第一次会员大会在漳州宾馆举行。

13日，福建省总工会正式发布“2021八闽工匠年度人物”名单，在漳台胞曾瑞宏是漳州市唯一获此殊荣的漳州工匠。

16日，漳州市档案馆新馆开馆。新馆总投资1.58亿元，建设面积2.7万平方米。

17日，工信部网站公布建议支持的国家级专精特新“小巨人”企业（重点“小巨人”企业）公示名单（第三批第一年），漳州市东方智能仪表有限公司入围。

18日，中共福建省委宣传部“牢记使命 奋斗为民”系列主题新闻发布会漳州专场在福州举行。市委书记张国旺围绕“建设富美新漳州 创造高品质生活”作主题发布。

19日，福建省重大水利工程集中开工视频动员会举行，九龙江调水工程（一期）参与连线开工。

20日，全市巩固拓展脱贫攻坚成果同乡村振兴有效衔接工作视频会召开。

20日，“文明漳州有我·家风家教沁润万家”漳州市家庭教育主题活动举行。

23日，福建首家京东产业学院落户漳州职业技术学院。

23—24日，中共中央政治局常委、国务院副总理韩正到福建宁德、福州、漳州调研。韩正听取古雷石化产业园区规划建设情况汇报，并到古雷石化有限公司、福海创石油化工有限公司，考察石化产业投资建设、安全生产等情况。

24日，漳州市首届文旅行业服务技能大赛开幕仪式在漳州宾馆举行。

25日，全国公安系统英雄模范立功集体表彰大会在北京举行。漳州市公安机关共有3个集体、4名个人受到表彰。

25日，新一届中国女排从漳州启程前往参加世界女排联赛。

25日，漳州首个新生儿救治领域基金设立。

25日，漳州首笔林业地票、林票质押贷款发放。

25—29日，漳州市考察团赴新疆、宁夏考察。

26日，福建省委书记尹力到漳州体育训练基地看望第48次到漳集训的中国女排教练员和运动员，省长赵龙参加。

26日，漳州市政府与深圳科技工业园（集团）有限公司座谈会召开。

26日，省委文明办到漳州督查全国文明城市创建工作反馈会召开。

26日，全国第二批海绵城市建设示范城市名单出炉，漳州上榜并成为福建省本批次唯一获评城市，获国家奖补资金9亿元。

27日，漳州市召开创建全国文明城市重难点工作攻坚推进会，落实省委文明办督查反馈意见要求，进一步查摆存在的问题和差距，突破重难点问题整改，对深化全国文明城市创建攻坚进行再动员再部署。

27日，漳州城市职业学院举行漳州小学教育联盟、学前教育联盟成立仪式。

30日，漳州市第一外国语学校（漳州八中）与香港培侨书院签订协议缔结姊妹学校。

31日，市委召开落实全面从严治党主体责任检查情况“回头看”专题推进会。

31日，漳州市政府与福建移动签署战略合作框架协议。

31日，漳州市未成年人法治关爱实践基地授牌仪式在福建泾渭明律师事务所举行。

6月

1日，中国移动红色文化教育基地揭牌仪式在谷文昌纪念馆举行。市委书记张国旺，中国移动福建公司党委书记、董事长、总经理栾晓维共同为基地揭牌。

1日，平和县官峰水库工程开工。

2日，漳州市第三届食品安全专家论坛暨“食品安全培训教育基地”开放日活动在漳州职业技术学院开幕。

2日，2022年漳州市“新时代好少年”事迹发布会在漳州三中举行。会上为16位好少年颁奖。

3日，中沙古雷乙烯项目落地漳州古雷开发区。

5日，“纪念红军攻克漳州90周年”全媒体采访活动在毛主席率领红军攻克漳州纪念馆前启动。

8日，福建省首家政校企合作退役军人教育学院——“漳州市退役军人教育学院”在漳州职业技术学院揭牌启用。

15日，中（国）菲（律宾）“两国双园”视频连线会议和项目建设工作领导小组第一次会议召开。

15日，漳州防范非法集资集中宣传日活动开展，全市首个防范非法集资宣传教育示范社区揭牌。

15日，漳州市惠企政策“免申即享”平台正式上线，用“妈妈式”服务打通政策“最后一公里”。

15—19日，漳州市考察团赴宁夏、新疆考察，深化对口交流，推动产业合作。

16日，福建省委追授李翀“全省优秀共产党员”称号。

18日，第七届世界闽商大会在福州举行。漳州市共有5个项目参加大会现场签约，总投资额75.6亿元。8位漳州市企业家被评为“福建省非公有制经济优秀建设者”。

18日，第二十届中国·海峡创新项目成果交易会在福州举行。漳州成功对接成果项目381个。

18日，蓝田经济开发区推进“二次创业”发展暨成立30周年大会召开。

20日，“中国慢性乙型肝炎临床治愈（珠峰）工程项目”授牌仪式在正兴医院举行。正兴医院成为首家获批中国慢乙肝临床治愈（珠峰）工程项目的民营医院。

21日，由福建省工业和信息化厅与漳州市人民政府共同主办，漳州市工业和信息化局、漳州市科学技术局、芗城区人民政府承办的“中国·海峡第五届‘龙江杯’（漳州）工业设计创新大赛”在漳州宾馆举行大赛启动仪式。

21日，由漳州市工信局主办的第七届“创客中国”福建省中小企业创新创业大赛暨第五届“创响福建”漳州赛区启动及赛前辅导活动召开。

22日，福建省第十七届运动会群众组羽毛球比赛暨2022年福建省全民健身运动会羽毛球总决赛在漳州体育训练基地开赛。

23日，漳州市国有资本运营集团有限公司、漳州市金盾城市服务集团有限公司、漳州市文旅康养集团有限公司在漳州宾馆揭牌成立。

23日，《南靖传统建筑》新书首发式在南靖县云水谣景区世遗土楼和贵楼举行，以此献礼南靖建县700周年。

25日，“朱子与闽南”文化论坛暨第五届海峡两岸朱熹陈淳学术研讨会在漳州古城向阳剧场开幕。

25日，“福满乾坤·开漳大吉”——“用闽南文化点亮千年漳州古城”行动计划暨“福”文化圩日在漳州古城启动。

25日，“全闽乐购·万企百日惠福品”漳州市系列活动暨2022“全闽乐购·惠享芗城”古城商圈促消费活动举行。

26—29日，漳州市代表团赴西藏开展慰问交流工作。

27日，第十四届海峡论坛·第八届海峡（漳州）茶会新闻发布会举行。

28日，漳州市统战系统“爱乡爱企促发展 同心同行兴万村”行动启动仪式举行。

29日，省委常委、厦门市委书记崔永辉率省直、厦门市相关挂钩帮扶单位领导，赴漳州市诏安县实地调研巩固脱贫攻坚成果、全面推进乡村振兴等情况。

30日，漳州市与菲律宾巴丹省巴朗牙市通过线上方式举行友好交流工作会。

30日，全省法院首个法治化营商环境可视化平台——龙海法院法治化营商环境可视化基地在台商区人民法庭上线运行，这标志着漳州法院数助治理提档升级，优化法治化营商环境迈向智能化。

6月，财政部官网公布2022年农村黑臭水体治理试点评审结果，漳州成为福建省唯一入选城市。

7月

1日，福建省首家数字社区教育学院在漳州职业技术学院成立。

2日，2022年中国足协冠军联赛漳州赛区比赛在漳州欢乐岛国际足球训练基地开赛。

5日，全国智能建筑及居住区数字化标准化技术委员会“标准贡献奖”名单出炉，漳州市智慧城管一期建设项目暨城市综合管理服务平台项目上榜，被授予“应用实践奖”称号，是福建省唯一获此称号的项目。

6日，两省三市公共资源交易平台合作暨远程异地评标启动仪式举行，漳州市工程项目交易中心、厦门市公共资源交易中心与固原市公共资源交易中心建立远程异地评标对口协作关系，在全省率先启动跨省远程异地评标工作。

12日，全国政协副主席、台盟中央主席苏辉到漳州，走访台资企业天福集团，并与天福集团创始人李瑞河交流。

13日，中共中央政治局常委、全国政协主席汪洋到漳州，考察漳州市两岸青年创业基地和台资企业。

14—15日，退役军人事务部部长裴金佳带队到漳州调研。副省长康涛陪同调研。

15日，华安推进全国“农综改”项目启动实施。

16日，全市乡村振兴现场推进会在诏安召开。

17日，香港漳州同乡总会换

届交接仪式暨第二届漳州市港区政协委员联谊会就职典礼采用视频会议的方式举行，漳州市设分会场。

17日，第十四届全国见义勇为英雄模范表彰大会在北京举行。漳州芗城籍现役军人颜国庆获“全国见义勇为模范”称号。

18日，市政府邀请厦门大学嘉庚学院副教授、漳州市人民政府兼职法律顾问杨宇静开展法治专题讲座。

20日，省委宣传部副部长、文明办主任陈添贵带队到漳，对漳州市全国文明城市创建工作进行复查。

22日，第十四届海峡论坛•第三十一届海峡两岸（福建东山）关帝文化旅游节开幕。

22日，总投资115.85亿元的古雷乡村振兴精细化工富民示范产业园一期项目，在漳州市九龙江集团举行签约仪式。

22日，“人大代表、政协委员助力产业招商、共促漳州发展”座谈会在漳州宾馆举行。

22日，中港（福建）水产食品有限公司领取海关AEO（经认证的经营者）高级认证企业证书，为全省首家水产行业AEO高级认证企业。

26日，漳州签订福建省首个退役军人养老服务备忘录。

26日，“惠闽宝”漳州推介会在漳州宾馆召开。

27日，海峡两岸（漳州）第一届“水仙花杯”创业创新大赛启动仪式在漳州技师学院举行。大赛共吸引247个项目报名参赛，经过创业导师书面评审，100个项目脱颖而出入围现场路演环节。

28日，中国工程院院士、中国科协副主席、中国机械工业集团有限公司副总经理、总工程师陈学东带领院士专家到古雷开发区开展专题调研。

28日，省农业农村厅发布通知，组织实施福建省2022年乡村振兴产业带头人培育“头雁”项目，并公布“头雁”项目入选选名单，其中，漳州市117人入选。

29日，闽粤电力联网线路工程全线贯通。

29日，福建省双拥模范城（县）命名大会在福州举行。漳州市及9个县（区）荣膺双拥模范城（县）称号。

8月

1日，漳州住房租售一体化平台上线运行，是全省首个集房源核验、房屋信息发布、房地产中介机构管理和网上签约等多功能为一体的综合性房屋信息平台。

1日，台湾海峡首艘大型巡航救助船“海巡06”轮首航漳州。

1日，海上东山1号”客船首次开航，标志着东山湾海上旅游观光客运新航线开通运营。

1日，中央宣传部、中央军委政治工作部联合发布12位“最美新时代革命军人”，驻漳某部营长陈松入选。

1日，漳州市举行乡村振兴指导员工作启动仪式暨指导员代表座谈会。

2日，漳州市万名“新农人”素质提升工程云霄现场会在云霄县下河乡文创园举行。

4日，农业农村部公布国家种业阵型企业名单，漳州3家企业入选。

4—5日，中央统战部副部长、全国工商联党组书记、常务副主席徐乐江，全国工商联党组成员、副主席李兆前率全国工商联调研组到漳州调研民营企业和商会发展工作。

5日，第八届海峡（漳州）茶会举行。

8日，福建土楼（南靖）世遗主题地方即开型体育彩票首发，系福建首款以世遗为主题的地方即开型体育彩票。

8日，漳州首次危化作业取证考试在古雷石化园区春达化工公司进行。

9日，国家公共信用信息中心发布《城市信用监测月报》，漳州市6月综合信用指数得分85.82分，列全国261个地级市中第24位，比上年同期上升39位，创国家开展城市信用状况监测排名工作以来最好成绩。

10日，漳州召开十二届市委

第二轮巡察、第二轮县级交叉巡察工作动员部署会。

10日，全市林业改革发展工作现场会暨市级林长会议召开。

10—11日，福建省地震局深地震反射探测项目野外工作现场会在漳州市召开。

11日，全国政协常委、致公党中央副主席、天津市政协副主席曹小红率致公党中央妇委会调研组到漳州调研疫情常态化下，漳州市推动旅游事业发展情况。全国政协常委、福建省政协副主席薛卫民陪同参加相关活动。

11日，漳州市社会治理研究中心揭牌仪式在闽南师范大学法学院举行。

11—12日，省委常委、组织部部长邢善萍到漳州调研基层党建和人才工作。

14日，2022年全国职业院校技能大赛（中职组）建筑智能化系统安装与调试赛项在漳州高新职业技术学校开幕，系漳州市中职校首次协办全国级技能大赛。大赛至8月17日结束。

17日起，市民在市区购买存量商品住房申请公积金贷款时，可由负责收件的银行承办网点向市城建档案馆查档获取房屋竣工时间证明材料，若属可查范围的，贷款申请人可免提供房屋竣工时间证明材料。

18日，市委书记张国旺、市长王进足在漳州宾馆会见中国电信福建分公司党委书记、总经理向兵一行，双方进行座谈交流，并共同见证市政府与福建电信签署战略合作框架协议。

18日，漳州市人民检察院举办首届听证员聘任仪式暨听证员业务培训会。

18日，漳州市首笔盘活存量资产贷款2.07亿元由农发行漳州市龙海支行发放，用于盘活龙海九九坑水库工程，推动龙海区水利工程运营管理集约化、专业化、市场化。

19日，漳州市首家县级退役军人养老机构在龙海区签约，龙海区和睦老年公寓成为首个签约企业。

20—26日，入选中国戏曲像音像工程新版芗剧《保婴记》完成录制。

22日，经过4个月集训及20天的实战检验，市城管局市容管理协勤支队正式授旗成立。这是全省首支市容管理协勤支队，来自中心城区77家物业服务企业的274名队员身着统一的藏青色特勤服装，正式参与城市管理工作。

22日，省商务厅公布“福建省重点培育和发展的国际知名品牌名单”，漳州19家企业的19个品牌入选。

22—24日，受省人大常委会委托，市人大常委会组织省十三届人大代表（漳州团）围绕“助力产业招商 共促漳州发展”开展专题调研和集中视察。省人大常委会副主任吴洪芹、檀云坤，省高级人民法院院长金银墙等参加视察。

26日，福建省首家涉台公共法律服务工作站在漳州揭牌成立。

26日，漳州市出台《关于持续推进林业改革发展的实施意见》，就进一步深化林业改革和提升漳州市森林质量提出明确要求。

27日，第六届“全国防震减灾科普讲解大赛”决赛在上海举行。来自全国29个省（自治区、直辖市）的30位选手在赛场上展开激烈角逐，其中漳州市通北中心小学教师庄小玉作为唯一一名代表福建省参赛的选手，最终获得大赛三等奖。

27—28日，由国家卫生健康委医院管理研究所主办的首届中国医疗质量大会（CMQC）在北京举办。漳州市医院普通外科、产科及神经外科入选首批“外科基础技能提升项目市级培训基地”，是福建省唯一入选的地市级综合性医院。

29日，全市领导干部警示教育大会召开。

29日，农业农村部公布2022年农业国际贸易高质量发展基地名单，全国共有116家企业入选。福建省7家企业榜上有名，其中漳州3家，分别为漳州市陈字贸易有限公司、福建铭兴食品冷冻有限公司、平和县三绿果蔬有限公司。

30日，全国“人民满意的公务员”和“人民满意的公务员集体”表彰大会在北京举行。漳州市龙文区人民检察院一级检察官潘进格被授予全国“人民满意的公务员”称号，为漳州市唯一获奖代表。

8月，国家知识产权局发文公布国家知识产权强市建设试点示范城市名单，漳州市榜上有名，成为首批72个入选国家知识产权强市建设试点城市之一。

8月，福建省商务厅公布2022年度百大重点外贸企业名单，漳州市10家企业入选。分别为：漳州万利达科技有限公司、漳州市陈字贸易有限公司、福建安泰新能源科技有限公司、漳州灿坤实业有限公司、漳州中集集装箱有限公司、福建福欣特殊钢有限公司、福钢科技（福建）有限公司、漳州立达信光电子科技有限公司、腾龙芳烃（漳州）有限公司、漳州海明物流有限公司。

9月

2日，市委书记张国旺在漳州宾馆会见中国能源建设集团有限公司党委常委、副总经理吴云一行，双方就深化合作事宜进行座谈交流。

6日，福建省市场监督管理局公布2021年福建省专利奖名单，漳州市有3项专利获省专利奖，分别是润科生物工程（福建）有限公司的“富含DHA及DPA的油脂及其制备和应用”专利、漳州旗滨玻璃有限公司的“一种淡蓝色低反射阳光控制镀膜玻璃制备工艺”专利、漳州宏发电声有限公司的“一种线圈焊片、双线圈继电器及其装配方法”专利。

6日，古雷海腾码头首次进行苯卸船作业。

6日，2022中菲友好交流摄影展（漳州专场）在漳州市美术馆开幕。此次展览共展出30多位中菲两国摄影家的110余幅摄影佳作。展览持续至9月24日。

7日，福建省2022年国家网络安全宣传周“法治日”活动在高新区龙江岁月公园举办。现场600架无人机腾空云课堂“开讲”。

10日，由漳州市歌仔戏（芗剧）传承保护中心创排录制的芗剧折子戏《春香传·爱歌》在央视一套和四套展播。

13日，漳州核电二期项目获国家核准。

14日，“风展红旗如画”国旗展在福建谷文昌干部学院开展。

16日，漳州台商投资区涉台公共法律服务工作室揭牌成立。

16—19日，省政协主席崔玉英带队到漳州调研。

17日，由漳州市文化和旅游局、阜阳市文化旅游体育局共同主办的“福建漳州·安徽阜阳两市剪纸作品交流展”在阜阳市文化馆开幕。交流展为期5天，共展出漳州市剪纸作品52幅，阜阳剪纸作品50幅。

18—28日，2022年全国女子排球锦标赛在漳州体育训练基地举行。

21日，由省委宣传部、省委统战部、省民族宗教厅共同主办的福建省第十五个民族团结进步宣传月主题活动启动仪式在华安县举办。省政协副主席刘献祥等出席活动。

23日，古雷炼化一体化工程二期项目签约。

23日，漳汕高铁项目可研评估咨询综合大会在漳州市举行。

24—25日，漳州市第一届农村电子商务师职业技能竞赛举行，来自全市各县（区）的68名参赛选手展开激烈角逐。

26日，漳州民警施晓健当选2022全国“最美基层民警”。

27日，由中交二航局承建的福建省重点项目漳州市圆山大道道路工程A2标项目主线贯通。

28日，第21届全国青年岗位能手评选结果公布。漳州市的张培伟、张坤三等两名青年被授予全国青年岗位能手。

28日，纪念中国人民解放军长江支队进漳73周年暨长江支队事迹陈列馆开馆仪式举行。部分在漳长江支队南下老干部及其家属后代等参加活动。

30日，漳州职业技术学院举行政校企签约暨揭牌仪式，漳州冠军制造产业学院、三宝科技学院落户漳州职业技术学院。

30日，国家电网和南方电网共同投资建设的闽粤电力联网工程竣工投产。

9月，市直机关工委联合平和县委、县政府共同开展“我在乡间有亩田”党员志愿活动。

9月，漳州国家闽台特色作物种质资源圃入选首批国家种质资源库。

10月

8日，全省首块高效单晶光伏组件在东山下线。

9日，漳州市组建首批驻点招商专员队伍。

9日，漳州市首个退役军人驿站在龙海区揭牌。

9日，漳州数字工匠学院揭牌仪式在漳州职业技术学院漳州工匠研究院举行。漳州数字工匠学院由漳州市总工会和漳州职业技术学院共同组建成立。

14日，全市“福”文化工作推进会暨“用闽南文化点亮千年漳州古城”行动计划推进会召开。

14日，漳州市首笔“带押过户”二手房贷款发放。

16日，漳州岱山国家粮食储备库（草坂库二期）扩建项目开工。

22日，中共二十大代表、漳州市委书记张国旺在北京接受采访。

25日，2022中国足球协会U21联赛在漳州欢乐岛足球训练基地拉开序幕。

26日，全市新增“四上”企业纳统暨规模工业成本费用调查培训视频会召开。

27日，福建省闽南文化研究会朱子学研究中心、福建阳明文化研究中心揭牌仪式在漳州古城举行。

28日，漳州市医院总部院区开诊启用仪式在漳州高新区举行。

28日，芗城区举行“名园+”学前教育联盟启动仪式。以芗城区实验幼儿园、芗城区第二实验幼儿园为核心园，芗城区区属13所幼儿园组成2个学前教育集团，开启学前教育联盟发展模式。

10月，漳州片仔癀药业股份有限公司入选中国医药上市公司最具ESG（将环境、社会、治理3个方面的因素纳入考虑）投资价值TOP10榜单。

11月

1日，2022年漳州市人口变动情况抽样调查启动入户登记。漳州人口变动情况调查员持“调查指导员”证件，使用安卓手机或PDA（掌上电脑），以入户询问、现场填报等方式开展调查。此次调查漳州涉及99个镇（街）、239个村（居），抽中村级样本有250个，涉及1230个调查小区，预计调查总人数约5万人。

1日，漳浦东坂获评全国“一村一品”示范村。

1—2日，漳州市首届文旅行业服务技能大赛——导游、讲解员服务技能比赛举行。来自各县（区）的13支参赛队伍共33名选手参赛。

2日，漳州首针适龄女性免费HPV（人乳头瘤病毒）疫苗接种。

7—8日，中国侨联党组书记、主席万立骏一行到漳州，就侨联基层组织建设、党建带侨建、企业生产发展、侨乡文化建设等内容开展调研。省委常委、统战部部长王永礼陪同。

8日，漳州市第五届残疾人职业技能竞赛在漳州宾馆拉开帷幕。

8日，闽南日报社参与项目“红色百城”集体获中国新闻奖，实现漳州市融媒体作品获中国新闻奖“零的突破”。

8日，工信部中国电子信息产业发展研究院直属机构赛迪顾问发布《2022中国数字城市竞争力研究报告》，公布2022数字城市百强榜，漳州位列其中。

9日，2022年漳台青年篮球邀请赛暨“金盾杯”第六届漳州市直机关青年篮球赛开赛仪式在漳州市华阳体育馆举办。

9—10日，省人大常委会副主任袁毅一行到漳州，走访看望部分全国人大及省人大代表，并调研乡村振兴、经济发展等工作。

10日，由国家中医药博物馆、中国华侨历史博物馆、华侨博物馆联合主办，漳州片仔癀药业股份有限公司支持举办的“华踪医迹——东南亚华侨华人与中医药文化展”在北京开幕。展览从2022年11月中旬持续至2023年2月下旬。

16日，学习贯彻党的二十大精神省委宣讲团报告会暨市委理论学习中心组（扩大）学习会在漳州宾馆举行。

17日，漳州市在全省率先推出“住房公积金共同提取业务”。

18日，漳州市首届工艺美术名人作品展在市工艺美术馆拉开帷幕。此次展览共展示作品近140件（套），其中包括由45名漳州市首届工艺美术名人近期创作的优秀作品近100件（套），部分馆藏作品和国家级、省级大师作品近30件（套）。

25日，漳州首套深海装备养殖平台“闽投东山1号”开始建造。

28日，平和县灵通风景区、南靖县南坑镇、漳浦县天福文化产业园和云霄县下河乡下河村入选省级气候康养福地名单。

12月

1日，中国共产党漳州市第十二届委员会召开第四次全体会议。全会由市委常委会主持，市委书记张国旺讲话。全会听取和讨论张国旺受市委常委会委托作的工作报告，审议通过《中共漳州市委关于深入学习宣传贯彻党的二十大精神，加快建设现代化滨海城市的决定》。

1日，南靖县人民法院执行服务中心揭牌成立。该执行服务中心系漳州市首家执行服务中心。

7日，2022福建企业100强发布大会暨福建企业家大讲坛活动举行。大会发布“2022福建企业100强、制造业企业100强、服务业企业100强、战略性新兴产业企业100强”榜单，漳州20家企业上榜。

9日，华安国家级“农综改”项目开工。

10日，中国石化与沙特阿美就福建古雷二期项目签署合作框架协议。

13日，省人大常委会党组副书记、副主任周联清带队到漳州主持召开座谈会，就《省人大常委会工作报告（征求意见稿）》和省人大常委会工作征求意见和建议。同时，开展国民经济和社会发展计划以及预算审查工作前期调研。

15—16日，副省长李建成带领省直有关部门负责人，到漳州市调研海洋渔业、退役军人、石化项目、乡村振兴等工作。

16日，第三届福建教育督导高峰论坛在闽南师范大学开幕。

16日，省乡村振兴局公布全省乡村“五个美丽”建设典型村（点）名单，在全省范围内评选出1000个美丽乡村庭院之星、100个美丽乡村微景观、100个美丽乡村小公园（小广场）、100片美丽田园和40个美丽乡村休闲旅游点。漳州市120个美丽乡村庭院之星、11个美丽乡村微景观、11个美丽乡村小公园（小广场）、12片美丽田园、4个美丽乡村休闲旅游点榜上有名。

17日，第十四届海峡两岸（漳州）中华武术大家练活动在龙文区吾悦广场拉开序幕。来自龙文区的10余家武馆现场展演30余项武术节目，台湾各武术代表队以线上的方式参加此次活动。

19日，海峡两岸最大的石化合作项目——古雷炼化一体化项目投入商业运营。

20—21日，省委书记周祖翼深入漳州古雷开发区、东山县、云霄县、芗城区等地，学习弘扬谷文昌先进事迹，调研重大项目建设和重点企业发展。省长赵龙参加有关活动。

21日，第六届海峡两岸（漳州）青年交流周系列活动在漳州启动。

21日，市长王进足与菲律宾邦板牙省墨西哥市市长泰迪·杜芒举行视频连线活动，并通过“云签约”形式签署“两国双园”合作谅解备忘录。

21日，由省委宣传部、省新闻工作者协会主办，市委宣传部、市新闻工作者协会承办的漳州市重要舆论阵地领导干部培训班暨“记者大讲堂”开班。

21日，市委书记张国旺、市长王进足在漳州宾馆会见中国工商银行福建省分行党委书记、行长李强一行，就进一步深化政银合作进行座谈交流。

25日，漳州一中举行建校120周年庆典。

26日，漳州市和阿联酋驻华大使馆举行线上对接会，推动双方深化经贸合作。

26日，沈海高速漳州古雷疏港高速公路（一期）工程、沈海高速漳州万安出入口工程两个项目开工。

27日，副省长李建成到漳州主持召开省《政府工作报告（征求意见稿）》征求意见座谈会。

28日，招商局漳州开发区建区30周年庆祝大会在漳州开发区美伦山庄大礼堂举行。

29日，“谷文昌先进事迹当代价值研究”学术研讨会在福建谷文昌干部学院召开，深入学习研究宣传谷文昌先进事迹，进一步推动谷文昌先进事迹的传承和弘扬。

30日，2022年度国家级服务业标准化试点项目公布，福建漳州天利仁和物业服务标准化试点上榜，成为福建省首个国家级物业服务标准化试点项目。

12月，漳浦县官浔镇康庄村展示基地入选首批省级农业生产社会化服务展示基地名单，系漳州市至2022年底唯一入选的展示基地。

12月，长泰山重村入选《2022世界旅游联盟——旅游助力乡村振兴案例》。

12月，南靖土楼水乡入选国家水利风景区高质量发展典型案例。

责任编辑：蔡婉玲

市情总貌

·自然环境·

【位置面积】 漳州地处福建东南，位于台湾海峡西岸。陆域南北长187千米，东西宽127千米，介于北纬23°33′至25°12′、东经116°54′至118°15′之间。东邻厦门，东北与厦门市同安区、泉州市安溪县接壤，北与龙岩市的漳平永定等县（市）毗邻，西与广东省大埔、饶平县交界，自古以来就是闽、粤、赣的交通要冲，依靠较为优越地理位置和产业基础，成为福建南部地区极富发展潜力的重要城市。漳州市行政辖区全部陆域和海域面积2万平方千米，其中陆地面积1.29万平方千米，海域面积0.71万平方千米（漳州市国土空间规划范围）。

（方　欣）

【地质地貌】 漳州市位于西太平洋边缘构造带，戴云山西南坡和博平岭南坡。境内中生代地层发育，母岩种类较多，主要有花岗岩、流纹岩、玄武岩、凝灰岩、砂岩、石灰岩、石英岩等，其中以花岗岩、流纹岩分布最广。境内受燕山运动和晚期新华夏分构造以及新构造运动的影响，产生大量断裂层，构成复杂多样的地貌组合。主要地貌类型分为中山、低山、丘陵和平原四种，主要以中山为主，中部为低山丘陵，其间多河谷盆地。最高峰大芹山主峰海拔1545米。九龙江为境内第一大河、福建第二大河。九龙江下游孕育福建最大的冲积平原——漳州平原。

【气候】 2022年，漳州市主要气候特点是总体呈温高雨少，干旱阶段性发展，极端天气频发。全年降水1565.2毫米，与常年相比偏少33.0毫米；平均气温22.2℃，与常年相比偏高0.4℃。出现暴雨13场，强对流9场，多雷电大风、冰雹天气；经历3个影响台风、3次高温过程。综合评价全年的气象灾害总体较重，年景较差。

【主要气象灾害】 **高温** 2022年，受副热带高压影响，7月9—31日，漳州市出现持续性高温天气，各县区超过35℃高温日数为11—21天，其中，芗城、南靖高温日数达21天。8月21—27日，再次出现持续性高温天气，各县区超过35℃高温日数为6—7天。极端最高气温出现在7月24日和8月22日，其中长泰区国家气象观测站分别为40.0℃和40.1℃，先后两次突破该站的历史极端最高气温（39.6℃，2003年7月15日）。

暴雨 2022年，漳州市出现3次全市性连续暴雨，其中，6月2—20日出现罕见的持续性强降水，过程最大雨量为诏安红星乡乌山的793.9毫米，最大小时雨强为龙海区双第农场的76.8毫米/小时，其综合强度偏强、持续时间显著偏长、暴雨范围偏大。7月1—7日出现大范围强降水天气，最大过程雨量为云霄和平乡和平燕顶的478.6毫米，最大小时雨强为漳浦绥安镇的60.1毫米/时，主要落区位于诏安、云霄、漳浦、东山与平和，其中诏安县共有5个自动站的24小时雨量突破历史极值，最大为建设乡的273.7毫米（历史极值为270.5毫米）。

台 风 2022年，漳州市台风影响时间偏晚，无台风登陆，影响台风个数偏少，影响程度较轻。分别是2203号台风“暹芭”（台风级）、2220号台风“纳莎”（台风级）、2222号台风“尼格”（台风级）。

（洪晓湘）

【环境状况】 **水环境状况**：2022年，漳州市主要流域国省控断面I—III类水质比例97.9%，比上年提升6.1个百分点，国控断面I—III类水质比例91.7%，比上年提升16.7个百分点，主要湖库南一、峰头水库水质保持优良，小流域省考断面I—III类水质比例91.7%，全面消除劣V类水体，市、县两级集中式生活饮用水水源地水质和农村“千吨万人”水源水质达标率均为100%。

大气环境状况。2022年，漳州市市区环境空气质量符合国家二级空气质量标准，空气质量年综合指数2.85。全年环境空气质量达到或优于二级的天数347天，空气质量优良率为95.1%。AQI（空气质量指数）首要污染物统计，按大小顺序排序依次为臭氧、可吸入颗粒物、细颗粒物，影响漳州市大气环境质量的主要污染因子为臭氧、可吸入颗粒物和细颗粒物。

土壤环境状况。2022年，漳州市重点建设用地安全利用率100%，受污染耕地安全利用率达93%以上。危险废物综合处置利用率达97.3%。

（陈 静）

【水资源】 2022年，漳州市境内地表水资源量为105.23亿立方米，比上年多1.1倍，比多年平均值少15.8%。行政分区中，平和县的地表水资源量最多，为21.43亿立方米；漳州开发区最少，为2700万立方米。全市地下水资源量为30.83亿立方米，境内水资源总量81亿立方米，地下水和地表水不重复计算量0.58亿立方米，外市入境水量为71.38亿立方米。

2022年漳州市行政分区年降水量表

表1

行政分区	计算面积（平方千米）	年降水量（毫米）	与多年平均比较增长（%）	与上年比较增长（%）
芗城区	260	1468.6	-6.2	26.9
龙文区	124	1413.4	-4.2	24.9
龙海区	953	1298.8	-13.1	24.9
长泰区	900	1584.0	-4.2	30.3
漳浦县	1992	1464.1	2.0	61.4
云霄县	938	1677.7	1.9	59.9
东山县	259	1150.7	-6.9	70.7
诏安县	1274	1848.1	15.7	76.5
平和县	2314	1699.4	-6.4	41.4

续表 1

行政分区	计算面积（平方千米）	年降水量（毫米）	与多年平均比较增长（%）	与上年比较增长（%）
南靖县	1848	1757.1	-2.3	21.4
华安县	1276	1776.5	3.8	42.9
台商投资区	163	1220.1	-13.2	7.3
漳州开发区	56	1258.5	-9.7	30.3
常山开发区	115	1808.6	10.1	76.1
古雷开发区	130	1360.9	-2.2	70.8
高新区	245	1405.2	-13.7	23.5
全 市	12847	1619.7	-1.1	42.5

2022 年漳州市行政分区地表水资源量表

表 2

行政分区	计算面积（平方千米）	年地表水量（亿立方米）	与多年平均比较增长（%）	与上年比较增长（%）
芗城区	260	1.76	-25.4	83.3
龙文区	124	0.77	-23.0	71.1
龙海区	953	5.14	-30.4	67.4
长泰区	900	7.41	-16.4	111.7
漳浦县	1992	13.12	-19.0	159.5
云霄县	938	7.73	-18.1	130.1
东山县	259	1.10	-18.5	189.5
诏安县	1274	11.37	-9.0	136.4
平和县	2314	21.43	-19.6	120.0
南靖县	1848	18.18	-12.3	63.9
华安县	1276	12.92	1.1	146.6
台商投资区	163	0.76	-29.6	28.8
漳州开发区	56	0.27	-20.6	58.8
常山开发区	115	1.02	-14.3	155.0
古雷开发区	130	0.74	-21.3	184.6
高新区	245	1.51	-33.2	69.7
全 市	12847	105.23	-15.8	110.6

（邱柔嘉）

【森林资源】 2022年，漳州市森林覆盖率45.18%，森林蓄积量5322.85万立方米，是全省最大花卉苗木生产基地、全省最大短周期工业原料林基地。

（胡　为）

·人文地理·

【建置沿革】 漳州市系国家历史文化名城。据考古发现，漳州在距今约一万年就有人类活动，后成为闽越族部落支系。秦王政二十五年（前222），闽越地划为闽中郡，漳州境域开始纳入秦中央版图。两汉至南北朝时，漳州境域以梁山蒲葵关为界，长期分属两个不同的郡县。东晋义熙九年（413），析揭阳立绥安县（范围为今漳州梁山以南）。

南朝梁天监六年（507），析晋安郡晋安县，在九龙江北溪下游地区及滨海地置龙溪县，在西溪中上游地区置兰水县（龙溪置县另一说为梁大同六年，即540）。

隋开皇十二年（592），兰水、绥安并入龙溪县。至此，漳州境域同属龙溪县，这也是漳州旧称“龙溪”的历史渊源。

唐总章二年（669），镇守龙溪的曾溥年老乞休，又因泉（治今福州）、潮两州之间发生动乱，朝廷晋升归德将军陈政为朝议大夫，率府兵3600人入闽平乱。垂拱二年（686），陈元光经奏准在泉、潮二州之间析龙溪县南境设置一州，辖怀恩、漳浦二县（范围为今漳浦、云霄、诏安、东山县及平和县南境）。州治最初设在云霄的西林，因旁有“漳江”，故州名为“漳州”。陈元光被任命为漳州史上的首位刺史。开元四年（716），徙州治至李澳川（今漳浦县绥安镇）。开元二十九年（741）后，划龙溪县、龙岩县来属。贞元二年（786）州治再徙龙溪县桂林村（今漳州城区）。

元至元十六年（1279）撤州，漳州升为路，属福建行省，辖龙溪、漳浦、龙岩、长泰四县。至治二年（1322），置南胜县。至此漳州辖五县。至正十六年（1356），南胜县改称南靖县。

明洪武元年（1368），改漳州路为漳州府，明代中叶，漳州府先后增设5个县，共辖龙溪、漳浦、龙岩、长泰、南靖、漳平、平和、诏安、宁洋、海澄10个县。

清雍正十二年（1734），龙岩县升为直隶州后，析漳平、宁洋2个县属之，时漳州府辖龙溪、漳浦、长泰、南靖、平和、诏安、海澄7个县。

民国2年（1913）废府设汀漳道。同年，改云霄抚民厅为云霄县。民国5年（1916），析诏安县地东山岛、古雷半岛及其周围诸小岛立东山县。民国17年（1928）置华安县。民国23年（1934）设督察区后，今漳属各县基本上稳定为同一区域。

1949年10月1日，中华人民共和国成立后，原第五行政督察区改为第六行政督察区，设第六行政督察专员公署。1950年3月，改第六行政督察区为漳州行政督察区（简称漳州专区）。1950年9月，改称龙溪区，漳州专区、龙溪区均辖10个县。1951年，析龙溪县城关一、二区置漳州市（县级）。1955年3月，改龙溪区为龙溪专区，成立龙溪专员公署。1960年8月，龙溪、海澄两县合并为龙海县。1985年5月，撤销地区建制，漳州市升为地级市，辖龙海、漳浦、云霄、东山、诏安、南靖、平和、长泰、华安9个县和芗城区（原漳州市）。1993年5月，撤销龙海县，设市辖龙海市（县级）。

1996年5月，设市辖龙文区。2020年，漳州市辖有二区一市八县，分别为芗城区、龙文区、龙海市和漳浦、云霄、东山、诏安、南靖、平和、长泰、华安8个县。2021年1月，龙海、长泰撤市（县）设区，至此，漳州市辖有四区七县，分别为芗城、龙文、龙海、长泰4个区和漳浦、云霄、东山、诏安、南靖、平和、华安7个县。

【行政区划】

漳州市行政区划一览表（2022 年底）

表 3

单位：个

县（区）	乡、村单位数						乡级行政单位名称	
	乡、镇、街道				社区、居委会、村		镇人民政府及街道办事处	乡人民政府
		镇人民政府	街道办事处	乡人民政府	社区、居委会	村民委员会		
总计	123	85	15	23	524	1556		
芗城区	10	2	8	0	148	28	天宝镇、浦南镇、东铺头街道、西桥街道、新桥街道、巷口街道、南坑街道、通北街道、芝山街道、石亭街道	
龙文区	7	1	6	0	69	12	郭坑镇、步文街道、碧湖街道、蓝田街道、朝阳街道、景山街道、东岳街道	
龙海区	14	11	1	2	57	239	海澄镇、角美镇、白水镇、浮宫镇、程溪镇、港尾镇、九湖镇、颜厝镇、榜山镇、紫泥镇、东园镇、石码街道	东泗乡、隆教畲族乡
长泰区	5	4	0	1	30	58	武安镇、岩溪镇、陈巷镇、枋洋镇	坂里乡
云霄县	9	6	0	3	41	162	云陵镇、陈岱镇、东厦镇、莆美镇、列屿镇、火田镇	下河乡、马铺乡、和平乡
漳浦县	21	17	0	4	71	265	绥安镇、旧镇镇、佛昙镇、赤湖镇、杜浔镇、霞美镇、官浔镇、石榴镇、盘陀镇、长桥镇、前亭镇、马坪镇、深土镇、六鳌镇、沙西镇、古雷镇、大南坂镇	南浦乡、赤土乡、赤岭畲族乡、湖西畲族乡
诏安县	15	10	0	5	36	217	南诏镇、四都镇、梅岭镇、桥东镇、深桥镇、太平镇、霞葛镇、官陂镇、西潭镇、秀篆镇	金星乡、白洋乡、建设乡、红星乡、梅洲乡
东山县	7	7	0	0	19	61	西埔镇、樟塘镇、康美镇、杏陈镇、陈城镇、前楼镇、铜陵镇	
平和县	15	10	0	5	22	240	小溪镇、文峰镇、山格镇、南胜镇、坂仔镇、安厚镇、大溪镇、霞寨镇、芦溪镇、九峰镇	五寨乡、国强乡、崎岭乡、长乐乡、秀峰乡
南靖县	11	11	0	0	20	183	山城镇、靖城镇、龙山镇、和溪镇、奎洋镇、南坑镇、船场镇、丰田镇、书洋镇、梅林镇、金山镇	
华安县	9	6	0	3	11	91	华丰镇、丰山镇、沙建镇、新圩镇、仙都镇、高安镇	湖林乡、高车乡、马坑乡

【人口】 截至2022年年底，漳州市常住人口506.8万人，其中，城镇常住人口321万人，城镇化率为63.3%。全年出生人口3.7万人，出生率为7.30‰；死亡人口3.5万人，死亡率为6.90‰；自然增长率为0.39‰。年末户籍人口数为527.2万人。

【民族】 漳州市是一个多民族散居城市，人口中汉族占绝大数，另有46个少数民族，分布在11个县（区）、5个开发区（投资区）。全市有3个民族乡、33个民族村、3个农场作业区。民族村以外的民族自然村有22个。至2022年年底，全市少数民族人口约7.72万人，占全市总人口的1.46%。畲族为漳州世居少数民族，常住人口有5.6万人。

【宗教】 漳州市主要有佛教、道教、天主教、基督教四大宗教。2022年，全市已依法登记管理的宗教活动场所492处，信徒约44.2万人；民间信仰活动场所4700处，信众100余万人。

（李燕华 洪婉琳）

【风景名胜】 2022年，漳州市共有国家A级旅游景区30家，其中国家AAAAA级旅游景区1家：福建土楼（南靖）旅游区；AAAA级旅游景区14家，分别为龙文区云洞岩景区、长泰区十里蓝山景区、漳浦县东南花都花博园景区、翡翠湾滨海景区、天福茶博物院景区、天福“唐山过台湾”石雕园景区、漳州滨海火山国家地质公园景区、云霄县金汤湾旅游区、东山县风动石景区、马銮湾景区、平和县三平景区、高峰谷景区、华安县官畲景区、福建土楼（华安）旅游区；AAA级旅游景区14家；AA级旅游景区1家：龙海区罗汉峰檀乡谷景区。

（林志仁）

·2022年国民经济和社会发展·

【概况】 2022年，漳州市地区生产总值5706.58亿元，比上年增长6.9%，三次产业比例由上年的10.1∶49.7∶40.2调整为10.0∶50.1∶39.9。全年人均地区生产总值112578元，比上年增长6.9%。全年一般公共预算总收入341.03亿元，扣除增值税留抵退税因素后同口径（以下简称同口径）增长8.3%；一般公共预算支出499.11亿元，比上年增长18.8%。全年财政用于民生支出为395.95亿元，比上年增支66.95亿元，占公共财政支出比重为79.3%。居民人均可支配收入36506元，比上年增长7.9%。居民人均消费支出24558元，比上年增长7.3%；居民恩格尔系数为35.1%，其中，城镇为33.6%，农村为38.0%。

【农业】 2022年，漳州市农林牧渔业总产值1066.35亿元，比上年增长4.6%。粮食总产量42.01万吨，比上年增长0.6%。新增和改善灌溉面积4893.33公顷，新增高效节水灌溉面积659.33公顷。

【工业和建筑业】 2022年，漳州市全部工业增加值2231.98亿元，比上年增长7.9%。规模以上工业增加值比上年增长10.2%。年末规模以上工业法人企业2529家，比上年末增加147家。规模以上工业的34个行业大类中有12个行业增加值增速在两位数以上。全年规模以上工业企业营业收入7438.1亿元，比上年增长9.5%；实现利润总额577.9亿元，比上年下降8.0%；实现利税724.2亿元，下降3.0%。工业产销率为95.6%，比上年回落1.6个百分点。全年建筑业增加值631.99亿元，比上年增长10.9%。具有资质等级的总承包和专业承包建筑业企业787家，比上年增加126家，完成建筑业总产值874.54亿元，比上年增长11.9%。

【服务业】 2022年，漳州市批发和零售业增加值463.27亿元，比上年增长8.5%；交通运输、仓储和邮政业增加值225.76亿元，比上年增长3.7%；住宿和餐饮业增加值86.15亿元，比上年增长6.1%；金融业增加值227.22亿元，比上年增长6.5%；房地产业增加值343.53亿元，比上年增长1.6%。全年规模以上服务业企业营业收入比上年增长9.3%。年末公路通车里程1.32万公里，比上年增长3.0%。货物运输总量8049.11万吨，比上年下降9.7%。铁路、公路、水路共完成客运量1167.42万人次，比上年下降13.0%。沿海港口货物吞吐量5111.04万吨，比上年下降1.8%。邮政业务总量41.29亿元，比上年增长17.6%。邮政业全年完成邮政函件业务92.08万件，包裹业务4.77万件，快递业务量44848.93万件。电信业务总量50.60亿元，比上年增长20.6%。全市电话用户总数625.47万户。

【国内贸易】 2022年，漳州市社会消费品零售总额1904.21亿元，比上年增长5.5%。限额以上商品网上零售额68.64亿元，比上年增长16.2%。

【固定资产投资】 2022年，漳州市固定资产投资2242.02亿元，比上年增长10.1%。全年房地产投资521.87亿元，比上年下降11.0%。房屋施工面积4339.82万平方米，比上年下降6.3%。房屋新开工面积568.12万平方米，比上年下降21.3%。房屋竣工面积559.17万平方米，比上年下降5.8%。

【对外经济】 2022年，漳州市进出口总额1200.9亿元，比上年增长13.9%，其中，出口813.2亿元，比上年增长17.8%；进口387.8亿元，比上年增长6.6%。进出口顺差425.4亿元，比上年增加97.9亿元。批准设立外商直接投资项目166个，注册合同外资18.91亿美元，比上年增长318.0%。实际利用外商投资（商务部口径）3.96亿美元，比上年增长102.0%。全年高技术产业实际使用外资0.45亿美元，比上年增长135.8%。

【社会保障】 截至2022年年底，漳州市参加职工基本养老保险人数150.68万人，比上年末增加23.98万人。参加失业保险人数57.25万人，增加3.72万人。参加工伤保险人数93.18万人，增加7.33万人。职工基本医疗参保人数82.76万人，增加3.18万人。生育保险参保人数56.14万人，增加2.35万人。全市17.39万名企业退休人员养老金月人均提高到2588.26元，比上年增加118.37元。纳入城乡最低生活保障的居民9.95万人全年临时救助3.04万人次。年末各类养老服务机构和设施2414个，比上年增加61个，其中，社会福利院10家，社区服务设施2271个。养老机构床位数增至1.37万张。每千名老人拥有养老床位37.48张。福利彩票年度销量达4.84亿元，筹集公益金1.2亿元。

【科学技术】 截至2022年年底，漳州市拥有15个省级企业重点实验室，43个省级企业工程技术研究中心，5个省级科技企业孵化器，1个产业技术公共服务平台。国家级、省级创新型（试点）企业分别为2家、53家。高新技术企业769家。工程技术研究中心43个。全市有效发明专利43343件，比上年增长3.2%。年末全市共有地震前兆台站（点）172个。

【社会事业】 2022年，漳州市新建、改扩建学校41所，新聘教师0.2万人。新建、改扩建校舍面积51.41万平方米，新建、改扩建幼儿园14所。新招研究生0.08万人，普通本专科生3.29万人。接待国内旅游人数4871.42万人次，比上年下降5.5%；接待入境游客1.95万人次，比上年下降51.5%。举办赛事活动231项次，比上年减少16项次；参与总人数达到10.47万人次，比上年增长182.8%。获得国内最高水平比赛奖牌52枚，其中，金牌16枚，银牌27枚，铜牌9枚。体育产业专项资金规模达400万元。

（漳州市统计局）

责任编辑：江细珍

中国共产党漳州市委员会

·综述·

【习近平新时代中国特色社会主义思想学习贯彻】 2022年，漳州市委坚持以习近平新时代中国特色社会主义思想为指导，认真贯彻落实党的二十大精神，坚持市委常委会会议“第一议题”制度，带头跟进学习、深刻领会习近平总书记重要讲话重要指示精神。市委理论学习中心组围绕《闽山闽水物华新——习近平福建足迹》、习近平总书记对漳州工作的重要指示精神等内容开展专题学习27次，示范带动各县（区）委理论学习中心组学习研讨339次。认真做好习近平总书记重要讲话重要指示批示精神贯彻落实情况“回头看”工作，对标对表148件重要指示批示，持续跟进落实，确保执行不偏向、不变通、不走样。强化决策督查，紧盯重大任务、重点项目、重要工作，开展23个专题督查，推动党中央决策部署和省委、市委重点工作要求落地落实。坚持稳中求进工作总基调，高效统筹疫情防控和经济社会发展，统筹发展和安全，聚焦“提高效率、提升效能、提增效益”，开展“产业发展项目建设攻坚年”活动，全方位推进高质量发展，加快建设现代化滨海城市，经济社会发展和党的建设取得新成效。

【改革开放】 2022年，漳州市委深化“放管服”改革，全力推动政务服务立法，政务服务“好差评”非常满意率占比99.98%，“一趟不用跑”事项占比达86.28%。推进国家跨境电商综合试验区、中菲“两国双园”建设，着力稳外资稳外贸。全市进出口总额1201亿元、比上年增长13.9%，实际使用外资3.96亿美元，比上年增长102%。

【全面从严治党纵深推进】 2022年，漳州市委全面落实新时代党的建设总要求，严格落实全面从严治党主体责任。落细落实党委主体责任、班子成员“一岗双责”“四责协同”等机制，认真抓好省委全面从严治党主体责任检查移交问题整改，推动全面从严治党向纵深发展、向基层延伸。严明政治纪律和政治规矩。全市共立案审查违反政治纪律案件32件、处分32人。加强意识形态和网络意识形态工作，稳妥处置多起突发事件敏感舆情。深化党风廉政建设和反腐败斗争，一体推进“三不腐”，深入查处粮食购销等领域腐败问题，全市共立案1076件。深化“点题整治”，共查处群众身边腐败和作风问题187起361人。

·主要会议和活动·

【中国共产党漳州市第十二届委员会第三次全体会议】 2022年2月18日，中国共产党漳州市第十二届委员会第三次全体会议在芗城召开。市委书记张国旺主持会议。市委委员、候补委员出席会议。全会听取市委常委、组织部部长蔡亚东关于漳州市酝酿推荐福建省出席党的二十大代表候选人初步人选建议名单的有关情况介绍，表决确定漳州市推荐的福建省出席党的二十大代表候选人初步人选。

全会强调，党的二十大是中国共产党进入全面建设社会主义现代化国家、向第二个百年奋斗目标进军新征程的重要时刻召开的一次十分重要的代表大会，是党和国家政治生活中的一件大事。要坚持以习近平新时代中国特色社会主义思想为指导，深入学习贯彻党的十九届六中全会和习近平总书记重要讲话重要指示精神，始终牢记"两个确立"，坚决做到"两个维护"，按照党中央决策部署和省委工作要求，聚焦提高效率、提升效能、提增效益，深入开展"产业发展项目建设攻坚年"活动、"七比一看"竞赛，积极实施"千百亿产业培育行动计划"，扎实做好各项工作，全方位推进高质量发展超越，加快建设现代化滨海城市，以优异成绩迎接党的二十大胜利召开。

【中国共产党漳州市第十二届委员会第四次全体会议】 2022年12月1日，中国共产党漳州市第十二届委员会第四次全体会议在芗城召开。全会由市委常委会主持，市委书记张国旺讲话。全会听取和讨论张国旺受市委常委会委托作的工作报告，审议通过《中共漳州市委关于深入学习宣传贯彻党的二十大精神，加快建设现代化滨海城市的决定》。

全会充分肯定市委十二届二次全会以来市委常委会的工作。一致认为，市委常委会坚持以习近平新时代中国特色社会主义思想为指导，认真贯彻落实党的十九大、十九届历次全会和二十大精神，坚决落实党中央、国务院决策部署和省委、省政府工作要求，坚定拥护"两个确立"、坚决做到"两个维护"，坚决落实疫情要防住、经济要稳住、发展要安全重要要求，弘扬伟大建党精神，坚持稳中求进工作总基调，高效统筹疫情防控和经济社会发展，统筹发展和安全，围绕全方位推进高质量发展、加快建设现代化滨海城市的目标，开展"产业发展项目建设攻坚年"活动，扎实做好稳增长、防疫情、守底线、惠民生、转作风、优环境、强党建各项工作，不断提高效率、提升效能、提增效益，推动经济社会发展和党的建设取得新成效。

全会指出，党的二十大是在全党全国各族人民迈上全面建设社会主义现代化国家新征程、向第二个百年奋斗目标进军的关键时刻召开的一次十分重要的大会，是一次高举旗帜、凝聚力量、团结奋进的大会。习近平同志代表十九届中央委员会所作的报告，是党团结带领全国各族人民夺取中国特色社会主义新胜利的政治宣言和行动纲领，是马克思主义的纲领性文献。中共二十届一中全会选举产生以习近平同志为核心的新一届中央领导集体，充分体现全党共同意志，充分反映亿万人民共同心愿，充分展现中国共产党朝气蓬勃、兴旺发达、奋发有为。要从国家战略全局深刻认识党的二十大的里程碑意义，坚定自觉用党的二十大精神统一思想、统一意志、统一行动。

全会强调，深刻把握党的二十大精神实质和丰富内涵，对照"五个牢牢把握"重要要求，深刻领会和把握大会主题，深刻领会和把握过去五年工作和新时代十年伟大变革的重大意义，深刻领会和把握习近平新时代中国特色社会主义思想的世界观和方法论，深刻领会和把握以中国式现代化全面推进中华民族伟大复兴的使命任务，深刻领会和把握今后一个时期党和国家事业发展的重大举措，深刻领会和把握以伟大自我革命引领伟大社会革命的重要要求，深刻领会和把握团结奋斗的时代要求，学思践悟蕴含其中的重要思想、重要观点、重大战略、重大举措，务必不忘初心、牢记使命，务必谦虚谨慎、艰苦奋斗，务必敢于斗争、善于斗争，始终沿着以习近平同志为核心的党中央指引的方向阔步前进。

全会强调，紧密结合漳州实际贯彻落实党的二十大战略部署，与贯彻落实习近平总书记对福建工作的重要讲话重要指示精神和在福建工作期间指导漳州工作的重要指示精神紧密结合起来，与贯彻落实省第十一次党代会、市第十二次党代会、市“十四五”规划部署要求紧密结合起来，牢牢把握总目标、总方向、总要求，找准切入点、着力点，进一步细化、实化、具体化，落实到现代化滨海城市建设的全过程各方面，以实实在在的发展成果检验贯彻落实的成效。

全会强调，“两个确立”是中国共产党在新时代取得的最重大的政治成果、最重要的历史经验，是时代的呼唤、历史的选择、人民的期盼，是全党全军全国各族人民的高度共识和共同意志，是中国共产党应对一切不确定性的最大确定性、最大底气、最大保证。福建是习近平新时代中国特色社会主义思想的重要孕育地和实践地。习近平同志在担任省委、省政府领导期间，对漳州工作作出重要指示，这是漳州发展最为重大而独特的优势。必须带着使命、带着责任、带着感情，把坚定拥护“两个确立”、坚决做到“两个维护”作为最高政治原则和根本政治责任落到实处，不断提高政治判断力、政治领悟力、政治执行力，坚决维护以习近平同志为核心的党中央权威和集中统一领导，深学细照笃行习近平新时代中国特色社会主义思想，严明党的政治纪律和政治规矩，切实把对习近平总书记的深厚爱戴之情转化为干事创业的强大动力。

全会提出，紧紧围绕新时代新征程党的使命任务，深刻领会和把握中国式现代化的中国特色、本质要求和重大原则，把握总体要求，明确目标安排，以习近平新时代中国特色社会主义思想为指导，全面学习贯彻党的二十大精神，深入落实习近平总书记重要讲话重要指示精神，加强党的全面领导，弘扬伟大建党精神，围绕统筹推进“五位一体”总体布局、协调推进“四个全面”战略布局，立足新发展阶段、贯彻新发展理念、服务和融入新发展格局，紧扣“四个更大”重要要求，着力加快建设现代化经济体系，着力深化改革扩大开放，着力推进城乡协调发展，着力加强生态文明建设，着力探索漳台融合发展新路，着力提高人民生活品质，全方位推进高质量发展，加快建设现代化滨海城市，奋力谱写富美新漳州建设新篇章。到二〇三五年，漳州市基本实现社会主义现代化，现代化滨海城市建设展现崭新局面，成为全省高质量发展新的重要增长极；从二〇三五年到本世纪中叶，城市发展能级跃升到新高度，在新福建建设中走在前列，在更高水平上展现中国式现代化的生动图景。

全会提出，坚持从党和国家事业发展全局的高度，谋划和推进漳州工作，努力在推进新福建建设和中国式现代化中彰显漳州担当、展现漳州作为。完整准确全面贯彻新发展理念，坚持把发展经济的着力点放在实体经济上，持续推进“千百亿产业培育行动计划”，加快构建现代化产业体系，推进乡村全面振兴，统筹推进区域协调发展，推动高水平对外开放，优化提升营商环境，全方位推进高质量发展。全面推进科教兴市，强化现代化建设人才支撑，坚持科技是第一生产力、人才是第一资源、创新是第一动力，办好公平优质教育，强化创新驱动发展，实施新时代人才强市战略，全面实施“万才聚漳”行动计划，积极创建国家级创新型城市，不断塑造发展新动能新优势。发展全过程人民民主，加强人民当家作主制度保障，全面发展协商民主，完善大统战工作格局，凝聚团结奋斗的强大力量。坚持依法治市、依法执政、依法行政共同推进，坚持法治漳州、法治政府、法治社会一体建设，提升地方立法质量，加强法治政府建设，着力推进公正司法，加快建设法治社会。积极发展社会事业，拓宽居民增收渠道，促进高质量充分就业，提升社会保障水平，完善健康服务体系，推动文化繁荣发展，解决好群众“衣食住行学、生老病死养”等实际问题，不断提高人民生活品质。持续加强生态市建设，牢固树立和践行绿水青山就是金山银山的理念，加快绿色低碳发展，强化污染防治攻坚，提升生态系统质量，切实守护漳州绿水青山。坚决维护国家安全和社会稳定，贯彻总体国家安全观，筑牢国家安全防线，提升社会治理效能，提高公共安全治理水平，建设更高水平的平安漳州。发挥对台独特优势，探索漳台融合发展新路，坚持贯彻新时代党解决台湾问题的总体方略，突出以通促融、以惠促融、以情促融，深化漳台各领域融合，加快打造台胞台企登陆的第一家园。

全会提出，弘扬伟大建党精神，落实新时代党的建设总要求和新时代党的组织路线，坚持以党的自我革命引领社会革命，加强思想政治建设，打造高素质干部队伍，强化基层党组织建设，坚持以严的基调正风肃纪反腐，坚定不移推动全面从严治党向纵深发展、向基层延伸，以高质量党建引领保障高质量发展。

全会要求，全市各级党组织和广大党员干部要把学习宣传贯彻党的二十大精神作为当前和今后一个时期的首要政治任务，在全面学习、全面把握、全面落实上下功夫，把学习宣传贯彻党的二十大精神不断引向深入，确保在漳州落地生根、开花结果。要坚持站位全局、统筹推进，敢于斗争、善于斗争，联系实际、务求实效，始终保持“有心、有数、有责、有方”的工作状态，团结一切可以团结的力量，调动一切可以调动的因素，一步一个脚印把全会作出的工作部署付诸行动、见诸成效。

全会号召，全市上下要坚持以习近平新时代中国特色社会主义思想为指导，在省委的坚强领导下，深入学习宣传贯彻党的二十大精神，坚定信心、同心同德，勇担使命、砥砺前行，全方位推进高质量发展，加快建设现代化滨海城市，奋力谱写富美新漳州建设新篇章，为实现党的二十大描绘的宏伟蓝图而团结奋斗！

（卢建兴）

【汪洋到漳州考察】 2022年7月13日，中共中央政治局常委、全国政协主席汪洋到漳州，考察漳州市两岸青年创业基地和台资企业。指出，各地区各有关部门要脚踏实地落实好中央相关决策部署和惠台利民政策措施。采取更加灵活的措施，为台湾青年到大陆就业创业提供便捷高效的服务。要支持福建探索海峡两岸融合发展新路，推进闽台应通尽通，建设两岸融合发展示范区。

【韩正到古雷开发区调研】

2022年5月24日，中共中央政治局常委、国务院副总理韩正到古雷开发区调研。韩正一行先后在古雷开发区规划展示馆听取古雷石化产业园区规划建设情况汇报，前往古雷石化有限公司、福海创石油化工有限公司，考察石化产业投资建设、安全生产等情况。韩正强调，要做好重大项目谋划论证，有序推动项目落地，扩大有效投资、推动产业升级；要提升项目规范管理水平，牢牢守住安全生产底线；要着力打通产业链供应链堵点，促进要素自由流动。要落实好留抵退税等助企纾困政策，帮助企业应对原材料价格上涨等困难。国务院副秘书长丁学东，财政部部长刘昆，生态环境部部长黄润秋，国家发展改革委副主任林念修，住房和城乡建设部副部长倪虹，省委书记尹力，省长赵龙，省领导林宝金、郭宁宁、吴偕林、康涛，漳州市委书记张国旺、市长王进足等市领导参加有关活动。

【“牢记使命 奋斗为民”系列主题新闻发布会漳州专场在榕举行】 2022年5月18日，中共福建省委宣传部“牢记使命 奋斗为民”系列主题新闻发布会漳州专场在福州举行。市委书记张国旺围绕“建设富美新漳州 创造高品质生活”作主题发布，市委副书记黄水木、副市长余向红回答有关提问。

【创建全国文明城市重难点工作攻坚推进会召开】 2022年5月27日，漳州市召开创建全国文明城市重难点工作攻坚推进会，落实省委文明办督查反馈意见要求，进一步查摆存在的问题和差距，突破重难点问题整改，对深化全国文明城市创建攻坚进行再动员再部署。市委书记张国旺主持会议并讲话，市长王进足作具体部署。

【省委宣讲团在漳州宣讲党的二十大精神】 2022年11月16日，根据中共福建省委统一部署，学习贯彻党的二十大精神省委宣讲团报告会暨市委理论学习中心组（扩大）学习会在漳州宾馆举行。省委宣讲团成员、省委农办主任、省农业农村厅党组书记、厅长陈明旺作宣讲报告。市委书记张国旺主持报告会。

·深化改革·

【概况】 2022年，漳州市委深改委全面落实党中央全面深化改革决策部署和省委工作要求，聚焦提高效率、提升效能、提增效益，深化重点领域和关键环节改革，9个大类26项重点改革任务稳步推进，16件重点深化提升和突破的改革事项成效显著，中菲“两国双园”获国务院批复，新时代“110”警务机制改革创新、“春蕾安全员”机制、蓝碳司法保护与生态治理机制、养老用房“三个配套机制”“五合”政治监督机制在全国推广。

【经济体制机制改革深化】

2022年，漳州市创新市委抓统筹、抓发展、抓落实的“八项机制”，建立健全“一月一会商”等抓统筹的工作机制，“七比一看”竞赛、“一季一主题”现场推进、“千名干部挂千企”等抓发展的工作机制，决策督查等抓落实的工作机制。完善项目前期办工作机制，建立市领导挂钩联系“重中之重”项目机制，推动项目建设提速提效。

2022年，漳州市推进“千百亿产业培育行动计划”，落实“七个一”（一名挂钩市领导、一个牵头单位、一个工作专班、一批项目支撑、一份政策清单、一本产业链招商地图和一笔经费保障）工作机制，编制“9+5”（食品加工、石油化工、海洋经济、装备制造、建材家居、冶金新材料、建筑业、文旅康养、特色现代农业等9个千亿级产业集群和电子信息、绿色纸业、医药健康、新能源、数字服务等5个500亿以上产业集群）产业发展规划。出台漳州市存量工业企业“亩均论英雄”评价和结果运用实施方案、漳州市促进存量工业用地提质增效若干措施、漳州市工业项目“标准地”出让改革试点工作方案。创新推广二手房“带押过户”“安商一体化”模式，率先采取“政府主导、国企托管、捆绑运作”模式化解房地产市场风险。

2022年，漳州市深入实施海洋经济高质量发展三年行动和海洋经济培育行动。创新“六个一”招商机制，多元化招商平台建设入选福建改革创新案例。优化促进各类创新要素向产业和企业集聚机制，漳州技术大市场揭牌运营。创新开展“深化科技特派员服务百企千村工程”，科技特派员工作成效保持全省前列。推进市属国企战略性重组和专业化整合，相继出台国有企业设置总审计师等制度。

2022年，漳州市制定出台助企纾困三十条等系列扶持政策，创新科技型中小微企业金融服务模式，漳州市规范性文件自行设定的证明事项全部取消。制定营商环境攻坚提升“12345”行动方案，惠企政策“免申即享”平台入选福建改革创新案例。首创“两库融合”司法诚信码，城市信用排名全国第6位。持续深化“放管服”改革，推行“房地分离”“拿地即开工”，推进企业和群众全生命周期“一件事”集成套餐服务改革、“三改一代办”“跨省通办”，政务服务非常满意率保持全省前列。

【社会事业体制改革深化】 2022年，漳州市推进教育优质均衡发展，推广名校集团化办学多元模式，“2+N”课后服务模式入选省教育厅第四批推广落实“双减”工作典型案例。出台关于深化产教融合推动职业教育高质量发展的若干措施，职业教育“双向”创新发展。深化教师队伍建设改革，推进“县管校聘”试点，下放教师职称评审权限。

2022年，漳州市持续深化“三医联动”改革，医共体建设实现县域全覆盖并全部达到国家医共体建设评判标准。推进公立医院高质量发展，开展全员目标年薪制、“无陪护”病房试点，在全省范围内首创开发上线市级区域医疗急救协同平台（5G智慧急救平台）。实施中医名医名药名院发展战略，中药炮制特色技术被列入第七批福建省非物质文化遗产代表性项目名录。

2022年，漳州市健全医保基金监管机制，出台漳州市市直（含芗城区、龙文区）公务员医疗补助实施办法、调整漳州市市直（含芗城区、龙文区）享受处级公务员医疗补助待遇政策、漳州市城乡居民基本医疗保险实施办法，DIP（按病种分值付费）医保支付方式改革提前落地。

2022年，漳州市完善疫情防控机制，构建提级指挥、上下融合、职责分明、扁平高效的指挥调度体系。健全文明创建常态长效机制，全市新时代文明实践中心（所、站）建设实现全覆盖。

2022年，漳州市创新推广“网格联动+数字赋能+供需对接”三位一体用工模式。深化国有企业收入分配制度改革。创新养老服务模式，闭环联审、货币补偿、产权归属“三个配套机制”被民政部、财政部评为全国居家和社区养老服务改革试点工作优秀案例，养中办医、医中办养经验做法入选福建改革创新案例。列入公租房APP试点城市。健全困难群众基本生活救助标准动态调整机制，低保、特困人员审核确认权限全部下放乡镇（街道）。

【民主法制和社会治理体制改革深化】 2022年，漳州市深入推进全国市域社会治理现代化试点合格城市建设，研发社会治理智治平台，政府负责体制创建经验在全国试点工作交流会上作书面交流。健全平安建设协调机制，在全省首推人民调解与“110”非警务事项对接分流，社会治安防控体系经验做法在《人民日报》刊载，平安建设考评实现全省“四连优”，群众安全感满意率保持在99%以上。

2022年，漳州市健全粮食应急保障体系，出台全面落实2021年度耕地“进出平衡”、调动农民种粮积极性稳定粮食生产等文件，漳州粮食产业园建设取得阶段性成效。深入创建国家食品安全示范城市，食品安全工作满意率保持全省前列。出台“放管服”改革后全省设区市第一部专门规范政务服务的地方性法规《漳州市政务服务条例》，“新时代110警务机制改革创新”获评第二批全国法治政府建设示范项目，“春蕾安全员”机制被写入最高人民检察院《未成年人检察工作白皮书（2021）》。

【生态文明建设体制机制改革深化】 2022年，漳州市在全国首创蓝碳司法保护与生态治理机制，入选“中国改革2022年度地方全面深化改革典型案例”，获评福建法院十大改革创新亮点举措。深入打好污染防治攻坚战，实施重要生态系统保护和修复重大工程，南靖县入选全国生态环境导向开发（EOD）模式试点。

2022年，漳州市创新环评审批模式，“打捆”审批典型案例入选生态环境部典型做法。健全完善市场化、多元化生态保护补偿机制，推动华安县国家生态综合补偿试点、东山县生态产品市场化改革试点建设，东山县探索蓝色经济发展新路径经验做法入选福建省绿色经济发展典型案例。

2022年，漳州市编制出台2030年前碳达峰行动方案、漳州市整县（区）屋顶分布式光伏开发实施指导意见，统筹做好光伏资源开发利用工作。实施园区循环化改造，支持工业企业实施低效设备更新改造，金峰、蓝田两个开发区获评国家级绿色园区。

【城乡统筹体制改革深化】

2022年，漳州市主动融入闽西南协同发展区、厦漳泉都市圈建设，优化产业协同发展格局，推进厦漳区域交通一体化，强化区域生态环境联防联控联治，推动市政公用设施共建共享。

2022年，漳州市推进分区规划，完成芗城区、龙文区、龙海区和长泰区城市专项规划更新。持续推进撤县（市）设区配套改革，研究制定《市区财政管理体制优化方案》。创新招商建设运营一体化开发模式，中心城区15个重点片区开发稳步推进。

2022年，漳州市实施城市更新行动，口袋公园“以赛代建”模式得到省住建厅肯定推广。推进生活垃圾分类示范片区建设，漳州生活垃圾分类位居全国中心城市第二档，龙文区成功创建省级示范片区。推进主城区水系联排联调，成功申报全国海绵城市建设示范城市，在全省范围内首创水土保持“两单一会”、水利“监管办”等工作推进机制。

2022年，漳州市完善防止返贫动态监测和帮扶机制，健全市领导挂钩联系帮扶机制。深化农村集体产权制度改革，在全国范围内率先推进乡镇“三个中心”建设，在漳浦县、华安县开展全省农村产权流转交易市场建设试点，华安县入选全国农村综合性改革试点试验名单。推进农村建设品质提升行动，入选全国农村黑臭水体治理试点城市。

2022年，漳州市率先开展“林业地票”试点，经验做法写入福建省委、省政府《关于持续推进林业改革发展的意见》。加快国家农业可持续发展试验示范区暨农业绿色发展试点先行区建设，新培育1个国家级“一村一品”示范村（镇），打造2个全国乡村特色产业十亿元镇。创建平和国家现代农业产业园，加快推进5个国家级和4个省级农村电商示范县建设，漳浦县入选农产品产地冷藏保鲜国家级试点县，华安县仙都镇大地村获评“中国美丽休闲乡村”。

【漳台融合发展】 2022年，漳州市建设两岸产业融合发展示范区，出台进一步鼓励企业投资古雷石化基地的实施意见、促进漳台农业融合发展十条措施等惠企政策，古雷开发区、漳州台商投资区2个涉台工业园区跻身省工业园区标准化试点，南靖兰花产业园在全省闽台农业融合发展产业园考评（2021年度）排名第一。

2022年，漳州市完善台胞到漳就业创业政策体系，在全国率先推动首例台企接入中征应收账款融资服务平台，台湾青年就业创业工作得到全国政协主席汪洋肯定。东山关帝庙、云霄开漳圣王文化祖地获批“海峡两岸交流基地”。

2022年，漳州市推动6个县（区）、开发区（投资区）设立台胞台商服务中心，7个县（区）、开发区（投资区）行政服务中心开设台胞台企服务专窗，首推“一站式”代办台胞健保报销服务，两岸婚姻服务中心机构编制正式获批。构建漳州市涉台司法服务一体化机制，设立全国首个全部由台胞组成的调解组织，成立全省首个涉台法律援助公共法律服务工作站，涉台纠纷化解工作在最高人民法院、中央台办等12个国家部委联合工作座谈会上作经验交流。

【对外开放体制改革深化】

2022年，漳州市推动中菲“两国双园”项目纳入国务院《推进福建建设“一带一路”核心区实施方案》，项目总体方案获国务院批复。加快国家跨境电商综合试验区建设，跨境电商孵化园、电商直播基地、大数据展示中心等相继投入运营使用，台商投资区跨境电商监管中心加快建设。推进通关便利化改革，出台通关便利化正向激励实施办法，深化进口货物“船边直提”和出口货物“抵港直装”等改革，推行通关一体化两步申报、提前申报、两段准入、关税保证保险担保等创新举措。

【党的建设制度改革深化】

2022年，漳州市建立健全干部“引育留用”机制，制定关于鼓励博士研究生选调生到漳工作十条措施、关于开展干部作风“五不”问题专项整治的实施方案等。推进干部教育培训制度改革，形成“以福建谷文昌干部学院为主阵地、全市一盘棋、市县（区）联动、服务发展、服务基层”的干部教育培训新格局。

2022年，漳州市健全基层党组织建设机制，制定实施基层党建三年行动计划，持续推进村主干职业化，在部分县（区）试点村干部薪酬动态管理机制，创新选派市管干部乡村振兴指导员、“党建金融指导员”。深化近邻党建“六项行动”，实施“七项行动”推进新业态新就业群体党建工作，台企党建工作经验做法得到时任省委书记尹力批示肯定。

2022年，漳州市深化人才发展体制机制改革，深入实施“万才聚漳”行动计划，落实“1+1+8”政策体系，创新开展“人才团圆”“选优生”“人才漳州月”，开通“万才聚漳”人才网，设立人才“一站式”服务大厅，推动一批市区竞配建房划转为市级人才公寓。

【纪检监察体制改革深化】

2022年，漳州市深化纪检监察体制改革，出台加强对“一把手”和领导班子监督、加强“四项监督”统筹衔接、工程项目招投标领域突出问题专项整治、规范和提升招投标工作等方面文件措施，实施“五个一”工程，健全“五合”政治监督、“五联系五比对”“五化”检查、“一季度一主题”作风监督等工作机制，创新“两把钥匙”管公章、社区“万能章”专项整治、村级小型工程项目招投标监管机制等基层监督品牌，“五合”政治监督机制获评第三届“中国廉洁创新奖”特色创新项目。

【基层改革深化】 2022年，芗城区成立“名园+”学前教育联盟，首批全国基层中医药示范区创建工作扎实推进。龙文区优化提升“e企通”服务平台，做法入选全省“放管服”改革优秀案例。龙海区坚持“清三低、破五未”，破解用地难题经验做法获省委改革办转报中央。长泰区创新乡村振兴“大走访”和“七赛”机制，入选2022年福建省乡村振兴热度指数“参与度”排名前十县（区）。漳浦县调整优化县属国有资本结构布局。云霄县“下河坡兜线”入选2022年省级乡村振兴“串点连线成片”精品线路。诏安县建立设施管护项目库。东山县创新村（社区）“两委”干部“一岗五级”动态管理机制，做法在中组部《组工信息》专题刊发。平和县建成全省首个“审管互动”平台，做法被省发展和改革委（职转办）在全省范围内推广。南靖县在全市率先启动“党建+金融指导员”工作。华安县入选财政部2022年农村综合性改革试点试验项目。

（卢建兴）

·重点课题研究·

【概况】 2022年，漳州市委政研室聚焦经济社会发展热点难点问题，组织开展年度市重点课题调研。其中，9篇调研报告被省委政研室《调研文稿》《调研内参》采用刊发，《坚持改革创新助力林业高质量发展研究》《深化漳台现代农业融合发展调查与思考》得到省领导批示肯定，《漳州市房地产领域信贷风险调研报告》得到市委主要领导批示肯定。

【产业高质量发展研究】 2022年，漳州市围绕漳州市开展“产业发展项目建设攻坚年”活动，探索研究如何推动产业高质量发展、构建现代产业体系。年内，组织开展漳州市石油化工产业发展专题研究，分析漳州石化产业发展现状和存在的主要问题，从产业发展四大板块、八大园区、四项措施等方面，提出推进石化产业高质量发展的对策建议。组织开展“推进古雷石化基地高质量发展”专题研究，客观分析古雷石化基地发展现状及制约因素，提出推进古雷石化基地高质量发展的相关建议。组织开展漳州市冶金新材料产业高质量发展专题研究，总结冶金新材料产业发展情况，分析存在问题，提出发展思路和建议。组织开展做大做强做优文旅经济专题研究，总结文旅经济的发展成效，分析存在主要问题，从打造文旅品牌、推进消费升级、做强市场主体、完善设施建设四个方面提出思路和建议。组织开展漳州林业高质量发展专题研究，回顾总结漳州林业改革发展的成效，深入分析短板弱项，从做大做强花卉苗木产业、推动林业三次产业发展、提升森林资源整体质量、推进“三权分置”改革、健全完善组织保障体系等方面，提出推进林业高质量发展的思路举措。

【城市建设研究】 2022年，漳州市组织开展漳州城市特色风貌塑造专题研究，从城市平面空间格局、立体空间布局、城市建筑风貌、节点标志物、道路界面等维度开展调研，梳理城市风貌现状及演变过程，查找存在的问题，提出城市特色风貌塑造的思路和建议。组织开展“漳州市综合立体交通体系建设”专题研究，分析漳州市交通基础设施建设发展现状和存在短板问题，并从实施三大发展策略、九项工程，提出打造一体化综合立体交通网络的发展思路及对策建议。组织开展建设“海上漳州”专题研究，立足漳州市发展的阶段性特征，分析建设“海上漳州”的重要意义、机遇挑战和实施路径。

【乡村振兴研究】 2022年，漳州市组织开展漳州特色乡村振兴专题研究，在总结漳州市推进乡村振兴工作取得成效的基础上，分析产业发展、乡村建设、文化提升、要素保障等方面存在的短板弱项，从三产融合、漳台合作、人才驱动、文化赋能、“生态+”多赢五个方面，提出深化发展的思路和建议。

【营商环境建设研究】 2022年，漳州市组织开展持续优化漳州市营商环境专题研究，全面总结漳州市营商环境建设总体成效，分析营商环境中存在的主要问题，从推进政策落地落实、做好资源要素保障、提高政务服务水平、提升公共服务水平等方面，提出持续优化营商环境的思路和建议。

【漳台融合发展研究】 2022年，漳州市组织开展深化漳台现代农业融合发展专题研究，总结分析漳台现代农业融合发展的主要成效和机遇挑战，从实施现代农业组织体系健全行动、产业链“二次搭桥”行动、台湾农业人才聚集行动、对台农业合作园区建设提升行动、乡建乡创深度融合行动、种子种苗合作加强行动等六项行动，提出深化融合发展的对策建议。

【生态环境建设研究】 2022年，漳州市组织开展九龙江流域水资源利用专题研究，深入分析九龙江流域水资源开发利用情况和存在主要问题，从提高用水效益、构建现代化水网、水资源开发利用、水资源环境治理等方面提出对策建议。组织开展城市水环境综合治理专题研究，深入总结分析漳州近十年城市水环境整治成效和存在不足，从构建自然生态的河网体系、雨污分流的管网体系、厂网河湖联动的治理体系等方面，提出工作思路和举措；组织开展提升漳州市空气质量专题研究，对漳州市空气质量总体情况、造成空气污染的原因进行深入分析，提出加强扬尘综合治理、调整交通运输结构、深化工业企业源头减排治理等空气污染防治的对策建议。

【开发区高质量发展研究】 2022年，漳州市组织开展推进漳州开发区高质量发展专题研究，全面总结漳州开发区建设和发展成效，分析当前制约高质量发展的因素，提出推进开发区高质量发展的举措。组织开展发挥侨力优势助推常山经济社会发展专题研究，总结优势现状，分析困难挑战，提出对策建议，助推常山华侨经济开发区经济社会发展。

【扩大内需促进消费研究】 2022年，漳州市组织开展促进漳州市消费提档升级专题研究，深入分析漳州消费市场发展现状和存在的主要问题，并从做大消费体量、丰富市场业态、创优消费环境、推动产销分离、提高居民收入、增加公共消费等方面，提出促进消费提档升级的对策与建议。

【社会治理研究】 2022年，漳州市组织开展漳州市房地产领域信贷风险专题研究，深入分析漳州市房地产市场发展现状和信贷现状，以及存在的主要信贷风险，从降低房地产库存水平、问题楼盘信贷风险化解处置、遏制个人住房贷款不良率、创新房地产企业资金监管措施等方面，提出房地产信贷风险防控的主要策略。为积极探索大数据背景下智慧警务新模式，组织开展优化“漳州110”警务机制专题研究，全面分析近年来“漳州110”警务改革取得的成效和存在的问题短板，从实战需求、信息主导、制度机制、人才培养等方面，提出进一步深化全息作战改革的对策建议。

【新时代党建工作研究】 2022年，漳州市组织开展实施“提高效率、提升效能、提增效益”行动中的作风监督专题研究，总结做法成效，剖析问题原因，提出进一步深化作风监督的思路对策。组织开展激励干部担当作为专题研究，采取调研座谈、实地访谈、问卷调查等方式，与126名县乡党政领导班子成员、县直有关部门负责人进行深入访谈，向11个县区、3个开发区及市直有关部门发放调查问卷4000份，深入了解各地各有关部门激励干部担当作为的好经验、好做法，研究分析存在的突出问题及原因，有针对性提出对策建议，提升干部干事创业精气神。

（卢建兴）

·组织工作·

【概况】 2022年，漳州市委组织部坚持以习近平新时代中国特色社会主义思想为指导，认真学习贯彻党的二十大精神，深入践行新时代党的组织路线，聚焦“提高效率、提升效能、提增效益”，大力实施组织工作提质增效计划，为全方位推进高质量发展，加快建设现代化滨海城市提供坚强的组织保证。

【党的二十大精神学习宣传贯彻】 2022年，漳州市委组织部分级分类开展党的二十大精神学习培训，举办市管干部学习贯彻党的二十大精神专题研讨班，全市1178名市管干部参加；指导各县（区）、开发区（投资区）和乡镇（街道）同步开展县管干部学习贯彻党的二十大精神培训工作，做到全员培训、全面覆盖。从市管党费中下拨890万元，专项补助基层大规模开展党的二十大精神等教育培训。印发《关于深入推动全市基层党组织认真学习宣传贯彻党的二十大精神的通知》，通过“讲授一堂专题党课、打造一批精品课程、创设一批学习载体、开展一次主题党日、组织一项实践活动、开好一场组织生活会”等“六个一”活动，在全市迅速兴起学习宣传贯彻党的二十大精神热潮。

【理论武装创新】 2022年，漳州市委组织部坚持把学习贯彻新思想作为党员干部和公务员学习培训的主体内容，举办各类培训班次554期，调训干部4.76万人次。建立党史学习教育常态化长效化工作机制，有机结合女排精神、谷文昌先进事迹、“漳州110”先进事迹等红色资源开展经常性教育，累计开展新思想集中学习3900余场次，参与党员数12.5万人。

【干部教育培训】 2022年，漳州市委组织部举办2期全市乡镇党政正职执政能力提升专题培训班，市委、市政府主要领导亲自授课，13个市直单位主要负责人分别作专题辅导。针对干部不同岗位、不同需求、不同特点制定教学方案，立足漳州市石化、食品、海洋等产业发展布局，邀请26个市直有关业务部门领导开展政策解读、形势分析和业务辅导。福建谷文昌干部学院全年共举办各类专题培训班201期，培训学员1.8万人次。

【福建谷文昌干部学院办学质量提升】 2022年，漳州市委组织部以漳州市委名义向中央党校呈报《关于支持谷文昌干部学院全面提升办学水平有关事项的请示》（漳委〔2022〕27号），推动中央党校2位专家学者到漳挂职。下发《关于进一步做优做强谷文昌干部学院的任务分工方案》，建立每月工作任务跟踪落实机制，推动18家单位在学院挂牌教育培训基地或签订战略合作协议。9月，福建谷文昌干部学院通过中组部办学质量评估，正式被列入中组部党性教育干部学院目录。

【干部队伍建设】 2022年，漳州市委组织部以开展“干部能力提升建设年”活动为抓手，一体推进干部工作“五大体系”（素质培养、知事识人、选拔任用、从严管理、正向激励）建设。加强市管干部队伍建设，推进干部交流，重点对部分市直单位、市属开发区、重点国有企业正职进行调整优化，对部分急需配备处级岗位进行补充配备。全年调整市管干部424名，其中提拔处级领导职务133名，晋升职级166名，平级调整125名。制定出台《关于围绕市委中心工作激励干部担当作为若干措施》，开展“六比一看”〔比征地拆迁与耕地保护、比项目招商、比项目开竣工、比园区标准化建设、比农村人居环境整治与农村建设品质提升、比新增规上（限上）企业，看高质量发展成效。〕竞赛考评结果运用专项干部考察工作，对6名市管干部给予晋升职级，7名正科级干部提任处级职务，追加推荐年度考核“优秀”等次人选21名。深化一线考察干部机制，注重在“七比一看”竞赛、乡村振兴、疫情防控等工作中考察识别干部。全年从基层一线和急难险重岗位提拔干部113名，占提拔总数84.96%。开展年轻干部调研，发现识别掌握276名认可度较高、可重点培养的正科级年轻干部。选派57名年轻干部到创城办、营商办等岗位历练。优化县区法院、检察院领导班子年龄结构，选配9名40岁以下年轻干部。改进中青班办学方式，实行组织部门点名调训学员。着眼开发区发展需要，抽调市管干部到高新区参与中心工作，争取省直单位选派科技服务团20名干部到古雷开发区挂职协助工作，从市直单位选派12名干部到古雷开发区挂职锻炼。择优选派干部赴海南、全国台联挂职锻炼，扎实做好第十批援藏干部人才推荐选派工作。

【选调生工作】 2022年，漳州市出台《关于鼓励博士研究生选调生来漳工作十条措施》，促成8名博士研究生与漳州市有关单位达成“双向选择”。年内，市委组织部用好《选调生推优暂行办法》，推荐产生第二批优秀选调生381名。

【干部管理监督】 2022年，漳州市委组织部牵头推进干部作风“五不”（履职不担当、工作不碰硬、落实不见效、能力不适应、内心不敬畏）问题专项整治，推动全市健全完善工作机制295项，根据市委要求开展空气质量提升工作“五不”问题专项核查问责工作，追责问责干部50

人次。按照市委巡察工作部署安排，对20家被巡察单位开展选人用人专项检查。如期完成福建省委涉粮专项巡视选人用人问题整改工作。严格执行个人有关事项报告“两项法规”，查核一致率达98.33%，位居全省前列。出台《关于进一步规范干部借调工作的通知》，加强对干部借调工作的规范管理。做好干部人事档案审核工作，持续完善市管干部档案信息采集和数字化加工，推动各县（区）开展干部档案数字化工作。

【公务员管理】 2022年，漳州市委组织部落实职务职级并行制度有关规定，规范做好职级职数管理备案，择优开展职级晋升，全年择优晋升166名市管干部职级，其中二级巡视员9名、一级调研员47名、二级调研员40名、三级调研员70名。制定出台《关于职级公务员享受医疗待遇有关问题的通知》，进一步落实职级公务员医疗待遇。审核办理236名干部转任、调任业务。做好2022年公务员“四级联考”〔指在全省（区、市）公务员招考过程中，将省、市、县、乡四个层级的公务员招考纳入统一管理，由省级公务员主管部门统一编制录用计划、统一确定考试时间、统一命制考试试题、统一组织笔试面试体检考察、统一进行审批等〕，推进2022年公务员遴选工作。继续选派新一批492名试用期满新录用公务员到基层锻炼一年。拓展新录用公务员试用期满后到基层锻炼工作机制，经验做法在中共中央组织部《组工信息》刊发，并入围全市改革创新项目。探索推进公务员分类培训，举办综合管理、基层治理、行政执法等不同班次6期，累计培训1305人次，经验做法在《中国组织人事报》《福建组工信息》刊发。印发《关于推进公务员平时考核工作的通知》，实现全市公务员平时考核全覆盖。组织对疫情防控工作中做出重大贡献的116个集体、表现突出的443名先进个人给予记功嘉奖。做好全国“人民满意的公务员”和“人民满意的公务员集体”评选推荐工作，龙文区人民检察院一级检察官潘进格获得全国“人民满意的公务员”称号。

【基层党建】 2022年，漳州市委组织部实施基层党建提质增效助推高质量发展三年行动计划。全面开展村（社区）“两委”换届“回头看”，对29个重点村落实“一村一策”整顿措施。强化“一肩挑”人员监督管理，指导县区探索村干部薪酬动态管理机制，开展“村书记绘蓝图”党建拉练等活动。管好用好431名驻村第一书记和11支乡村振兴工作队，创新安排284名市管干部担任乡村振兴指导员，选派899名农信系统“党建金融指导员”，公开招募245名党建指导员、科技服务员，增强乡村振兴工作力量。制定出台《关于进一步发展壮大村级集体经济的实施意见》，给予100个产业振兴补助村各10万元补助资金。推进“整乡推进、整县提升”行动，推行“党建+金融”、跨村联建

2022年11月9日，全市抓党建促乡村振兴调度会在长泰区林溪村召开。图为现场观摩
（漳州市委组织部 供图）

等做法，在全省率先打造5个海丝高速党群服务示范站，促进村级集体经济、村民“双增收”。持续开展近邻党建“六项行动”，建立社区党建联席会议常态化运行机制，组建区域性党建联盟129个。实行小区党支部书记镇（街）备案管理，推动216名在职、离退休党员干部担任小区党支部书记。开展“一社区一品牌、一小区一特色”创建活动，优化提升20个市级近邻党建示范点，建设“邻里中心”“邻里驿站”等小区党群服务中心347个。

【“两新”组织党建】 2022年，漳州市委组织部、市委非公有制企业和社会组织工委创新开展新业态新就业群体党建工作“七项行动”（组织覆新、强筋健新、赋能促新、示范创新、发展有新、关爱暖新、齐力助新），推动互联网和快递物流企业党组织覆盖率分别达到90%和90.75%。深化“党建强企”联合行动，选派333名处级党员领导干部兼任374家非公有制企业党建工作指导员，发挥“党企新时空•政企直通车”平台红色引擎作用，帮助企业解决困难问题1018个。结合全市“9+5”千百亿产业（9个千亿级产业集群、5个超五百亿产业集群）布局，探索建立食品加工、石油化工等产业党建联盟5个。总结提升台企党建工作，挖掘提升“天福样板”，培育嘉文丽等五星级台企党组织26个，台企党建经验做法在中共中央组织部《党建研究参考资料》专期刊发，得到时任省委主要领导同志的批示。

【党员队伍建设】 2022年，漳州市新发展党员4476名。年内，漳州市委组织部全面完成农村发展党员违规违纪问题排查整顿工作，累计排查党员45325名，排查出四类重点问题（“带病”入党、弄虚作假、徇私舞弊、严重违反入党程序）人员1685名，处理相关责任人2149名，相关工作经验在全省基层党建重点任务推进会上作典型发言。在南靖县启动农村党员档案规范化管理试点工作。加强党员教育培训，遴选产生39个市级现场教学点。下拨资金250万元，补助15个农村、社区党群服务中心建设。为1908名党员颁发“光荣在党50年”纪念章。从市管党费中下拨疫情防控专项资金，走访慰问医务工作者和基层党员、干部，慰问一线抗疫工作者。

【“万才聚漳”人才工作】

2022年，漳州市委组织部持续完善人才政策体系。围绕“万才聚漳”“高层次人才分类认定”等“1+1+N”人才政策体系，指导各地各单位研究出台30份相关配套文件。强化人才政策评估调整，优化市级高层次人才认定标准，全年认定省级高层次人才87名，市级高层次人才650名。在全市范围内统筹3000个编制和240个正高级、360个副高级专业技术岗位，盘活事业单位编制和高级专业技术岗位存量。举办2022年“人才漳州月”活动，组织开展120场人才系列活动，拿出1833个岗位、计划招聘10346人。共引进省市各类人才5183名。实施“选优生”引进培养工程，引进包括清华大学等名校在内的选优生69名；开展2023届“选优生”选拔引进工作，增设事业类岗位，制定“一校一公告”，拿出551个岗位用于引进137所目标高校的优秀毕业生。遴选2022年“双创之星”“首席科技官”“名师”“名医”“名家”等136个人才及项目。

【人才发展环境优化】 2022年，漳州市委组织部推行人才“妈妈式”服务，开通“万才聚漳”人才网，设立人才“一站式”服务大厅，简化流程112个、服务人才近2万人次，发放“漳州人才卡”776张。建立领导联系人才工作制度，33名市领导挂钩联系66名高层次人才，定期开展人才休假疗养、国情研修等活动。推动落实500套市区竞配建房划转为市级人才公寓，解决74名高层次人才子女入学问题。

（庄师章）

·宣传思想工作·

【概况】 2022年，漳州市委宣传部坚持以习近平新时代中国特色社会主义思想为指导，深入学习贯彻习近平总书记关于宣传思想工作的重要思想，紧扣迎接和学习宣传贯彻党的二十大这条主线，深入实施“提高效率、提升效能、提增效益”行动，聚焦市委、市政府“产业发展项目建设攻坚年”活动和“七比一看”竞赛，扎实履行举旗帜、聚民心、育新人、兴文化、展形象的使命任务，相关工作得到中央、省部级领导和市委、市政府主要领导批示14次，加强宣传干部队伍建设的经验做法入选中共中央宣传部《宣传思想文化工作案例选编（2022年）》，为全省入选2个案例之一。

【习近平新时代中国特色社会主义思想学习贯彻】 2022年，漳州市委宣传部坚持把学习宣传贯彻习近平新时代中国特色社会主义思想作为首要任务，市委理论学习中心组围绕习近平总书记重要指示批示精神等内容开展学习研讨27场次，在《福建日报》发表中心组署名文章3篇，示范带动各县（区）委中心组开展学习研讨339场次、撰写理论文章16篇。印发《关于推动党史学习教育常态化长效化的实施方案》，推动全市党史学习教育走深走实。推动《闽山闽水物华新——习近平福建足迹》一书刊发习近平总书记在闽工作期间关心指导漳州工作的重要论述，立项“习近平总书记在福建任职时对漳州有关工作的指导性论述的理论研究”相关课题9个，设立福建省习近平新时代中国特色社会主义思想研究中心漳州实践基地和7个实践点。

【党的二十大精神学习宣传贯彻】 2022年，漳州市突出迎接和学习宣传贯彻党的二十大这条工作主线，把学习党的二十大精神作为各级党委（党组）理论学习中心组的重点内容和各级党校、行政学院、干部学院的必修课，全市各级中心组开展学习研讨500多场次。将党的二十大精神作为学校思想政治教育和课堂教学的重要内容，推动党的二十大精神进教材、进课堂、进头脑。市委主要领导带头赴基层宣讲、调研。举办全市理论骨干学习贯彻党的二十大精神培训班暨市委宣讲团宣讲部署动员会，市委宣讲团开展集中宣讲28场次。组建252支“福小宣·在漳州”宣讲小分队，开展分众化、对象化、互动化宣讲3800多场次，得到《人民日报》、“学习强国”学习平台的宣传报道。漳州市党的二十大代表兰臻下基层宣讲登上中央电视台《新闻联播》栏目。党的二十大召开前，推出“沿着总书记的足迹”“喜迎二十大”“闽山闽水物华新·非凡十年”等系列专题报道，全市累计刊播相关新闻报道1.1万多篇（条）。大会闭幕后，创新开展“沿着总书记的足迹”——漳州市学习贯彻党的二十大精神系列宣传活动，开设“深入学习贯彻党的二十大精神”“二十大时光·学习进行时”等专题专栏，推出“县（区）委书记深入学习贯彻党的二十大精神专题访谈”“二十大掌中看”系列原创节目，全市累计刊播相关报道7200多篇（条）。

【全国文明城市创建】 2022年，漳州市奋力创城攻坚，市委、市政府主要领导带头“一周一督查、两周一推进”，参与督导65次，召开专题会议11场，开展明察暗访18次，发出督办单110件、100%反馈整改到位。出台并认真组织实施《进一步建立健全全国文明城市常态化长效化机制的实施意见》等一系列制度，市区市容市貌和文明程度提升，全国文明城市复评工作顺利通过。编印《创建文明城市口袋书》《漳州市文明市民手册》等宣传手册10万多册，定制宣传品20多万份，增设公益广告3692处、景观小品77处。加大对80个国家级、685个省级文明单位、文明校园、文明村镇参评对象的指导培育力度，推动“五大创建”（文明城市、文明村镇、文明单位、文明家庭、文明校园创建活动）齐头并进、同向发力。全市建成11个县级新时代文明实践中心、125个乡镇（街道）文明实践所、1871个村（社区）文明实践站，实现全覆盖。

【意识形态工作】 2022年，漳州市委宣传部综合运用专项巡察、绩效考核等手段，压紧压实意识形态工作责任。市委宣传思想（意识形态）工作领导小组召开两次会议，专题研究部署意识形态工作。开展2轮、对24个市直单位党组织的意识形态工作专项检查。组织开展《中国共产党宣传工作条例》实施情况专项调研。突出守牢网络阵地，组织开展网络安全应急演练，探索建立涉网络执法部门联合执法工作机制，漳州市《全域管网 全面净网 全员护网》经验做法在《八闽快讯》专刊刊发。完成漳州市网络安全应急指挥中心一期项目建设并投入使用。市网络安全应急指挥中心被列为“第二批全国地市级网信办应急指挥中心规范化建设试点单位”。督促落实“一会一报”登记备案制度，强化对讲坛、论坛、报告会、公共领域宣传载体等的监管。深入开展“扫黄打非”，着力规范文旅、出版、广电等市场秩序，全社会思想文化环境得到不断改善。

【社会主义核心价值观弘扬】

2022年，漳州市委宣传部举办“谷文昌先进事迹当代价值研究”学术论坛，深入开展“漳州战役”理论研究会、主题微电影、全媒体采风等纪念红军攻克漳州90周年系列活动，组织实施“漳州110”先进事迹宣传宣讲工作。中国女排精神展示馆征集实物展品2280件，纪录片《女排娘家》展播展映。漳浦县中共闽粤边区特委红色革命教育基地被命名为第七批省级爱国主义教育基地。培育选树、学习宣传各级各类先进典型，2人获评省“新时代好少年”，2人入选“中国好人”、8人（组）入选“福建好人”。“漳州‘英雄联盟’接力入海施救4岁女孩”相关微博话题总阅读量超5亿人次。“龙溪猎鼠反扒志愿者大队”获评全省学雷锋活动示范点。

【重大主题宣传报道】 2022年，漳州市委宣传部深入开展“产业发展项目建设攻坚年”活动和“七比一看”竞赛等重点宣传，组织“突出工业、突破工业”“做优做强城市品质”等主题宣传，组织实施“2022年漳州市招商大会暨项目签约活动”“花样漳州·文旅康养产业”“看见福建：漳州”等主题活动。漳州市宣传报道登上央级主要媒体400多篇（条）。东山县“开渔节”微博话题阅读量达8068万人次，全网总阅读量超1亿人次。组织召开疫情防控主题新闻发布会，运用“万屏联动”机制累计滚动刊播宣传标语4800万次，组织各类媒体刊播相关新闻报道1.5万多篇（条）。在福州成功举办“牢记使命·奋斗为民”系列主题漳州市新闻发布会，全年共举办新闻发布会12场，召开新闻协商通气会16次，发布新闻宣传工作重点89项。县级融媒体中心提质增效，云霄县、漳浦县、长泰区、南靖县获评“全省优秀县级融媒体中心30强”。

【文化强市建设】 2022年，漳州市委宣传部加强闽南文化和革命文物保护传承，向上申请文物保护专项资金近2800万元，推动中国工农红军东路军领导机关旧址二期等项目保护修缮。全力保障国家文物局开展“圣杯屿”元代海船遗址水下考古挖掘工作，央视“圣杯屿考古”现场直播节目吸引观众超2亿人次。推出《四十九个昼夜》《红星照耀时——1932的漳州叙事》等文学作品，精心打磨《谷文昌》《一代相国蔡新》《祝寿》等剧目。在第八届福建艺术节上，漳州市获一等奖8个，芗剧《李林》获优秀剧目奖。第三届市文创设计大赛落地转化文创作品31个，累计向上争取专项资金1037.2万元。状元岛、剪纸、古琴制作等

14个“闽人智慧”题材被全省重点推送。漳州古城保护开发、漳浦龙美湾旅游区等25个文旅康养产业重点项目完成投资23.06亿元，福建土楼（南靖）旅游区基础设施提升工程（一期）获1.47亿元专项债支持。恒丽电子获评“省文化企业十强”提名，福建桥南实业有限公司获评“省最具成长性文化企业”。漳州古城获评第二批国家级夜间文旅消费集聚区，“花样漳州·人文世遗”文化之旅线路入选全国乡村旅游精品路线。

【文化惠民工程实施】 2022年，漳州市委宣传部采用“主会场+志愿服务点”新模式开展“三下乡”集中服务活动，累计筹集物资项目154.74万元。创新推出“一月一主题·文化进万家”活动，用好用足漳州古城、市县“三馆”、市二轻联社工艺美术馆等公共文化场馆，举办“朱子与闽南”文化论坛、“闽南文化圩日”“文明城市·书香漳州”等各类文化惠民活动500多场。

【对外宣传和文化交流】 2022年，漳州市委宣传部强化外宣联席会议机制，开展“中菲人文之驿走进漳州”“中国木偶艺术专题线上讲座走进美国”等对外宣传活动，得到外交部和驻菲、驻美使馆的高度肯定。谷

2022年6月25日，“用闽南文化点亮千年漳州古城”行动计划暨“福”文化圩日启动仪式举行 （李林 摄）

文昌纪念馆被列入中央宣传部在华外国人士重点参访场所，漳州布袋木偶戏连线美国“Z世代”线上讲演活动被列入福建省海丝文化交流项目，龙人古琴文化村被列入省对外文化交流基地。配合拍摄《LEEN的福建时间》等视频节目，进一步扩大漳州对外知名度和影响力。

【“福满乾坤·开漳大吉”品牌打响】 2022年，漳州市委宣传部推荐报送“福”文化建设项目48个，文化产业招商推介项目41个，“福”文化园区和景观建设项目12个，“福”文化专家33名。

（吴霖 魏晓颖）

·统战工作·

【概况】 2022年，漳州市委统战部围绕市委、市政府中心工作部署，完善大统战工作格局，凝聚各方统战工作合力。年内召开市委统战工作会议，全面部署新时代漳州统战工作。调整充实市委统一战线工作领导小组成员，建立每周计划、每月重点、季度汇报、半年推进的工作落实机制，在服务发展大局中发挥统战优势、彰显统战使命担当，为建设现代化滨海城市贡献统战智慧和统战力量。全市统战领域多项工作取得历史性突破。两岸关系理论漳州研究基地首次实现全省评比“两连冠”。

【多党合作事业】 2022年，漳州市委统战部深化新型政党制度实践，规范有序开展政党协商，支持各民主党派参政议政，政党关系更加融洽。全年提出提案、社情民意信息974件，比上年增长42.6%；其中被采纳705件，比上年增长81.2%。支持各民主党派加强自身建设，民革漳州市委会、农工党漳州市委会、致公党台商区支部获党派中央表彰先进

2022年7月17日，香港漳州同乡总会换届交接仪式举行
（漳州市委统战部 供图）

集体。8个党派完成基层组织换届，建立完善工作规章制度，全市多党合作事业呈现蓬勃发展新局面。

【民族宗教事务】 2022年，漳州市委统战部召开市委民族工作会议和全市宗教工作会议，做好新时代民族宗教工作，民族关系、宗教关系更加和顺。把铸牢中华民族共同体意识作为党的民族工作的主线，开展铸牢中华民族共同体意识主题月、第十五个全省民族团结进步宣传月等宣传培训活动116场、参训2868人次；坚持宗教中国化方向，指导宗教界加强宗教团体建设，推动全市34个宗教团体建立健全监事等多项制度。漳州一中获“第十批全国民族团结进步示范区示范单位”、漳州市天主教爱国会获评“首届全国宗教界先进集体”。

【民营经济统战工作】 2022年，漳州市委统战部设立理想信念教育基地6个，全市实现镇街商会建设100%全覆盖的经验做法获全国工商联“2022年度组织建设调研成果突破创新奖”。市家居商会等7家商会获评全国“四好”商会；推动法治化营商环境建设，建立“万所联万会”机制，5对工商联与公检法司机关沟通联系机制入选全国百对典型事例。

【新的社会阶层人士统战工作】 2022年，漳州市委统战部开展国企高校走访调研工作，完善全市530名党外知识分子代表人士和500名无党派人士信息数据库；成立市新联会（新的社会阶层人士联谊会）网络人士分会，漳州留学生创业交流中心、芗城区知联会、龙文区碧湖街道新联会等联谊组织；选送4篇新的社会阶层人士作品入选中央统战部“艺心向党”自由职业艺术家喜迎中共二十大主题作品展。

【台港澳工作】 2022年，漳州市委统战部在全省率先研究制定关于做好港澳工作的若干措施，完成香港漳州同乡总会换届，率先启动“迁台记忆”文献征集工作，率先获评全省海峡两岸民间交流基地（同名同宗村）3个，筹建江丙坤生平事迹陈列室等漳台交流基地，举办两岸金门马祖乡亲国庆中秋联谊、圆山大讲坛等活动。

【“两支队伍”建设】 2022年，漳州市委统战部加强统战干部和党外代表人士队伍培训教育，推荐2名党派成员进入民主党派省级组织领导班子，推荐13名党外人士当选省政协委员，台商陈泽富成为全国首个进入省级工商联（总商会）领导班子的台籍企业家。自2022年开始提高市政协港澳委员比例，当年度新增补6名。举办处级党外干部进修班等培训班11个，培训人员520人次，在全省创新安排8个民主党派市委会主委带头作专题讲座。完成民主党派办公大楼搬迁和市、县（区）工商联换届。

【社会服务】 2022年，漳州市委统战部发动统战成员开展“民主党派乡村行”等社会服务160次，发动2221人次参与“99公益日”活动，惠及群众近5万人次；成立全市首家混合所有制职业教育企业，开展“百校万岗·同心就业”行动，为职校毕业生提供近5000个就业岗位；助力全民抗疫，动员全市统一战线开展医疗救治、应急保障、捐助物资、舆论引导、志愿服务、建言献策等工作，支持帮助港澳和海外乡亲防疫抗疫，捐款捐物价值1700多万元。

【“喜迎二十大、同心谱新篇”宣传教育】 2022年，漳州市委统战部围绕迎接和学习宣传贯彻中共二十大精神，广泛开展“喜迎二十大、同心谱新篇”主题宣传教育，支持开展统战各领域“矢志不渝跟党走、携手奋进新时代”政治交接、“喜迎二十大、同心跟党走”“寻美·漳州”等主题教育，组织各界人士学习贯彻中共二十大精神，参与5000多人次。开通“漳州统战”微信公众号和视频号，传递漳州统战好声音。

【“爱乡爱企促发展 同心同行兴万村”行动开展】 2022年，漳州市委统战部聚焦乡村振兴战略，开展村企结对帮扶等五大专项行动，推动165家商会（企业）参与乡村结对共建，完成投资经营帮扶19.19亿元，公益捐赠等帮扶超5000万元；筹建34个乡贤促进会，培育33个典型村；实施民族乡村振兴行动，投入扶持资金2339万元，比上年增长5.6%。漳浦县赤岭乡入选全省首批“铸牢中华民族共同体意识”乡村振兴示范乡，全省民族团结进步宣传月主题活动在华安县举办，助力乡村振兴。

【招商引资、招才引智行动】 2022年，漳州市委统战部聚焦“产业发展项目建设攻坚年”活动，组织民营企业参加世界闽商大会等招商活动，签约民企项目154个，总投资771.7亿元；实施民企服务创新工程，搭建政策宣传、信息沟通、招商引资、法律服务、银企对接等5个平台，牵线银行提供450亿元金融支持，纾解企业发展难题。实施“引侨资聚侨力汇侨智”行动，组建侨联招商引智顾问团，举办“中菲友好交流摄影展（漳州专场）”等活动，推动2个中菲合作项目签约，发动侨胞助力中菲经贸创新发展示范园区建设。

（张舒雯）

·机构编制管理·

【概况】 2022年，漳州市委编办紧扣全市改革发展大局，加强机构编制资源的统筹统管统用，推进基础性关键性重点改革，较好地完成各项工作任务。

【部门职责调整优化】 2022年，漳州市委编办根据法律法规规章“立改废”、部门机构职能调整等情况及时调整公布市场监管局、城管局等市直部门权责事项，协调理顺噪声污染防治、燃气安全监管等涉及多部门职责事项，厘定部门责任链条分界点。

【重点领域体制改革】 2022年，漳州市委编办完成行政复议体制改革，整合行政复议相关职能，明确市司法局作为本级政府行政复议机构，优化设置承担行政复议工作的内设机构，并划转行政编制充实行政复议机构人员力量。理顺森林公安机关管理体制，对市公安局及所辖分局森林警察有关机构编制事项进行调整，明确森林警察支队（森林分局）职责边界。

【特殊区域体制改革】 2022年，漳州市委编办紧扣开发区经济建设和投资服务功能定位，在精简规范开发区内设机构和领导职数基础上，对部分市属开发区进行重新“三定”，编制完善权责事项清单。助推古雷开发区设置口岸服务、文化教育、应急执法等事业机构，核增事业编制充实开发区人员队伍，全力支持石化产业基地建设。

【事业单位改革】 2022年，漳州市委编办配合做好粮食与物资储备系统、干部学院、运输管理等改革相关工作，调整优化职业技术教育中心等事业单位人员编制结构，清理规范市直事业单位法人登记管理工作，推进事业单位法人信用体系建设，逐步破解制约公益事业高质量发展的体制机制障碍。

【基层管理体制改革】 2022年，漳州市委编办深化经济发达镇行政管理体制改革，制定公布经济发达镇权责清单和“属地管理”事项责任清单。推进乡镇“一支队伍管执法”改革，落实行政执法人员资格考试与持证上岗制度，指导县（区）对照省赋权事项目录确定并印发乡镇（街道）首批拟赋权清单。健全镇街便民服务体系，推动就业、社保等便民事项进村（社区）办理，完善县乡政务服务标准化管理体系，提升便民服务质量和行政效能。

【机构编制资源配置】 2022年，漳州市委编办健全机构编制事项论证机制，加强机构编制资源统筹调配，精简盘活龙海林下等国有林场和市公路事业发展中心及部分分中心事业编制，调剂千余名事业编制保障人才引进和中小学等民生领域用编需求。从严控制机构设立、编制核增及编制使用审批，持续清理查处条条干预、超编进人等行为，切实管好用活机构编制资源。

（高艺惠）

·机关党建·

【概况】 2022年，漳州市直机关工委以党的政治建设为统领，牢记建设“模范机关”职责使命，严格落实全面从严管党治党要求，扎实推进机关党建各项工作向纵深推进，实现高质量发展。截至年底，下辖市直65个机关党委（直属党委），26个基层党委，30个党总支，1043个党支部，党员1.87万名。

【模范机关创建】 2022年，漳州市直机关工委在市直机关中广泛开展“锻铸忠诚、踔厉奋发”对党忠诚主题教育，引导党员干部牢记“走好第一方阵，跑好第一棒”的政治属性。规范指导市直机关和县（区）机关开展模范机关创建活动，拟定《创建模范机关考核评价工作机制》和《考核内容及评价办法》，着力开展政治型、学习型、服务型、效能型、堡垒型、清廉型“六型”模范机关创建行动。

【意识形态阵地巩固】 2022年，漳州市直机关工委把意识形态工作纳入党建工作责任制、重要议事日程和机关党建目标考核，制定《委机关意识形态工作分解责任细化方案》，规范机关党建意识形态工作责任体系。召开机关意识形态工作分析研判会议，重点管好机关宣传阵地、党员培训阵地、服务群众阵地，开展党建宣传阵地建设、学习新思想常态化培训、机关党员干部为民服务等常规指导检查。

【理论武装】 2022年，漳州市直机关工委印发市直机关《关于认真学习宣传贯彻党的二十大精神的通知》，举办学习贯彻党的二十大精神市委宣讲团报告会市直机关专场，在市直机关迅速兴起学习贯彻热潮。严格落实市直单位党组（党委）理论学习中心组常态化巡听旁听制度，在《闽南日报》开辟“勇担使命服务发展大局，锐意进取争创模范机关”机关党建专栏，推动党员干部学懂弄通做实习近平新时代中国特色社会主义思想和党的二十大精神。

【党建研学平台打造】 2022年，漳州市直机关工委举办“喜迎二十大·市直机关党建改革创新成果汇展”，集中宣传推介28个市直机关单位党建典型经验和创新举措，为党的二十大胜利召开营造氛围。打造机关党建研学品牌，在《闽南日报》等市级主流媒体开设“漳州机关党建之窗”党建学习专栏，集纳式刊登市直各单位开展机关党建工作75条动态性报道及亮点成效。

【学习成果运用】 2022年，漳州市直机关工委围绕推进“大学习、大宣讲”活动，以“加强机关党的政治建设，创建模范机关”为主题，开展机关党建课题调研，确定“推动机关党建提质增效的实践和路径研究”等29项调研课题，形成调研报告60多篇，集中转化《推进模范机关建设实践探索及问题对策研究》等一批实效性较强的调研成果，在推动成果转化中树典型、破难题。

【法规学习培训】 2022年，漳州市直机关工委围绕学习党章和《中国共产党党和国家机关基层组织工作条例》等党规，健全完善“机关工委示范培训、部门党组督促学习、机关党委兜底培训”工作机制，举办党务干部培训班80场，培训人员2020多名，推动党员领导干部、党支部书记上党课1400余场次。

【基层组织建设】 2022年，漳州市直机关工委针对“基层组织建设层次不高，日常督促检查力度不足”机关问题，对2020年度市直单位全面从严治党主体责任检查进行“回头看”，推动1100多个基层党组织开展述职评议考核，完成组织生活质量不高等27个问题的整改落实。

【党建品牌打造】 2022年，漳州市直机关工委深入开展“机关联社区、党建促融合”行动，持续拓展“党建创品牌，工委在行动”主题活动，凝练打造《强化党建引领，点燃红色引擎，打造社会治理服务漳州模式》特色品牌，有效推进“近邻”党建工作。

【党员队伍教育管理】 2022年，漳州市直机关工委对基层党组织书记、党务干部、一线党员干部进行示范培训，市直机关开展学习研讨770场，1300多名党员领导干部、党支部书记上专题党课1400余场，开展纪法警示教育、红色传统教育、家风家训教育等主题党日活动1100余场。

【党建领航发展模式完善】 2022年，漳州市直机关工委持续完善《市直机关“党建领航发展”工作规范》，组织开展党员队伍强基、实践载体创建、争创岗位竞赛、项目推进攻坚等“党建领航发展”等四个专项行动，市直机关各级党组织结合各自实际，在产业发展、项目建设、“七比一看”竞赛等工作领域，开展党建领航各类活动50多项，有力拓展机关党建的作为空间、持续激发生机活力。

【党建领航发展平台拓展】 2022年，漳州市直机关工委组织开展漳州市第五届“推进机制活、建设新福建”机关体制机制创新优秀案例征集评选活动，市直机关有30项好经验好举措受到表彰推广，9个案例荣获“推进机制活、建设新福建”全省机关体制机制创新优秀案例称号。持续开展“机关联动乡村，党建引领振兴”行动，市直机关100个基层党组织挂钩联系94个行政村，投入帮扶资金809万元。

【机关文化引领】 2022年，漳州市直机关工委组织发动市直单位开展“创文明城市，建美好家园”城攻坚专项行动，推动机关精神文明创建取得新成效。推进综治平安建设工作，举办年度“百名法学家百场报告会”市直机关专场法治宣传活动，加强机关法治教育和保密教育，维护机关单位文明和谐、安定稳定。举办市直机关“学习二十大、同心谱新篇”学习交流调研活动，推动统战工作更加制度化、规范化。

【党建主体责任落实】 2022年，漳州市直机关工委开展市属国企、高校党委2021年度落实全面从严治党主体责任情况检查，查找问题50个、反馈整改意见19

条。建立健全市直机关党建“六比六看”考核评价工作体系，以实时不间断累计积分的形式，实现考核评价的规范化、标准化。

【党风廉政建设】 2022年，漳州市直机关工委常态化推进机关廉政教育全覆盖，着力提升机关纪检干部监督执纪问责的履职能力和水平，市直机关9000多人次党员干部接受廉政警示教育。持续开展机关落实形式主义、官僚主义突出问题整治，推动市直机关深入开展干部作风“五不”问题专项整治，定期通报严重违法违纪案件等反面典型案例。抓好正风肃纪，2022年市直纪检监察工委累计审理违纪违法33人。

【党的群众路线践行】 2022年，漳州市直机关工委组织发动市直机关各级党组织开展“守护良田生态美，助农增收百姓——我在乡间有点田”党员志愿活动，充分发挥机关党组织凝心聚力战斗堡垒作用和党员干部忠诚履职先锋模范作用。截至年底，市直机关、平和县已完成第一期100公顷田地的认领。

（崔 炜）

·巡察工作·

【概况】 2022年，漳州市推进市县巡察，分两轮4批对24个市直单位党组织开展“常规+专项”巡察，对县（区）城市管理局、工信局、县属开发区（投资区）以及重点乡镇等33个县级巡察对象开展“交叉+专项”巡察，全市共巡察党组织253个，发现问题3736个。

【巡察整改】 2022年，漳州市委巡察办完善巡察整改规程、成果共享运用、整改问题清单等制度，创新纪委监委、组织部、宣传部、巡察办和巡察组“五方联审”工作模式，建立向市委和市委巡察工作领导小组汇报整改情况机制，推动巡察整改落深落细。坚持“一巡一分析”，针对巡察发现的市直管公房管理、测绘地理信息、小规模工程项目、市直公办学校工程项目等突出问题，形成专题报告报市委、市政府，推动开展专项整治，实现发现问题、规范管理、促进改革一体推进。

【专项巡察】 2022年，漳州市委巡察办针对商品房预售资金被违规抽离存在烂尾风险问题，推动市住建局党组修订完善预售资金监管办法，并在全国创新性地提出“政府主导、国企托管、捆绑运作”和“挂旧账、付新账、算总账”处置模式，该模式在全国会议上作经验介绍。围绕漳州市近年来大力实施教育补短板项目情况，对市级教育系统开展板块轮动巡察，除对市教育局和2所学校开展“常规+专项”巡察外，还对15所市直公办学校开展工程项目建设领域专项巡察，既系统查找市教育局作为主管部门履行职能责任情况，又深入查找学校在推进工程项目建设中存在的主要问题，首次实现对市级教育系统“一域一巡”。

（林春祥）

·老干部工作·

【概况】 截至2022年年底，全市共有离休干部260人，其中市直单位128人，县（区）132人；行政部门94人，事业单位64人，企业102人；80—89岁24人，90岁以上236人。全市“5·12”（1949年10月1日至1950年5月12日期间参加工作的干部）退休干部170人，其中市直单位45人，县（区）125人。年内，漳州市委老干部局深入贯彻习近平总书记关于老干部工作的重要指示精神，不断推动新时代漳州老干部工作高质量发展。

【党的二十大精神学习贯彻】

2022年，漳州市委老干部局全过程抓好学习宣传贯彻，大会召开之前，围绕喜迎党的二十大，组织开展“我看中国特色社会主义新时代”主题调研、“我看中国特色社会主义新时代”

主题征文等活动，共召开座谈会198场次，1.3万多名离退休干部建言献策273条，收集征文90篇。大会召开期间，组织全市老干部和老干部工作者学习习近平总书记在大会上所作的重要报告，引导老同志通过“离退休干部工作”“福建离退休干部”微信公众号学习党的二十大精神，利用“福建老干部”APP漳州“老干e家”板块及时发布学习资料、会议动态等。全市100多个离退休干部党支部充分利用线上平台展开热烈讨论，3000多名离退休干部党员“云上”共享党的二十大盛会。大会召开后，及时印发《关于认真学习宣传贯彻党的二十大精神的通知》，组织开展专题授课、座谈交流、书画笔会等，发动老干部参加“学示范 做先锋 跟党走”主题微视频征集展示活动，择优上报的4部微视频从全省73部作品中脱颖而出，全部获评十佳微视频。

【“五融五助”党建品牌打造】

2022年，漳州市委老干部局结合工作实际打造“五融五助”（融入组织建设，助力基层党建；融入红色血脉，助力精神传承；融入基层治理，助力安全稳定；融入文化宣传，助力老有所乐；融入帮教帮扶，助力关心关爱）离退休干部党建品牌。印发《漳州市“五融五助”推进离退休干部融入近邻党建示范社区（小区）创建工作实施方案》，在全市确定13个离退休干部融入近邻党建示范社区，发动5600余名离退休干部党员参与融入基层党建，成立“老党员之家”68个，深入各社区开展红色宣讲、司法调解、反诈宣传等活动60多场。充实“银发人才库”，推行“党支部＋志愿服务队”“涉老团体＋志愿服务队” 等模式，成立银发志愿服务队45支，组织引导老干部开展送爱心、送科技、送法律、送文化、送医疗等“五送”服务下基层活动80多场次。引导广大“五老”助力乡村振兴，深入推进农村青年致富“种子工程”，共建设龙海、南靖、平和、华安4个“种子工程”示范县（区），培育八大产业10个示范片，打造100个市级示范点，组织培训40余场，培训学员近2000人次。700多名有各类专业特长优势的离退休干部党员经常活跃于文明创建、疫情防控、社区治理等领域，涌现出谷文昌先进事迹传播者吴玉辉、“和事佬”赖水顺、“有事找老沈”沈水生、“红管家”戴丽云等一批先进典型。“五融五助”工作品牌获评第五届“推进机制活、建设新福建”全省机关体制机制创新优秀案例三等奖。

【老干部服务保障】 2022年，漳州市委老干部局坚持重大节日、生病住院、特殊困难、家庭重大变故、去世老干部家属“五必访”制度，做到“基本信息一人一表、服务需求一人一案、走访笔记一人一本”三类表单落实“一人一策”。“七一”建党节前夕，开展市直退休厅级老干部“四上门”走访慰问活动（送学上门、宣讲上门、问计上门、调查摸底上门），做法刊登在《中国老年报》《福建日报》坚持问题导向，走访14家市区家政服务机构，调研老干部个性化购买服务需求，收集老干部反映问题意见62条，制定11项精准服务套餐。市直建立购买服务专项资金，将149名离休干部购买服务经费列入市本级财政预算，并做到逐年有增长。明确医疗保健“六个一”标准：基本信息“一人一表”，纾困笔记“一人一本”，健康体检“一人一单”，住院慰问“一周一访”，医疗服务“一点一设”，医疗待遇“一批一案”，全面掌握市直离休干部的健康状况和医疗需求信息，有针对性地为老干部提供便捷、精准、多样的医疗服务。协调市财政、卫健等职能部门，两次出台文件提高离休干部医疗待遇。春节前夕，协调市卫健委，为市直离休干部、“5·12”退休干部和厅级退休干部共260人发放“健康包”。

（刘君雍）

·精神文明建设·

【文明城市创建】 2022年，漳州市围绕“全面创建、全域创建、全民创建、全程创建”，坚持主官主抓、厘清责任、攻坚重点、严督实导，深入开展“六大攻坚”和“十项专项整治”等行动，年内，市主要领导召开会议11次、明察暗访17次。实施常态化综合督查测评，对市直有关单位进行4次测评，对5个区进行3次测评，对倒数第一名的3个区分管领导，6个市直单位主要领导进行约谈，督促问题整改落实；下发督办单177份，到期反馈率达100%。实施常态化网上材料申报，每月制订申报计划，逐月收集审核材料，反复打磨、严格把关。加强业务指导培训，组织赴县（区）进行文明创建指导10余次，开展辅导培训，参加培训人员420余人。全市创城整改取得阶段性成效，通过文明城市整改复查验收。

【道德模范工作】 2022年，漳州市委文明办组织开展生活困难道德模范走访慰问活动，走访慰问全国、全省和市级道德模范25名。召开第七届漳州市道德模范座谈会，表彰市级道德模范20名。田伟达、梁木山入围“中国好人”，杨伟林等8人（组）入围“福建好人”。制作《向上向善、德耀漳州》宣传短片，开展道德模范电视拜年活动。邀请道德模范、身边好人，推出《我为漳州文明建设代言》宣传短视频6期。印发《关于开展“展示新时代风采，喜迎二十大召开”道德模范宣讲活动的通知》，组织8名道德模范、新时代宣讲师在龙海区新时代文明实践中心举办全市首场宣讲活动。

2022年7月28日，漳州市首场道德模范宣讲活动在龙海区新时代文明实践中心举行（漳州市委文明办 供图）

【精神文明教育】 2022年，漳州市委文明办以深化全国文明城市创建活动为载体，协调市主流媒体加大精神文明教育力度，开设《文明漳州城 爱拼才会赢》《文明就在我们身边》等宣传专栏，报道文明漳州建设文章400多篇，组织撰写刊发《创城，让我们的生活更有品质！》等系列评论员文章15篇，征集“文明漳州”短视频100多个，评选出优秀短视频35个。全年共宣传报道353篇，被省平台选用145篇。制作《文明漳州城 爱拼才会赢——漳州市深化全国文明城市创建工作摄影》宣传短片、汇报片，在新闻网站、微信公众号、城视文明联播平台和楼宇电视播出。

【公益广告征集评选】 2022年，漳州市委文明办印发《关于开展漳州市“讲文明树新风”公益广告征集评选活动的通知》，征集公益广告339件，评选出优秀作品83件。市区更新公益广告近1.6万幅（处），新增公益广告景观小品4000余处，美化电力通讯箱体950个，新设文明告示、文明提醒宣传牌2万余个，LED屏每天屏播放近6000条次宣传标语，引导市民讲文明话、做文明事、当文明人、创文明城。

【新时代文明实践工作】 2022年，漳州市先后制定印发《漳州市推进新时代文明实

2022 年 6 月 2 日，漳州市“新时代好少年”事迹发布会在漳州三中举行
（漳州市委文明办 供图）

践中心科学化、规范化、制度化建设的指导意见》等系列工作文件，市文明委在诏安县召开全市新时代文明实践中心科学化、规范化、制度化建设工作现场推进会，统筹推进全市新时代文明实践中心（所、站）建设。年内，市委文明办组织开展文明实践志愿服务培训356场，培训志愿者27314人，编印《漳州市新时代文明实践口袋书》6000本，分发给各县（区）新时代文明实践中心（所、站）交流借鉴。拍摄12期新时代文明实践主题宣传短视频，在基层党员干部群众和广大志愿者中引起热烈反响。截至年底，全市各县（区）、开发区（投资区）共建成16个县级新时代文明实践中心，133个新时代文明实践所，2065个新时代文明实践站，实现全市新时代文明实践中心（所、站）建设全覆盖。

【未成年人思想道德建设】 2022年，漳州市委文明办组织开展“新时代好少年”推荐评选学习宣传活动，龙溪师范学校附属小学方谷弘、南靖县城关中学林裕宸入选福建省“新时代好少年”，卢祈霏等16名同学入选漳州市“新时代好少年”。举办“新时代好少年”先进事迹发布会，在《闽南日报》、漳州电视台宣传新时代好少年事迹。结合道德模范宣讲，组织“新时代好少年”到基层巡讲。深化“扣好人生第一粒扣子”主题教育实践活动，组织开展“清明网上祭英烈”活动，参与人数61万多人。组织全市未成年人参与“向国旗敬礼”网上寄语活动，参与人数1.52万人。联合市教育局开展“经典筑梦向未来”——漳州市经典诵读优秀作品展演，全市12个经典诵读优秀作品参与展演。联合团市委开展“童心向党 我爱漳州”第三届漳州市小学生手抄报比赛，收到作品10179份，300多名师生获奖。组织开展未成年人心理健康“心安疫线 守护健康”主题活动，招募心理专业志愿者211人，开通市（区）县级热线数量22条，学校热线数量322条，服务学生、家长890人次。开展省级以上文明校园风采宣传展示，宣传文明校园开展精神文明建设的成功经验和先进做法，共有18所省级以上文明校园进行刊播。

【文明校园建设】 2022年，漳州市委文明办开展省级以上文明校园风采宣传展示，每月在闽南日报、漳州电视台、“文明在漳州”公众号上刊播文明校园风采，宣传文明校园开展精神文明建设的成功经验和先进做法，共有18所省级以上文明校园进行刊播。

【志愿服务】 2022年，漳州市委文明办编印《漳州市志愿者口袋书》5000本，分发给各县（区）和各志愿服务组织交流借鉴。印发《关于调整充实漳州市志愿服务活动协调小组成员单位、成员名单、工作职责及工作规程的通知》，进一步加强全市志愿服务活动的组织领导。组织参与2022年度福建省志愿服务项目大赛、福建省五星级志愿者认定推荐、学雷锋志愿服务全国“四个100”和全省“五个最美”先进典型推选活动。其中，芗城区新桥街道华港社区入围全国“四个100”先进典型候选对象，漳州市残联“爱容融”阳光助残行动志愿服务项目等8个先进典型获评全省学雷锋志愿服务“五个最美”，徐智心等5名志愿者被认定为福建省五星级志愿者，林敏被授予“全国百名最美生态环境志愿者”称号。

（孔洪江）

·党校工作·

【概况】 2022年，漳州市委党校（福建谷文昌干部学院）举办“谷文昌先进事迹当代价值研究”学术研讨会以及“新时代与谷文昌先进事迹”理论研讨会，筹建“谷文昌先进事迹资料库”，承办各类培训班230期17150人，班次总量与上年持平、培训人数比上年增加近4000人，其中：主体班29期2115人，专题班3期1565人，外培班171期12148人（含省外班次10期718人）。

【校院“合署办公，同址办学”全面推进】 2022年，漳州市委党校（福建谷文昌干部学院）提高办学成效，福建谷文昌干部学院被中共中央组织部列入党性教育干部学院目录，福建谷文昌干部学院正式揭牌办学当天在天安门广场升起的国旗，落户校院永久珍藏。市委党校和部分县级党校（云霄、诏安、东山、南靖县委党校）通过省委党校本轮的办学质量评估。

【教学创新】 2022年，漳州市委党校（福建谷文昌干部学院）加强主课学科建设，理论教育和党性教育课程占全部课程比重超70%，共设置课程75门，其中，培育的新课程新专题27门。选送4门课程参加省委党校、省社会主义学院的精品课评选并获奖。

【交流合作拓展】 2022年，漳州市委党校（福建谷文昌干部学院）签约合作单位8个，挂牌单位10个；与省社会主义学院（省中华文化学院）共同举办“两岸同心福·喜迎二十大”闽台“福”文化书画展（漳州）活动。

【一体化办学】 2022年，漳州市委党校（福建谷文昌干部学院）市委分校（长泰区委党校）培训27期1322人，先后邀请中央党校、省委党校、市委党校、厦漳泉高校的知名专家学者和市、区单位领导干部授课132人次，各区委党校教师授课67人次。

【现场教学精品路线打造】

2022年，漳州市委党校（福建谷文昌干部学院）整合全市特色教学资源，首批在全市5个县设立“教学与科研基地”，提升现场教学质量。

【科研咨政】 2022年，漳州市委党校（福建谷文昌干部学院）受理各类课题申报188项，立项117项，其中，由校院申报并立项的课题61项，包括中央党校国家级课题立项2项、省社科课题立项1项、省校基地课题立项8项、市社科课题立项14项、校级课题立项36项。设置“新时代谷文昌先进事迹研究”校级专项课题，立项16项。指导学员完成咨政调研论文45篇，获中央领导批示1次、市领导批示7次、省社院主要领导批示1次；参与2个项目分别获得全省“2022年度改革创新项目”评比一、二等奖。在各级刊物发表文章共54篇，其中省级CN刊物15篇，在《闽南日报》“理论与实践”专栏发表理论文章39篇。5篇论文入选“纪念毛主席率领中央红军攻克漳州90周年”理论研讨会。

【“风展红旗如画”国旗展在福建谷文昌干部学院开展】

2022年9月14日，“风展红旗如画”国旗展在福建谷文昌干部学院开展，通过展陈国旗诞生、国旗故事、国旗法、天安门广场升降国旗等内容，全方位展现国旗之史、国旗之姿、国旗之法、国旗之仪。市领导张国旺、季光明共同为国旗展开展揭幕。此次展陈的国旗，由北京市人民

2022 年 9 月 14 日，福建谷文昌干部学院“风展红旗如画”国旗展开展仪式举行　　（闽南日报社 供图）

政府天安门地区管委会赠予福建谷文昌干部学院，曾于2019年9月12日在天安门广场升起，具有珍贵的历史性和唯一性。

（吴苇雅）

·党史和地方志工作·

【概况】　2022年，漳州市委史志研究室发挥“存史鉴今、资政育人”的职能作用，推动漳州史志事业高质量发展，《漳州年鉴（2021）》获福建省年鉴质量评比“一等年鉴”，“漳州战役研究”被列为中央党史和文献研究宣传专项引导资金项目。

【党史编研】　2022年，漳州市委史志研究室会同多部门合作编纂印制纪念毛泽东率领中央红军攻克漳州90周年丛书、《漳州市革命老区非文物遗址通览》《大芹山上红旗展——闽粤赣边区革命根据地红色故事》，编辑印发《漳州红色故事读本》《漳州市委执政纪要（2021）》和《漳州史志》刊物，修订《中国共产党漳州历史（1921—1949）》，丰富党史编研成果。

【年鉴编纂与出版】　2022年，漳州市、县（区）两级地方综合年鉴继续坚持一年一鉴、公开出版，提升年鉴编纂出版的质量。12月，《漳州年鉴（2022）》由方志出版社出版。该卷年鉴设35个类目，全书58.6万字，全面、客观地记载2021年漳州市政治、经济、社会、文化发展等方面的基本情况，反映各行各业新成就、新经验、新趋势。县（区）年鉴编纂有效推进，《长泰年鉴（2022）》参与福建省年鉴精品工程评审。

【志书编纂与出版】　2022年，漳州市委史志系统多方征集汇编，推动《湖珠村志》《湖西畲族乡志》《坡兜畲村志》等多部村镇志编纂出版。平和县委史志室《平和县蜜柚志》编纂工作有序进行，进入总纂统稿阶段。南靖县委史志室整理校对乾隆时期《南靖县志》。

【地方志资源开发利用】　2022年，漳州市委史志研究室围绕独特地方历史文化资源，编纂制作《漳州市情简明读本》，《漳州名镇名村》交付印刷，完成《海上福建》漳州篇综述、《月港志》审读。长泰区委史志研究室印刷出版《参与·见证·融入——在长泰这方热土上》。漳浦县委史志室点校整理《缉斋诗文稿》。

【史志宣传教育】　2022年，漳州市委史志研究室做好“漳州党史方志”微信公众号，加强“学习强国”学习平台的史志稿件推送，年内，漳州史志微信公众号推送142期465篇文章，“学习强国”学习平台共登载42篇文章。紧扣红军攻克漳州90周年、党的二十大召开等重要时间节点，开展史志宣讲。持续开展史志书籍“六进”活动，与国家方志馆、省外史志部门、市内各高校深入合作，搭建史志交流新平台。全年开展宣讲18场次，听众1339人次，赠阅史志书籍2174套（册）。

【史志资政】 2022年，漳州市委史志研究室聚焦社会经济文化发展，依托新思想研究与宣传小组，组织业务骨干撰写资政报告、调研报告和研究论文等。1篇论文入选国家级学术年会论文集，2篇论文刊登于省级刊物，2篇论文参与社科论文评选，并获年度市社科规划研究二等课题，另有多篇文章刊登于市级报纸刊物。

【纪念红军攻克漳州90周年系列活动开展】 2022年，漳州市委史志研究室围绕"红军攻克漳州90周年"重要时间节点，加强同中央党史文献院和省委史志办的汇报对接，联合漳州市委党建办、宣传部、文旅局等部门，举办纪念红军攻克漳州90周年系列活动，召开"漳州战役"理论研讨会，参与制作拍摄《红军攻克漳州》微电影，举办红色文献展、红军攻克漳州标语展、红军攻克漳州知识微竞赛等，"漳州战役研究"被列为中央党史文献院宣传年度专项引导资金项目，争取资金8万元。

【闽南（漳州）革命历史展览工作推进】 2022年，漳州市委史志研究室推进闽南（漳州）革命历史展览相关工作。年内，先后组织团队赴福州、龙岩、三明、江西瑞金等地学习吸收红色纪念馆布展理念和经验，调研报告多次获市领导批示；不断完善展陈大纲，经过12次修订形成《九龙江畔红旗颂——漳州革命历史陈列》通过专家论证；向社会征集线索34条，实物83件（套），征集文物线索、尺寸及照片等数据388条，入展文物198件（套），并完成全部入展文物的落位；研制项目施工时间表和路线图，扎实推进项目进度。

（林　倩）

·档案工作·

【概况】 2022年，漳州市档案部门加强党对档案工作的领导，管理体制和运行机制顺畅，发展动能和工作保障得到增强。《呈阅件》（《"三提请一纳入"推进"办局一体、局馆联动"全面落实——漳州市实现所辖县区档案局长、馆长"一肩挑"》《漳州市档案局主动靠前，积极做好档案服务"向东渠纪念馆"筹建工作》）等获省档案局（馆）主要领导批示6次，市委主要领导批示2次。年内，档案搬迁、机关搬迁和数字档案馆搬迁完成。

【档案服务中心工作】 2022年，漳州市档案馆主动融入和服务漳州市发展大局，在档案资政辅政、服务重点建设项目等方面持续发力。年内，做好习近平总书记17次来漳调研有关档案资料收集、梳理工作；开展厦漳同城大道、厦门港古雷航道三期等省市重点项目工程建设的业务指导和专项验收工作；组织开展"向东渠"引水工程档案情况调查和帮助支持华安县"仙都侨史馆"筹建工作。

【"两类档案"归集】 2022年，漳州市档案馆推动落实脱贫攻坚、疫情防控"两类档案"的归集工作，市档案馆和11个县区、5个市属开发区落实"两类档案"建库工作，实现包括开发区在内的市域全覆盖。

【依法治档】 2022年，漳州市档案馆开展档案执法检查工作，采取"三提请一纳入"（提请市委常委会会议研究、提请市委分管领导批示、提请市委组织部联动协调，纳入督查机制）工作方法，推动实现所辖11个县区党委办室务会成员（副主任）、档案局局长、档案馆馆长"三位一体"全覆盖。发挥"办局一体、局馆联动"的聚合力优势，截至年底，对80家市直机关团体事业单位、5家市属高校、11家国企开展档案执法监督检查，实现常态化督查全覆盖。

【档案资源建设】 2022年，漳州市档案馆组织开展"征集珍贵实物档案攻坚季"活动，围绕可见证漳州变迁发展所产生的11

类史料和实物，集中时间、力量对16个县区、开发区全覆盖和36个市直重点单位进行珍贵档案线索摸底、挖掘和征集，征集到清同治七年（1868）木刻活字刊印本共92册《福建通志》等一批珍贵实物档案，以及地方文献580本、照片2万多张、视频档案335件、各类档案资料6300多件。落实对17个单位4770卷、2244件档案进馆验收，开展37万卷房屋登记档案和不动产权属登记档案、38万卷抵押档案移交进馆准备工作。

【档案数字化建设】 2022年，漳州市档案馆完成数字档案馆系统平台的整体搬迁工作，做到数据与设备等安全、保密、细致无一差错。做好日常档案数据接收、数据检测、数据挂接、移交入库及日常办公智能化系统维护等工作，把好数据质量关，做好馆藏数字资源管理，保障数据安全和数据保密。做好2022年数据档案接收工作，接收6家单位1339件1056卷10.16万页（幅）档案数据。

【档案保管利用】 2022年，漳州市档案馆完成档案实体搬迁任务，完成30万卷（册）档案资料及装具搬迁。持续做好查档利用工作，查档群众满意度一直保持在100%，收到社会各界赠送锦旗2幅、感谢信1封。签订省、市、县三级档案馆档案跨馆利用协议，建立覆盖市内、辐射省内的馆际联动查档机制。重新梳理清点馆藏档案资料，做到册册登记、卷卷清点，确保档案资料不丢失、不损毁。及时做好各类档案接收工作，接收市直各单位档案707卷、602件，照片485张，实物168件；与市侨联签订寄存协议，接收市侨联实物档案210件。

【档案编研】 2022年，漳州市档案馆编辑并公开出版漳州历史人物《黄道周传》，内部出版《龙溪地委书记洪椰子笔记摘编（1953年、1954年）》《漳州市脱贫攻坚工作档案实录（2016—2020年）》《漳州市档案馆馆藏抗日战争档案资料汇编》《漳州侨批与爱国华侨档案资料汇编》《漳州市档案馆馆藏“两岸信函”档案汇编》等8本书籍。东山县编撰完成25篇“一纸信函、情牵两岸”台批故事专辑，促进漳台文化交流。

【档案宣传教育】 2022年，漳州市档案馆组织拍摄《透视地图档案 见证漳州发展》5集专题片。被漳州市直关工委命名为第一批市直机关主题党日活动教育基地，全年接待参观人员53批1600多人次。与市图书馆签订文献资料互赠交换协议，发挥档案、图书服务社会大众的功能。建设“漳州市外事礼品展”，展现漳州与国外8个友好城市交流交往的发展历程。《漳州市档案馆实现“搬新馆、展新貌、开新局”》等专稿相继在《中国档案报》刊发。

【档案馆库建设】 2022年，漳州市档案馆和芗城、龙文、长泰、诏安、平和、南靖等6个县区档案馆新馆投入使用，实现档案馆“五位一体”功能。龙海区、漳浦县、华安县、东山县档案馆完成主体建设，进入内部装修；云霄县档案馆开工建设。

【档案安全保管】 2022年，漳州市档案馆加强档案安全保障工作，做好日常安全和重大节假日档案安全检查工作，召开档案管理隐患排查分析专题会，举行“消防安全知识培训暨应急演练”，深入排查、逐一整改档案安全风险点。

【“迁台记忆”档案资源征集】 2022年，漳州市档案系统紧扣“寻根漳州·两岸亲缘”主题，征集到“两岸书函”“迁台记忆”档案资料189件，照片1049件。

【档案助力乡村振兴】 2022年，漳州市档案馆通过挖掘梳理馆藏资源、编研资源倾斜、协助策展等举措，助推挂钩村编纂出版漳州首部村志《湖珠村志》；专项帮助支持华安县利用档案资源打造乡村振兴“先锋”模式，为记录光荣历史、留住乡村记忆发挥档案存史资政等作用。

（刘舜全）

·关心下一代工作·

【概况】 2022年，漳州市关心下一代工作委员会（简称漳州市关工委）开展“凝心聚力跟党走，建功立业新征程”老劳模宣讲活动，邀请19名老劳模深入学校、企业等开展23场报告会。漳州市关工委被中央政法委、中国关工委等五部委评为“全国青少年普法教育先进集体”。

【红色文化主题教育】 2022年，漳州市关工委举办红色主题教育宣讲活动1400多场，1500多名“五老”参与，受教育青少年21.9万多人次。12名“五老”被评为省级百佳“五老”故事员。

【“五老”关爱工程实施】

2022年，漳州市关工委开展“关爱成长微心愿”活动，帮助南靖和华安100名困难家庭学生实现微心愿。与市教育局、民政局共同出资20万元，帮助50名困难家庭学生圆梦大学。全市各级关工委发动部门、单位与社会爱心人士向2000多名困难家庭学生发放助学金上千万元。

【普法宣传】 2022年，漳州市关工委设立“漳州市未成年人法治关爱实践基地”，开展法治宣传教育活动700多场，受教育青少年9.5万多名，3名被评为“全国青少年普法教育先进工作者和优秀辅导员”。

【“种子工程”建设】 2022年，漳州市关工委新组建一批民企关工委。举办培训100多场，受训农村创业青年6000多人。

（方金龙）

责任编辑：江细珍

漳州市人民代表大会

·重要会议·

【概况】 2022年，漳州市人民代表大会及其常务委员会（简称漳州市人大及其常委会)召开1次人民代表大会会议；召开10次人大常委会会议，听取审议32项专项工作报告，开展2次满意度测评，颁布实施1部地方性法规，审议3部地方性法规草案，依法任免市国家机关工作人员110人次。

【市第十七届人民代表大会第一次会议】 2022年1月5—8日，市第十七届人民代表大会第一次会议在芗城召开，实到代表400人。会议听取和审议漳州市人民政府工作报告；审查和批准漳州市2021年国民经济和社会发展计划执行情况及2022年国民经济和社会发展计划草案的报告，批准漳州市2022年国民经济和社会发展计划；审查和批准漳州市2021年预算执行情况及2022年预算草案的报告，批准漳州市2022年市级预算；听取和审议市十六届人大常委会主任陈汉夫所作的漳州市人民代表大会常务委员会工作报告；听取和审议漳州市中级人民法院党组书记、代理院长吴元祥所作的漳州市中级人民法院工作报告；听取和审议漳州市人民检察院党组书记、代理检察长江莉所作的漳州市人民检察院工作报告；审议并表决通过《漳州市人民代表大会关于动员全市人民为把漳州建设成现代化滨海城市而努力奋斗的决议》。

会议选举李东河为漳州市十七届人大常委会主任，林俊德、吴芳华、方木荣、沈茂欣、李亚树为市十七届人大常委会副主任，欧阳元成为市十七届人大常委会秘书长；王进足为漳州市人民政府市长，侯为东、胡栋良、兰万安、林晓东、崔为磊、潘全胜、郑立敏、余向红、林少金为副市长；陈文聪为市监察委员会主任；吴元祥为市中级人民法院院长；江莉为市人民检察院检察长（须报经省人民检察院检

2022 年 1 月 5 日，漳州市第十七届人民代表大会第一次会议在市人民剧场开幕 （方铭志 摄）

察长提请省人大常委会批准）。会议还选举丁建木、王光文、王建洋、叶芳、朱志宏、庄跃庆、刘书佳、池毅、许育元、许惠英、孙志明、杨文辉、杨怡静、吴志民、余永平、陆銮眉、林如凤、林金波、林秋生、林勇一、欧阳建福、郑智平、赵学田、胡进辉、洪耀中、郭丹川、黄艺敏、黄榕城、储霆、曾凡沛、简清溪、戴平忠为市十七届人大常委会委员；表决通过市十七届人大法制委员会组成人员，林俊德为市十七届人大法制委员会主任委员，简清溪、洪耀中为副主任委员，王松柏、朱志宏、许惠英、苏勇军、胡进辉、蔡元和为委员；表决通过市十七届人大财政经济委员会组成人员，李亚树为市十七届人大财政经济委员会主任委员，丁建木、王建洋为副主任委员，孙志明、陆銮眉、林金波、欧阳振山、郑智平、曾凡沛为委员；表决通过市十七届人大社会建设委员会组成人员，林秋生为市十七届人大社会建设委员会主任委员，黄艺敏、欧阳建福为副主任委员，叶芳、刘书佳、池毅、余永平、林勇一、蔡铭智为委员；表决通过市十七届人大监察和司法委员会组成人员，方木荣为市十七届人大监察和司法委员会主任委员，戴平忠、林如凤为副主任委员，庄跃庆、许育元、杨文辉、杨怡静、郭丹川、黄榕城为委员。

【市十七届人大常委会会议】

2022年，漳州市人大及其常委会共召开10次常委会会议，即市十七届人大常委会第一次会议至第十次会议。

2022年1月8日，市十七届人大常委会第一次会议召开。会议传达学习贯彻市委张国旺书记在市十七届人大一次会议上的讲话精神；审议并表决通过《市人大常委会组成人员守则》。

2022年1月18日，市十七届人大常委会第二次会议召开。会议听取和审议漳州市人大及其常委会法制工作委员会关于2021年规章和规范性文件备案审查工作情况的报告；补选省十三届人大代表。

2022年1月28日，市十七届人大常委会第三次会议召开。会议听取和审议市政府关于漳州市市本级2022年提前批新增政府债务限额管理及新增政府债券资金安排使用预算调整方案（草案）的报告并表决通过相关决议。会议还表决通过有关人事任免议案。

2022年4月27日，市十七届人大常委会第四次会议召开。会议听取和审议市政府关于促进中医药传承创新发展情况的报告；审查和批准《漳州市“十四五”生态市建设专项规划》；听取和审议市政府关于2021年度地方政府性债务管理情况的报告；审议《漳州市政务服务条例（草案）》（初审）；审议《漳州市革命遗址旧址保护办法（草案修改稿）》（二审）。会议还表决通过有关人事免职议案。

2022年6月21日，市十七届人大常委会第五次会议召开。会议听取和审议市监委关于开展反腐败国际追逃追赃工作情况的报告；听取和审议市政府关于《中华人民共和国森林法》和《福建省森林条例》贯彻实施情况的报告；听取和审议市政府关于《中华人民共和国环境保护法》实施情况的报告；听取和审议市政府关于漳州市本级2022年第二批新增政府债务限额管理及新增政府债券资金安排使用预算调整方案的报告并表决通过相关决议；听取和审议市政府关于2021年漳州市本级财政决算的报告并表决通过相关决议；听取和审议市政府关于2021年度漳州市级预算执行和其他财政收支情况的审计工作报告；审议《漳州市政务服务条例（草案修改稿）》（二审）；审议并表决通过《漳州市人大及其常委会任免国家机关工作人员的规定修正案》。会议还表决通过有关人事任免议案。

2022年8月30日，市十七届人大常委会第六次会议召开。会议听取和审议市政府关于“铸牢中华民族共同体意识、推动新时代民族工作高质量发展情况”专项工作报告；听取和审议市政府关于乡村振兴工作情况的报告；

听取和审议市政府关于进一步减轻义务教育阶段学生作业负担和校外培训负担工作情况的报告；听取市政府关于《中华人民共和国妇女权益保障法》及《福建省实施〈中华人民共和国妇女权益保障法〉办法》实施情况的报告；听取和审议市人大常委会执法检查组关于检查《中华人民共和国妇女权益保障法》及《福建省实施〈中华人民共和国妇女权益保障法〉办法》实施情况的报告；听取和审议市政府关于漳州市2022年上半年国民经济和社会发展计划执行情况与下半年工作意见的报告；听取和审议市政府关于漳州市2022年上半年预算执行情况和下半年工作意见的报告；听取和审议市政府关于国有企业（非金融）经营和国有资产管理情况的报告；审议市政府关于2021年度国有资产管理情况的综合报告（书面）；审议《漳州市农用地土壤污染防治办法（草案修改稿）》（二审）；审议并表决通过《漳州市政务服务条例》；听取和审议市法院关于开展涉台司法工作情况的报告。会议还表决通过有关人事任免议案。

2022年10月10日，市十七届人大常委会第七次会议召开。会议表决通过有关人事任免议案。

2022年10月25日，市十七届人大常委会第八次会议召开。会议专题传达学习贯彻党的二十大精神；听取市政府关于市十七届人大一次会议代表建议办理情况，并开展《关于加强规范城区物业管理的建议》办理情况满意度测评，测评结果为“满意”；听取和审议市政府关于2022年全市环境状况和环境保护目标完成情况的报告；听取和审议市政府关于优化营商环境工作成效的报告，并开展满意度测评，测评结果为“满意”；听取和审议市政府关于2021年度漳州市级预算执行和其他财政收支审计查出问题整改落实情况的报告；听取和审议市政府关于养老服务机构医养结合工作情况的报告；听取市政府关于漳州市实施《中华人民共和国科学技术普及法》及《福建省科学技术普及条例》工作情况的报告；听取和审议市人大常委会执法检查组关于检查《中华人民共和国科学技术普及法》及《福建省科学技术普及条例》实施情况的报告；听取和审议市检察院关于开展刑事执行检察工作情况的报告；听取和审议市政府关于漳州市本级2022年补充申报新增政府债务限额管理及新增政府债券资金安排使用预算调整方案（草案）的报告，并表决通过相关决议；审议漳州市“9+5”产业集群发展状况的报告（书面）。会议还表决通过有关人事任免议案。

2022年11月30日，市十七届人大常委会第九次会议召开。会议审议并表决通过《漳州市人民代表大会议事规则》；审议并表决通过《市人大常委会关于召开漳州市第十七届人民代表大会第二次会议的决定》。会议还表决通过有关人事任免议案。

2022年12月23日，市十七届人大常委会第十次会议召开。会议听取和审议市政府关于漳州市2022年部分主要经济指标调整草案的报告，并表决通过关于批准部分主要经济指标调整的决议；听取和审议市政府关于2022年市本级收支预算调整草案的报告，并表决通过关于批准收支预算调整的决议；审议代表资格审查委员会关于市十七届人大代表变动情况和补选的代表资格审查报告，并表决通过相关公告；审议并表决通过市十七届人大二次会议相关文件草案。会议还表决通过有关人事任免议案。

·人大立法·

【概况】 2022年，漳州市人大及其常委会编制市十七届人大常委会立法规划，规划立法项目8项，《漳州市政务服务条例》通过省人大常委会批准，《漳州市革命遗址旧址保护办法》和《漳州市农用地土壤污染防治办法》通过二审，涉台文物古迹保护管理、海域养殖生态保护管理、城市住宅小区服务管理、城市文明养犬等立法调研有序展开，备案审查规范化建设取得积极成效，着力强化市域治理法治保障。

【立法机制完善】 2022年，漳州市人大及其常委会坚持党对立法工作的领导，充分发挥人大立法主导作用，制定市委全面依法治市委员会立法协调小组工作细则，调整充实成员单位，切实加强立法工作的组织协调。推进全过程人民民主立法，不断拓展社会各方参与立法的渠道和途径，在全市设立首批7个基层立法联系点，与闽南师范大学、厦门大学嘉庚学院合作建立地方立法研究服务基地，制定出台基层立法联系点和地方立法研究服务基地工作规定；综合运用人大和政府门户网站、人大微信公众号、报纸等平台，公开征求社会各界对法规草案的意见建议1585条；推动政协委员发挥优势参与立法协商；通过12345政务服务便民热线，及时反馈群众立法咨询，完善常态化培训机制，探索立法人才跟班学习交流模式，提高全市立法队伍综合素质和业务能力。开展市区内河管理和城市公共停车管理规定立法后评估，推动法规落地实施。

【推进执法检查】 2022年，漳州市人大及其常委会发挥人大执法检查的“法律巡视”利剑作用。检查环境保护法、森林“一法一条例”执行情况，推动我市深入践行绿水青山就是金山银山的理念，促进生态优先、绿色发展，林业增效、农民增收。组织妇女权益保障“一法一办法”执法检查，针对妇女婚姻家庭权益保障难等问题，提出针对性改进意见，以法治力量助推我市妇女权益保障工作高质量发展。开展科学技术普及“一法一条例”贯彻实施情况检查，推动政府加强科学普及工作，激发科普创作活力，助力创新驱动发展。配合省人大开展乡村振兴促进法等3部法律法规执法检查，促进有关法律法规在本行政区域内得到正确有效实施。

【备案审查】 2022年，漳州市人大及其常委会在全省率先实现市、县（区）两级人大常委会听取审议备案审查工作和使用信息平台规范开展备案审查工作“两个全覆盖”，依法对30件政府规范性文件进行备案审查，做到有件必备、有备必审、有错必纠；开展3次涉及计划生育内容的地方性法规、规章和规范性文件专项清理，共清理规范性文件40件。

·人大监督·

【概况】 2022年，漳州市人大及其常委会综合运用听取审议专项工作报告、调研视察、满意度测评等方式，开展依法监督，助推现代化滨海城市建设。做好人大信访工作，畅通群众诉求渠道，维护群众合法权益，全年受理群众来信来访382件（批）。

【财经工作监督】 2022年，漳州市人大及其常委会落实“疫情要防住、经济要稳住、发展要安全”重要要求，听取审议计划执行情况报告，推动稳住经济一揽子政策措施落实，助力稳增长、稳市场主体、保就业等重点工作扎实推进；听取审议预算执行情况、市本级财政决算、预算调整和新增政府债务限额管理及债券资金安排使用预算调整等报告，审查批准市本级决算、新增政府债务限额及债券资金、预算调整方案，支持统筹财力安排，优化支出结构；听取审议地方性政府债务管理情况报告，审查3批次27.2亿元债券资金安排方案，支持古雷开发区、高新区等重点区域发展和重大项目建设、重大民生改善。加强国有资产管理监督，听取审议国有资产管理情况专项报告和综合报告，推动市属国有企业做大做强。跟踪督促营商环境指标动态监测和问题整改落实，开展优化营商环境专题视察、满意度测评，促进全市营商环境持续优化提升。听取审议审计工作、审计查出问题整改情况报告，推动提升年度审计查出问题整改率，其中立行立改问题整改率提升至93.9%，持续增强审计监督实效。审查“十四五”生态市建设专项规划，调研漳州市国土空间总体规划（2020—2035）编制、漳台农业融合发展等情况，支持全市重点规划编制、特色产业发展。

【社会民生监督】 2022年，漳州市人大及其常委会深入贯彻以人民为中心的发展思想，强化社会民生监督。省市县三级人大联动听取审议乡村振兴工作情况报告，助推乡村产业、人才、文化、生态、组织振兴，促进巩固拓展脱贫攻坚成果同乡村振兴有效衔接。听取审议年度环境状况和环境保护目标完成情况报告，开展专项执法检查，紧盯中央环保督察问题整改，推动环境质量持续向好。听取审议义务教育阶段“双减”工作情况报告，督促“双减”政策落实，推动办好人民满意的教育。开展促进中医药传承创新发展情况调研，听取审议专项报告，推动实现全市基层医疗机构中医馆建设全覆盖，提升基层中医药诊疗服务能力。专题调研城乡居民养老保险、养老服务机构医养结合工作情况，听取专项工作报告，推动完善多层次社会保障体系，增强养老服务供给。督查中心城区城市更新工作情况，推动完善城市功能、优化人居环境。市、区两级人大联动，持续跟踪督促不动产权登记历史遗留问题处置工作，推动28581套住房“办证难”问题历经5年攻坚顺利实现“清零”，惠及8万多人。专题调研城市公共停车管理规定执行情况，推动提升城市公共停车管理规范化水平。专项视察燃气安全管理工作，督促落实全国城镇燃气安全排查整治工作，有效防范化解燃气使用安全风险隐患。

【社会稳定监督】 2022年，漳州市人大及其常委会认真贯彻落实党中央作出的地方监委向本级人大常委会报告专项工作的部署，首次听取审议市监委关于开展反腐败国际追逃追赃工作情况报告，支持推动市监委加强追逃追赃工作队伍建设。支持市法院、市检察院“蓝碳”司法保护工作，助力碳达峰碳中和，促进绿色经济发展。听取审议市法院涉台司法工作情况报告，推动更好服务两岸融合发展。听取审议市检察院刑事执行检察工作情况报告，促进加强刑事执行检察工作，增强刑事执行检察实效，维护社会公平正义。听取审议铸牢中华民族共同体意识推动新时代民族工作高质量发展情况报告，促进民族团结进步，推进民族事务治理体系和治理能力现代化。专题调研宗教工作，促进宗教活动场所规范管理。做好侨台民宗基层联系点设立、侨务工作情况调查、侨台民宗领域科研机构和专家信息推荐等工作。调研监督古厝文化遗产保护利用、英雄烈士纪念设施保护管理工作，促进漳州市历史文化遗产得到保护利用。

·人事任免·

【市十七届人大常委会第二次会议人事任免事项】 2022年1月18日，漳州市十七届人大常委会第二次会议补选金银墙为福建省第十三届人民代表大会代表。

【市十七届人大常委会第三次会议人事任免事项】 2022年1月28日，漳州市十七届人大常委会第三次会议决定任命蔡总平为漳州市人民政府秘书长，黄佳生为漳州市人民政府办公室主任，蔡兴州为漳州市发展和改革委员会主任，黄江辉为漳州市教育局局长，林鹭为漳州市科学技术局局长，吴凌真为漳州市工业和信息化局局长，蓝碰金为漳州市民族与宗教事务局局长，林晓东为漳州市公安局局长，曾建新为漳州市民政局局长，施爱武为漳州市司法局局长，许毅忠为漳州市财政局局长，许建华为漳州市人力资源和社会保障局局长，陈爱棋为漳州市自然资源局局长，郭永忠为漳州市生态环境局局长，谢宏坤为漳州市住房和城乡建设局局长、漳州市人民防空办公室主任，张永金为漳州市交通运输局局长，黄泽奇为漳州市水利局局长，蔡志斌为漳州市农业农村局局长，林百荣为漳州市商务局局长，何金才为漳州市文化和旅游局局长，许鹃君为漳州市卫生健康委员会主任，张国海为漳州市退役军人事务局局长，何艳水为漳州市应急管理局局长，曾妙玲为漳州市审计局局长，杨尚庞为漳州市人民政府外事办公室主任，赖绍雄为漳州市人民政府国有资产监督管理委员会主任，张其扬为漳州市林业局局长，刘兆民为漳州市海洋与渔业局局长，朱东风为漳州市市场监督管理局局长，杨素萍为漳州市体育局局长，林同池为漳州市统计局局长，詹文华为漳州市医疗保障局局长，林贤丽为漳州市地方金融监督管理局局长，林瑞安为漳州市人民政府信访局局长，卢坚为漳州市城市管理局局长；任命李文兴为漳州市监察委员会副主任，林毅峰为漳州市监察委员会副主任，赖晓勤为漳州市监察委员会委员，罗云生为漳州市监察委员会委员，林志辉为漳州市监察委员会委员，李瑞强为漳州市监察委员会委员；免去李铁军的漳州市监察委员会副主任职务，林文井的漳州市监察委员会副主任职务，陈志福的漳州市中级人民法院副院长、审判委员会委员、审判员职务。

【市十七届人大常委会第四次会议人事任免事项】 2022年4月27日，漳州市十七届人大常委会第四次会议免去蔡总平的漳州市监察委员会副主任职务。

【市十七届人大常委会第五次会议人事任免事项】 2022年6月21日，漳州市十七届人大常委会第五次会议任命方木荣为漳州市十七届人大常委会代表资格审查委员会主任委员；欧阳元成、郭丹川、黄榕城为漳州市十七届人大常委会代表资格审查委员会副主任委员；三建洋、丁建木、许育元、叶芳、杨怡静为漳州市十七届人大常委会代表资格审查委员会委员。

【市十七届人大常委会第六次会议人事任免事项】 2022年8月30日，漳州市十七届人大常委会第六次会议任命赖晓勤为漳州市监察委员会副主任，陈淑香为漳州市中级人民法院审判员、审判委员会委员、副院长。

【市十七届人大常委会第七次会议人事任免事项】 2022年10月10日，漳州市十七届人大常委会第七次会议决定任命肖申华为漳州市人民政府副市长、市公安局局长，卢炳全为漳州市教育局局长，黄镇平为漳州市卫生健康委员会主任；任命郭明星为漳州市监察委员会委员；决定接受侯为东辞去漳州市人民政府副市长职务的请求，林晓东辞去漳州市人民政府副市长职务的请求；决定免去林晓东的漳州市公安局局长职务，黄江辉的漳州市教育局局长职务，许鹃君的漳州市卫生健康委员会主任职务。

【市十七届人大常委会第九次会议人事任免事项】 2022年11月30日，漳州市十七届人大常委会第九次会议接受叶芳辞去漳州市人民代表大会常务委员会委员职务的请求，免去叶芳的漳州市十七届人大社会建设委员会委员、漳州市十七届人大常委会代表资格审查委员会委员职务。

【市十七届人大常委会第十次会议人事任免事项】 2022年12月23日，漳州市十七届人大常委会第十次会议决定任命廖卓文为漳州市人民政府副市长。

（黄凌宇）

·人大代表工作·

【概况】 2022年，漳州市人大及其常委会拓宽代表履职渠道，保障代表主体作用发挥，市十七届人大一次会议代表提出178件建议，在法定时限内全部办理完毕，代表满意率100%。

2022 年 7 月 22 日，漳州市人大常委会、市政协联合开展“助力产业招商 共促漳州发展”系列活动。图为座谈会　　（方铭志 摄）

【代表主体作用发挥】 2022年，漳州市人大及其常委会向全市各级人大代表发出参与疫情防控、创建全国文明城市、“助力产业招商、共促漳州发展”等倡议，号召代表凝心聚力为全市高质量发展贡献力量。全市各级人大代表响应号召，在疫情防控中，广大代表带头落实疫情防控政策，模范执行防疫措施，投身抗疫一线，捐款捐物，参与志愿服务；在文明创建中，数百名代表结合本职岗位，参与中心城区环境治理、秩序整治、问题查摆和巡查督查等工作，推动创城常态化机制的健全完善；在产业招商中，广大代表特别是企业家代表发挥自身资源优势，以商引商促成一批项目落地投建；在其他战线中，广大代表恪尽职守、担当有为，在行业中作出示范表率。

【代表履职渠道拓宽】 2022年，漳州市人大及其常委会坚持邀请人大代表列席常委会会议，建立列席代表座谈常态化机制，组织代表参加专题调研、集中视察、执法检查等活动，不断扩大代表参与常委会工作的深度和广度。全市533个代表活动室辐射面更广泛、功能定位更明确，常委会组成人员和各级代表“走进活动室”紧密联系代表、联系群众实现常态化、制度化。引导广大代表紧扣全市发展大局和民生热点难点问题，深入调查研究，提出一批高质量的代表建议。组织代表出席市政府、市监委、市法院、市检察院的开放日、座谈会、征求意见等活动，保障代表参与民主决策、公众评议、工作监督。在全省设区市信访局首创“人大代表评理调解室”，10名市人大代表受聘为评理调解员参与矛盾纠纷化解，促进社会和谐稳定。

【代表履职服务优化】 2022年，漳州市人大及其常委会健全人大代表建议办理全流程监督推动机制，通过常委会领导领衔重点建议督办、常委会会议听取建议办理情况报告和办理过程动态跟踪、办理结果满意度测评等方式，增强承办单位办理意识、办理实效，着力解决“重答复、轻落实”问题。举办新一届代表履职培训，及时通报常委会工作动态，优化代表履职服务，宣传代表履职风采，代表的责任感、使命感、荣誉感持续增强。

（黄凌宇）

责任编辑：江细珍

漳州市人民政府

·综述·

【概况】 2022年，漳州市人民政府以习近平新时代中国特色社会主义思想为指导，全面贯彻党的二十大精神，落实“疫情要防住、经济要稳住、发展要安全”重要要求，坚持稳中求进工作总基调，聚焦提高效率、提升效能、提增效益，全方位推进高质量发展。地区生产总值5706.58亿元，比上年增长6.9%；规模工业增加值2195.82亿元，比上年增长10.2%；固定资产投资2242.02亿元，比上年增长10.1%；社会消费品零售总额1904.21亿元，比上年增长5.5%；进出口总额1200.9亿元，比上年增长13.9%；实际使用外资3.96亿美元，比上年增长102.0%；一般公共预算总收入341.03亿元，比上年增长8.3%；地方一般公共预算收入250.60亿元，比上年增长16.7%；城镇居民人均可支配收入46380元，比上年增长7.1%；农村居民人均可支配收入25789元，比上年增长9.4%。长泰区、龙文区和华安县分别入选2022年度福建省城市发展“十优”区、经济发展“十佳”县。

【产业发展项目建设攻坚年】 2022年，漳州市开展“产业发展项目建设攻坚年”活动，实施“七比一看”竞赛，即比征地拆迁与耕地保护、比项目招商、比工业攻坚、比项目攻坚、比争取资金、比乡村振兴与生态建设、比新增“四上”企业，看高质量发展成效。出台《漳州市支持食品加工产业集群高质量发展八条措施》。编制《漳州市石化产业规划及布局方案》。推进“千百亿产业培育行动计划”，加快培育9个千亿级、5个超五百亿产业集群。龙文区石英钟表产业集群通过工信部2022年度中小企业特色产业集群认定。福建省迄今一次性投资最大的中外合资项目——中沙古雷乙烯项目正式开工建设。古雷炼化一体化工程二期项目签约。闽南海上风电基地规划获国家能源局批复。漳州核电二期项目3号、4号机组获国务院核准。

【农业农村】 2022年，漳州市印发《漳州市“十四五”推进农业农村现代化实施方案》，出台《关于促进漳台农业融合发展十条措施》。推进819个乡村振兴试点示范项目，打造36条乡村振兴“串点连线成片”线路。加快发展11个乡村特色产业，推广129个优新品种，培育1个国家级“一村一品”示范村（镇）、28个省级示范村，打造2个全国乡村特色产业十亿元镇，新增115家市级以上农业龙头企业。万辰生物、傲农生物、宝智水产入选国家种业振兴企业名单。

【工业发展】 2022年，漳州市出台《漳州市加快5G网络建设和产业发展若干措施》。印发《漳州市存量工业企业“亩均论英雄”评价和结果应用实施方案》。开展“亩均论英雄”行动和存量工业用地提质增效，改造592家低效企业、4.8万亩低效工业用地，处置批而未供土地13831亩，清理闲置土地7618亩。开展“千名干部挂千企”活动，一对一挂钩帮扶1263家规上限上企业，国家高新技术企业总数突破700家。三宝集团、傲农集团入围“2022中国制造业民营企业500强”。

【商贸交流】 2022年，国务院正式批复在漳州设立中国—菲律宾经贸创新发展示范园区，形成“一园、五片区、多基地（中心）”空间布局。年内，漳州市出台推进国际快件监管中心运营发展若干措施，加快国际快件监管中心建设进度。出台通关便利化正向激励实施办法，推行“通关一体化两步申报”等创新举措。设立芗城、龙文两个新经济产业园。

【城建交通】 2022年，漳州市入选全国海绵城市建设示范城市。年内，实施城市建设品质提升“五大工程”，推动“完整社区”建设。加快片区开发，中心城区15个重点片区开发稳步推进。高新区“三大片区”完成启动区征迁，片仔癀健康美妆园、万洋智造产业园等35个项目接续落地。漳武线永定至南靖高速公路南靖段、东环城路马洲大桥建成通车。漳州古雷港区古雷作业区南3号泊位工程正式获得福建省发改委核准批复，漳州码头泊位正式进入30万吨级时代。

【生态文明】 2022年，漳州市出台《关于深化集体林权制度推进漳州林业高质量发展的实施意见》。印发《九龙江南溪流域水环境治理实施方案》。漳州入选2022年全国农村黑臭水体治理试点城市。推进两轮中央环保督察反馈问题整改销号，花山溪饮用水水源地风险问题解除“黄牌”警示。开展“林业地票”试点，南靖县发放全国首张林业地票、完成全国首单农田碳汇试点项目交易。漳浦海峡花卉集散中心入选国家林业和草原局第二批国家林业产业示范园区名单。

【营商环境】 2022年，漳州市出台应对疫情影响助力市场主体纾困解难30条措施、稳住经济一揽子政策52条措施等政策。开展干部作风“五不”问题专项整治。漳州市行政服务中心大楼启用。推行“房地分离”“安商一体化”“拿地即开工”，政务服务非常满意率保持全省前列。《漳州市政务服务条例》成为“放管服”改革后我省设区市第一部专门规范政务服务的地方性法规。“新时代110警务机制改革创新”获评全国法治政府建设示范项目。全国首个全部由台胞组成的调解组织——漳州市台胞人民调解委员会揭牌成立。

2022年2月7日，漳州市行政服务中心大楼启用仪式在龙文区举行
（漳州市行政服务中心 供图）

【旅游发展】 2022年，漳州市出台《关于进一步助力旅游企业纾困发展的通知》《关于支持文旅行业恢复发展的纾困帮扶十二条措施》。实施漳州古城保护开发、漳浦龙美湾旅游区等文旅康养产业重点项目建设。选取南靖、华安、平和3个县的8座土楼，策划生成非世遗土楼活化利用项目。漳州“花果飘香喜庆丰收”乡村之旅、“花样漳州人文世遗”文化之旅入选全国乡村旅游精品线路。

【文化体育】 2022年，漳州市开展“一月一主题、文化进万家”活动。启动“用闽南文化点亮千年漳州古城”行动计划。龙文塔遗址公园对外开放。漳州圣杯屿海域水下考古全面展开。福建省第十七届运动会漳州代表团取得金牌数和总分全省第四的历史性佳绩。2022年全国女子排球锦标赛在漳州举行。

【社会稳定】 2022年，漳州市创建全国市域社会治理现代化试点合格城市。年内，开展夏季治安打击整治“百日行动”，刑事案件呈现“一降三升”良好态势。全力“保交楼、稳民生”，率先采取“政府主导、国企托管、捆绑运作”模式化解房地产市场风险，推进19个房地产风险项目处置。中心城区7800套住房不动产权登记历史遗留问题得到解决。

【民生事业】 2022年，漳州市加快推进口袋公园、城市菜园、城市餐厅等民生设施建设。市医院总部院区开诊。片仔癀名医馆开馆运营。漳浦天福医院开业。漳州一中古雷分校、漳州三中龙文校区等教育项目开工建设。新增幼儿园学位4700个、中小学学位1.1万个，公办幼儿园在园幼儿占比提高到62.5%。建设22个公益性“生命公园”。

（朱圣平）

【年度30项为民办实事项目如期完成】 2022年，漳州市落实为民办实事工作，兜牢民生底线，30项为民办实事项目的年度目标全面实现。

社会事业方面，全年开工建设公共租赁住房2340套、50户以上的集中成片棚户区5918套。完成芗城区104个老旧小区提升改造，消除59个小区在老旧管道、燃气管道等方面的安全隐患，余下的45个小区改造时同步配套建设燃气管道。完成7处农村规模化水厂年度建设任务，铺设管网988.3千米，受益人口21.5万人。发放困难残疾人生活补贴9052万元、惠及63157人，重度残疾人护理补贴986万元。完成各类补贴性职业技能培训6.85万人，培训高素质农民15776人次；开展大中专毕业生创业省级、市级资助项目评审工作，按标准资助56个创业项目。全市77.06万人城乡居民基本养老保险按每人每月提高10元。基本公共卫生服务项目政府补助标准每人每年提高到84元；困难群体“两病”门诊指定用药报销比例提高到100%。全市新增18个婴幼儿照护服务机构。改造提升30个农贸市场管网、店招、新风及智慧化系统等内外环境和设施，创建17个星级农贸市场。按“五个一”标准全市11个安全主题公园户外展陈全部建成并开园。完成新增认证“三品一标”产品48个，全市5376家食品生产经营企业纳入“一品一码”食品安全信息追溯平台。

校园建设方面，完成14所新建（改扩建）公办幼儿园年度建设任务，新增学位4770个。完成20所新建（改扩建）义务教育阶段公办学校扩容项目年度建设任务，新增学位10900个。完成改造照明卫生标准不达标的公办中小学校教室2859间。

公共服务方面，新建电动汽车公共充电桩400个。新建（续建）3个智慧体育公园、6个游泳健身场所年度建设任务，开展222场（次）线上线下相结合的全民健身运动会。完成30个长者食堂（助餐点）、6所农村区域性养老服务中心建设任务。完成公共电单车监管平台建设和1008处智能公共站点建设。在公共场所配置226台自动体外除颤器，培训24349人次救护员。44处城市口袋公园、体育公园建成投用，新增停车泊位3093个，完成九龙公园地下停车场建设。

生态环保方面，完成新建和改造修复污水管网171.2千米。新扩建197座生活垃圾分类屋（亭），芗城区、龙文区、龙海区、长泰区、漳州高新区城市建成区居住小区生活垃圾分类覆盖率达100%。完成水土流失综合治理面积5753.33公顷，安全生态水系建设综合治理河长14千米。完成111个村庄农村生活污水治理，纳管1012.12千米。

交通建设方面，完成中心城区5条道路“白改黑”工作，新建和改造提升绿道65.9千米。56处道路交通安全隐患路段全部整治完成。完成农村公路建设和改造164.961千米，危桥改造15座，村道安防工程90.845千米。

城乡统筹方面，安装74.6万个智能电表，新建、改造549个农村配电网台区，闽粤电力联网线路工程按期投运，新开工31个、投运26个35至220千伏工程，投产870个10千伏及以下配电网工程。完成2个历史文化街区（传统街巷）和4个历史文化名村（传统村落）传统建筑整治和改善提升。选派1412名科技特派员服务企业125家和1310个行政村。

（苏奕斌）

·主要会议和活动·

【市政府全体会议】 2022年1月8日，市长王进足主持召开2022年市政府第一次全体会议，部署2022年政府系统各项工作，强调要即刻到岗、马上履职，全面铺开、全速推进，坚决把漳州市十七届人大一次会议的各项部署安排转化为全面做好“六稳”“六保”工作、全方位推进高质量发展超越的实际行动。

【市政府常务会议】 2022年，市长王进足主持召开市政府常务会议19次，研究相关具体工作。

2022年1月11日，市长王进足主持召开2022年市政府第一次常务会议。会议传达学习习近平总书记对做好“三农”工作作出的重要指示精神，传达学习中共中央、省委农村工作会议精神，传达学习习近平总书记致厦门经济特区建设40周年的贺信精神，传达学习习近平总书记对党内法规、老干部工作的重要指示精神，传达学习习近平总书记在中共中央政治局党史学习教育专题民主生活会上的重要讲话精神，传达学习习近平总书记在全国政协新年茶话会上的重要讲话和2022年新年贺词精神，传达学习习近平总书记在1月6日中共中央政治局常务委员会会议上的重要讲话精神以及中共中央办公厅、国务院办公厅《关于更加有效发挥统计监督职能作用的意见》文件精神等。研究党史学习教育专题民主生活会相关准备工作、关于进一步鼓励企业投资古雷石化基地的实施意见、漳州“十四五”应急体系建设专项规划、促进2022年一季度生产稳定运行的若干措施等，并就省第十三届人大六次会议和省政协十二届五次会议召开期间做好漳州市疫情防控、安全生产等工作进行部署。

2022年3月4日，市长王进足主持召开市政府第三次常务会议。会议研究漳州市2022年全面推进乡村振兴重点工作的实施意见、漳州市促进漳台农业融合发展十条措施、漳州市“十四五”民政事业发展专项规划、漳州市“十四五”残疾人保障和发展规划，市政府质量奖管理办法。传达学习《中央生态环境保护督察整改工作办法》文件精神并研究漳州市贯彻落实意见，研究2021年度市政府党组党史学习教育专题民主生活会查摆问题及会前征求意见建议的整改落实分工方案、漳州市“十四五”能源发展专项规划、“十四五”生态市建设专项规划、“十四五”现代服务业发展专项规划，以及有关表彰第三十二届东京奥运会突出贡献集体、全国第十一届残运会暨第八届特奥会突出贡献集体等事项。

2022年3月17日，市长王进足主持召开市政府第四次常务会议，传达学习习近平总书记近期系列重要讲话精神，研究贯彻落实措施；审议有关事项。研究《漳州市人民政府工作规则》以及芗城区关于促进新经济产业园发展实施方案等事项。

2022年3月24日，市长王进足主持召开市政府第五次常务会议，研究《漳州市公益性生命公园建设实施意见》以及2022年提高漳州市城乡居民最低生活保障标准、调整特困人员供养标准等有关事项。

2022年4月21日，市长王进足主持召开市政府第六次常务会议，传达学习习近平总书记近期系列重要讲话重要指示精神，研究贯彻落实举措；审议有关事项。研究市政府2022年立法计划、政务服务条例（草案）、漳州高新区三大片区招商引资暂行办法、全市治理“餐桌污染”建设“食品放心工程”工作方案等事项。

2022年5月5日，市长王进足主持召开市政府第七次常务会议。会议传达学习习近平总书记在中央全面深化改革委员会第二十五次会议上的重要讲话精神，传达学习习近平总书记在中央财经委员会第十一次会议和在中共中央政治局会议上的重要讲话精神，传达学习习近平总书记在博鳌亚洲论坛2022年年会开幕式上的主旨演讲精神，传达学习习近平总书记在中国人民大学考察时的重要讲话精神，研究漳州市积极应对疫情影响助力市场主体纾困解难三十条措施、关于支持食品加工产业集群高质量发展九条措施，以及漳州市妇女发展纲要（2021—2030年）、市儿童发展纲要（2021—2030年）等有关事项。

2022年5月19日，市长王进足主持召开市政府第八次常务会议。会议传达习近平总书记在5月5日中共中央政治局常务委员会会议上的重要讲话精神，传达学习习近平总书记在中央政治局第三十八次集体学习时的重要讲话精神，传达学习习近平总书记给北京科技大学的老教授回信、就气候变化问题给英国小学生复信、致首届全民阅读大会和首届大国工匠创新交流大会贺信精神，传达学习习近平总书记在庆祝中国共产主义青年团成立100周年大会上的重要讲话精神，研究漳州市工业项目“标准地”出让改革试点工作方案、市普通国省道工程建设和移交接管全过程管理办法、市普惠金融发展风险补偿资金管理暂行办法等事项。

2022年6月15日，市长王进足主持召开市政府第九次常务会议，传达学习习近平总书记在庆祝中国国际贸易促进委员会建会70周年大会暨全球贸易投资促进峰会、金砖国家外长会晤开幕式上的重要致辞精神，传达学习习近平总书记在中共中央政治局第三十九次集体学习和5月27日中共中央政治局会议上的重要讲话精神，传达学习中共中央政治局常委、国务院副总理韩正来闽来漳调研时的讲话精神，研究漳州市贯彻落实扎实稳住经济一揽子政策措施实施方案、“十四五”深化医药卫生体制改革专项规划和促进花卉苗木产业高质量发展十条措施等事项。

2022年7月18日，市长王进足主持召开市政府第十次常务会议。会议传达学习习近平总书记给南京大学留学归国青年学者的回信、致中国宋庆龄基金会成立40周年和中国儿童中心成立40周年及2022年六五环境日国家主场活动贺信精神，传达学习习近平总书记在6月17日中共中央政治局会议上和中共中央政治局第四十次集体学习时的重要讲话精神，传达学习习近平总书记在中央全面深化改革委员会第二十六次会议上的重要讲话精神，传达学习习近平总书记在金砖国家领导人第十四次会晤、全球发展高层对话会上的重要讲话和在金砖国家工商论坛开幕式上的主旨演讲、就研究吸收网民对党的二十大相关工作意见建议作出的重要指示精神，传达学习习近平总书记在四川、湖北武汉考察和出席庆祝香港回归祖国25周年大会暨香港特别行政区第六届政府就职典礼时的重要讲话精神，传达学习《关于建立健全领导干部自然资源资产离任审计评价指标体系的意见》《中华人民共和国安全生产法》，研究漳州市法治政府建设实施方案、企业上市“龙江计划”行动方案等事项。

2022年8月5日，市长王进足主持召开市政府第十一次常务会议。会议传达学习习近平总书记给种粮大户和参加海峡青年论坛的台湾青年的回信、致世界互联网大会国际组织成立贺信精神，传达学习习近平总书记给中国国家博物馆老专家的回信、致全球重要农业文化遗产大会的贺信和在新疆考察时的重要讲话精神，传达学习习近平总书记在省部级主要领导干部“学习习近平总书记重要讲话精神，迎接党的二十大”专题研讨班上的重要讲话精神，传达学习习近平总书记关于机关事务工作的重要指示精神，传达学习李克强总理在东南沿海省份政府主要负责人经济形势座谈会上和来闽考察时的讲话要求，传达学习中共中央政治局常委、全国政协主席汪洋来闽来漳考察时的讲话要求，研究漳州市鼓励第三方招商引资办法、强化公交运营服务成本规制等事项。

2022年8月15日，市长王进足主持召开市政府第十二次常务会议。会议传达学习习近平总书记在7月28日中共中央政治局会议和党外人士座谈会上的重要讲话精神，传达学习习近平总书记在中共中央政治局第四十一次集体学习和参观“领航强军向复兴——新时代国防和军队建设成就展”时的重要讲话精神，传达学习习近平总书记致世界青年发展论坛、第二届中非和平安全论坛、中国共产党与世界马克思主义政党论坛的贺信精神，学习《关于深入实施“提高效率、提升效能、提增效益”行动 开展干部作风“五不”问题专项整治的实施方案》。研究漳州市通关便利化正向激励实施办法、系统化全域推进海绵城市建设示范工作行动方案、市公共交通运营管理优化提升“五大工程”工作方案等事项。

2022年9月13日，市长王进足主持召开市政府第十三次常务会议。会议传达习近平总书记给马耳他中学“中国角”师生复信、给“中国好人”李培生胡晓春回信、给外文出版社的外国专家回信、给“里斯本丸”号船幸存者家属复信精神，传达习近平总书记致国际民间社会共同落实全球发展倡议交流大会贺信、致世界职业技术教育发展大会贺信、致第五届中非媒体合作论坛贺信和致2022年中国国际服务贸易交易会贺信，传达习近平总书记关于防汛救灾的重要指示和对四川甘孜泸定县6.8级地震的重要指示精神，传达8月30日中共中央政治局会议精神和习近平总书记在辽宁考察时的重要讲话精神，研究漳州市深入打好污染防治攻坚战实施方案、石化产业规划及布局方案、全民健身实施计划（2021—2025年），以及表彰漳州市第七次全国人口普查先进集体和先进个人等有关事宜。

2022年10月10日，市长王进足主持召开市政府第十五次常务会议。会议传达9月9日习近平总书记在中共中央政治局会议上的重要讲话精神，传达习近平总书记在中央全面深化改革委员会第二十七次会议上的重要讲话精神、习近平总书记对国防和军队改革研讨会的重要指示精神，传达习近平总书记致2022全国专精特新中小企业发展大会贺信、致中国农民丰收节贺信、致中国新闻社建社70周年贺信精神、为《复兴文库》作序言精神，传达习近平总书记在上海合作组织成员国元首理事会第二十二次会议上的重要讲话精神、致第七届中国—亚欧博览会贺信、致产业链供应链韧性与稳定国际论坛贺信精神，研究关于统筹做好光伏资源开发利用工作、调动农民种粮积极性稳定粮食生产十五条措施、市互花米草除治攻坚行动方案等事宜。

2022年10月24日，市长王进足主持召开市政府第十六次常务会议，传达学习党的二十大、十九届七中全会和省委常委会（扩大）会议、市委常委会（扩大）会议精神，研究政府系统贯彻落实措施。会议还研究第十二届农博会·第二十二届花博会筹备工作、“十四五”推进农业农村现代化实施方案等事项。

2022年11月18日，市长王进足主持召开市政府第十七次常务会议，会议传达学习习近平总书记在10月25日中共中央政治局会议、中共中央政治局第一次集体学习、瞻仰延安革命纪念地时的重要讲话精神，传达学习习近平总书记在陕西延安和河南安阳考察时的重要讲话精神，传达学习习近平总书记向2022年世界城市日全球主场活动暨第二届城市可持续发展全球大会致贺信、在第五届中国国际进口博览会开幕式上的致辞、在《湿地公约》第十四届缔约方大会开幕式上的致辞、向国际竹藤组织成立二十五周年志庆暨第二届世界竹藤大会致贺信、向2022年世界互联网大会乌镇峰会致贺信、向“杂交水稻援外与世界粮食安全”国际论坛发表书面致辞、给中国航空工业集团沈飞“罗阳青年突击队”队员的回信精神，研究漳州市健全重特大疾病医疗保险和救助制度实施办法、创建农村黑臭水体治理试点示范城市实施办法、加快5G建设和产业发展若干措施等事项。

2022年12月8日，市长王进足主持召开市政府第十八次常务会议。会议传达习近平总书记在二十国集团领导人第十七次峰会上的重要讲话、在亚太经合组织工商领导人峰会上的书面演讲、出席亚太经合组织第二十九次领导人非正式会议时的重要讲话、向第6届中国—南亚博览会致贺信精神，传达习近平总书记对河南安阳市凯信达商贸有限公司火灾事故作出的重要指示精神，传达习近平总书记向发展中国家科学院第16届学术大会暨第30届院士大会致贺信、向联合国/中国空间探索与创新全球伙伴关系研讨会致贺信精神，研究“海上漳州”发展战略规划、漳州市行政许可事项清单等事项。

2022年12月22日，市长王进足主持召开市政府第十九次常务会议。会议传达习近平总书记在12月6日中共中央政治局会议、12月2日党外人士座谈会上的重要讲话精神和中央经济工作会议精神，传达习近平总书记同沙特王储兼首相穆罕默德会谈时的讲话精神、在首届中国—阿拉伯国家峰会上的主旨讲话精神、在首届中国—海湾阿拉伯国家合作委员会峰会上的主旨讲话精神，传达习近平总书记在江泽民同志追悼大会上致的悼词、致第四届中俄能源商务论坛的贺信、致国史学会成立30周年的贺信、对非物质文化遗产保护工作作出的重要指示精神，研究漳州市城市供水节水管理办法等事项。

【2022年漳州市招商大会暨项目签约活动举行】 2022年1月10日，2022年漳州市招商大会暨项目签约活动在漳州宾馆举行。此次大会采用主会场+16个分会场签约模式。大会共签约项目187个，总投资1183.5亿元，其中百亿项目1个，为诏安县的山鹰纸业年产210万吨包装纸项目，50亿—100亿元项目4个，为古雷开发区的华能古雷2×66万千瓦热

2022年1月10日，漳州市招商大会暨项目签约活动举行。图为签约活动现场 （林忠 摄）

电联产机组工程项目、芗城区的新能源产业开发、长泰县的曜阳康养小镇智慧养老中心项目和漳浦县的万洋众创城项目，10亿—50亿元项目32个，1亿—10亿元项目103个，小于1亿项目47个。签约项目涵盖食品加工、海洋经济、装备制造、家居、文旅康养、特色现代农业、绿色造纸、医药健康、新能源等众多领域。

【"中菲人文之驿走进漳州"活动举行】 2022年4月28日，由中国驻菲律宾大使馆、漳州市人民政府、菲华各界联合会联合举办的"中菲人文之驿走进漳州"活动以视频连线方式举行。活动中，漳州市分会场还组织闽南文化表演，着重介绍中国（福建•漳州）—菲律宾"两国双园"项目。

【漳州市与菲律宾巴丹省巴朗牙市签署缔结友城关系意向书】

2022年6月7日，漳州市市长王进足与菲律宾巴丹省巴朗牙市市长弗朗西斯•安托尼•加西亚签署缔结友城意向书。根据意向书，双方同意在平等互利的基础上，共同促进两地人民之间的友好往来，开展经贸、科技、文化、旅游等各领域交流合作。

【漳州市举行海峡两岸（漳州）第一届"水仙花杯"创业创新大赛】 2022年7月27日，海峡两岸（漳州）第一届"水仙花杯"创业创新大赛启动仪式在漳州技师学院举行。大赛共吸引247个项目报名参赛，经过创业导师书面评审，100个项目脱颖而出入围现场路演环节。大赛为获奖项目提供创业辅导、媒体宣传、资本对接等各方面帮扶，助力获奖项目成长及发展。

【2022福建—RCEP国家经贸合作对接会在厦举行】 2022年9月7日，由福建省贸促会、漳州市人民政府、世界贸易中心协会共同主办，福建省国际商会、漳州市贸促会承办，漳州市外办协办的"2022福建—RCEP国家经贸合作对接会"在厦门举办。中国贸促会贸易投资促进部部长冯耀祥、福建省贸促会会长徐敏、漳州市委副书记黄水木以及菲律宾共和国驻华大使馆临时代办欧蒂诺等外国使节出席活动。此次活动以"共享发展机遇，拓展RCEP合作空间"为主题，通过"线上+线下"联动的方式，更好地推动《区域全面经济伙伴关系协定》（RCEP）实施，促进中国和RCEP成员国家之间货物贸易、服务贸易和投资等领域的交流与合作。漳州市共组织20家钟表企业和32家家居企业参会，通过此次对接会，推动漳州钟表、家居企业与RCEP成员国企业开展合作交流，共享RCEP带来的新机遇和红利。

（朱圣平）

·数字漳州·

【概况】 2022年，漳州市发改委（大数据局）按照"七个一"工作机制，成立专门工作专班，先后出台《漳州市"十四五"数字漳州专项规划》《2022年数字漳州工作要点》等系列政策措施，开展漳州数字产业发展课题研究，梳理形成电子信息、数字服务产业链招商地图。修订《漳州市财政性投资信息化项目管理办法》，将数据共享接入情况作为信息化项目验收必备条件之一，推动数字漳州建设。实施电子信息和数字服务产业培育行动计划，培育科华、立达信等8家省级"独角兽"、未来"独角兽""瞪羚"创新企业，其中宏发电声入选为"独角兽"企业，实现漳州市在这一领域零的突破。

【数字园区建设】 2022年，漳州市发改委（大数据局）推动数字经济向全市14个数字经济专业园区集聚发展，云霄云陵光电产业园、长泰立达信光电产业园形成全省规模较大的光电子产业集聚带，漳州跨境电商孵化园、招商局芯云谷、甲骨文双创基地、高新区物联网等产业园区加快提升集聚水平，台商区中科智谷、芗城语堂数字经济产业园、漳州市大数据中心等一批产业园区正加快建设。

【参与第五届数字峰会】 2022年，漳州市参与第五届数字峰会，58个项目入选省级签约，总投资275.66亿元，其中语堂数字经济产业园等4个项目入选现场签约项目。“海上漳州”大数据中心及应用系统、古雷5G+智慧园区项目等17个典型案例入选福建省数字技术创新应用场景。

【数据汇聚共享】 2022年，漳州市33个政务信息系统通过市数据汇聚共享服务平台全面接入省公共数据汇聚共享平台。年内，漳州市发改委（大数据局）按照“应接尽接、应汇尽汇”原则，整合汇聚全市50个部门（单位）的核心业务数据53亿条，其中服务生态环保、水利等部门监测数据40亿条，服务企业、群众政务办事数据13亿条，实现公共数据跨部门、跨层级数据依场景按需共享。梳理登记6323类证照，生成1112.1万本电子证照，为全市各部门业务系统累计提供1001万次证照共享调阅。

【“免申即享”服务】 2022年，漳州市发改委（大数据局）提供企业名称、统一社会信用代码、用水用电等相关数据，助力漳州市惠企政策“免申即享”平台提高利好政策直达企业的速度，为企业发展提供资金支持。自2022年5月试运行以来，兑现各类惠企政策奖补资金1.8亿元，惠及全市1.3万家企业。

【“政务+教育”服务】 2022年，漳州市发改委（大数据局）汇聚共享服务平台提供入学所涉材料数据，助力全市“入学一件事”改革试点，实现全市50196个学生通过“入学一件事”实现网上报名录取。

【“政务+医疗”服务】 2022年，漳州市发改委（大数据局）依托市数据汇聚共享服务平台的政务数据资源，建立漳州市统一健康门户，通过微信公众号和“漳州通”APP等载体，提供全市31家医院和121家基层医疗机构就医指南、智能导诊、预约挂号、充值缴费、查报告单、在线咨询、用药服务、慢病服务、生育登记和亲情账户等20余项便民服务。

【网络安全】 2022年，漳州市发改委（大数据局）推进网络安全攻防实战演习，对全市信息系统开展实战攻防，完成全省“闽盾–2022”网络安全应急演练活动，并获“闽盾–2022”网络安全演练先进集体称号。

（林子健）

·行政审批管理·

【概况】 2022年，漳州市行政服务中心结合市委、市政府开展“产业发展项目建设攻坚年”活动和“七比一看”竞赛活动，实现新址的搬迁启用，将原有分散在外的医社保、出入境、公积金等10个分中心统一整合进驻新中心，从根本上解决群众办一件事“进多门”的问题，成为全省设区市政务服务“实体与虚拟”统一建设规范的服务大厅。

【改革创新】 2022年，漳州市行政服务中心开展“新中心、新形象、新作为”主题实践活动，提升政务服务质效。制定《漳州市政务服务条例》，为“放管服”改革后全省省设区市第一部专门规范政务服务的地方性法规。牵头制定《政务服务“省内通办”管理要求》福建省地方标准。践行“妈妈式”服务，深化工程建设项目审批制度改革，在东山试点成立项目代办中心，创造项目审批“一道”速度，全流程服务成效明显。在全省率先与宁夏固原市全面开启工程建设项目跨省远程异地评标工作，建设持续完善“权益云”网上竞价系统，进一步规范公共资源交易管理。优化“一件事”审批服务，强化“三改一代办”（即多门进一门、多窗整一窗、多章改一章和帮办代办制度），提升网上办事效率，让群众少跑腿、企业好办事，政务服务非常满意率保持全省前列。

【政务服务标准化】 2022年，漳州市对照“五级十五同”（省、市、县、乡、村五级政务事项的事项名称、颗粒度、基本编码、实施编码规则、事项类型、设立依据、申请材料、办事流程、业务经办流程、事项办理深度、法定时限、表单格式、审查要点、办理条件、收费项目等十五个方面全省范围规范统一）标准再梳理，市直各有关单位及各县区、开发区完成审批服务事项对应“五级十五同”标准事项工作，审批服务事项59973项全部按照省级标准完成绑定工作。截至年底，全市“减时限”占比91.00%、“即办程度”占比72.75%、“一趟不用跑”占比94.32%，“全流程网办”占比89.05%；全市行政许可服务事项19086项，法定总时限为39.23万小时，承诺总时限为3.53万小时，缩短总时限35.7万小时，平均压缩时长比例91.00%；让群众总跑动1112次，平均每个事项跑动0.06次；环节总数4.45万个，平均每个事项2.34个。

【政务服务规范化】 2022年，漳州市行政服务中心将规范服务场所，督促县、乡镇、村三级服务事项纳入对应中心集中办理，做到“三集中三到位”，全市123个乡镇每个乡镇承接省“五级十五同”事项清单136个，1968个村（居）每个村（居）承接8个事项清单，做到“应绑尽绑”，在省网上办事大厅全市乡村两级累计承接32111个事项。持续推进“一趟不用跑”和“最多跑一趟”改革，完善网上办事大厅建设，切实提升政务服务“好差评”主动评价率，限期整改差评，及时反馈结果，2022年漳州市政务服务“好差评”共有评价数373.56万次。通过业务培训、定期通报、交叉体验等方式，全面推进“互联网+监管”等工作，辖区内监管单位对上级下发事项认领或者无需认领达到100%、检查实施清单梳理完成率达到100%、检查实施清单各要素均能指导实际开展检查，不存在信息不符合情况，市本级监管行为覆盖到的主项与主项总数的比率达到 92.50%；漳州各县区监管行为对监管对象（企业）比率平均值达 86.65%，均达到80%考核要求。

【政务服务便利化】 2022年，漳州市市直机关共梳理“一件事”40项集成套餐服务改革，涉及不动产、企业开办、交通运输、教育、医疗等多个领域。在漳州高新区、台商投资区、古雷开发区开展“一业一证”改革试点工作。整合食品经营许可证、药品经营许可证、医疗器械经营许可证、第二类医疗器械经营备案凭证等4项许可（备案），颁发统一样式的行业综合许可证，实现“扫一码、知所有、辨真伪”。在药店、超市、母婴用品店、食杂店等4个试点行业核发4本行业综合许可证，总体实现审批时限压减90%，申报材料压减75%，许可环节压减80%。推动电子证照推广应用，提醒窗口审批单位及时对“五级十五同”事项同步配置，同时每季度会窗口审批单位进行电子证照应用情况进行考核通报。漳州市被纳入考核的事项应用电子证照的办件量有17282件，证照应用率为97.28%；各级行政服务中心已配合审改办做好“e政务”自助设备布点工作，207台“e政务”自助设备放置在县级行政服务中心和乡镇（街道）便民服务中心，其中16个县级行政服务中心均设立“24小时自助服务大厅”。全年共通过“e政务”自助设备为群众办件23.4万件。推动各部门事项能网办的全部规范入驻福建省网上办事大厅，推动市级自建系统与福建省网办事大厅规范对接，推动“漳州通”便民服务事项进驻“闽政通”APP。截至年底，漳州市入驻省网办事大厅在线政务服务数60016项，入驻“闽政通”APP便民服务115项。

【工程审批制度改革良性发展】

2022年，漳州市行政服务中心率先在全省启用“中介超市”功能，着力打破工程建设项目审批涉及中介服务垄断性强、效率低、缺乏有效监管等弊端，构建公平开放、服务高效、执业规范的中介服务市场。全年入驻省中介超市115家中介机构，成交业务952宗。牵头开展用地、规划、施工、验收、不动产登记等环节测绘成果共享互认，会同市自然资源局等部门推动“拿地即开工”落地见效，总投资43亿元的片仔癀中西医结合医院作为漳州市首家“拿地即开工”服务重点项目，从立项到开工缩短至54个工作日。实行“一口受理”、并联审批，切实打通项目建成投入使用前的“最后一公里”。

【招标投标有序规范】 2022年，漳州市行政服务中心在全省率先建设“不见面开标”系统，将传统的实体开标场景搬到网络上，通过全程视频，同步解密投标文件。联合市发改委、住建局等八个部门，实现交易系统与金融机构“无缝对接、免费使用”，构建开放有序的电子保函网上超市。全年共有21家金融机构完成对接，为投标企业开具电子保函25万多张，使用率达到99%。

【公共资源交易】 2022年，漳州市行政服务中心完成全市（包括各县区）公共资源交易项目1815宗，预算总额1597.65亿元，交易总额1502.06亿元，实现增收10.67亿元、节支107.67亿元。其中（市级部分）：市政府采购项目185宗，采购预算3.81亿元，实际中标金额3.11亿元，节约率18.37%；国有产权交易项目95宗，评估金96.07亿元，成交金额106.75亿元，增值率为11.11%；市工程357个，项目工程预算价1219.16亿元，工程中标价1139.9亿元，降低幅度达6.5%。

（方思谋）

·经济发展研究·

【概况】 2022年，漳州市政府发展研究中心深入基层开展专题调研24次、召开座谈会40多场次、走访群众200多人次，呈送24期《决策参考》供市领导参阅，编辑出版《漳州经济研究》机关刊物4期；协调指导相关县区在全省县域经济“十强”“十佳”“十优”县区评价工作中取得佳绩；会同市直有关部门主动争取漳州市政府顾问的专业指导和帮助，取得初步成效。

【课题研究开展】 2022年，漳州市政府发展研究中心通过调研提出的意见建议多次被市领导采纳，调研成果转化为实际操作。其中，根据《关于拓延片仔癀产业空间的对策思考》，市政府于3月10日召开专题会议研究片仔癀产业拓展事宜，议定建立工作机制和强化政策支持、生产经营支持、项目建设支持等事项；《关于浙江长兴县驻点招商的经验启示》的意见建议被纳入2023年度“产业发展项目建设提升年”“七比一看”竞赛方案和机关效能考评内容；《关于进一步加强漳州市社区工作者队伍建设的建议》获市政府主要领导批示，并要求组织人社部门提出具体落实意见。

【《漳州经济研究》编纂出版】 2022年，漳州市政府发展研究中心围绕市委、市政府中心工作任务，确定“加快建设现代化经济体系”“全力打造现代化滨海城市”“致力构建富美新漳州”“顺应人民美好生活新期盼”等主题，编辑出版《漳州经济研究》4期，收编文稿40篇，约16万字，选登一批国务院发展研究中心、省政府发展研究中心和市政府顾问的优秀文稿，进一步提高办刊质量。

【全省“十强”“十佳”“十优”创建】 2022年，漳州市政府发展研究中心多次到省政府发展研究中心对接全省县域经济“十强”“十佳”“十优”县区评价工作，协调指导各县区和市直有关部门对标对表，争创佳绩。11月，年度福建省“十强”“十佳”“十优”县（市、区）评价结果公布，漳州市华安县、长泰区、龙文区3个县区上榜。

【市政府顾问团工作】 2022年，漳州市政府发展研究中心作为漳州市政府顾问团常设办公室，做好顾问团的协调、联络、慰问等服务保障工作，主动对接联系市直各牵头单位和35位市政府顾问，收集涉及漳州发展的研究成果或意见建议呈送市领导参阅，全年共有28人次在项目建设、规划修编、决策咨询、项目论证等方面提供专业支持。

（曾 娟）

·机关效能建设·

【概况】 2022年，漳州市机关效能建设聚焦“提高效率、提升效能、提增效益”行动、“产业发展项目建设攻坚年”活动和“七比一看”竞赛，深入践行“马上就办、真抓实干”，持续提升机关效能建设科学化、规范化、制度化水平，有力服务与保障全市中心工作和发展大局。

【绩效考评】 2022年，漳州市在全省绩效考评成绩列全省第二，其中，指标得分全省第一，公众评议连续五年全省第一，正向激励得分全省第三，参加全省绩效考评改革创新项目评审的综合成绩位居全省第一。

【效能督查】 2022年，漳州市效能办结合干部作风“五不”问题专项整治，创新效能督查方式和机制，增强督查实效，有力促进重点任务落实和治理效能提升。聚焦生态环保、安全生产、文明创城、稳经济政策落实、专项债支出使用、重点项目推进、作风纪律等事关全局、领导关注的重点工作，采取点穴式、体验式、“四不两直”等形式组织开展效能督查16次，发现问题92个，已整改85个，发送督办函19份。全市全年共效能问责74起，其中效能告诫11人、通报批评21人和1个单位、诫勉教育41人。

【诉求受理】 2022年，漳州市机关效能投诉中心按规定及时办结效能投诉件114件（含省转办件18件），组织47个市直单位开展“效能建设热线”栏目直播，对企业、群众关心关注的热点、难点政策予以解读，处理来电咨询（或反映）事项148个，均得到妥善解决。

【“12345”热线工作】 2022年，漳州市“12345”政务服务便民热线工作成效保持全省前列，在全国率先推行“一键转接、三方通话”工作模式，有效提升非警务事项的分流处置效率，并持续优化“12345”与“110”“119”联动对接机制，实现紧急类事项无缝对接、快速处置。争取全省“12345一张网”系统试点，在9月份全省系统建设视频会上做试点经验交流。

（李鹤鸣）

·信访工作·

【概况】 2022年，漳州市信访态势持续平稳，群众到国家信访局上访批次下降75.1%、人次下降74.0%，无集体访；到省信访局上访批次下降1.4%、人次下降3.2%。完成北京冬奥会、冬残奥会、三级两会等重大活动期间信访安全保障任务，特别是党的二十大至二十届一中全会期间，实现“三个零”（零进京上访、零滞留在京、零到省集访）。被评为2022年度人民网网上群众工作“民心汇聚单位”。

【初信初访办理】 2022年，漳州市信访局持续推进“最多投一次”阳光信访工作机制，压紧压实初信初访首办责任，让数据多“跑路”，群众少“跑腿”。全市信访总量20239批次，及时受理率、按期答复率均100%；受理人民网领导留言板535件，其中：省委书记97件，省长37件，市委书记273件，市长128件，及时受理率和按时办结率均为100%。新冠疫情防控期间，第一时间开启涉疫信访件“绿色”办理通道，针对群众反映的涉疫信访事项第一时间受理、办理、反馈、报告，实现每日“清零”。

【“治重化积”专项工作开展】2022年，漳州市信访局建立属地、部门“双包双挂”化解信访事项制度和疑难复杂事项提级包案制度。对中央联席办、国家信访局交办的两批1238件“治重化积”件全部落实领导包案，确保事有人管、活有人干、责有人担。全年省领导挂钩包案漳州市15件积案，全部办结，其中6件签订息访息诉承诺书；国家交办漳州市“治重化积”件两批1238件，全部汇报化解，汇报化解率100%。

【信访法治化宣传落实】2022年，漳州市信访局将信访工作作为党性教育内容纳入各级党校（行政学院）教学培训，加强干部教育培训。以《信访工作条例》施行为契机，在全市开展《信访工作条例》宣传月活动，通过到党校、机关宣讲，到公共场所宣传等多种形式广泛开展宣传宣讲，推进条例进机关、进乡村、进社区、进学校、进企业、进单位。

【信访三级办理】2022年，漳州市信访局在全省首推将信访事项“三级办理”实施“准司法”程序办理，通过购买服务的方式，引入独立的第三方律师事务所参与复查复核工作，提供专业法律意见供参考，实现部门初审、法律审核、政府审定的“准司法”程序，依法快捷办理，不断提高信访三级办理的合法性、权威性和执行性，实现法律效果和社会效果双提升。

【信访工作志愿者队伍打造】2022年，漳州市在全省首次倡导打造信访工作志愿者队伍，在市信访局设立“人大代表调解室”，一站式化解矛盾纠纷。志愿者队伍发挥群团组织、社会组织和“两代表一委员”、社会工作者等作用，引导群众依法理性反映诉求，推动矛盾纠纷及时有效化解。其中，云霄县以谢鹏志为代表的志愿工作者队伍的模式，建立五项机制，即志愿者参与调解和监督机制、心理咨询疏导机制、法律援助机制、纪委介入查处机制、提前介入息访机制，对涉及市、省或国家层面才能解决以及法律法规政策不完善导致的问题，通过政协、人大等社情民意反映渠道，撰写信息建议向上反映。全年共有20多条信息被省政协办公厅等采用并得到省、市领导批示，推动化解疑难复杂信访事项200多件，该模式得到社会各界广泛认同。

【信访调解“领头羊”打造】2022年，漳州市信访局探索乡村（社区）自治模式，以信访评理为核心，打造推广乡村（社区）治理“甘寨模式”“西梧模式”“金源社区”“龙江社区”等治理模式，及时就地在村居层面化解大量信访矛盾。其中，长泰区甘寨村探索形成“小事拉家常、难事大家谈、大事法律扛、事事有回访”的工作机制，达到解民忧、护民利、平民怨、得民心的良好效果。该做法得到省委领导批示肯定，并在全省信访系统推广。

【信访调解“排头兵”打造】2022年，漳州市信访局创新建立党委政府主导属地主抓、职能主力、信访部门主推、社会力量积极参与多元调解中心、信访评理室等，引导劳模、先进代表、积极分子等参与的信访调解化解机制。全市共建立信访评理室2188个，聘请评理员11838人。

（王志坚）

责任编辑：江细珍

政协漳州市委员会

综述

【概况】 2022年，政协漳州市委员会（简称漳州市政协）共召开全体会议1次、常委会会议4次、主席会议12次；向市委、市政府提交建议案、视察调研报告7件；立案提案374件、办复率100%，编报重要提案摘报24件，得到市领导批示53件次；报送社情民意信息774件，得到全国政协、省委、省政协采用160件，得到省、市领导批示27件。

【委员工作】 2022年，漳州市政协以换届和深化“书香政协”建设为契机，分两期组织新一届委员培训。制定市政协《委员履职工作规则》，完善《委员履职考核办法》；把履职考核纳入委员走访活动事项，常态化开展委员走访活动，提升政协委员管理规范化、组织化水平。

【政协文史工作】 2022年，漳州市政协聘请文史员39名，编印《漳州番仔楼》《漳州古代卫所（所篇）》等文史资料。

【市县政协联动】 2022年，漳州市政协落实《关于加强和改进新时代市县政协工作的意见》，在党的建设、课题调研、提案信息、文史征编、委员服务等方面，推动建立市县联动协作工作机制，形成政协工作的整体合力。召开市县政协主席座谈会，共商解决“两个薄弱”问题的有效途径。截至年底，11个县区政协都设立委员履职服务中心，补充事业编制；6个县区政协推动专委会领导提级转任到乡镇，腾挪编制、职数用于充实年轻干部，县区政协机关工作力量得到增强。

【提案工作】 2022年，漳州市政协主席会协商确定重点提案10件，立案提案374件、办复率100%，编报重要提案摘报24件，得到市领导批示53件次。健全提案工作制度，完善“提、立、办、督、评”各项程序，提案质量和办理质量显著提升。在市政府和市政协有关领导联合督办、承办单位集中力量重点办理下，年度提案全部按时办复。

2022年漳州市政协重点提案一览表

表4

序号	提案编号	提案者	案由	承办单位
1	22A156	市民革	关于提升我市近海生态环境修复整治成效的建议	市生态环境局、自然资源局、海洋渔业局

续表 4

序号	提案编号	提案者	案由	承办单位
2	22A047	市民建	加快推进我市分布式光伏发电产业的建议	市发改委、国网漳州供电公司
3	22A072	市致公党	关于精准帮扶我市台企创新发展的建议	市委台港澳办，市工信局、地方金融监管局、发改委
4	22A018	市民进	关于加快推进我市“快递进村”工作的建议	市邮政管理局、商务局、交通运输局
5	22B144	市政协文化文史和学习委	关于重启规划建设开漳圣王文化园的建议	芗城区政府，市自然资源局、文旅局
6	22C010	市民建、市农工党黄晓农、曾中华、张艺滨、陈明杰	关于进一步加强我市城市养犬管理的建议	市城管局、公安局、农业农村局
7	22B021	市农工党	关于推动我市中小学校内课后服务提质增效的建议	市教育局
8	22B003	市九三学社	关于落实我市紧密型县域医共体财务账户统一管理的建议	市卫健委、医保局
9	22A096	李瑞林	关于加快推动我市生态木业产业高质量发展的建议	市工信局、林业局、发改委、自然资源局、生态环境局
10	22A070	市致公党	关于进一步推进我市装备产业转型升级的建议	市工信局、科技局、教育局

·重要会议·

【市政协十四届一次会议】

2022年1月4—7日，市政协召开十四届一次会议。会议听取并讨论中共漳州市委书记张国旺的讲话，审议并通过十三届市政协常委会工作报告和提案工作情况报告，选举产生十四届市政协主席、副主席、秘书长和常务委员。会议期间，委员们列席市十七届人大一次会议，听取并讨论市长王进足所作的市政府工作报告，听取并讨论市中级人民法院、市检察院工作报告以及计划和预算报告。

2022年1月4日，政协第十四届漳州市委员会第一次会议在漳州宾馆开幕　　（漳州市政协办公室 供图）

【市政协十四届常委会会议】

2022年，漳州市政协共召开常委会会议4次，即十四届一次常委会议至四次常委会会议。

2022年1月7日，漳州市政协召开十四届一次常委会会议。市政协主席吴文团向新当选的市政协常务委员介绍市政协常委会的组织结构、主要职能和工作规则，并对新一届常务委员履职提出要求。会议审议通过市政协各专委会领导成员名单。

2022年6月29日，漳州市政协召开十四届二次常委会会议。会议审议通过“‘双碳’背景下加快我市新能源产业发展”的建议案；协商讨论并审议通过“深化漳台乡建乡创合作，促进两岸基层融合发展”的建议案。会议通过相关人事事项：康元泰任市政协文化文史和学习委主任，郭德志不再担任市政协文化文史和学习委主任职务。

2022年9月28日，漳州市政协召开十四届三次常委会会议。会议部署第四季度市政协重点工作，协商讨论并审议通过“加强我市土壤污染防治工作”的建议案，审议通过《漳州市政协协商工作规则》《漳州市政协委员履职工作规则》。

2022年12月20日，漳州市政协召开十四届四次常委会会议，审议关于召开市政协十四届二次会议的有关事项，决定市政协十四届二次会议于2023年1月2—4日在芗城召开。会议审议通过《政协第十四届漳州市委员会常务委员会关于学习宣传贯彻中国共产党第二十次全国代表大会精神的决议》，听取林少金副市长代表市政府所作的关于政协年度提案办理情况的通报，审议通过关于召开市政协十四届二次会议的决定、议程（草案）、日程以及市政协常委会工作报告（审议稿）、提案工作情况报告（审议稿）和会议相关组织程序等市政协十四届二次会议有关事宜，并授权主席会议审议此次常委会会议未尽事宜。会议还审议通过有关人事事项。经协商决定：周少勇任市政协人口资源环境委员会副主任；卢阿娜不再担任市政协人口资源环境委员会副主任职务。根据市政协委员界别构成和工作需要，协商决定增补12名十四届市政协委员；因工作调动，许佳不再担任十四届市政协委员。

·协商议政·

【概况】　2022年，漳州市政协紧扣全市“建设现代化滨海城市”“产业发展项目建设攻坚年”“七比一看”竞赛、“9+5”千百亿产业培育行动计划、“实施‘十四五’规划”等重要议题，搭建协商平台，组织委员调研，开展专题议政性调研协商2次、重点课题调研协商6次、专题调研协商80余次、专题视察活动34次，发挥政协协商民主的重要渠道和专门协商机构的作用。

【加快新能源产业发展协商】

2022年，漳州市政协组织委员开展“‘双碳’背景下加快漳州市新能源产业发展”专题议政性常委会调研协商，就“推进大型风电设备检测中心建设；尽快研究出台光伏发电行业实施标准；加大储能配套设施布局和建设；打造海上风电平价示范标杆；加快建设海上风电装备制造产业园；成立产业基金助力‘新能源+’发展；构建政企协同的新能源产业工作体系”等方面提出建议。

【加强托育服务机构建设协商】

2022年，漳州市政协贯彻落实习近平总书记关于“幼有所托”的重要论述和中央、省、市有关扶持托育机构发展的文件精神，组织委员开展“加强我市托育服务机构建设”专题议政性常委会调研协商，就“强化统筹引领，推动托育服务机构协调发展；强化措施保障，推动托育服务机构快速发展；强化监督管理，推动托育服务机构健康发展”等方面提出建议。

【深化漳台融合发展协商】

2022年，漳州市政协组织调研组围绕“深化漳台乡建乡创合作 促进两岸基层融合发展”课题开展专题调研，提出“进一步加强科学规划，进一步提升合作意愿，进一步完善合作机制，进一步拓宽合作领域，进一步拓展产业合作，进一步加大资金支持”等建议。

2022年9月28日，漳州市政协开展加强漳州市托育服务机构建设的专题议政性常委会会议协商。图为会议现场

（漳州市政协办公室 供图）

【加强土壤污染防治工作协商】 2022年，漳州市政协组织开展“加强我市土壤污染防治工作”常委会调研协商，提出“加强宣传引导，提升环保意识；完善联动机制，强化部门沟通；夯实基础建设、提升监测水平；创新管理制度，落实风险管控；拓展工作机制，加强保护耕地；加大资金投入，深化污染治理”等建议。

【加强全民健康管理服务协商】 2022年，漳州市政协组织开展“加强我市全民健康管理服务”专题调研协商，提出“完善全民健康管理体制机制，着力‘壮筋骨’；推动优质医疗资源下沉，扎实‘夯基础’；提升家签服务水平，注重‘治未病’；把握健康管理重点，突出‘管慢病’；着眼全生命周期健康管理，服务‘全人群’；强化全民健康教育，致力‘全促进’”等建议。

【优化主城区教育与医疗布局及投融资模式协商】 2022年，漳州市政协组织开展优化主城区教育与医疗布局及投融资模式专题调研协商，提出“坚持科学规划，注重优化空间布局，抓紧编制中心城区及主城区教育与医疗专项规划；抓住薄弱环节，破解难点重点，促进基础教育均衡优质发展；突出补齐短板，注重科学合理，进一步优化医疗资源配置”等建议。

·民主监督·

【概况】 2022年，漳州市政协围绕全市“产业发展项目建设攻坚年”活动、“七比一看”竞赛和千百亿产业集群培育行动计划等中心工作，以及“十四五”规划实施、民生改善等方面的落实情况，深入开展视察监督，邀请委员参加专项监督，发挥委员的监督作用，助推全市各项决策部署落地见效。

【“产业发展项目建设攻坚年”推进情况视察】 2022年，漳州市政协组织部分省、市政协委员对各县区落实市委重点工作会精神情况开展专题视察，就“着力招大商引好商，提升产业发展项目建设的质量效益；破解要素保障制约，推动产业发展项目落地；深化‘妈妈式’服务，进一步优化投资环境；在激励与压力传导中，凝聚攻坚合力；加强新时代民营经济统战工作，助推实体经济高质量发展”等方面提出监督性意见，助推市委、市政府“产业发展项目建设攻坚年”部署落地落实。

·团结联谊·

【概况】 2022年，漳州市政协不断健全从党内到党外、从委员到界别群众、从政协内部到面向社会的凝聚共识工作格局，将“思想政治引领、广泛凝聚共识”融入视察调研、协商议政、提案督办等履职实践中，让各民主党派、各界人士、港澳同胞和海外侨胞在政协平台上，充分地协商议政、联谊交流，更好地凝聚共识、促进发展。做好与全国、全省各级政协之间的协作配合、调研考察等工作。

【促进多党合作共事】 2022年，漳州市政协严格落实定期走访制度、沟通联络制度、协同履职制度，拓宽知情参政渠道，联合开展视察调研、举办协商议政、督办重点提案、反映社情民意，进一步密切合作共事。年内，各民主党派在政协平台上探索改革良策、发表意见建议，参与视察调研、民主监督30多场次；提交党派大会发言8篇、提案83件；报送党派重要提案摘报22件，得到市领导批示49件次；报送党派社情民意信息427件，得到省、市领导批示16件次。

【深化漳台交流】 2022年，漳州市政协聚焦两岸融合发展新路，组团参与第十四届海峡论坛•第五届两岸基层治理论坛活动；督办重点提案《关于精准帮扶台企创新发展的建议》，走访慰问在漳台胞台企。

【发挥港澳委员作用】 2022年，漳州市政协注重发挥港澳委员“双重积极作用”，引导港澳委员在维护港澳繁荣稳定、投身家乡建设中积极作为、展现风采。

【深化华侨华人交流】 2022年，漳州市政协增进同海外漳籍华侨华人交流交往，及时传递乡音乡讯和关爱关怀；协助组织菲律宾等11个国家、28位闽籍海外侨领考察漳州，助推中菲“两国双园”建设，提高漳州市对外开放水平。

【推进民族团结宗教和睦】

2022年，漳州市政协聚焦新时代党的民族工作，开展“加强少数民族人口信息管理”对口协商活动；聚焦少数民族特色村寨建设、返贫监测帮扶机制落实情况等课题深入调研，在民族融合发展、守望相助上献策聚力。深化对宗教界人士思想政治引领，围绕“加强宗教古建筑保护”开展协商调研活动，深入界别经常性走访宣讲，促进党的宗教政策深入人心，引导宗教与社会主义社会相适应。

（吴少军）

责任编辑：江细珍

纪检监察

·综述·

【理论武装】 2022年，漳州市纪委常委会及时跟进学习习近平总书记重要讲话重要指示批示精神，深入学习宣传贯彻党的二十大精神，突出“领导班子带动学、宣讲培训促动学、党建聚力驱动学、调查研究推动学”“四学”联动，建立多形式、分层次、全覆盖学习机制，委班子领导深入基层一线宣讲精神、开展调研、推动落实，组织开展“学习贯彻二十大，漳州纪检作表率”系列活动和宣传报道，举办全系统专题培训班，带领全市纪检监察干部学深悟透、入脑入心、见行见效，坚定拥护“两个确立”、坚决做到“两个维护”。

【队伍建设】 2022年，漳州市纪委监委注重市纪委常委会政治建设，贯彻民主集中制，落实常委会会议议事规则和决策程序。巩固拓展党史学习教育成果，创建“今天我主讲”特色党建品牌，推进全国文明单位创建，推动机关党建与纪检监察工作深度融合。加强市属国有企业纪检监察干部队伍建设，建立派驻机构定期向市纪委常委会报告工作制度，分层分类开展全员培训99期8039人次。优选聘请市监委第二届特约监察员，自觉接受各方面监督。完善请示报告、“八小时以外”监督等制度，开展加强年轻纪检监察干部教育管理监督创新试点工作，强化内部监督制约，确保队伍忠诚干净担当。

【市监委首次向本级人大常委会报告专项工作】 2022年6月21日，在漳州市第十七届人大常委会第五次会议上，漳州市监察委员会主任陈文聪就开展反腐败国际追逃追赃工作情况向市人大常委会作专项工作报告。这是漳州市监委首次向本级人大常委会报告专项工作。漳州市纪委监委重视向本级人大常委会报告专项工作，成立工作专班，深入开展调研，撰写报告，并广泛征求意见建议。建立与市人大常委会及工作涉及部门会商协调机制，严格按照要求扎实有序推进报告专项工作。

·主要会议·

【市纪委十二届二次全会】

2022年1月27日，中共漳州市纪委十二届二次全会在芗城召开。全会深入学习贯彻习近平新时代中国特色社会主义思想和党的十九届六中全会精神，全面落实十九届中央纪委六次全会、省纪委十一届二次全会部署，回顾2021年纪检监察工作，部署2022年任务。张国旺出席会议并讲话，陈文聪作题为《践行伟大建党精神，深化全面从严治党，为加快建设现代化滨海城市提供坚强保障》工作报告，市纪委监委全体领导出席会议。

【半年工作会暨纪检监察干部作风建设推进会】 2022年7月1日，漳州市纪委监委召开半年工作会暨纪检监察干部作风建设推进会召开。市委常委、市纪委书记、市监委主任陈文聪出席会议并讲话。

·监督执纪·

【政治监督】 2022年，漳州市纪委监委紧盯落实“疫情要防住、经济要稳住、发展要安全”重要要求、“提高效率、提升效能、提增效益”行动要求和“产业发展项目建设攻坚年”活动、“七比一看”竞赛等重点，探索建立政治监督内容融合、方式契合、步骤结合、力量联合、运用闭合等“五合”监督机制，“见人见事见效”开展监督，推动各级各部门狠抓落实、担当实干，保障全市经济社会发展保持稳中有进态势。组建督导专班，紧跟疫情形势变化抓监督，推动各地科学精准、因地因势落实疫情防控政策。分析研判各县（区）、开发区（投资区）政治生态，分别形成政治生态报告，逐一把脉问诊、提出建议、推动整改，做到政治监督、政治画像、修复净化、促进发展同向发力、相互衔接。

【一体推进“三不腐”】 2022年，漳州市纪委监委始终保持惩治腐败高压态势，坚决查处城管、粮储、开发区等领域腐败问题。全市共立案1076件，其中处级干部29件、科级干部128件，留置37人，移送司法机关39人。严肃查处一批市管干部严重违纪违法案件。推进“金牌审理”创建，健全监督执纪调查标准化流程，压紧压实办案安全责任。深入剖析典型案例，全市提出纪检监察建议113份，推动开展粮食购销、工程项目招标投标等领域突出问题专项整治，深化以案促改。

【“四风”纠正】 2022年，漳州市纪委监委分地域分领域分层级纠“四风”树新风，梳理“一县一清单”，深化作风建设“前哨岗”，查处“四风”问题137起237人，通报典型问题22起。

【干部作风“五不”问题专项整治】 2022年，漳州市纪委监委开展干部作风“五不”问题专项整治，创新建立联系决策政策比对执行综效、联系职能职责比对履职时效、联系需求诉求比对服务质效、联系问题难题比对整改实效、联系业务业绩比对干事成效的“五联系五比对”作风监督机制，查处不担当、不作为、乱作为等问题69起147人。

【实施“五个一”工程推动监督下沉第二季度履职交流推进会召开】 2022年6月29日，漳州市纪委监委把业务课堂搬到现场、把会场延伸到基层，精选基层村级“三资”管理监督典型经验，召开实施“五个一”工程推动监督下沉第二季度履职交流推进

2022年6月29日，漳州市纪委监委召开实施“五个一”工程推动监督下沉第二季度履职交流推进会。图为现场观摩

（漳州市纪委监委 供图）

会。推进会以加强村集体“三资”管理监督为主题，围绕乡镇“三个中心”职能改革提升、组财村管、资源资产清查和发包等重点，通过“现场+会场”“县区+乡镇”“培训+交流”的方式组织现场观摩、开展经验交流，推动村集体“三资”管理更严更细更实。观摩期间，与会人员通过现场讲解、观摩展板、翻阅资料、交流点评等方式，学习了解有关县区村集体“三资”管理监督的有关制度文件、工作台账和宣传展板。

·反腐倡廉·

【概况】 2022年，漳州市纪委监委协助市委做好省对市、市对县落实全面从严治党主体责任情况检查，持续跟进问题整改和问责处置。坚持抓早抓小、关口前移，深化运用“四种形态”批评教育帮助和处理4721人次，第一至第四种形态分别占76%、16.4%、2.7%、4.9%。严把党风廉政意见回复关，完善失实检举控告澄清、受处分人员回访教育等机制，及时为受到错告、诬告的36名干部澄清正名，进一步激励干部担当作为。

【廉洁基层建设】 2022年，漳州市纪委监委探索实施基层监督一轮培训提能力、一套机制抓监督、一番倾听解民忧、一批典型树品牌、一方治理稳根基“五个一”工程，实行列清单、发传单、开药单、对账单、给成绩单“五单工作法”，出台支持乡镇纪委履职保障措施，开展基层监督“一县一品”创建、乡镇纪委倾听百姓家长里短和履职交流等活动，改革提升农村会计事务、项目交易、资产资源监管等乡镇“三个中心”职责职能，推动源头防范“微腐败”。基层监督“五个一”工程案例获评第五届全省机关体制机制创新二等奖。推进“多年、多层、多头”重复举报治理，开展“双化解双促进”专项行动，有力解民忧、纾民怨、暖民心。聚焦城区停车难、农村“饮水安全”等18个整治项目，推行“每周一题”会商、现场看落实等机制，深化“点题整治”，从严查处群众身边腐败和作风问题187起361人。联动做实省纪委监委挂钩帮扶云霄县各项工作，组建专班，建立机制，坚持政治帮扶和项目对接“双轮驱动”，助推云霄县经济社会高质量发展。

【廉政教育】 2022年，漳州市纪委监委拍摄6部警示教育片，召开全市领导干部、城管系统、粮食系统警示教育大会，开展市管国有企业领导干部家属“清风传家·家庭助廉”主题教育，编印《永不褪色的“传家宝”——谷文昌家风故事》，组织展演《一代相国蔡新》，线上线下同步打造廉洁文化基地及全市廉洁“云地图”，营造崇德尚廉新风尚。

【新时代廉洁文化建设“十个一”行动】 2022年，漳州市纪委监委实施升级一批廉洁文化教育基地、绘制一张廉洁文化地图、出版一本廉洁文化书籍、汇编一册忏悔录、创作一系列廉洁文化影视作品、举办一场廉洁文化展览、组织一轮廉洁宣讲、举办一场廉洁文化专题研讨会、推出一组线上廉洁文化展馆、选聘一支廉洁文化监督推广员队伍等新时代廉洁文化建设“十个一”行动，推动新时代廉洁活动走深走实。

（林春祥）

责任编辑：江细珍

民主党派·工商联

·民革漳州市委会·

【概况】　2022年，中国国民党革命委员会漳州市委员会（简称民革漳州市委会）下设龙海、芗城、龙文和闽南师范大学4个总支，12个市直支部，市委会下设“三农”委员会等8个专门委员会和漳州市中山画院。发展新民革党员25名，截至年底，共有民革党员487名。

【组织建设】　2022年，民革漳州市委会牵头8个民主党派修订完善《漳州市各民主党派市委会工作规章制度》，16个基层支部顺利完成换届选举工作。民革漳州市委会获“民革福建省委信息工作先进集体”。

【参政议政】　2022年，在漳州市人大、政协两会期间，民革漳州市委会共向漳州市政协会议提交集体提案10件。其中《关于推行三方议事协调机制提升社区治理水平的建议》等3件集体提案被市政协选为2022年度重要提案摘报，得到市委市政府主要领导批示。《关于提升我市近海生态环境修复整治成效的建议》集体提案获2022年度漳州市政协优秀提案。全年共向民革福建省委、漳州市政协、漳州市委统战部报送社情民意信息91余件次，其中，《关于加强“第一任台湾挂印总兵”“中国禁毒史上倡导禁毒第一人”苏明良相关文物史料挖掘保护工作的建议》等7篇被民革中央采用，《基层水利专业技术人员不足现象应引起关注》等2件被省委办公厅采用，8件被省政协采用，《菜农期待“幸运种子”》获中共福建省委主要领导批示。

【调研协商】　2022年，民革漳州市委会完成专题调研和理论文章17篇。其中《加快闽台石化产业融合发展的建议》被列为民革福建省委调研课题。开展涉台调研3次，形成涉台大会发言材料1篇，政协集体提案1篇，3篇涉台社情民意信息被市政协采用。

【社会服务】　2022年，民革漳州市委会开展“爱乡爱企促发展同心同行兴万村”行动，共发动民革党员资困助学折合人民币40余万元。

（陈加国）

·民盟漳州市委会·

【概况】　2022年，中国民主同盟漳州市委员会（简称民盟漳州市委会）发展新盟员23名。截至年底，共有民盟盟员767名。

【组织建设】　2022年，民盟漳州市委会新增医疗卫生工作委员会、法治工作委员会，共有7个参政议政专委会。年内，被评为“民盟福建省反映社情民意信息工作先进单位”。

【参政议政】　2022年，在漳州市人大、政协两会期间，民盟漳州市委会《关于支持漳州市中医院加快“一院两区”规划建设的建议》等3件提案获中共漳州市委、市政府主要领导批示6件次。《关于加快建设“5G＋工业互联网”的建议》《关于加快建设普惠性托育机构的建议》等2件提案获市政协优秀提案表彰。《关于组建漳州中医药健康产业集团的建议》等2件提案获中共漳州市委、市政府主要领导批示，《关于支持漳州市中医院加快“一院两区”规划建设的建议》被评为优秀提案。年内，《我省水仙花产业存在问题及对策建议》等2件提案被中共福建省委办公厅采用。

【调研协商】　2022年，民盟漳州市委会完成2篇盟省委调研课题《民主党派机关政治建设问题探究》《福建省家庭病床服务专题调研》。向盟基层组织征集调研课题8篇，3篇转化为社情民意信息，1篇转化为重要提案摘报。开展中医文化入校园、高新区产业发展、漳州市中医药发展路径等专题调研。

【社会服务】　2022年，民盟漳州市委会联合龙文区委统战部在龙文区郭坑中心小学联合启动“同心校园行”系列活动，组织书法家入校现场指导。盟员张琨琨谱曲的《一支不朽的歌》在中央电视台播出，为创城活动创作歌曲《文明印迹》。盟员吴静亮参与拍摄的微电影《红军攻克漳州》在漳州新闻网播出。新冠疫情防控期间，盟员王文胜为芗剧《最终会胜利》作词，戴秋玲导演锦歌《疫去春来》，黄鸿坚、吴静亮创作抗疫舞蹈《战疫》，木偶剧团庄寿民创作《清明防疫，偶在行动》。

（左建瑛）

·民建漳州市委会·

【概况】　2022年，中国民主建国会漳州市委员会（简称民建漳州市委会）设有 4个总支，25个支部，6个工作委员会，1个书画院。发展新会员29名，截至年底，共有会员617名。

【组织建设】　2022年，民建漳州市委会制定《民建漳州市委会基层组织换届工作方案》，完成4个总支和20个支部换届工作。

【参政议政】　2022年，漳州市人大、政协两会期间，民建漳州市委会提交团体提案10件，委员个人提案17件，其中被列为重点提案摘报件2件，年度优秀提案1件，获市领导批示2件。年内，制定实施《民建漳州市委会社情民意信息工作考评办法》，推送5期《履职故事》专刊，报送社情民意信息82件，被中央办公厅采用1件，全国政协采用3件，民建中央采用6件，被福建省委办公厅采用5件，省政协采用15件，获省政府分管副省长批示1件，市委、市政府领导批示2件。民建漳州市委会获“2021—2022年度全省民建反映社情民意信息工作先进单位二等奖”。

【调研协商】　2022年，民建漳州市委会开展走访调研会员企业20余次，组织2家企业参加2022（第二十二届）中国风险投资论坛。

【社会服务】　2022年，民建漳州市委会协助云霄县申报地理标志商标使用许可备案140件，服务辖区企业100多家，通过地理标志商标带来的产值约2亿元。机关事业总支前往平和县举行“情系山区·捐衣助学”捐赠活动，捐赠爱心书包465个、全新羽绒服300件，价值8万元。携手漳州小水滴公益办会前往漳州福康医院和龙海市程溪镇白云村（大田坑麻风村），捐赠物资和慰问金5.62万元。

（郑艺松）

·民进漳州市委会·

【概况】　2022年，中国民主促进会漳州市委员会（简称民进漳州市委会）下设11个市直支部和4个总支。发展新会员18名，截至年底，共有会员444名。

【组织建设】 2022年，民进漳州市委会完成10个市直基层支部和芗城总支换届工作。先后获评“省委会参政议政工作先进单位”，多名会员分别获评省委会参政议政、社会服务以及市政协反映社情民意信息工作先进个人。

【参政议政】 2022年，民进漳州市委会有36件社情民意信息被各部门采用，其中2件分别获得民进中央2022年参政议政成果二等奖、三等奖，3件获中共福建省委领导批示，5件被全国政协、民进中央采用，9件被省政协采用。在漳州市人大、政协“两会”期间，共提案26件，其中，《关于将我市打造成全国学习弘扬谷文昌先进典型高地的建议》等3件提案被列入重要摘报，《关于加快推进我市“快递进村”工作的建议》被列为漳州市政协2022年度重点提案。

【调研协商】 2022年，民进漳州市委会完成《关于粮食安全与土壤质量可持续发展研究》《加强产学研深度融合 完善高科技创新机制——漳州高校及企业高科技教育及应用发展前景分析》《构建社区“托幼一体化”服务体系的可行性研究》《我省碳汇渔业发展策略及路径选择研究》等6篇民进省委会立项调研课题。

【社会服务】 2022年，民进漳州市委会连续第六年打造“春联万家”微公益惠民品牌，组织书法家会员深入社区为居民义务写春联。组织会员中的到芗城区过塘小学开展“送课下乡”活动，为过塘小学“海西博文学习书屋”授牌，捐赠文具及图书。民进龙文总支募集资金22.8万元，解决流岗村朝阳中心小学操场建设和郭坑中心幼儿园洛滨分园学校设施修缮改造问题。民进龙海总支联合白水镇政府利用后港古城街区对外宣传新平台，加强白水镇真好意白水贡糖产品宣传。

（张　斌）

·农工党漳州市委会·

【概况】 2022年，中国农工民主党漳州市委员会（简称农工党漳州市委会）下设5个专委会、4个总支、29个支部。年内，发展新农工党党员35名。截至年底，共有农工党党员700名，其中医药卫生界农工党党员占50.7%。10名农工党党员当选各级人大代表，34名农工党党员担任各级政协委员。

【组织建设】 2022年，农工党漳州市委会新成立支部2个，评选表彰12个星级总支、支部，新成立“党员之家”2个。农工党漳州市委会被农工党中央评为“2018—2022年先进集体”。

【参政议政】 2022年，在漳州市人大、政协两会期间，农工党漳州市委会提出的《关于进一步加强我市职业病防治的建议》等3件提案被列入漳州市政协十四届一次会议《重要提案摘报》，得到中共漳州市委、市政府主要领导批示。《关于推动我市中小学校内课后服务提质增效的建议》等2件提案被列为2022年度重点提案进行督办。《关于做大做优我市“五泡茶”的建议》等2件提案被评为2022年度漳州市政协优秀提案。编报社情民意信息专报件134件，其中8件被全国政协采用，107件被农工党中央、省委办、省政协采用，2件获省委领导批示、1件获市政府主要领导批示。

【调查研究】 2022年，农工党漳州市委会组织课题组深入华安等地开展“关于加快推进闽西南协同发展区高质量发展”等专题调研。年内，《完善生育政策支持体系，促进人口长期均衡发展》调研报告分别获得农工党中央和农工党省委会2021年度优秀调研论文一等奖。

【社会服务】 2022年，农工党漳州市委会开展“爱企爱乡促发展、同心同行兴万村”行动，发挥医药卫生界别优势，赴华安县丰山镇等地开展义诊活动6场次，参与的农工党党员专家50多名，服务群众1000多人次，捐款1万元。联合市人民医院为3万多名中小学生开展眼健康义诊活动。联合龙海区残联为龙海区特殊教育学校学生捐赠校服和爱心食品。

（张丽平）

·致公党漳州市委会·

【概况】 2022年，中国致公党漳州市委员会（简称致公党漳州市委会）下设总支3个，支部25个，专门工作委员会6个。截至年底，发展新致公党党员29名，共有致公党党员597名。

【组织建设】 2022年，致公党漳州市委会圆满完成基层支部换届选举工作，实现基层支部政治交接的平稳过渡和延续深化。推进“特色支部”“党员之家”“书香支部”等专项建设，着力提升党员的政治素质、履职能力和基层组织的凝聚力。在致公党福建省第十次代表大会上，1名致公党党员当选致公党福建省委常委，3名致公党党员当选致公党福建省委委员。

【参政议政】 2022年，在漳州市人大、政协两会期间，致公党漳州市委会在政协会议期间提交大会口头发言1件、团体提案12件，其中，3件提案被列为重点摘报，获中共漳州市委、市政府领导批示7件次，2件提案被列入重点提案，2件提案获市政协2022年度优秀提案表彰。年内，反映社情民意信息54篇，其中5件被中央部门采用，32件被省级部门采用，2件被致公党中央评为2021年度参政议政优秀成果，2件获中共福建省委领导批示，2件获评致公党省委会2022年度反映社情民意好信息，1件获评市政协优秀社情民意信息。致公党漳州市委会获评“致公党福建省委会2017—2022年参政议政先进集体”，获评市政协2021年度反映社情民意信息工作先进集体。

【调查研究】 2022年，致公党漳州市委会完成致公党省委会2022年度调研课题，提供省政协专题协商会议素材7篇。联合市政协侨台委组织市政协致公党界别委员赴龙海、诏安开展“全力打造漳州市国家级渔港经济区”调研活动。指导专委会和基层支部赴长泰、台商投资区等地开展“活态传承非物质文化遗产”“中医康养与旅游产业融合发展”等课题调研活动。

【社会服务】 2022年，致公党漳州市委会启动“爱乡爱企促发展 同心同行兴万村”挂钩帮扶诏安县活动，先后组织开展调研活动、义诊活动4次，为诏安县四都镇西梧村、四都镇石溪村、深桥镇树美村3个村申请

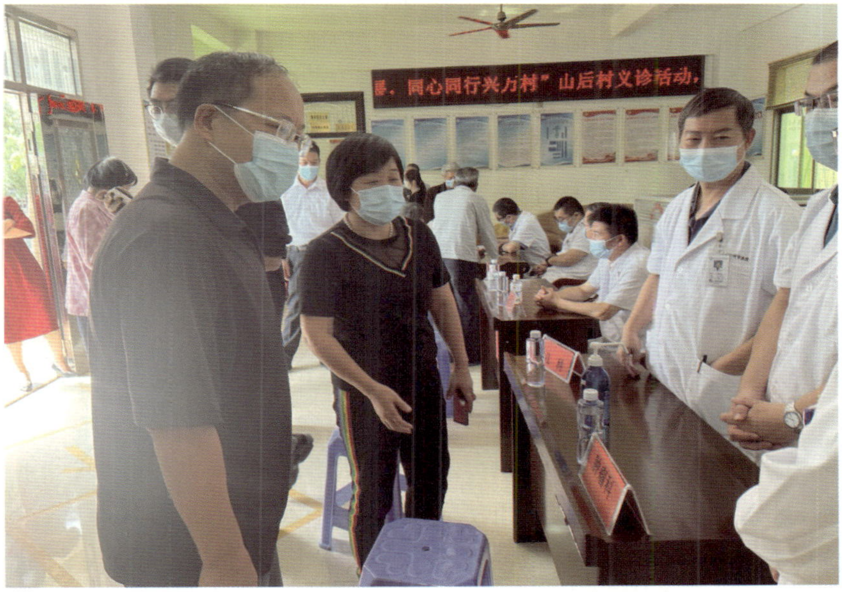

2022年10月29日，致公党漳州市委会组织医卫届党员赴挂钩的诏安县山后村开展义诊活动（致公党漳州市委会 供图）

村居环境整治专项经费共30万元。4名致公党党员被列入“福建致公乡村振兴指导员”队伍。发动致公党党员424人次参与社区创建工作。

（张梅燕）

·九三学社漳州市委会·

【概况】　2022年，九三学社漳州市委员会（简称九三学社漳州市委会）有14个基层组织，其中市直支社8个，专属支社6个。设有6个专门（工作）委员会。截至年底，共有社员320名，其中高级职称165人，占51.4%；中级职称147人，占46.1%。

【组织建设】　2022年，九三学社漳州市委会完成10个支社换届工作，发展新社员16名。年内，获福建省委会信息工作先进集体三等奖。

【参政议政】　2022年，九三学社漳州市委会和漳州市卫健委联合呈报《深化“互联网+医疗”打通生命绿色通道——推动形成5G智慧急救漳州模式》，得到全国政协副主席、九三学社中央常务副主席邵鸿的肯定和批示。在漳州市人大、政协两会期间，提交提案件8件，并作《提升各城区接壤地带建设水平助力滨海城市一体发展》大会发言，其中《关于加强漳州市山地生态保护的建议》等3件提案被列为重点摘报，《关于落实漳州市紧密型县域医共体，统一财务结算账户制度的建议》被列为年度重点提案，2件被评为优秀提案。全年撰写110件社情民意信息，其中得到国家领导人批示1件，九三学社中央采用1件，省委办采用3件，省政协采用4件，九三学社省委会采用60件。

【社会服务】　2022年，九三学社漳州市委会组织社员资助口设村贫困学龄孩子和龙文区郭坑中心小学“人工智能与机器人实验室”教学设备，总计8.37万元。到长泰区武安社区卫生服务中心、天宝洪坑村开展义诊活动，来诊群众100余人次。到南靖县奎洋镇举办《中华人民共和国民法典》专题讲座。到南山书院举办歌仔戏社公益教学活动。

（王苑茹）

·台盟漳州市委会·

【概况】　2022年，台湾民主自治同盟漳州市委员会（简称台盟漳州市委会），下设7个支部，年内，发展新盟员7名，截至年底，共有台盟盟员117名。

【参政议政】　2022年，在漳州市人大、政协两会期间，台盟漳州市委会提交1件大会发言、11件团体提案和7件人大建议案和委员个人提案，其中《关于促进我市线上和线下教育融合发展的建议》和《关于大力普及公众急救知识和技能的建议》两篇团体提案被列为重要摘报，获中共漳州市委、市政府主要领导签批，并被评为年度优秀提案；6件被省台盟采用，作为省两会的团体提案和书面发言；5件作为全国政协委员个人提案。与团市委、市台联联合合作《漳台融合青年路，“抱团”跑出“加速度”》工作简报获全国政协副主席、台盟中央主席苏辉批示。

【调查研究】　2022年，台盟漳州市委会协助省台盟完成食品加工方面的调研报告。青年盟员林娣荧的征文《十年台盟情　一生统战缘》被中央统战部公众号“统战新语”采用。

【社会服务】　2022年，台盟漳州市委会在春节和元宵节前夕，慰问因疫情原因未返台的留漳台胞台商，并到平和、长泰走访2家台资企业。中秋前夕，与市台联共同举办2022年“相亲相爱一家人——在漳台湾同胞中秋联谊活动”。到芗城区南坑街道桃林社区、东山县杏陈镇开展下基层义诊、捐赠等帮扶活动。

（郑淑茵　叶建平）

·漳州市工商联（总商会）·

【概况】 2022年，漳州市工商联（总商会）下辖11个县（区）工商联（商会）。截至年底，市工商联系统共有会员22657个，其中：企业会员15695个，团体会员209个，个人会员6753个（包括原工商业者26名）。市属行业商会25家，在漳异地商会22家，综合性商会3家，异地漳州商会27家。年内，获全国工商联授予“2022年民营企业劳动关系监测调查工作示范基层单位”等称号。

【党建引领】 2022年，漳州市工商联（总商会）选派7名机关党员干部担任40家行业党委所属商会的党建工作指导员，加强商会党建工作指导。深入开展“机关联动乡村，党建引领振兴”行动，引导商会会员企业捐款30万元帮助华安县马坑乡福田村完成机耕路硬化，助力乡村振兴。

【组织建设】 2022年4月28日，漳州市工商业联合会（总商会）第十五次代表大会召开，选举产生第十五届执委会班子成员，其中执委180名，常委70名。龙翔实业有限公司董事长杨龙辉连任市工商联（总商会）主席（会长），王金狮当选为常务副主席（常务副会长），张志贤、吴文群当选为专职副主席（副会长）。洪水河等13名企业家当选为新一届工商联兼职副主席，吴金容等32名企业家当选为新一届总商会兼职副会长。年内，指导漳州市河北商会成立，漳州市石油业商会、漳州市罐头食品商会等2家行业商会换届，指导漳州市湖北商会、漳州市漳平商会、漳州市浙江商会、漳州市安徽商会等4家在漳异地商会换届。漳州市工商联系统获2021—2022年度全国“四好”商会称号商会7家，获2021—2022年度省级“四好”商会称号商会24家。

2022年9月9日，漳州市工商联联合闽南日报社、漳州农商银行共同发起“漳州市首届清凉公益行”活动（林华鹏 摄）

【参政议政】 2022年，在漳州市人大、政协两会期间，漳州市工商联（总商会）提交人大代表建议1件、市政协提案6件，其中，《关于进一步做好我市高新技术企业纾困解难工作的建议》被列为市政协重要提案议案。上报社情民意5件。组织联络民营企业参与福建省2021年度企业经营者评议。

【调研协商】 2022年，漳州市工商联（总商会）开展各类调研活动6场次，深入商会及企业41家。撰写调研论文《汇聚多方力量 不断激发镇街商会发展活力》等调研论文13篇，其中《破解组织建设难点 激发镇街商会活力》获全国工商联“2022年度组织建设调研成果突破创新奖”。发动会员企业做好5次全国工商联民营企业调查，填报数据1222份次，助力推动民营经济高质量发展。

【社会服务】 2022年，漳州市工商联系统发挥桥梁纽带作用，建立健全与公检法司沟通联系机制，向市检察院推荐23名优秀企业家担任特约检企联络员，联合建立涉案企业合规第三方监督评估机制，选聘专家库成员77名；与市中级人民法院联合选聘24名特邀调解员，漳州市家居商会获评全国“2022年度工作突出基层劳动人事争议调解组织”；与市司法局持续推动“万所联万会”活动，漳州市惠安商会《走出“律商”共建促发展之路》被评为2022年度“创新中国”工商联（商会）工作优秀案例。与农业银行漳州分行，兴业银行漳州分行、恒丰银行漳州分行签订战略合作协议。联合市人社局组织召开2021年度非公系列工程技术初、中级职称评审会，初级通过人数100人，中级通过人数318人，接受各、县区委托评审初级通过人数443人。配合市人力资源和社会保障局、团市委、高校，对用工较多的300多家会员企业进行深入动员，提供就业岗位2000个。

【公益事业】 2022年，漳州市工商联（总商会）开展慈善公益活动，联合闽南日报社举行“漳州市首届清凉公益行”活动，助力创城工作。深入开展“爱乡爱企促发展 同心同行兴万村”行动，组织144家民营企业，兴村214个，兴村项目167个，其中投资类经营项目48个，投资总额21.5亿元，公益捐赠类项目119个，捐款捐物总额6630万元。开展同心光彩助学活动，组织200多家基层商会、异地漳籍商会及会员企业开展“同心光彩助学”活动，共捐助学生1661名，捐助总额达628万元。

【入选100对工商联与检察机关沟通联系机制典型事例】 2022年8月18日，第四届民营经济法治建设峰会召开，中华全国工商业联合会、最高人民检察院在会上发布《工商联与检察机关沟通联系机制典型事例（2019—2022）》。漳州市工商联所属商会漳州市惠安商会与福建泾渭明律师事务所、龙海区工商联与龙海区司法局、芗城区工商联与芗城区人民检察院、华安县工商联与华安县公安局、长泰区工商联与漳州市公安局长泰分局等5对工商联单位（所属商会）与公检法司共建沟通联系机制建设示范单位典型做法入选。

（林华鹏）

责任编辑：蔡婉玲

群众团体

·漳州市总工会·

【概况】 2022年，漳州市新就业形态企业建会342家，入会职工总数3.43万人。年内，漳州市总工会发挥工会“12351”职工维权热线平台作用，帮助职工讨回薪资271万元。推荐评选全国五一劳动奖章获得者2名、工人先锋号集体3个，省五一劳动奖章获得者22名、五一劳动奖状获得单位7个、工人先锋号集体17个。漳州市总工会被中华全国总工会评为“全国工会财务工作先进单位”，漳州“惠工汇”平台被中华全国总工会评为2022年互联网+工会普惠服务“最具有影响力”平台。

【职工技能提升】 2022年，漳州市总工会组织推荐15家民营企业作为漳州市产业工人技能培训点，为福建龙溪轴承、福建省七建、漳州发展、漳州城投建工、福建三宝钢铁、万利达等漳州地区多家企业培训员工2万多人。开展高低压电工、制冷与空调、建筑八大员、环境检测等各类专项技能培训班32场，培训1万多人次。漳州市94个市级以上劳模创新工作室培训技工近5000人次，取得创新成果40项。实施“数字工匠赋能行动”，成立省工会系统首家服务数字经济发展的工匠学院“漳州数字工匠学院”，与漳州职业技术学院联合开展2022年漳州市“数字工匠”工业机器人系统操作员、建筑信息模型技术员职工职业技能竞赛等4场示范性竞赛。

2022年1月18日，漳州市总工会慰问新就业形态工作者
（陈诗坛 摄）

【职工医疗互助】 2022年，漳州市总工会发动17.7万名职工参加职工医疗互助活动，3781名职工领取补助，补助金额532万元。成立快递企业工会30家，覆

盖职工近4000名，为全部入会快递员缴交2022年医疗互助金24.2万元，在全省率先实现对快递员工会组织、医疗互助、集体协商全覆盖。

【职工精准服务】 2022年，漳州市、县（区）工会开展“春风送岗”活动，与市人社局等部门联办线上线下招聘会，达成就业意向3万多人次。持续开展金秋助学活动，市、县（区）工会资助133名困难职工子女，发放助学金和勤工俭学补贴金37.4万元。全市开办49个职工子女暑托班，投入168万元，向环卫工子女、疫情防控一线医务人员子女等倾斜，服务职工子女1639人。举办11场青年职工交友活动，吸引1740名职工报名参加，帮助青年职工拓宽交友渠道。创新服务台胞职工“144”工作法，挂牌成立“台籍职工交流服务中心”，成立台商投资企业协会工会联合会，覆盖450家台企、1万多名职工。

【疗休养联盟计划】 2022年，漳州市总工会创建10家省级、16家县级职工疗休养基地，吸引20多家酒店、休闲山庄等企业加入首批“疗休养联盟计划”，接待省内职工疗休养万余人。投入专项资金近600万元，组织开展83期专题疗休养活动，惠及抗疫人员、社区工作者及劳动模范等3200名。

【帮扶慰问】 2022年，漳州市总工会元旦、春节“两节”期间走访慰问企业180多家，慰问职工2万人次，慰问金额308万元。开展“夏送清凉”活动，对辖区内的公安交通、环卫保洁、公路维修等行业进行防暑降温慰问。关心关爱女职工，新建18家“妈妈小屋”，市总工会下拨35万“课后服务•关爱行动”专项资金。安排资金108万元向全市1.1万名新业态劳动者赠送人身意外伤害保险，为2000名货车司机、网约送餐员等新业态劳动者赠送价值30万元爱心礼包活动。

【阵地建设服务】 2022年，漳州市总工会启动市工人文化宫提升改造项目，项目概算1.2亿元。完成漳州“惠工汇”平台二期建设，依托平台完成对20万名会员的实名认证。中心城区97个户外休息驿站，各地26个“司机之家”“骑手之家”等共享职工之家服务设施，为户外作业职工提供歇脚休息、免费药品、饮水等服务。探索推进“职工书屋”转型升级“共享书屋”，在市区5个公园内试点建成。

【工会财务资产管理】 2022年，漳州市总工会经审会审计47个单位和项目，纠错67笔，纠错金额230.2万元。建立“大财务”制度，提高工会经费预算编制和管理水平，市总工会本级对82家市直基层工会开展工会经费“1+X”专项督查。

（伍 烨）

·共青团漳州市委员会·

【概况】 2022年，漳州市共发展11395名团员。完成市青联、学联、市青年企业家协会换届，新建非公有制企业和社会组织团组织1466家。共青团漳州市委员会（简称团市委）《漳台融合青年路，“抱团”跑出“加速度”》《打造“党建+团建+社区志愿者”模式助力疫情防控工作》等工作专报件先后获中央、省、市领导批示肯定12条次；漳州市被列为福建省首批青年发展型城市建设试点。

【青少年思想教育】 2022年，团市委利用“两微一端”（微博、微信及新闻客户端）累计发布“青年大学习”网上主题团课18期，学习近142万人次。“青春漳州”微信公众号影响力21次入围全市政务新媒体榜单前三，10多次入围全国地市级团组织微信公众号综合影响力排行榜。

【青少年典型“好榜样”树立】

2022年，团市委推报“两红两优”（“两红”指的是五四红旗团委和五四红旗团支部；“两优”指的是优秀共青团员和优秀共青团干部）、“五四青年奖章”等共青团系统荣誉近600个，其中获团中央授予荣誉10个、团省委授予荣誉66个。

【两岸青年融合交流】 2022年，团市委组织在漳台湾青年参加海峡青年论坛，依托“漳台青年企业家大联盟”组织300余人次参与7场考察交流。深化台商投资区两岸青年创业基地建设，全国政协主席汪洋到漳考察。漳台青年融合工作先后获《人民日报》海外版、《福建日报》、《福建新闻联播》报道，并获全国政协副主席、台盟中央主席苏辉批示肯定。

【青年就业创业服务】 2022年，团市委创新性举办漳州市首届“万才聚漳”两岸青年人才创业论坛。组织推报119个项目参与福建省“创青春”省级青年创业大赛，11个项目获奖。开展青年人才优秀创业项目工作，累计评出25个项目，给予资金支持250万元。开展大学生实习“扬帆计划”活动，研发上线万才聚漳官网“扬帆计划”系统，全市提供实习岗位1.14万个，上岗学生4500余名，其中双一流高校学生1100多名。

【助推乡村全面振兴】 2022年，团市委吸收130多名相关领域专家、技能能手等青年人才入库乡村振兴青年专家库，举办培训班44场，培训新农人3691名，直播点击量突破217万人次。开展高素质青年农民培训班41场次，培训青年农民1486人次。

【助力文明城市创建】 2022年，团市委发挥共青团组织优势助力文明城市创建，开展“楼道行动”“敲门行动”“劝导行动”，累计发动青年志愿者1.36万人次，清理主城区70余个无物业小区及周边环境1359处，入户宣传3600多户，举办“大手拉小手，童创文明城”主题系列活动110场。

【青少年帮扶】 2022年，团市委举办全市社工项目比赛，拨付36万元专项经费资助6个社工服务项目，开展服刑人员子女关爱活动15场、中高考心理减压活动10余场次，服务学生和家长3000余人次。

【希望公益品牌打造】 2022年，团市委募集爱心善款120多万元，帮助277名家庭困难学生圆梦大学，募集25万元向全市25个乡村学校和社区捐建漳州共青团爱心图书角100个。募集1500套爱心课桌椅分3年捐赠偏远乡村小学。开展“融情漳州·衣往新疆”爱心衣物捐赠活动，向新疆青少年群体捐赠衣物2万余件。

（林 凌）

·漳州市妇女联合会·

【概况】 2022年，漳州市“春蕾安全员”困境儿童保护机制获全国人大常委会副委员长批示肯定，并在全省推广。该机制获得第五届“推进机制活 建设新福建”全省机关体制机制创新优秀案例一等奖，获评2022年度福建省“十大法治事件”。年内，市妇联获2022年度全国三八红旗集体称号。

【巾帼大宣讲】 2022年，漳州市妇联举办寻找漳州最美“她力量”活动，总票数近893万票，访问量约2538万人次。全市举办线上线下巾帼大宣讲1054场次，辐射受众23.7万人次。

【助力乡村振兴】 2022年，漳州市网上登记33.67万名巾帼志愿者，累计开展巾帼志愿服务9000余场次。推荐“美丽庭院”省级示范户850户、培育市级示范户1600户。开展“产业兴·巾帼行”万名“新农人”素质提升工程、“民宿女能人赋能提升”培训班等47场实用技术培训，3528名创业者参加。承办省“兴粮节粮庆丰收 巾帼喜迎二十大”主题活动，启动全省妇联首场“福见乐购 姐妹相助”巾帼直播带货活动，16.5万名网友观看，线上线下总销售额116.67万元。深化“巧妇贷”品牌项目，惠及贷款户数15776户，累计余额达36.54亿元。

【妇女儿童权益保障】 2022年，漳州市制定并颁布市妇女发展纲要（2021—2030年）、儿童发展纲要（2021—2030年）。落实“适龄女性HPV疫苗免费接种”项目，惠及3.53万名适龄女性。全市挂牌成立“家庭教育指导站”12家，发出“督促监护令”“家庭教育督促令”50份，辅导涉案未成年人及其监护人近80人次。解决困境妇女儿童无户口问题，解决户口登记3718名。年内，市妇联举办“巾帼暖人心 普法在身边”活动，妇联主席下基层接访近120场次，接待来信来访来电175件，排查走访纠纷隐患家庭、“平安家庭”未达标户等920多户。全市开展户外法治宣传活动225场，举办法律知识讲座60多场，发布“普法维权·微课堂”50多期，分发宣传单（品）近5万份，举办心理志愿服务、公益家教讲座100多场，个案辅导50余人次，接受咨询200多人次。

【家庭家教家风建设】 2022年，漳州市妇联以“协同育人 为爱同行”为主题，举办家庭教育线上线下公益巡讲、家庭公益大讲堂等160场，受益群众2万余人。寻找揭晓全国、省、市“五好家庭”“最美家庭”“绿色家庭”274户，培育家庭亲子阅读基地13个，命名市级家庭教育创新实践基地30个。开展“少年儿童心向党 用心用情伴成长——妈妈教我家乡菜”视频征集活动，全市共征集作品462个。

2022 年 4 月 23 日，漳州市妇联在漳州妇女儿童活动中心举行“少年儿童心向党——亲子共沐书香 文明漳州有我”2022 年漳州市家庭亲子阅读启动仪式（漳州市妇联 供图）

【关爱妇女儿童】 2022年，漳州市妇联争取片仔癀慈善资金40万元，用于春蕾助学和关爱贫困家庭；发动爱心企业结对帮扶困难学生36名，资助金额约90万元；开展元旦、春节慰问和寒暑假儿童关爱服务活动，走访慰问298户困难户，发放慰问金80多万元。推广关爱女性健康保险，累计参保9787人，保费140.72万元；募集资金近120万元，走访慰问低收入“两癌”（乳腺癌、宫颈癌）困难妇女176名，发放救助金额88万元。

（何惠琛　陈晓娟）

·漳州市文学艺术界联合会·

【概况】 2022年，漳州市文学艺术界联合会（简称漳州市文联）组织各艺术门类参加相关文艺赛事，获省级一等奖3个、二等奖7个、三等奖6个。组织参评“2021年度福建省广播电视艺术奖”评审活动，其中，获一等奖1件、二等奖6件、三等奖10件。

【主题文艺活动】 2022年，漳州市文联举办“为了共同的目标”漳州市中国摄影家协会会员摄影作品展、“春回福地‘艺’起出发 | 壮丽史诗·永恒旗帜——纪念红军攻克漳州90周年书法作品展”“喜迎党的二十大·漳州市美术作品精品展”等大型展览活动。举办“以艺共情·以‘艺’抗疫”美术作品线上展览等系列

活动，展出作品217幅。

【“福”文化】 2022年，漳州市文联组织全市125位书法工作者以明代大书家黄道周的墨迹“漳州”二字为底本，创作福字合成的“‘福’见漳州图”。春节期间，在江滨公园北岸举办“福”文化灯光秀。举办“福”文化“迎新春”书法、美术作品线上展览活动，展出191件书法作品、176件美术作品。组织文学爱好者参加“福在八闽”全国征文活动，12位作者上榜，漳州市作家协会被评为“优秀组织单位”。编辑出版《喜迎党的二十大·福在民间优秀作品展集》，举办以反映闽南乡情、红色文化、“福文化”为主题的“庆祝二十大——艺心团聚共奋进”漳州市青年优秀文创作品展，展出180多件作品。

【文艺为民惠民】 2022年，漳州市文联开展“福满乾坤 开漳大吉”惠民公益演出10场。组织知名作家、诗人和文学爱好者，在漳州古城举办“用闽南文化点亮千年漳州古城”夏日诗会。

（朱向青）

·漳州市科学技术协会·

【概况】 2022年，漳州市科学技术协会（简称漳州市科协）组建“漳州市院士专家工作站”3家，参评“福建省示范院士专家工作站”2家，重新申报“福建省院士专家工作站”3家。组织院士7人次、专家32人次到漳开展石化产业发展“院士专家漳州行”等活动，促成4个院士合作项目。申报国家级学会服务站4家、省级11家。

2022年8月3—4日，“畅想科技·梦想飞扬”第十届漳州市青少年机器人竞赛在漳州职业技术学院举行 （漳州市科协 供图）

【科普服务】 2022年，漳州市科技馆开展科普活动14场，接待团体11个，举办科普大篷车活动21场，参与人数3.29万人，免费开馆接待人数5.68万人。组织学生参加省青少年科技创新大赛，获得省级奖项63个。无偿为10家符合条件的企业安装专利检索系统，后台管理维护已安装企业407家。

【助力乡村振兴】 2022年，漳州市新建漳州水仙花、诏安青梅等2家“科技小院”，累计建院5家。年内，市科协以新型农业经营主体、种养加能手和乡村治理为专题，举办乡村振兴专题培训班2期117人次。

（陈汉坤）

·漳州市社会科学界联合会·

【概况】 2022年，漳州市现有市级科普基地22个，省级科普基地3个，拨付补助经费9万元。年内，漳州市社会科学界联合会（简称漳州市社科联）在《漳州社科论坛》开设“党的二十大”专栏，在“社科之窗”设置党的二十大精神学习专栏，组织发动全社会参与“深入学习贯彻党的二十大精神”第19期网上竞答活动，超38万人次参与答题。漳州市社科联、漳浦县社科联荣获全省活动最佳组织奖。漳州市社科联相关工作成效得到市委、市政府主要领导批示肯定3次；“开辟‘教育研究’专栏，推动漳州教育高质量发展”“发展壮大干部队伍，为加强社科工作注入强劲动力”等2项工作获全省经验推广。

【研究成果转化】 2022年，漳州市社科联立项96项，95项课题成功结项。创新立项“习近平总书记在福建任职时对漳州有关工作的指导性论述的理论研究”重点课题9项，专设“闽南优秀传统文化传承和保护研究”重点课题，首次设立“职业教育与漳州经济社会发展”和“卫生健康”两个专项课题类别，立项30项。

【社科知识普及】 2022年，漳州市社科联举办“学习贯彻二十大 砥砺奋进新征程”2022年科普宣传周活动，全市累计设置各类咨询点位200多个、宣传展板500多个。开展文艺演出12场次，举办“芝山讲坛”7场，受益群众6万人次。举办学习习近平新时代中国特色社会主义思想专题报告会15场，举办“谷文昌先进事迹当代价值研究”学术研讨会。《漳州社科论坛》改版升级，增设“百年党史”“纪念红军攻克漳州90周年”“党的二十大”“教育研究”等专栏，全年刊发4期50篇论文。其中“教育研究”专栏为漳州市教育研究类学术论文刊发开辟全新渠道。将市社科规划课题纳入教师职称评聘认定范围，该做法获全省经验推广。

【学会工作】 2022年，漳州市社科联指导17家学会完成年检，6家学会完成换届。引导各学会开展理论宣传、学术研究、社科普及100余场次。

（沈钰冰）

·漳州市归国华侨联合会·

【概况】 2022年，漳州市归国华侨联合会（简称漳州市侨联）申报创建省级“侨胞之家”10个，市级“侨胞之家”14个，新成立基层侨联组织13个、升格侨联小组为侨联会的基层侨联组织8个。发放省级贫困侨救助资金及中央华侨事务经费救助资金共75.8万元，救助归侨侨眷320人次。

【参政议政】 2022年，漳州市侨联向市政协十四届二次会议提交《关于建设漳州市华侨历史博物馆暨中菲历史文化交流中心的建议》的大会发言；办理市政协交办提案1件。做好省侨联漳籍“闽侨智库”成员联系服务工作，共报送侨情专报3篇，被采用2篇。

【服务招商引资】 2022年，漳州市侨联组建市级侨联招商引智顾问团，聘任38名招商引智顾问，与华安县政府、蓝田经济开发区签订共建合作框架协议。年内，漳州市侨联、华安县政府联合主办“发挥侨力·招商引智”云推介活动（华安专场）线上线下结合向海外菲律宾漳州总商会和在漳广大侨领侨商侨企进行招商引智云推介。中国侨商投资（福建）大会集中签约项目中3个项目均开工建设，完成投资额7.15亿元。

【联谊拓展】 2022年，漳州市侨联完善52名漳籍海外重点人士资料，与150多个海外侨社团建立联系。开通“漳州市侨联”微信公众号，设立微信群。开展2022年“情暖侨界 共叙侨情”新春走访活动，走访看望英国中华总商会会长张进隆等17位返乡侨领、侨商。举办以“喜迎二十大·漳侨谱新篇”为主题的华侨华人故事邮展、侨批展，展出邮集珍品336片20框、漳州侨批96件。举办“2022中菲友好交流摄

2022年9月6日，2022中菲友好交流摄影展开幕式在漳州市美术馆举行 （漳州市侨联 供图）

影展（漳州专场）”活动，展出30多位中菲两国摄影家110余幅作品。开展涉侨文化专题讲座3场、侨乡文化调研4次。联合文旅部门开展芗剧现代戏《李林》展演活动。

【侨益维护】 2022年，漳州市侨联推动护侨维权工作机制建设，龙海区检察院在双第华侨农场、李林事迹陈列馆、台投区鸿渐村高阳楼设立漳州市首个涉侨检察联络室及首批涉侨公益诉讼保护联系点；芗城区检察院在区侨联设立“老芗亲”法治共享家园涉侨台联络站；云霄县检察院在常山华侨农场成立“涉侨检察工作室”。办理侨界群众来信来访10件，促进侨界和谐稳定。

（吴炜祯）

·漳州市台湾同胞联谊会·

【概况】 2022年，漳州市完成各级台湾省籍党代表的选举工作，完成第十一次全国台湾同胞代表会议代表、全国台联第十一届理事会理事候选人、福建省第九次台湾同胞代表会议代表、福建省台联第九届理事会理事及台湾省出席第十四届全国人民代表大会协商选举会议代表的推荐工作。8月13日，福建省漳州台商投资区台湾同胞联谊会成立，为全国第一个在台商投资区成立的台联基层组织。

【漳台文化交流】 2022年，漳州市台湾同胞联谊会举办“科举制度在台湾——台湾进士专题展”“乡亲相爱一家人·在漳台胞新春话团圆”“相亲相爱一家人——在漳台湾同胞中秋联谊活动”“圆山大讲坛”等活动，与漳州电视台共同举办的“曲同调·两岸好声音”海峡两岸大型闽南语曲艺文化交流活动，被列入国台办2022年度对台交流重点项目。长泰区马洋溪生态旅游区山重村、平和县坂仔镇心田村、平和县五寨乡埔坪村等3个涉台交流点获批“福建省海峡两岸民间交流基地”并授牌。《漳台融

2022年1月26日，“科举制度在台湾——台湾进士专题展”开展仪式在漳州古城文庙举行 （漳州市台联 供图）

合青年路，“抱团”跑出“加速度”——台盟漳州市委会联合漳州团市委、漳州市台联打造台青登陆“第一家园”》获全国政协副主席苏辉批示肯定。

【服务台胞】 2022年，漳州市台联在漳州职业技术学院挂牌设立漳州市台湾同胞联谊会台胞职业技能培训基地。漳州古城获批成为漳州市对台交流基地、省政协港澳台侨交流基地、闽台交流基地。《关于征集以“台批”为主的两岸家书等涉台文献并申报国家记忆的建议》提案被全国政协采用，在全省范围内开展“迁台记忆文献资料”征集活动。争取省扶贫济困专项资金946人256万元，争取“两补”市级配套补助348人83.5万元。

（吴 颖）

·漳州市金门同胞联谊会·

【概况】 2022年，漳州市金门同胞联谊会（简称漳州市金门联）完成“三定”方案编写，推进漳州市金门联机构改革工作。

【两岸交流交往】 2022年7月，漳州市金门联接待应邀到福建参加海峡论坛、海内外金门同乡会年会活动的金门同乡会总会一行，该团组成为2020年以来两岸同乡会民间交流的一次突破。9月，与省金门联共同主办2022年两岸金门、马祖乡亲国庆、中秋联谊活动。

【关爱金门同胞】 2022年，漳州市金门联共向省市两级财政争取定居金胞补助资金60.4万元（其中省级财政48万元，市级财政12.4万元），全部发放到位。发放“两补”（老龄金胞及遗偶和困难金胞补助）表格179份，收回189份（含年度新增人员）。开具中考高考考生加分证明、协助申请奖学金，共开具中考加分证明7份、高考加分证明4份，帮助11名金门籍学生争取中高考录取照顾资格。帮助4名高考生申请省金门联奖学金1200元，审核5名市金门联奖学金申请对象资格，发放奖学金共计1500元。春节、中秋两节前走访在漳老龄和困难金门同胞86人次，累计发放慰问金3.24万元。

（柯秋红）

·中国国际贸易促进委员会漳州市委员会·

【概况】 2022年，中国国际贸易促进委员会漳州市委员会（简称漳州市贸促会）发挥“联通政企、融通内外、畅通供需”独特优势，全力推动贸促工作。

【换届工作完成】 2022年11月25日，漳州市贸促会第二届委员会全体会议和漳州市国际商会第二届会员代表大会召开。大会选举产生市贸促会、市国际商会第二届领导班子，蓝文华当选为会长，李跃祥、邹国财当选为副会长。会议选举产生新一届市国际商会理事会、监事会成员。

【基层组织机构建设实现全覆盖】 2022年，漳州市贸促会在原有5个县（区）贸促会的基础上，推动长泰、云霄、南靖、诏安、平和、龙文6个县（区）成立贸促会，龙海、漳浦2个县（区）贸促会的机构级别提格为正科级，实现11个县（区）贸促会全覆盖。

【招商引资】 2022年，漳州市贸促会赴外招商6次、介绍客商资源14个、推动项目签约5个总投资额40亿元、落地3个总投资额15亿元、结对帮扶县区（园区）2个。全年共组织211家企业参加线上线下举办的境内外展会。

【商事法律服务】 2022年，漳州市贸促会共办理一般原产地证5375份，比上年增长21.99%；优惠原产地证638份，比上年增长1.59%；国际商事证明书793份，比上年增长9.38%；发布贸易摩擦预警快报27期，信息共

300多条。

（周佳生）

·漳州市残疾人联合会·

【概况】 2022年，漳州市含无业重度残疾人在内的纳入低保政策保障残疾人22645名。年内，漳州市残疾人联合会（简称漳州市残联）发放困难残疾人生活补贴9052万元，惠及6.32万名残疾人，发放残疾人护理补贴9867万元，惠及7.16万名残疾人，为9573名残疾人发放“一户多残”生活补贴189.7万元。截至年底，全市128个乡镇残联、11个县（区）残联完成换届工作，5个开发区全部成立残联。

【残疾人精准康复】 2022年，漳州市残联投入资金3399.43万元，惠及2645名0—17岁在训残疾儿童。提供康复服务3.90万人，康复服务率达100%，辅具适配服务2944人，辅具适配服务率达100%。为下属康复机构和芗城区10家残疾儿童机构开展心理评估等定向服务965人次。面向全市各年龄段有听力检测需求的人群提供听力检测服务193人次。1月，建立漳州市残疾儿童康复资讯平台，年内网站平台浏览量近6万人次。在全省率先开展在训残疾儿童康复效果评估试点工作，完成两轮234人次评估。

【残疾人就业创业】 2022年，漳州市残联扶持651名农村困难残疾人实现就业创业，发放补助资金246.31万元。落实集中安置、超比例安置残疾人就业奖补政策，发放奖励补贴资金627.8万元，惠及1748名残疾人。开展线上、线下招聘会36场，吸引715家次招聘单位，提供残疾人职位数近2158个。全市城镇残疾人新增就业1432人，农村残疾人新增就业2701人，城乡年度培训2309人，全市有就业意愿的应届高校残疾人毕业生就业率达100%。

【漳州市第五届残疾人职业技能竞赛举办】 2022年，漳州市残联举办漳州市第五届残疾人职业技能竞赛，共有来自各县（区）的15支代表队、109名残疾人选手参加16个竞赛项目。最终40名选手获得个人奖项、5支代表队分获团体第一、二、三名、5支代表队分获优秀组织奖、5支代表队分获道德风尚奖。

【残疾人宣传文体活动】 2022年，漳州市残联选送10件作品参加“我心向党 携手前行”福建省首届残疾人事业公益短视频征集活动，获优秀组织奖。选送21件作品参加第十届NEAR（东北亚）青少年绘画作品征集活动。市盲人作家吴可彦获评“2021年度中国残疾人事业新闻人物”和“2022年漳州市文化拔尖人才”等荣誉，其作品《盲校》在福建省文学艺术界联合会、福建省作家协会主办的第三届福建省中长篇小说双年榜（2019—2020年度）中获评长篇小说优秀作品。投入资金112万元，在云霄少体校和全市5所特殊学校开展残疾人运动员跟踪式选拔、基地化训练，备战全省第九届残运会暨第七届特奥会。

【残疾人教育】 2022年，漳州市残联发放补助资金429.46万元，帮助2821名残疾人家庭子女及残疾人学生完成非义务教育阶段学业。为594名残疾学生提供送教上门服务，截至年底，漳州市具备入学能力的残疾儿童少年入学安置率稳定在97%以上。

（盛凌云）

·漳州市红十字会·

【概况】 2022年，漳州市蝉联全国无偿献血先进市，漳州市红十字会获全省第七届红十字应急救护大赛团体二等奖、优秀组织奖，取得9个个人奖项。市红十字救在身边志愿服务队成为全国红十字模范单位，2人获2022年度福建省“最美救护员”。龙文、长泰红十字会完成换届工作，4个重点开发区实现建会，东南花都、东山2处生命教育体验馆建成投用。

【应急救护】 2022年，漳州市红十字会培训救护员2.47万人、配置AED（自动体外除颤器）230台。完成应急救护公益培训23.15万人次以上，新培训应急救护师资105名。完成市红十字应急救护（急救中心）培训基地改造升级，组建市红十字现场救护培训中心。

【人道救助】 2022年，漳州市共筹资2800余万元用于人道事业，救助困难群众近7000人。

【“三献”工作】 2022年，闽南师范大学获国家卫生健康委、中国红十字会总会、中央军委后勤保障部卫生局颁发的无偿献血促进奖单位奖，平和县税务局获无偿献血促进奖特别奖，1人获无偿献血促进奖个人奖，5人获无偿捐献造血干细胞奖奉献奖。年内，漳州市红十字会推动实现造血干细胞、器官、组织及遗体捐献35例，器官捐献数居全省前三，累计登记遗体器官捐献1.6万余例。

（柯少强）

·漳州市中华职业教育社·

【概况】 2022年，漳州市中华职业教育社（简称漳州市职教社）完善和梳理363名个人社员信息、84个团体社员信息，新发展个人社员54名、团体社员4个。推动“社员之家”和“社员小组”建设，新增“社员之家”2家。组织团体社员市温促会发动热心人士捐赠助学款项20余万元，资助贫困大学生28名，发放金秋助学款8.4万元。

【校企合作】 2022年，漳州市职教社开展“百校万岗•同心就业”行动，组织、参与“百校万岗•同心就业”线上和线下现场招聘会，依托福建省毕业生就业创业公共服务网云招聘系统，共组织动员300余家企业参与招聘活动，提供近5000个就业岗位。举办“匠心共筑梦 喜迎二十大”漳州市职业院校摄影评奖赛，收到500余幅作品，作品在人民日报等多家新媒体平台进行线上展播，累计阅读量近100万人次，其中16幅作品荣获省职教社组织的摄影大赛二、三等奖。

（周丽洁）

·漳州市计划生育协会·

【概况】 2022年，漳州市计划生育协会（简称漳州市计生协）有会员小组11086个、会员27万名、协会理事1.8万名、志愿者2.39万名。

【生育关怀】 2022年，漳州市计生协建立计生特殊家庭心理援助中心10个，慰问计生特殊家庭2177人次、200.4万元、免费体检1136人次，投入68万元为1700名计生特殊家庭成员购买重大疾病住院综合保险，保障志愿者帮扶资金40.6万元。实施幸福工程、金秋助学、安居工程、紧急救助等生育项目，投入2488万元、帮扶6270户计生困难家庭。加强计生家庭意外险工作，全市投保实际户数15.4万户、投保金额2181.22万元，投保规模连续第11年保持全省首位，共赔付2518人、赔付金额1520.79万元，获2022年全省计生家庭意外伤害保险一等奖。

【家庭健康】 2022年，漳州市计生协培育健康指导员1.32万人，推广小程序，服务居民18.56万人。举办青春健康“沟通之道”主持人培训班1期、系列讲座及教育活动41场，新建阵地8个。建成优生优育指导中心、“亲子小屋”阵地103个。

（张琼如）

责任编辑：林 倩

外事·侨务·台港澳事务

·外事·

【概况】 2022年，漳州市外事办公室（简称漳州市外办）继续做好外事服务工作，拓展对外友好关系，接待阿拉伯国家外交官、东盟青年外交官代表团、乌拉圭驻华大使费尔南多•卢格里斯一行等访问漳州。年内，漳州与菲律宾巴丹省巴朗牙市签署缔结友好城市意向书。

【对外宣传】 2022年，漳州市外办举办“外国友人话漳州”征文活动，邀请6位外籍友人拍摄“家在漳州”的故事，其中漳州夏贝尔钢琴公司德籍高管索恩的《漳州越来越文明》短片获福建省在闽外籍青年视频大赛一等奖。举办中国传统布袋木偶艺术走进美国“Z世代”等3场线上活动，被驻美大使馆官网、Twitter、抖音宣传及美国中文网等多家媒体宣传。联合泰国驻厦门总领事馆、厦门市贸促会、漳州市贸促会，举办泰国EEC医疗与健康产业投资机遇推介会，并组织11家企业参与活动。选送的漳州市实验小学的节目《大鼓凉伞》和漳州市巷口中心小学的传统布袋木偶节目《童真偶趣》在马来西亚沙捞越州华侨华人观看中国驻古晋总领馆“虎年闹新春”视频春晚中展出。

【金砖国家传统医药高级别会议召开】 2022年5月11日，2022金砖国家传统医药高级别会议在北京和漳州以线上线下相结合形式举行，一致通过《2022金砖国家传统医药合作在线倡议》。漳州市人民政府市长王进足、漳州片仔癀药业股份有限公司总经理黄进明参与会上分享交流。

【国际性（福建·漳州）冶金新材料行业会议召开】 2022年7月4日，由漳州市贸促会、奥地利驻广州总领馆主办，漳州市钢铁产业联盟协会、福建三宝集团股份有限公司承办，漳州市外办、芗城区人民政府协办的国际性（福建•漳州）冶金新材料行业会议在漳州举行。来自国际性冶金新材料行业专家、企业家代表围绕“畅通国际产业链助力产业高质量发展”主题进行交流讨论，探寻合作。

【第四届“中阿经贸投资高峰论坛”举办】 2022年9月7日，以“创新驱动，构建全球发展命运共同体”为主题的第四届“中阿经贸投资高峰论坛”召开。来自阿联酋、毛里塔尼亚、科摩罗、阿尔及利亚、叙利亚、沙特阿拉伯、埃及、摩洛哥等国高级官员及驻华使节，以及中阿企业、机构代表，通过线上线下相结合的方式，围绕“全球发展倡议为中阿投资合作带来的契机”“开放合作，建设中阿科技创新之路”“数字驱动，携手共创融合发展未来”等议题深入交流，探讨中阿之间更多的合作机遇。

【外国留学生端午节主题文化活动举行】 2022年5月31日，漳州市外办主办“玉粽榴花五洲香”端午节主题文化活动，邀请在漳州的外国留学生一起演奏古琴、制作香包、品尝粽子，分享在漳留学期间的所思所感，深入了解端午节传统民俗文化。

【“中菲人文之驿走进漳州”活动举办】 2022年4月28日，中国驻菲律宾大使馆、漳州市人民政府、菲华各界联合会联合举办“中菲人文之驿走进漳州”活动，漳州市外办承办，活动以视频连线方式举行，中国驻菲律宾大使黄溪连、漳州市人民政府市长王进足、菲华各界联合会主席杨华鸿分别通过视频致辞。

【漳州市与日本谏早市学生线上交流系列活动举办】 2022年3月17日、9月13日、12月19日，漳州市外办、市教育局共同组织漳州市第一外国语学校与日本谏早市商业高中连线，举办3场漳州市—谏早市学生线上交流活动。福建省外办、漳州市外办、日本长崎县政府、日本谏早市政府、日本长崎新闻、日本经济新闻、日本NHK电视台及两校师生共200余人次参加活动。

（沈华容）

2022 年 4 月 28 日，“中菲人文之驿走进漳州”活动在漳州非遗展示馆举行。图为演职人员合影 （漳州市外办 供图）

·侨务·

【概况】 2022年，漳州市委统战部探索建设全市华侨归侨身份确认信息数据库，指导成立马来西亚漳州同乡总会，首次邀请海外侨领列席漳州市“两会”。年内，向龙海双第、漳浦南山、诏安梅州3个困难华侨农场拨付单位职工养老保险补助资金321.07万元，核准240名市属困难破产企业归侨退休职工生活补贴27.56万元，办理高考“三侨生”（指报考普通高校入学考试的考生本人为归侨学生、归侨子女，或华侨在国内的子女）身份证明27件。

【暖侨行动】 2022年春节期间，漳州市委统战部向20多个国家80位海外侨领寄送新春祝福包，上门看望慰问20多位返乡侨领、侨商及亲属。引导成立马来西亚漳州同乡总会，向10多个海外社团发去换届贺信；市领导录制视频祝贺南美洲闽南同乡联谊总会成立20周年；针对俄乌冲突、斯里兰卡动乱及菲律宾地震等突发事件，第一时间联系漳籍侨领了解情况，表达关心和慰问。

【助力中菲“两国双园”项目建设】 2022年，漳州市委统战部采用线上线下相结合方式，指导旅菲侨领筹备成立菲律宾漳州总商会，邀请菲律宾侨胞参与侨企侨商金融座谈会等活动，宣传通报中菲“两国双园”项目规划、进展情况，组织开展项目考察活动，引导鼓励参与项目建设。由漳籍侨领牵线的两个中菲合作项目在第二届RCEP青年侨商创新创业峰会上签约。

【引侨资、聚侨力、汇侨智】 2022年，漳州市委统战部联合开展“发挥侨的优势 做好引侨资汇侨智聚侨力工作”调研活动。先后邀请近百名海外侨领到东山考察投资环境、参加2022海外华商中国投资峰会、“第八届中国（泉州）海上丝绸之路国际品牌博览会暨第二届RCEP青年侨商创新创业峰会”、第四期海外闽侨精英海丝情活动、世界福建青年联合总会换届等。借助“中菲人文之驿走进漳州”活动平台，与旅菲侨胞连线互动；推进《漳州华侨华人通史》终审，弘扬漳州侨商精神。

（张舒雯）

·漳台融合·

【概况】 2022年，漳州市新批办台资企业项目数100个，比上年增长7.5%；实际利用台资1.63亿美元，位居全省首位。

【漳台产业承载基础】 2022年，漳州市重点推进涉台园区23个基础设施项目建设，完成投资135.6亿元，占年度投资计划的245%。在全省园区标准化建设评比中，古雷开发区获龙头品牌专项第一，台商投资区获配套设施专项第一。全市新获批9个闽台农业融合发展推广基地，在全省率先设立43个海峡两岸乡村振兴合作基地重点村。南靖闽台农业融合发展（兰花）产业园在2021年度全省考评中再获第一名。

【对台招商渠道拓宽】 2022年，漳州市举办“大陆台协会长漳州行”等招商活动31场次，邀请全国台企联李政宏会长2次带领大陆台协会会长82人次到漳州考察，推动签约台资项目7个，总投资26.6亿元。

【台企发展要素保障】 2022年，漳州市台港澳办落实市政府《关于进一步鼓励企业投资古雷石化基地的实施意见》和《关于促进漳台农业融合发展十条措施的通知》等优惠政策，深化“千名干部挂千企”和“我为台胞办实事”活动，市县两级领导干部挂钩台企401家，帮助解决困难问题244个，服务和推动21家台企增资扩产，11个台资项目被列为省重点技术改造项目，占全省的45.8%。在全国率先推动台企接入人民银行中征应收账款融资服务平台，解决台企上下游供应链企业资金周转困难问题。全省首笔“台农贷”和首个“台胞便民支付示范区”在南靖落地。举办12场重点企业融资对接会，133家台企与银行机构达成融资意向131.86亿元，实际发放贷款40.83亿元。全市27家银行机构累计对台授信417.6亿元，表内外贷款融资余额208.43亿元，两项数据均居全省首位。

【漳台贸易往来】 2022年，漳州与金门、马祖地区直接往来货运量88.82万吨，比上年增长46.5%，居全省第一。打通“古雷—高雄”石化产品通道，自2021年11月首船乙烯单体销往台湾至2022年年底，共销往台湾石化产品27票10.33万吨，货值1.15亿美元。

【漳台基地交流】 2022年，漳州市台港澳办依托白礁慈济宫举办为期1个月的“海峡两岸保生大帝‘云谒祖’数字文化交流活动”，吸引近3000名台湾信众参与，海峡两岸40多家媒体和自媒体账号进行报道，点击量超百万人次。年内，东山关帝庙、云霄开漳圣王文化祖地获批国家级“海峡两岸交流基地”。

【漳台文化交流】 2022年，漳州市台港澳办围绕“十大主题”（族谱对接、寻根谒祖、宗亲续缘、民间信仰、非遗传承、民俗交流、涉台文物、历史名人、校际交流、体育赛事），累计举办东山关帝文化旅游节、长泰古琴文化论坛等交流活动101场，其中海峡论坛漳州活动2个，国台办对台交流重点项目3个，漳台交流活动质效提升。

【漳台基层交流】 2022年，漳州市台港澳办加大力度引进台湾建筑师团队参与闽台乡建乡创，全年共有18个乡建乡创项目获得省财政资金补助900万元。

【漳台青年交流】 2022年，漳州市台港澳办建设漳州古城台湾青年就业创业一条街，成立漳台青年企业家大联盟，累计提供1000个岗位面向台湾青年招聘，吸引300名台湾青年到漳实习就业，引进台湾创业青年58名，入驻创业项目37个，23个项目实现成果转化。台湾青年就业创业工作得到全国政协主席汪洋肯定，相关经验做法获省委副书记罗东川批示肯定；打造台青登陆“第一家园”经验做法获全国政协副主席苏辉批示肯定。

【台胞基本公共服务】 2022年，漳州市台港澳办打造漳州市首个服务台胞台商的宣传展示综合平台，推动6个县区设立台胞台商服务中心，7个县区设立台胞台企服务专窗，增设法官工作室、法律服务点6个。成立台籍职工交流服务中心，推行“一站式”代办台胞健保报销服务，实施台胞子女就学优惠政策，推进涉台基本公共服务均等化、普惠化、便捷化。

【台湾人才发展服务】 2022年，漳州市台港澳办落实“万才聚漳”行动计划，市县两级累计出台台湾人才引进政策113条，为台湾人才提供资金补助、融资贷款、住房保障等服务，引进和认定台湾高层次人才12名，新聘任台胞科技特派员14名，兑现人才补助资金2750万元。两岸人才融合工作被国台办工作简报刊载并在全国交流。

【漳台婚姻家庭服务】 2022年，漳州市台港澳办在全省率先成立有独立机构和编制的“两岸婚姻家庭服务中心”，举办“爱在漳州，一起向未来”漳台百名青年集体婚礼等活动，推动更多台湾青年从创业漳州转变为扎根漳州。

【涉台法律服务】 2022年，漳州市台港澳办在全国率先成立首个全部由台胞组成的调解组织——市台胞人民调解委员会，并入驻人民法院在线调解平台，在全省率先成立首个开展涉台法律援助的台胞台商服务中心公共法律服务工作站。首次引入“元宇宙”课堂模式，举办台胞陪审员、台胞调解员暨涉台审判业务培训，实现14年培训不间断。市中级人民法院涉台司法工作亮点被写入最高人民法院向全国人大常委会所作的《人民法院涉外审判工作情况报告》；涉台民事判决获台湾地区法院认可，系全省第4份；漳州涉台纠纷多元化解诉调对接工作在2022年最高人民检察院联合中央台办等12个部委召开的推进构建中国特色“总对总”在线多元解纷新格局工作座谈会上作经验交流。深化涉台检察“一室一员”机制，一起对台调查取证案入选最高人民检察院涉台检察典型案例。

（蔡智聪　吴伟萍）

·港澳事务·

【概况】 2022年，漳州市有港资企业917户，注册资本650.2亿元；澳资企业33户，注册资本11.8亿元。全年办理因公赴港澳团组11批28人次。

【港澳事务】 2022年，漳州市台港澳办简化因公出境团组审批申报手续，加强与港澳相关机构、组织的交流联系，推动市第一外国语学校与香港培桥书院结为姊妹学校并签订教育交流合作意向书。组织片仔癀药业参加“2022中华医药产业发展澳门论坛”，推动漳澳中医药合作。

（蔡智聪　吴伟萍）

责任编辑：江细珍

法 治

·政法委及综治·

【概况】 2022年，漳州市政法机关推动市委出台《进一步落实〈中国共产党政法工作条例〉加强新时代政法工作的通知》，推进平安建设、信访维稳、社会治理、护航发展等工作，在全省率先实现乡镇（街道）政法委员配备全覆盖、核定编制并实体化运作“扫黑除恶斗争领导小组办公室”，全市16个县（区）、开发区（投资区）、122个乡镇（街道）全部成立综治中心，县、乡、村网格化平台100%覆盖。群众安全感率保持在99%以上。

【社会治理创新】 2022年，漳州市委政法委持续推进首批全国市域社会治理现代化试点合格城市创建，探索具有漳州特色的市域社会治理模式。开展市域社会治理“双十百佳”项目评选（每年在10个行业部门开展十佳创建），汇编45个典型经验成果在全市推广，漳州市“政府负责机制”经验做法在全国作典型发言。“芗里芗亲”项目获中央政法委第四届“四个一百”优秀政法新媒体评选“融媒公共服务奖”一等奖，是福建省在该类项中唯一获奖项目。《强化党建引领 点燃红色引擎打造社会治理服务漳州模式》获第五届“推进机制活、建设新福建”全省机关体制机制创新优秀案例二等奖。

【道路交通安全整治】 2022年，漳州市严查“五类十项”严重交通违法行为。全市拆除遮阳（雨）篷21万顶，涉电动车交通事故起数、伤亡人数分别比上年下降76.3%、50%。道路交通安全整治做法得到省委分管领导批示肯定，被《福建政法》刊载推广。

【法治漳州建设】 2022年，漳州市委政法委牵头出台《关于进一步加强法律监督优化数据共享的实施意见》等多个规范性文件，持续规范执法司法行为。全面铺开“八五”普法规划，持续深入开展法学理论课题研究，漳州市3项课题研究入选全省法学会重点课题。

【平安建设“四季竞赛、五大比拼”活动创新开展】 2022年，漳州市委政法委科学优化平安建设考评机制，在全市政法系统创新开展“四季竞赛、五大比拼”活动，每季看现场、抓盘点、补短板，推动平安建设责任书有效落地落实，“平安三率”测评居全省前列，平安建设考评实现全省“六连优”。

【司法惠台】 2022年，漳州市立足打造台胞第一家园定位，持续深化漳台审判、检务、警务交流合作、司法互助。深化涉台检察“一室一员”机制，建设检察机关台胞台企权益保护法治宣传教育基地，为台胞台企办实事。在市台胞台商服务中心设立全省首家开展涉台法律援助的公共法律服务工作站，联合市中级人民法院设立全国首个全部由台胞组成的调委会，在台湾青年创业园设立公共法律服务工作室，为台湾同胞提供高效优质的法律服务。

【"平安漳州e家"正式上线】 2022年12月28日，漳州市社会治理智治平台暨"平安漳州e家"上线启动仪式在碧湖生态公园举行。"平安漳州e家"平台运用移动互联网、大数据等核心技术，全面构建一套"自下而上"的网格事件闭环办理流程，全力打造"大家参与、共同享有"的社会治理共同体。上线后，平台注册用户超230万个，"有事上e家，平安e家帮"成为群众朗朗上口的宣传口号。

【英模典型弘扬】 2022年，漳州市委政法委以省委开展向时代楷模"漳州110"学习活动为契机，开展学习政法英模活动，与市人社局联合成立漳州市推荐评选"新时代政法楷模"工作领导小组及办公室，做好"新时代政法楷模集体""新时代政法楷模个人"的推荐评选工作。全市全年共举办英模报告会、宣讲会17场，选出27个先进集体、68名先进个人。

（吴　恺）

·法治政府建设·

【概况】 2022年，漳州市举办市政府法治专题讲座，开展法治政府建设示范创建活动，"漳州市新时代110警务机制改革创新"被评为全国第二批法治政府建设示范项目。全国首创的"春蕾安全员"未成年人司法保护机制和蓝碳司法保护与生态治理机制被评为福建省十大法治事件，市律师协会会长蔡丽羡被评为福建省十大法治人物。

【依法行政】 2022年，漳州市健全完善权责清单动态管理工作机制，市直40个部门公布权责清单目录5000余项。市直28家行政执法机关依照权责清单制定（调整）并对外公布行政裁量权基准。依法赋予乡镇（街道）行政执法事项，稳步推进"一支队伍管执法"改革。

【政务服务】 2022年，漳州市完善网上办事大厅建设，全流程网办率超82%，"一趟不用跑"事项超95%。在全省率先推行政务服务"一表申请、一窗受理、一章审批、超时默认、默认追责"闭环管理制度，先行先试"110与12345"联动响应机制，推行"房地分离""安商一体化"，政务服务非常满意率保持全省前列。编制梳理漳州市政务数据目录，建成以市政务数据汇聚共享平台为枢纽、市直各部门信息系统全面接入的政务数据汇聚共享服务体系，实现政务数据跨部门、跨区域、跨层级有序共享。

【决策程序完善】 2022年，漳州市制定实施《漳州市人民政府

2022年12月28日，漳州市社会治理智治平台暨"平安漳州e家"上线启动仪式在碧湖生态公园举办。图为启动仪式现场

（漳州市委政法委　供图）

工作规则》，把公众参与、专家论证、风险评估、合法性审查和集体讨论决定作为重大决策的法定程序。全面落实政府法律顾问制度，聘请600余名律师为政府依法执政、依法行政提供法律服务，全市1865个村（社区）实现村（居）法律顾问全覆盖。

【行政执法规范】 2022年，漳州市全面落实行政执法“三项制度”，编制包容审慎监管执法“四张清单”累计3223项，举办全市行政执法资格考试，开展食品药品、公共卫生、自然资源、生态环境等关系群众切身利益的行政执法案件评查活动，推动解决运动式、“一刀切”执法问题。建成“行政+司法”跨层级跨部门互鉴互认联盟链，实现电子数据从取证到采信的无缝衔接。建立“双随机、一公开”跨部门联合监管工作联席会议制度。围绕服务保障“六稳”“六保”，开展食品安全、药品安全等专项整治，两项工作满意率保持全省前列。首创“蓝碳”司法保护与生态治理机制，推动涉碳案件集中管辖。完善行政权力监督机制，探索公证参与行政执法及行政管理辅助性事务，搭建“平安漳州e家”社会治理智治平台，自觉接受各方监督。办理人大代表建议272件、政协委员提案656件，满意率均为100%。全面推进政务公开，主动公开政府信息1.8万余条。

【行政立法深化】 2022年，漳州市出台福建省首部专门规范政务服务的地方性法规《漳州市政务服务条例》。开展涉台文物古迹保护管理、海域养殖生态保护管理、农用地土壤污染防治等项目立法调研，以良法促发展保善治。

【行政规范性文件监督管理】

2022年，漳州市司法局优化漳州市行政规范性文件备案审查系统，推行规范性文件“三统一”和有效期制度，加大备案监督力度，接收报送备案的规范性文件363件。组织开展涉及计划生育、水能资源开发利用权等地方性法规、规章和规范性文件专项清理，废止规范性文件20件。

【纠纷多元化解】 2022年，漳州市创新“联片调解+网格化”“对比算账+信访评理”等机制，降低群众解决纠纷的门槛和成本，优化解纷服务“供给侧”。建立各类人民调解组织2360个，化解矛盾纠纷50613件。成立全国首个全部由台胞组成的调委会，涉台司法工作在全国“总对总”在线多元解纷新格局工作座谈会上作经验交流。在全省率先建成市级行政复议规范化中心，全市办理行政复议案件805件，收案数比上年增长171.64%。常态化开展以庭代训活动。建立健全应急救援力量联调联战工作机制，成立社会综合救援联训中心，开展疫情防控、危险化学品、水上救援等实战化应急演练近200场，举办安全生产、传染病防治、防灾减灾救灾等方面法治宣传教育1500余场，提升应急处置法治意识和能力。

【法治宣传教育】 2022年，漳州市深入实施“八五”普法规划，在全省首创闽南话普法微广播剧，累计培育乡村（社区）“法律明白人”9000余名，招募“蒲公英”普法志愿者1300余名。开展“不忘初心 牢记嘱托 打造新时代漳州‘148’品牌”三年行动，设立全省首家开展涉台法律援助的公共法律服务工作站，持续推动公共法律服务实体、热线、网络三大平台融合升级。

【法治化营商环境持续优化】

2022年，漳州市实施290项营商环境提升改革创新举措，在全国首创“两库融合”司法诚信码，城市信用排名跻身全国第6位。建立知识产权保护一体化全链条及协同保护中心，入选首批国家知识产权强市建设试点城市。对破产管理人进行分级评价，完善破产简化审理机制。在全国首创“国企托管”模式化解项目“烂尾”隐患，推进19个房地产风险项目处置。

（余梦婷）

·公安·

【概况】 2022年，漳州市公安局开展各类突出违法犯罪打击整治。“芗里芗亲”APP获中央政法委第四届“四个一百”优秀政法新媒体评选“融媒公共服务奖”一等奖，“新时代110警务机制改革创新”获评第二批全国法治政府建设示范项目。年内，市公安局因疫情防控工作突出被市委、市政府记集体二等功。

【维稳安保工作】 2022年，漳州市公安局严密防范境外敌对势力渗透破坏，在境外网络社交平台以及相关论坛积极发声，创作原创图文、视频255份，40篇图文、10个视频被公安部评定为精品。联合市教育局、各高校定期会商普法。开展“打苗头、防风险”“拔钉子、除隐患”“滤网三号”专项工作，获全省“猎手2022”反恐业务比武第三名。严打网络违法犯罪，成功破获网约抢劫、“杀洋盘”虚假信息诈骗、全省首起“AI换脸”网络盗窃案、重特大利用网络非法制贩枪支弹药和组织考试作弊案等一批网络犯罪案件。严格落实信息发现“双责任制”“三同步”等工作机制，落查率和管控率均为100%。开展网络安全攻防演练，行政处罚单位19家。成功举办福建省2022年国家网络安全宣传周法治日主题活动，被省公安厅通报表扬。

【交通安全风险防范化解】

2022年，漳州市公安局深化道路交通安全大整治，严查各类严重交通违法行为，共组织开展酒醉驾夜查、货车专项整治、夏季突出交通违法行为专项整治等各类统一行动83场次，查处各类交通违法184万起，全市道路交通事故起数比上年下降27.9%、死亡人数比上年下降1.5%、受伤人数比上年下降49.1%，完成货车右转盲区隐患路口整治110处。

【公共区域风险防范化解】

2022年，漳州市公安局深化公共区域大整治，建立景区和非景区景点安全管理联席会议制度，推动公共安全监管工作纳入平安建设考评。开展安全隐患大排查，建立“风险清单、措施清单、责任清单”3张清单，推动落实隐患整改。与消防救援、医疗卫生、志愿者以及民间救援队伍建立快速联动制度，检查非景区景点等重点场所部位1960处，发现并督促整改安全隐患886处，推动增设各类警示宣传标识795处。

【专项打击整治】 2022年，漳州市公安局开展黑恶犯罪、电信网络诈骗、出入境、涉海砂及传统盗抢骗、黄赌毒等突出违法犯罪打击整治，现行命案连续6年保持全破，“两抢”案件连5年保持全破，10万元以上盗窃案件破案率排名全省第一。开展夏季治安打击整治“百日行动”。组织开展“利剑”“清风”“铸盾”三个系列7轮次集中统一行动，成功破获一批部、省督大要案，公安部挂牌整治的南靖县和省公安厅挂牌整治的龙海区、云霄县、诏安县均按期顺利摘牌。

【常态化扫黑除恶斗争】

2022年，漳州市公安局聚焦传统领域和网络空间，强化摸排打击，年内，全市共打掉涉黑组织1个、恶势力犯罪集团17个、恶势力犯罪团伙2个，抓获犯罪嫌疑人192名，破获刑事案件119起，查封、冻结、扣押涉案资产1.18亿元。

【电信网络诈骗犯罪整治】

2022年，漳州市公安局推进大要案攻坚，持续开展“斩链”“拔钉”“断流”“清源”“断卡”等专项行动，全市共接报电信网络诈骗刑事警情3171起，比上年下降14.9%；立案2711起，比上年下降16.5%；破案1854起，比上年提升41.0%；抓获嫌疑人6375名，比上年提升41.4%；全市共劝返滞留缅北涉诈高危人员1979名，劝返率88.5%。

【民生领域违法犯罪整治】 2022年，漳州市公安局深化“小案快侦”机制，全市共立“两抢一盗”案件3400起、比上年下降12.95%，破案2813起，破案率82.74%、比上年提升5.16%，快侦率104.03%。推动打击拐卖妇女儿童犯罪行动，全市共破涉拐案件22起，解救被拐卖儿童22名、被拐卖妇女4名，抓获犯罪嫌疑人54名，涉拐类案件公诉嫌疑人数34名。推进陆地涉海砂突出问题专项和常态化整治，破获刑事案件100起、受理行政案件1034起，查获涉案嫌疑人1219名，处罚船舶152艘、船企122家、涉砂场所389处，扣押船舶69艘，查扣涉案海砂约90万吨。坚持“破案必追赃、追赃必返还”，与市中级人民法院、检察院联合制定《刑事诉讼涉案财物依法快速返还若干规定》，创新建立“第一责任人”“集中返赃”“局领导下访追赃”等举措，共返还赃款赃物折合人民币1.7亿元。成功侦破“9·28”生产、销售有毒有害食品案，获公安部和国家市场监督管理总局贺信。“猎狐2022”专项行动获省公安厅贺信。

【派出所改革】 2022年，漳州市公安局在全省率先实行“强所办”实体化运作，创新出台《全市公安机关推进“派出所主防”十二项措施》，建立机关警力支援基层加强常态化路面巡逻工作机制，深入推进派出所“一室两队”改革，做精综合指挥室，实现24小时接受情报指挥指令、受理群众报警求助，29个参与改革派出所共对外发送《公安警示函》32份，高效处置预警指令20309条；29个参与改革派出所总警力达666人，社区民警307人、占比46.1%；严格落实派出所办理刑事案件不超过本地刑事案件总量50%、刑事案件“负面清单”等规定，切实为派出所办案减负。

【“合成作战”改革】 2022年，漳州市公安局升级“合战中台”，完善快速反应机制，共研判转化线索4406起，支撑抓获违法犯罪嫌疑人2465名，追赃挽损1309起、挽损率77.92%，24小时内破案、挽损1063起。市区5分钟到场率93.64%，非违法类警情现场调处率93.2%，回访满意率100%。

【“大法制”改革】 2022年，漳州市公安局与市检察院建立“侦查监督与协作配合办公室”，签订《关于健全完善侦查监督与协作配合机制的实施意见》。开展执法记录仪使用管理专项整治、电信诈骗案件取保候审专项巡查，落实执法办案积分制、执法规范化建设奖惩，提升规范执法能力水平。推行智能卷宗管理柜，对所有案卷存入、取出、借阅、归还、归档全流程记录，异常行为自动预警。搭建执

2022年11月29日，漳州市公安局召开全市公安机关加强纪律作风建设工作会议　（方泽奎　摄）

法监督全息平台和办案积分平台，以警情、案件、人员、财物、卷宗、场所六要素为重点，以短信提醒方式把容易出错、容易忽视的执法风险预警推送给办案民警、单位领导及法制员，实现及时预警、限时处置、平台确认处置；改变执法办案积分人工考核为系统自动考核，做到考核手段信息化、自动化、公开化。开展“十佳执法办案标兵”评选活动，年内评选的10名年度执法办案标兵，全部予以提拔使用，激发民警办案积极性。

【素质强警】 2022年，漳州市公安局开展各类比武竞赛活动，获全省公安特警五项比武“团体总分”第三名、“个人全能”第一名，在全省经侦涉税领域、涉野生动物案件现场勘查、技侦业务等3项实战比武中获三等奖。

【典型引领】 2022年，漳州市公安局联合省厅举办第二个人民警察节系列庆祝活动，原创短视频《城市之光》《你眼中的“漳州110”》新华社分享页点击量破百万人次；创新推出护航高考“暖心十条”，宣传作品浏览量大，其中“新华社”APP浏览量82万人次。架构集宣传、表彰于一体的典型培树“闭环式链条”模式，3个集体、4名个人荣获国家级表彰。

【智慧停车管理】 2022年，漳州市公安局落实省纪委“点题整治”要求，在芗城、龙文、高新区加快推进公共停车智慧管理，新增路内停车和路外停车泊位7361个；配合城投集团等相关单位改造扩容“智慧停车”管理系统，将路内和路外停车资源接入城市停车综合管理平台，接入16个停车场5407个泊位，缓解停车难问题。

【“千警进社区、共创文明城”主题实践活动开展】 2022年，漳州市公安局开展“千警进社区、共创文明城”主题实践活动，现场查处电动车交通违法行为25万余起，市区主要路口电动车头盔佩戴率达90%以上，无牌共享电单车清零，电动车加装遮阳伞现象基本消除，中心城区文明交通秩序得到省文明委肯定。

（林美华）

·检察·

【概况】 2022年，漳州市人民检察院（简称漳州市检察院）全年共办理各类案件21403件。全市检察机关共有47个集体、59人次获省级以上表彰，其中14个集体、15人次获评国家级表彰，潘进格获全国“人民满意的公务员”。15个案例入选全国、全省典型或优秀案例。4个团队、4人获评全省优秀办案团队、检察官。6个检察理论研究课题获最高人民检察院、省检察院立项。

【刑事检察】 2022年，漳州市检察院加强立案和侦查活动监督，两级检察院均在同级公安局设立侦查监督与协作配合办公室，市检察院在海关缉私分局设立全省首个侦查监督与协作配合办公室，促推侦查办案质量提升。监督侦查机关立案100件、撤案161件，纠正漏捕146人、漏诉443人，纠正违法侦查103件次。开展法医技术性证据审查685件、检验鉴定13件。加强刑事审判监督，提出并支持抗诉19件，法院改判或发回重审14件。1起刑事抗诉案件被评为全国优秀案件。加强刑事执行检察监督，对全市监狱、看守所、社区矫正机构开展巡回检察，实现“驻巡”融合全覆盖，纠正刑事执行违法违规924件次，纠正社区矫正脱漏管38人。对减刑假释暂予监外执行案件提出监督意见161件，清理判实刑未交付执行罪犯353人。

【民事检察】 2022年，漳州市检察院审查民事检察案件594件。提出、提请抗诉9件，提出再审检察建议20件，被采纳18件。针对一起刑民交叉的民间借贷纠纷案件，通过抗诉解决民事判决与刑事判决的矛盾，共同保障法律正确适用，被最高人民检察院评为优秀案例。同市中级人民法院建立民事行政执行活动与检察监督衔接配合机制，得到最高人民检察院、省人民检察院肯定推广。对审判程序和执行活动违法行为发出检察建议333件，全部被采纳。深化虚假诉讼专项监督，办理虚假诉讼监督案件17件。对法院裁判、执行正确的，终结审查或不支持监督申请159件，共同维护司法权威。

【行政检察】 2022年，漳州市检察院审查行政检察案件414件。深化行政审判和执行监督，提出检察建议138件，全部被采纳。针对社会抚养费征收历史遗留问题，提出检察建议47件，均被采纳。针对“断卡行动”中发现的虚假注册登记、出售营业执照等问题，提出检察建议16件，均被采纳。推进土地执法查处领域非诉执行监督，提出检察建议74件，均被采纳。开展诉讼活动涉行政处罚监督，提出检察建议82件，86名当事人受到行政处罚。开展行政争议实质性化解，促进解决程序已结但争议未解的行政案件46件。

【公益诉讼检察】 2022年，漳州市检察院落实“4+9”法定领域责任，稳妥办好新领域案件，立案办理公益诉讼695件，通过磋商、诉前检察建议，在诉前解决绝大多数公益损害问题，提起诉讼38件。持续深化生态环境和资源保护、食品药品安全领域公益诉讼，立案435件。深耕国有财产保护、国有土地使用权出让领域监督，立案39件，督促收取安置房超面积补差款等9200多万元。开展英烈权益保护、军人荣誉名誉权益保障、文物和文化遗产保护等领域公益诉讼，立案221件。在全省率先成立涉侨英烈、文物公益诉讼保护联系点，保护侨乡革命文物，被省检察院推广。开展公益诉讼守护“苏区红、土楼黄、生态绿”专项行动。在福建谷文昌干部学院设立全省首个市级党校检察公益诉讼研学基地，市检察院检察长开讲第一课，提升党政干部保护公益意识。

【生态检察】 2022年，漳州市检察院参与山水林田湖草沙一体化保护和系统治理，起诉破坏生态环境资源犯罪220人，办理生态环境资源保护领域公益诉讼案件398件，补植复绿59.33公顷。发起《龙江宣言》，牵头联合厦门、泉州、龙岩检察院建立九龙江流域跨区域协作机制，共护母亲河。打造“检察+碳汇”保护样板，联合法院等在全国首创“蓝碳”司法保护协作机制，在全省首创“绿碳”司法保护协作机制，创新以认购碳汇方式修复受损生态，助力碳达峰碳中和，最高人民检察院给予充分肯定。在全国率先以“绿碳”司法保护融入农村综合性改革试点，保障“绿盈乡村”建设。开展珊瑚核心保护区专项监督，推动海洋生态修复，被中央电视台专题报道。主动融入花山溪饮用水水源地风险突出问题整治，运用预防性公益诉讼，守护饮水安全。

【未成年人检察】 2022年，漳州市检察院推进“春蕾安全员”机制提档升级，作为两个全国试点（全国未成年人检察工作社会支持体系示范建设单位、全国检察机关与民政部门未成年人保护深度合作试点单位），在全国率先建立家庭教育指导后续跟踪观护平台，设立“春蕾安全员”社区（村居）工作室，强化对困境儿童的保护。完善校园“青春护航信箱”机制，更全面守护学生安全。深化“一长三员”机制，开展全市法治巡讲，推进平安校园建设。坚持惩防并举，起诉侵害未成年人犯罪175人；对依法应当从严惩戒的涉罪未成年人起诉77人，对涉嫌轻微犯罪并有悔罪表现的不诉220人。“春蕾安全员”机制被最高人民检察院写入《未成年人检察工作白皮书（2021）》，入选2022年度全省十大法治事件，获第五届全省机关体制机制创新优秀案例一等奖。全国人大常委会调研组到漳州调研后给予肯定，向最高人民检察院建议全国推广“春蕾安全员”“青春护航信箱”机制。市检察院未检“水仙花”团队被评为全国维护妇女儿童权益先进集体。

【涉台检察】 2022年，漳州市检察院持续做优“涉台检察联络室”“台胞检察联络员”机制，拓展台胞参与检察工作的新模式，聘任台胞担任听证员、特约检企联络员、涉案企业合规第三方监督评估机制专业人员等17人次，邀请台胞参加听证会、公益诉讼现场会10次。建设检察机关台胞台企权益保护法治宣传基地，在市台胞台商服务中心设检察官工作室，为台胞台企办实事。市检察院检察长带队走访市台商协会和部分台企，带动两级检察院走访台胞台企107次，提供法律咨询23次，召开座谈会12次，受理台胞台企司法需求23次，举办法律讲座3次。1起对台调查取证案入选最高人民检察院涉台检察典型案例。

【职务犯罪检察】 2022年，漳州市检察院加强与监察机关的配合，协同完善监察执法与刑事司法衔接机制，受理监察机关移送职务犯罪案件40人，已起诉 32人。依法履行刑事诉讼法赋予的查办司法工作人员利用职权实施的侵犯公民权利、损害司法公正犯罪职能，立案侦查司法工作人员徇私枉法、玩忽职守等职务犯罪9人，居全省检察机关第一。

【维护社会稳定】 2022年，漳州市检察院共批准逮捕各类犯罪1669人，提起公诉6593人，其中起诉涉恶犯罪22件86人，起诉故意杀人、抢劫等严重暴力犯罪396人，起诉电信网络诈骗等相关犯罪1524人。参与金融风险防范化解，与相关部门建立反洗钱等协作机制，起诉经济金融犯罪484人。落实少捕慎诉慎押刑事司法政策，对较轻犯罪、初犯偶犯等依法从宽处理，不捕667人，不诉1349人，适用认罪认罚从宽制度5381件7073人。

2022年11月16日，漳州市涉案企业合规第三方监督评估机制管理委员会第一次联席会议召开。图为会议现场　　（谢祖洪 摄）

【市域社会治理】 2022年，漳州市检察院围绕漳州市创建全国市域社会治理现代化试点合格城市，跟进落实最高人民检察院第一至八号检察建议，针对办案中发现的社会治理薄弱环节，向相关部门提出堵漏建制的检察建议226件，被采纳211件，促进源头治理。结合办案向相关单位发出整治涉爆隐患的检察建议，消除安全隐患。开展办案分析，向地方党委报送法治决策参考，推动完善矿产资源保护等机制。全省首创漳州古城公益诉讼法治保护机制，牵头相关单位开展专项保护行动，创新“一员一册”机制，加强古城司法保护，省市域社会治理现代化试点指导组调研后充分肯定。

【检察改革】 2022年，漳州市检察院全面落实司法责任制，深化检察官、检察辅助人员、司法行政人员分类管理，落实检察官司法办案权力清单，健全责任追究等机制。落实入额院领导带头办案制度，入额院领导办理案件1207件，检察长列席同级法院审判委员会55件。优化检察机制改革，推行部门职责说明书、个人岗位说明书“两书”制度。以“案—件比”质效评价标准为抓手，压减非必要办案环节，减少群众讼累。刑事检察“案—件比”逐年下降，从2019年的1∶1.98下降至2022年的1∶1.11。

【产业发展项目建设服务】 2022年，漳州市检察院围绕市委“产业发展项目建设攻坚年”活动和“七比一看”竞赛，用好市检察院服务保障措施，主动履职护企，起诉侵害企业合法权益犯罪90人，办理涉企检察监督案件49件。全面推进涉案企业合规改革试点工作，聘任第三方监督评估机制专业人员496人，已适用11起案件，15家涉案企业合规整改，走上依法经营轨道。组建知识产权检察办公室，联合相关部门成立漳州知识产权协司保护中心，同烟草、税务等部门建立协作机制，服务创新发展。联合市工商联首创“检联益企”机制，两级检察院聘任特约检企联络员189人次，走访企业283次，为企业提供“妈妈式”检察服务。对1起涉企刑事案件监督撤案，为企业解绊，入选全省典型案例，获评最高人民检察院第二届“新时代检察故事汇”优秀办案故事。芗城区检察院、工商联共建沟通联系机制做法入选全国典型事例。

【民生服务】 2022年，漳州市检察院推进打击整治养老诈骗专项行动，严惩拐卖、收买妇女儿童等犯罪，共起诉39人。打造“老芗亲”法治共享家园，建立检察监督与12345政务便民热线联动机制，帮助解决群众急难愁盼问题。对因遭受犯罪侵害等致生活陷入困境的被害人及其近亲属开展司法救助，救助118人250多万元。开展协助农民工讨薪专项活动，支持农民工等弱势群体提起民事诉讼123件，起诉拒不支付劳动报酬犯罪8人。针对农民工在请求支付劳动报酬、工伤赔偿等方面存在的困难，率先探索支持提出劳动仲裁20件，帮助追回115万元。

（林颖斌）

·法院·

【概况】 2022年，漳州市中级人民法院和各县（区）人民法院共受理各类案件90834件，结案89846件，结案率98.91%。漳州市中级人民法院被最高人民法院命名为“为群众办实事示范法院”，漳州市中级人民法院生态庭获评全国法院环境资源审判工作先进集体，行政审判庭被最高人民法院评为行政审判工作先进集体，芗城法院政治部获评全国法院政治工作先进集体。

【法治化营商环境】 2022年，漳州市中级人民法院优化升级监测指标体系，全省率先运行漳州法院法治化营商环境可视化平台。成立破产案件专门合议庭，推进厨师食品股份有限公司破产重整。龙海法院审结福建金石制油有限公司破产和解案，入选福建法院破产审判典型案例。

【金融纠纷多元化解】 2022年，漳州市中级人民法院联合人民银行漳州市中心支行、市银保监分局、地方金融监管局挂牌成立“金融纠纷多元化解中心”“涉农金融审判与司法服务中心”“银行业保险业消费者权益保护服务中心各工作站”（简称“一站两中心”），打造智能化线上金融纠纷多元化解平台，建立健全非诉讼金融纠纷化解机制、小额金融纠纷快速解决机制、普惠金融司法服务机制、金融风险防范长效机制，并在全市推广，成立以来成功调解涉银行纠纷5118件，漳州市、县两级人民法院新收涉银行纠纷案件比上年下降34.58%。

【涉台司法服务一体化】 2022年，漳州市中级人民法院与市台港澳办、司法局、律师协会、台商协会共建涉台司法服务一体化机制，指导台商协会设立全国首个全部由台胞组成的调解组织，入驻人民法院在线调解平台，增设完善台胞权益保障法官工作室、法律服务点12个，首次引入“元宇宙”课堂模式，举办全市法院台胞陪审员、台胞调解员暨涉台审判业务培训，实现14年培训不间断。承办2022年海峡两岸司法实务研讨会。“漳州中院设立涉台案件审判庭，成立台胞权益保障法官工作室”举措被写入最高人民法院向全国人大常委会所作的《最高人民法院关于人民法院涉外审判工作情况的报告》。

【诉源治理】 2022年，漳州市中级人民法院完善漳州市多元解纷平台建设，更新35家对接单位，聘任30名特邀调解员。市中级人民法院成立调解速裁团队，形成特邀调解先行、速裁团队法官接续、联动单位助力的多元协同模式，诉前调解或速裁快审民商事案件1848件，调解速裁法官人均月结案30件，平均审理天数比上年减少28.8天，经验做法被最高人民法院简报刊载。芗城区人民法院创建“五横一纵”类型化多元解纷机制，龙文区人民法院与多部门共同打造“园区枫桥”机制深化劳动争议调裁审一体化，诏安县人民法院法院推进党政领导诉源治理中心建设，平和县人民法院打造诉前调解、诉讼服务、简易速裁“三位一体”多元纠纷化解平台，华安县人民法院深化“七无讼”全域全链治理新模式。漳州市常住人口万人成讼率92.21‱。漳州市中级人民法院作为5家成效明显地区之一，在最高人民法院召开的推进构建中国特色“总对总”在线多元解纷新格局工作座谈会上交流经验，被中央电视台专题报道。

【“巡回仲裁庭”开展】 2022年，漳州市中级人民法院与市人社局创新性直达争议发生地开展“巡回仲裁庭”，减轻当事双方的诉累。联合发布《漳州市劳动争议仲裁与审判工作白皮书（2019—2021）》，进一步推进裁审衔接工作。全年共处理争议案件4346件、涉及5080人、金额1.89亿元，仲裁结案率达99.5%，调解成功率达70.91%，仲裁终结率达65.51%。劳动争议全链条诉源治理机制与龙海法院全域联片调解平台共同入选福建最高人民法院诉源治理工作15项创新举措。

【未成年人司法保护】 2022年，漳州市、县两级人民法院审结婚姻家庭、继承纠纷案件4511件，及时发出“家庭教育督促令”，联合妇联设立“家庭教育指导站”8个。漳州市中级人民法院发布漳州市未成年人司法保护十大典型案例。案件“祖父母或外祖父母的照顾能力是否为确定婚生子抚养权的参考因素——王某诉张某离婚案”入选《中国法院2021年度案例（婚姻家庭与继承纠纷）》。

【行政争议实质化解】 2022年，漳州市中级人民法院总结提升部门协同、跨域协同、治理协同“三协同”实质化解行政争议机制，审结行政诉讼案件950件，行政非诉案件1365件，国家赔偿案件69件，协调化解撤诉行政争议222件。升级完善府院良性互动机制，强化以庭代训、以案释法，建立行政审判质效通报制度，定期向市效能办通报依法行政成效指标，促进依法行政。

【诚信建设】 2022年，漳州市中级人民法院联合市税务局建立执法司法协作机制，与市交警支队共建网络查控及执行联动协作，联合市检察院建立民事、行政执行活动与检察监督衔接配合制度，在“漳州通”APP开设法院（执行）服务应用，加大执行网上公开力度，推进司法诚信码查询应用，助力诚信建设。深入推进“两调研三行动”，落实“千名执行干警进千企”调研，开展“春雷行动”“暖冬行动”，执结涉民生案件2191件，标的额1.9亿元。

【普法宣传】 2022年，漳州市中级人民法院总结提升土楼调解法、谷文昌廉洁文化等闽南特色法治文化，促进党建文化、法治文化和廉政文化融合发展，推动闽西南协同发展区法院文化建设座谈会在漳州召开。漳浦县人民法院以“学生演绎+法官说法”形式，自主摄制10部“普法教育系列微视频”，龙文区人民法院微党课作品入选中国共产党成立100周年全国法院系列优秀作品。

【“蓝碳+绿碳”司法保护融合发展】 2022年，漳州市中级人民法院完善全国首创生态环境技术调查官制度、蓝碳司法保护与生态治理机制，推动“蓝碳+绿碳”司法保护融合发展。蓝碳司法保护与生态治理机制相关课题中标最高人民法院2022年司法研究重大课题、省社科联重点课题，获评省十大法治事件，入选省发改委《福建省绿色经济发展典型案例汇编》。东山县人民法院发出全国首批“净滩护海令”“禁捕护海令”，为造礁珊瑚群落上保险的做法被中央电视台和省委《八闽快讯》刊载。南靖县人民法院办结全省首例适用林业碳汇机制指引案件。漳浦县人民法院挂牌成立绿碳司法保护实践基地。市中级人民法院创新生态司法成果写入《中国环境司法发展报告》。

2022年6月2日，在福建省高级人民法院新闻发布会后，与会人员开展增殖放流。图为放流现场　（漳州市中级人民法院 供图）

【《关于司法服务保障漳州现代化滨海城市建设十二条措施》出台】 2022年初，漳州市中级人民法院出台《关于司法服务保障漳州现代化滨海城市建设的十二条措施》，围绕“产业发展项目建设攻坚年”活动、“七比一看”竞赛，制定服务保障重点项目建设推进行政争议实质化解实施方案，列出重点项目建设清单12项，就地成立司法行政调处中心，组建工作专班定点服务。漳州市、县两级人民法院参与重点项目工作协调会132次，诉前协调预防、诉中协调化解涉重点项目建设的行政争议416件次，推动泰禾“白塘湾”项目重整、“闽南院子”项目和解，助力保交楼、稳民生。

【诉讼服务协同中心成立】 2022年，漳州市中级人民法院在市行政服务中心成立全省首个中级人民法院诉讼服务协同中心，前移诉源分流、风险评估、卷宗查阅等诉讼服务，与不动产登记、公安户政等窗口协同联动，推进一体通办。

【福建高院2022年世界环境日新闻发布会在东山召开】 2022年6月2日，福建省高级人民法院在漳州市东山县召开新闻发布会，通报近年来福建法院生态环境司法保护工作情况，展示全省法院生态司法改革取得的成果，并发布十大典型案例。发布会后，与会人员开展增殖放流，并参观东山法院蓝碳司法保护展厅。

（林添民　欧建辉）

·司法行政·

【概况】 2022年，漳州市排查调处各类矛盾纠纷50613件，排查调处重大疑难复杂纠纷347件。年内，市司法局组织开展“‘枫桥经验’在漳州，深化常态化矛盾纠纷排查化解”活动。加强人民调解组织队伍建设，全市配备村居专职人民调解员1240名，10个省级以上工业园区成立“枫桥式”园区调解组织。贯彻实施《中华人民共和国社区矫正法》，在全省率先完成乡镇（街道）社矫委全覆盖。开展重大节假日和敏感时期社区矫正安全隐患排查，创新矫务督察工作机制，被省司法厅转发推广。市司法局被司法部表彰为“国家统一法律职业资格考试先进集体”“‘复议为民促和谐’专项行动先进集体”。

【法律服务】 2022年，漳州市司法局组织开展“不忘初心、牢记嘱托，打造新时代漳州‘148’品牌”三年行动，在市台胞台商服务中心设立全省首家涉台法律援助的公共法律服务工作站，在台商投资区台湾青年创业园设立公共法律服务工作室，联合市中级人民法院设立全国首个全部由台胞组成的调委会。深化公共法律服务实体、热线、网络三大平台融合升级，加强律师行业党建工作示范点建设。全面推广“免提交证照清单”，窗口办结各类行政审批事项637件，群众非常满意率100%。

【普法宣传】 2022年，漳州市司法局深入实施“八五”普法规划，在全省首创闽南话普法微广播剧，发放光盘2000余张，受教育群众累计达200余万人次。市委依法治市办向全市副处级以上领导干部发放法治建设“三个纳入”宣传资料1000余份，东山县组织“法律明白人”、普法志愿者录制刊播普法微视频，取得良好成效。“漳州普法”微信公众号荣获第三届全省政法新媒体优秀账号称号。

（余梦婷）

责任编辑：蔡钰臻

军事

·漳州军分区·

【概况】 2022年，漳州军分区贯彻新时代军事战略方针，突出政治引领，聚焦动员备战，着力强固基层，持续正风肃纪，创新作为，各项工作稳步推进。

【练兵备战】 2022年，漳州军分区制定加强和改进战备值班措施，编实建强海上民兵值班分队，狠抓军情研究、值班培训、战备教育等制度落实。滚动修订方案计划体系，深化动员行动课题研究，调整民事力量运用，构设典型场景和应对措施，利用演练优化指挥编组、组织联演联训、开展动员保障。创新人才共育、资源共享长效机制。协调保障任务部队机动过境、勘察和驻训演练，组织民兵参与地方疫情防控、抢险救灾。完成年度民兵训练，承办多个现场会和集训，参加全省比武和集训，取得多项成绩。

【国防动员】 2022年，漳州军分区协调推进市县两级国防动员机构改革落地，完成市县两级国防动员办公室挂牌。深化重点潜力核查研究，精细采集上级赋予的任务。出台《漳州市“十四五”民兵建设发展计划》，依案编建民兵队伍。优化提升征兵工作效能，完成新兵征集任务，兵员质量提升。深化拓展基层武装部“评星挂牌”活动，做法被《中国民兵》等多家媒体刊发。持续推进党校国防教育必修课、大中院校国防教育公开课，持续开展漳州籍现役军人军属“大走访大慰问大宣传”。

【保障服务】 2022年，漳州军分区持续推进基础设施配套整治，统筹推进区部两级基础设施升级改造，协调建立漳州市区域综合保障中心，提高军队保障社会化水平。认真落实军费管理体制改革要求，严密组织固定资产清查盘点。

【基层基础建设】 2022年，漳州军分区落实常委帮抓基层联系点制度，利用蹲点调研、检查考核等时机组织帮抓帮建。探索走开文职人员“一纵一横”双向多岗交流、新进干部岗前实习、常态组织业务培训的路子，组织新任专武干部基地轮训，不断打磨队伍能力素质。开展“双争”（争创“四铁”先进单位，争当“四有”优秀士兵）活动，培养和宣传先进典型；开展“学法规促正规”活动，强化官兵法治思维和安全意识；深化“四个秩序”建设，因地制宜、一抓到底，区部两级建设水平提升；组织开展“净化网络空间、严守保密纪律”“四严四整”“百日安全活动”等专项大检查大整治，严密组织安全形势分析、风险评估和检查抽查，因时因势扎实抓好各阶段疫情防控防治，总体保持安全稳定良好态势。

（陈华兴）

·武警漳州支队·

【概况】 2022年，中国人民武装警察部队漳州支队（简称武警漳州支队）拍摄制作心理战视频入选武警部队和全军资源库，武警漳州支队被武警总队表彰为“新闻报道先进单位”。华安中队、警勤中队2名战士被武警总队被评为“十佳政治教员”；执勤一大队机动中队班长被武警总队评为“全军军事高科技知识网上学习竞赛优秀个人”。执勤三大队南靖中队被武警总队记集体三等功，执勤一大队政治教导员被武警总队记个人三等功。

【执勤维稳】 2022年，武警漳州支队完成各执勤中队信息化执勤台安装，解决漳州监狱执勤隐患和东山中队“智慧磐石”工程建设历史遗留问题，推进云霄核电站守卫勤务上勤工作，探索优化专案勤务和专项勤务组勤模式，规范执勤秩序，支队连续35年实现执勤安全无事故，被武警总队表彰为“规范化执勤等级优秀支队”；动态修订支队战备方案，做好“两节两会”、党的二十大等重要时期战备和抢险救援备勤工作。

【练兵备战】 2022年，武警漳州支队以指挥员“过关制”比武竞赛和“卫士”演习为载体，严格落实“两训一操”，首长机关各项指挥技能考核优良率100%；分层次分类别抓好“送教下基层”、教练员网上会操、“魔鬼周”、预提指挥警士培训等训练活动，提升训练质效，在全军“科技素养提升行动”知识竞赛中，武警漳州支队获总队预赛前三名，机动中队1名战士被评为全军千名“优秀个人”，副参谋长被总队表彰为“优秀指挥员”。

（易栋梁 瞿晶 叶海炼 林勇发）

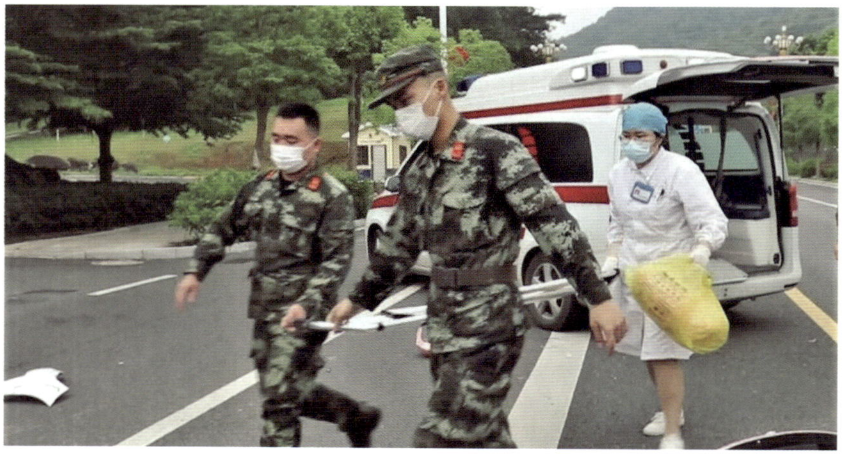

2022年5月23日，武警漳州支队南靖中队官兵在营区门口施救车祸受伤人员（武警漳州支队 供图）

·人民防空·

【概况】 2022年，漳州市人民防空办公室（简称漳州市人防办）开展全市乡镇（街道）人防工作站规范化建设。全市有多个乡（镇、街道）按照“十个一”标准完成人防工作站优化提升并开展常态化工作。

【全市物业服务企业人防工程使用和维护管理暨公共收益业务培训会】 2022年11月，漳州市人防办与市城管局联合举办全市物业服务企业人防工程使用和维护管理暨公共收益业务培训视频会。会议设1个主会场、15个分会场，全市一期和二期培训会共750人参加。

（侯伟超）

·退役军人事务·

【概况】 2022年，漳州市退役军人事务系统以退役军人工作高质量发展为主题，以“老兵听党话·喜迎二十大”系列活动为实践载体，以开展“四级联动、人员下沉、服务基层”活动为重要抓手，统筹做好退役军人事务和疫情防控工作，军休服务、烈士寻亲等工作走在全省、全国前列，退役军人和双拥工作受中央退役办主任、退役军人事务部部长裴金佳肯定。

【拥军优属】 2022年，在各重大节日和重要时间节点，漳州市领导多次带领相关部门走访慰问部队，组织召开“八一”军政座谈会，巩固军政军民关系。协调国网漳州供电公司向上争取资金，帮助驻军单位进行高压电网升级改造，协调推进漳州海警工作站建设用地无偿划拨事宜，开展“情系边海防官兵”春节专项慰问活动。协调解决随军家属就业安置，照顾军人子女到市县两级优质学校就学，解决官兵的后顾之忧。

【退役军人就业创业】 2022年，漳州市退役军人事务局深入落实“六稳”“六保”要求，多措并举促进退役军人就业创业。开展“新春走基层、开工访老兵”活动，向全市退役军人发出“倡议书”，引导和鼓励退役军人积极投身漳州市“产业发展项目建设攻坚年”及“七比一看”竞赛活动。深化“就业服务质量提升年”活动，加强对省级退役军人承训机构指导，成立全省首家政校企合作的退役军人教育学院。与4家合作银行签订金融服务合作协议，为退役军人就业创业提供授信额度。筹办线上线下招聘会21场次，吸引退役军人及随军家属参加。鼓励支持退役军人到中小学工作，全市录用退役军人为中小学教师，招收退役军人为学校生活教官、安保。2021年度全市自主就业退役士兵就业率达98.6%。

【军转干部安置选岗】 2022年9月26日，漳州市退役军人事务局组织召开市区2022年营级以下（含技术级）转业军官选岗会。此次军转干部安置选岗，漳州市为市区营级以下（含技术）转业军官提供100%的行政或参公岗位。参与选岗的军转干部现场签订选岗表，选岗率100%。

【退役军人优抚褒扬】 2022年，漳州市退役军人事务局严格落实抚恤补助政策，向优抚对象发放各类市级配套资金。春节和八一建军节期间，走访慰问优抚对象、困难退役军人等并发放慰问金。组织为立功军人家庭送喜报活动。持续推进烈士纪念设施提升改造，组织开展“为烈士寻亲、迎烈士归籍”“2022·奋进，网上祭英烈”活动，承办烈士纪念日向革命烈士敬献花篮仪式，在全社会营造尊崇英烈的浓厚氛围。开展退役军人和其他优抚对象优待证申领办理工作，拓展优待证运用场景，营造尊崇优待导向。

【退役军人优待证申领办理和优待服务】 2022年3月开始，漳州市开展退役军人、其他优抚对象优待证申领工作，采取“日梳理、周会商、月通报”等方式，全面推进优待证申领工作，发动社会各界开展优待服务退役军人活动，与公司、企业签订优待合作备忘录，推出优待项目，涉及文化旅游、交通出行、生活消费、就业创业、医疗保障等内容。

【烈士纪念设施提升改造】 2022年，漳州市烈士陵园投入380余万元对烈士事迹展馆重新布展，漳浦县投入60余万元对县烈士陵园进行提升改造，华安县投入330余万元对仙都烈士陵园进行提升改造，南靖县投入70余万元对和溪、树海两个烈士陵园进行提升改造。

【退役军人权益维护】 2022年，漳州市退役军人事务局加大退役军人权益维护力度，开展“情暖老兵、关爱帮扶”公益行动，发放救助金。筹划设立退役军人帮扶解困基金。下达2022年省级困难退役军人帮扶援助专项经费，保障困难退役军人基本生活。建立常态化联系退役军人制度，全系统与多名退役军人建立重点联系。

【退役军人服务保障体系建设】 2022年，漳州市17个市、县（区）级服务中心、133个乡镇（街道）级服务站和2084个村（社区）级服务站全部实体化运行。167家退役军人服务中心（站）参加省示范型中心（站）创建，核验通过率达100%，17家获评“福建省退役军人服务保障体系‘五有’先进单位”，18家入选“省级百家红色退役军人服务站”。漳浦县、云霄县、平和县、诏安县落实村级服务站工作人员补贴。

【“最美退役军人”学习宣传活动】 2022年，漳州市退役军人事务局联合市委宣传部、漳州军分区政治工作处，开展2022年度福建省“最美退役军人”学习宣传活动，推荐3人参加省评选，古雷港经济开展区供电所长林智勇获评2022年度福建省“最美退役军人”。

【福建省双拥模范城（县）命名】 2022年7月29日，福建省双拥模范城（县）命名大会在福州举行。会上，漳州市、东山县、诏安县、龙海区、芗城区、漳浦县、长泰区、南靖县、云霄县、平和县被命名为“福建省双拥模范城（县）”。

【“为烈士寻亲、迎烈士归籍”活动开展】 2022年，漳州市广泛“为烈士寻亲、迎烈士归籍”活动，先后创新推出“互联网+”为烈士寻亲机制，“4+X”为烈士寻亲方法，共发布300名英烈寻亲公告，为119名烈士找到亲属，相关做法被“共青团中央”“央视军事”“人民日报”等微博转发。

【“老兵听党话·喜迎二十大”系列活动开展】 2022年10月，漳州市开展“老兵听党话·喜迎二十大”系列活动，包括“老兵进军营、文化进军营”“退役军人篮球锦标赛”“建功新时代”主题党日活动、“政银企对接会”等20项活动内容，反映社会各界对尊崇军人、尊重退役军人良好的社会风尚。

【全省首个高速公路服务区军人驿站在漳州揭牌】 2022年7月14日，由福建高速集团、福建省退役军人事务厅联合打造的福建首个高速公路服务区军人驿站（退役军人服务站）在常山服务区揭牌。该驿站为省内外过往现役（退役）军人和其他优抚对象出行往来提供尊享休憩场所。持有效证件或优待证的军人（退役军人）和其他优抚对象，在驿站内可享受“三优三免两援助”服务。“三优”即便利店购物、餐饮、汽修工时费折扣；“三免”即汽修胎压检测、轮胎充气（小车）、牌照整备等免费服务；“两援助”即突发疾病援助、应急直通车援助。

【漳州市退役军人教育学院揭牌】 2022年6月8日，漳州市退役军人教育学院揭牌仪式在漳州职业技术学院举办。学院由漳州市退役军人事务局、漳州职业技术学院共同筹建，为福建省首家政校企合作的退役军人教育学院。学院办公地点设在漳州华阳体育馆东大厅，占地面积300余平方米，设有办公室、接待室、优秀退役军人展厅等功能区域。学院瞄准就业创业靶向，为乡村振兴、人才培养提供智力支撑，并依托漳州职业技术学院开展退役军人军历提升、就业创业政策研究、创新创业指导孵化、退役军人测评与技能提升等“八位一体”的退役军人教育服务体系“定单、定向、定岗”式培训。

（李 荃）

责任编辑：蔡钰臻

综合经济管理

·宏观经济管理·

【产业发展规划】 2022年，漳州市发改委牵头制定漳州市《千百亿产业培育行动计划》《“看产业发展”考评细则》《关于进一步鼓励企业投资古雷石化基地的实施意见》《加快数字服务产业发展若干措施》，编制《“9+5”产业发展布局图》《漳州市石化产业规划及布局方案》《2030年前碳达峰行动方案》《数字经济重点园区投资指南》，牵头负责的石油化工、新能源、海洋经济、数字服务产值分别比上年增长14.9%、26.7%、18.6%、18.1%；11个集中式光伏发电试点项目获省发改委批复、总装机规模124.2万千瓦、占全省70%；60个项目列入省海洋经济重点项目库、总投资2577.4亿元，项目数和总投资均居全省第一；数字经济规模预计突破2500亿元、比上年增长15%，第五届数字峰会对接项目58个、总投资275.6亿元，17个项目入选省数字技术创新应用场景名单，8家企业入选省数字经济核心产业领域创新企业。第三产业增加值比上年增长5.9%、居全省第二，新增新上服务业企业152家。

【项目建设】 2022年，漳州市通过实行市领导“双挂钩”重中之重项目机制、建立重大项目问题会商制度，累计召开协调会28场，协调具体问题58个。171个省级重点项目、762个市级重点项目分别完成投资907亿元、2340亿元，集中开竣工项目623个、总投资3346.8亿元，新增固定资产投资入库项目2487个、总投资3420.4亿元。闽粤联网工程、东山一道新能源光伏科技组件一期等项目投产，漳州核电1—2号机组、联盛林浆纸一体化等一批重

2022年10月8日，一道新能源东山基地一期生产的全省首块高效单晶光伏组件正式下线。图为东山一道新能源项目生产车间

（游斐渊 摄）

大项目加快建设，古雷恒海聚酯长丝、云霄抽蓄、沈海线角美福井至龙海北溪头段改扩建工程、六鳌海上风电二期等一批重大项目开工建设，古雷炼化一体化二期投资协议正式签约，漳州核电二期获国务院常务会议核准，漳汕高铁可行性研究获国家发展和改革委批复，闽南海上风电基地规划获国家能源局批复，华安抽水蓄能纳入国家能源局“十四五”规划重点实施项目。

【项目策划对接】 2022年，漳州市发改委依托项目“前期办”，策划诏安国家战略与应急物资储备保障基地、中菲“两国双园”“海上漳州”大数据中心、江河湖库连通工程、龙海“零碳”产业园等一批战略性项目。依托项目全过程闭环管理2.0平台，累计策划储备项目超4900个、总投资超4.6万亿元，为申报各类专项资金提供基础支撑。围绕全面加强基础设施建设部署，策划筛选支撑项目547个、总投资1.3万亿元；推动57个项目列入国家发改委基础设施投资基金项目清单、建议安排额度147.43亿元，签约28个、额度60.8亿元，投放16个、额度39.7亿元。争取预算内投资补助资金7.24亿元，三批次发行专项债券规模158.6亿元，国开行高质量发展专项贷款授信250亿元，其中，高新区“三大片区”EOD（绿色发展）项目获授信123亿元。

【营商环境优化】 2022年，漳州市发改委制定《2022年漳州市营商环境攻坚提升12345行动方案》，实施290项改革创新举措，推出优化营商环境典型案例65个，其中4个案例入选省典型经验做法。在全国首创“两库融合”司法诚信码，在全省首创设立法治化营商环境可视化平台、率先开展跨省远程异地评标。搭建惠企政策“免申即享”平台，上线惠企政策事项104条，兑现奖补资金1.8亿元、惠及企业超1.34万家，入驻闽政通企业服务专区，该做法入选省改革创新案例。入选全国第四批社会信用体系建设示范区名单，漳州市公共信用信息平台（三期）建成投用，2022年12月城市信用排名位居全国第6位。漳州市公共信用信息平台和信用门户网站获评2022年度市级“全国信用信息共享平台和信用门户网站一体化建设特色平台网站”称号，漳州市综合金融服务平台（“信易贷”平台）获评2022年度“全国中小企业融资综合信用服务特色平台”称号。整合汇聚各部门核心业务数据53亿条。进驻省网上办事大厅事项数近6万项，“一趟不用跑”“全流程网办”占比分别为94%、88.8%；推出“一件事”套餐服务340件、“跨省通办”152项。开展工程项目招标投标领域突出问题专项整治，截至年底，全市自查、督导发现存在问题的工程项目760个，整改726个、整改率95.5%。

【城乡区域发展】 2022年，漳州市积极融入闽西南协同发展区和厦漳泉都市圈建设，实施闽西南重大协作项目54个、总投资3521.3亿元。年内，漳州市发改委推动芗城、龙文、长泰、诏安、东山完成农村公共基础设施管护责任清单编制，南靖县入选第三批国家农村产业融合发展示范园创建名单，南靖县生态环境导向开发项目入选国家EOD模式试点，漳州市创新生态环境技术调查官制度列入国家生态文明试验区改革成果案例，漳州蓝碳司法保护与生态治理机制等5个案例被列为省绿色经济发展典型案例。

【民生保障】 2022年，漳州市县储备粮35万吨以上，应急成品粮7972.6吨（主城区5780.6吨）、应急储备食用油3000吨（主城区1670吨）漳州粮食产业园入驻企业6家；市级岱山粮库二期等6个现代化粮库开工建设。充氮气调储粮26.8万吨、占比84%，准低温储粮28.8万吨、占比90%。市级岱山粮库入选“全国绿色储粮标准化试点单位”。建成“市、县（区）、中心粮库”三级粮油质检机构。推动市城投集团与漳州安然公司合作共建，推进浦南门站和国家管网漳州分输站接驳，引入中石油气源，清理海西天然气管网二期工程管道占压点，确保漳州LNG（液化天然气）接收站天然气按期投产，解决气短价高问题。争取中石油3100万立方米的低价气源；争取中海油同意提高福欣特殊钢低价气源供应比例，每年可节约用气成本约8000万元；推动漳州安然公司调整优惠大闽食品气价，每年可节约用气成本约20万元，有力保障企业正常经营生产。修订《进一步完善社会救助和保障标准与物价上涨挂钩联动机制》，市辖区CPI（居民消费价格指数）上涨1.6%，比全省低0.3个百分点。制定《市属义务教育阶段课后服务性收费标准》。平价商店销售活动补贴超60万元。完成各类价格认定事项2824件，认定金额7.59亿元。核定供水成本2.86亿元，核减不合理成本0.12亿元。完成政府投资项目初步设计概算审查227个，核减金额36.32亿元，核减率达12.6%。

（林子健）

·市场监督管理·

【概况】 2022年，漳州市新增市场主体146207户，比上年增长17.37%；新增授权专利6708项，累计有效发明专利3122件，比上年增长22.82%；全市地标数达153件，持续保持全国设区市首位；全市企业年报率97.39%，连续7年居全省（厦门自建系统外）首位；食品安全满意率、药品安全满意率、每万人高价值发明专利拥有量增长率、知识产权行政执法办案量等省对市绩效考评指标排名全省第一。

【注册登记】 2022年，漳州市市场监管系统持续深化商事制度改革，探索实施企业开办线上线下“双轨”服务、一业一证、证照分离、全市通办及企业注销一件事一次办服务、跨县区“一照多址”改革等便利措施，深化企业开办“一件事一站式”改革，全市企业开办实现十个环节一次办理。扶持规模以上广告业发展，全市新增规模以上广告企业4家，完成规模以上广告业营业收入3亿元，比上年增长72.1%。

【知识产权】 2022年，漳州市3项专利获省专利奖、1项专利获中国专利奖。新入选国家知识产权示范企业3家、国家知识产权优势企业12家、省知识产权优势企业42家。漳州市入选首批国家知识产权强市建设试点城市，芗城区入选首批试点县（区）。年内，漳州市市场监管局开展知识产权质押融资工作，助企融资5.4亿元。设计运用“漳小知”IP，制作宣传视频，举办知识产权矩阵主题沙龙。与市公检法、文旅部门联合成立知识产权协同保护中心，建立“行政+司法+X”机制，查办专利、商标侵权等知识产权案件971起，漳州市市场监管局获评北京2022年冬奥会和冬残奥会奥林匹克标志知识产权保护突出贡献集体。

【商标战略】 2022年，漳州市新核准注册商标2.42万件，有效注册商标总量达15.5万件。“青蛙王子及图”“小浣熊 COATI”商标获得驰名商标保护，全市驰名商标数达53件。新增地理标志5件，有效地理标志达153件，保持全国设区市首位。福建云霄地理标志产品保护示范区项目入选2022年国家知识产权局公布的示范区筹建名单。

【质量强市战略】 2022年，漳州市市场监管系统推进质量强市战略实施，提请市政府修订《市政府质量奖管理办法》，引导20家企业申报2022年度市政府质量奖。开展中小企业质量技术服务行动，推动计量、标准、认证检验检测等质量基础工作深度融合。加大企业首席质量官制度宣传力度，组织52人参训并获得首席质量官证书。指导企事业单位主导或参与制修订23项国家标准、1项行业标准、5项地方标准。两岸茶业研学、两岸食用菌栽培技术入选省两岸标准共通试点项目。数字乡村建设、杏鲍菇良好农业规范生产标准化示范区、天利仁和物业服务业标准化试点3个项目列入“国家级示范试点”建设。持续深化小微企业质量管理体系认证提升行动，选择50家企业参与第四批提升行动，优良案例及经验做法获国家市场监管总局通报。新建8项社会公用计量标准，新建数居全省前列。推动市政府出台（2021—2035年）计量发展规划实施意见。免费为企业检定校准各类强检计量器具23.54万台（件），免收费用1312.05万元。立项申报的福建省地方技术规范《快速核酸检测仪校准规范》获批准制订。

【食品安全监管】 2022年，漳州市农副产品抽检合格率96.92%，加工食品抽检合格率99.42%。全市市场监管系统以创建国家食品安全示范城市为工作重点，着力健全“六大体系”（建立健全组织管理体系、建立完善工作保障体系、建立科学产业服务体系、建立有力监管执法体系、建立企业主体责任体系、构建有序食品安全社会共治体系），建设“十项重点工程”（食用农产品质量安全提升工程、“米袋子”“菜篮子”质量提升工程、农产品交易市场升级改造工程、“一品一码”全程追溯体系建设工程、“阳光餐饮”建设工程、“三小”综合治理与规范提升工程、食品安全风险管控能力提升工程、产业升级工程、社会共治工程、食品营养健康科普宣传工程）。持续治理“餐桌污染”，建设“食品放心工程”，按时序完成年投资计划。落实“两个责任”（企业主体责任、属地管理责任），着力构建市、县、乡、村四级包保责任制。开展“守查保”等专项整治，全市查处食品案件1964起，与公安部门联合破获一起生产非法添加有毒有害食品案，获公安部领导批示肯定和国家市场监管总局贺信表彰。深化点题整治，开展“每月一周查网红”等行动。全力保障中小学生集体用餐，工作做法被省政府办《今日要讯（专刊）》刊发。鼓励和支持云霄县开展“地标食品小作坊集中加工区”建设。妥善处置进口冷链食品涉疫事件11起。

【药品、化妆品和医疗器械监管】 2022年，漳州市市场监管系统发挥零售药店“哨点”作用，登记上报“四类”药品购买信息329.97万条。联合公安、医保部门开展药品安全专项整治，查处“两品一械”案件383起，其中与公安部门联合查办的“6·12”福建漳州销售化妆品案捣毁售假窝点6个，涉案金额2.1亿元，抓获涉案人员73人，获得国家药监局通报表扬和省公安厅贺电。打造医疗器械唯一标识“漳州模式”，被省药监局通报表扬。召开化妆品备案座谈会、分享会，督促企业落实主体责任。

【工业产品质量监管】 2022年，漳州市市场监管系统对重点产品生产企业开展检查，对13家问题企业实行清单管理、逐项整改。开展质量技术帮扶“提质强企”行动，帮扶企业9家。持续推进市食品相关产品追溯平台建设，注册企业168家，生产领域注册完成率达100%。

【特种设备安全监管】 2022年，漳州市市场监管系统按照“分区域、分级别、分行业、网格化”原则，推行差异化监管。跟进监督古雷重点项目特种设备安装质量，高效办理登记许可，排查安全隐患。开展特种设备超期未检隐患排查、城镇燃气安全整治、“黑气瓶”整治、景区和非景区景点特种设备隐患排查、电梯质量安全提升等专项整治，立案查处特种设备案件77起。特种设备安全隐患清网行动在全省率先实现动态清零。在全省系统特种设备安全监察员岗位大练兵活动中获团体二等奖。

【事中事后监管】 2022年，漳州市市场监管局出台《漳州市失信市场主体强制退出暂行办法》，唤醒休眠市场主体10689户。落实市场监管领域包容审慎监管四个清单，对新冠疫情期间企业出现的失信行为进行审慎认定。在全省率先实施对未年报市场主体给予宽展期和免予行政处罚。联合厦门、泉州、龙岩市局制定《跨区执法协作制度》，建立统一指挥、跨区协作的闽西南跨区域执法协作机制。市公安局驻市场监管局警务联络办公室在市市场监管局揭牌成立，为全省首家。

【反不正当竞争执法】 2022年，漳州市市场监管系统加快商业秘密保护示范基地建设，评选1家省商业秘密保护示范点、7家市级保护示范点。开展制止滥用行政权力排除、限制竞争执法专项行动，督促文件起草部门整改违反公平竞争审查标准的文件16份。开展反不正当竞争专项执法、打击整治养老诈骗、涉疫物资竞争秩序监管等专项整治行动，共查办反不正当竞争案件53起。

【网络市场监管】 2022年，漳州市市场监管系统承接国家市场监管总局市场监管执法办案电子数据取证规范先期试点工作，成果亮相2022年全国电子取证大比武，相关经验做法被《市场监督管理（半月刊）》刊发。全年共运用公捷取证平台及凌波联盟链取证固证电子数据772条，其中案件应用107条，关联案件59起。

【重点领域监管执法】 2022年，漳州市市场监管系统严厉打击市场监管领域各类违法行为，共办结一般程序案件2538起，罚没款5495.56万元。突出价格监管，开展教育收费专项检查，立案6起，清退学校多收费用3136.71万元。加强涉企违规收费治理，立案8起。牵头城区农贸市场文明创建，实施城区农贸市场及周边环境提升工程，评选17家星级农贸市场。配合做好平和花山溪风险问题整改，抽检化肥4633批次，合格率99.8%，立案查办平和农资市场违法行为41起。

【消费维权】 2022年，漳州市市场监管系统共受理消费者咨询投诉举报10.09万件，承办“12345”转办件1319件，为消费者挽回经济损失989.87万元。以涉及人身财产安全、投诉举报集中的商品为重点，组织抽检流通领域商品1160批次。开展油品质量管控整改工作“回头看”，对县（区）整改情况进行督查验收，并向省环保督查办提交验收销号报告。

（许 悦）

·财政·

【概况】 2022年，漳州市一般公共预算总收入341.03亿元，比上年同口径增长8.3%，其中，地方一般公共预算收入250.6亿元，比上年同口径增长16.7%。漳州市一般公共预算支出499.1亿元，比上年增长18.8%。漳州市政府性基金收入226.68亿元，比上年增长2.4%；支出348.32亿元，比上年增长41%。漳州市国有资本经营预算收入12.66亿元，比上年增长25.5%；支出7.36亿元，比上年增长346.1%。漳州市社会保险基金预算收入137.45亿元，比上年增长5.4%；支出126.28亿元，比上年下降1.6%。

【产业发展项目建设攻坚保障】 2022年，漳州市财政局支持实施“千百亿产业培育行动计划”，拨付下达5290万元加快服务业恢复发展，强化物流保通保畅。全市下达6.21亿元推动工业提升发展；投入30.12亿元保障“三农”支出。市本级统筹投入乡村振兴补助资金3.67亿元，用于支持乡村振兴省级示范村建设、农村公路养护和农村裸房整治。全年新增债券资金176.55亿元，其中专项债券158.62亿元，支持漳州市279个项目建设，对县区债券管理进行专项督导，每月通报新增债券资金使用及沉淀情况，加快债券资金支出进度。市级预算安排城乡项目资金20.5亿元，支持56个在建、民生和省市重点项目建设。

【“比争取资金”目标超额完成】 2022年，漳州市财政局牵头抓好“七比一看”竞赛活动中“比争取资金”及两个财政收入指标考评工作，县区累计争取上级专项资金73.34亿元，超额完成年初目标。

【组合式税费支持政策有效落实】 2022年，漳州市财政局建立财税部门与人民银行之间退税会商机制，下达支持基层落实减税降费上级转移支付资金37.52亿元，确保应退尽退。全年共减税降费130.1亿元，其中办理留抵退税96亿元。

【扩消费促外贸支持稳经济】

2022年，漳州市财政局下达4140万元，对“全闽乐购•福见商旅”乐购漳州消费券发放、线上线下“美食嘉年华”等给予补助；下达7063.42万元，加大出口信贷扶持力度，推动外贸保稳提质。

【创新驱动发展支持力度加大】

2022年，漳州市财政局推动实施创新驱动发展战略，辅导企业申报2021年度研发经费分段补助，670多家企业受益。市级拨付8066万元兑现科技惠企政策，惠及企业423家，项目480个。市本级预算安排人才专项经费5200万元，比上年增长20.9%。

【融资增信降本助市场主体纾困】 2022年，漳州市财政局为普惠中小微企业获得银行融资提供政府性担保，新增授信企业3850家、担保贷款金额19.1亿元。财政贴息支持发放中小微企业纾困专项资金贷款，漳州市发放贷款47.63亿元，减轻纾困企业利息负担4763万元、受益企业1807家。下达奖励资金395万元支持上市挂牌融资，10家企业受益。鼓励银行业金融机构加大工业贷款投放，6家银行获得奖励。全面取消政府采购纸质投标文件，推行远程竞争性谈判（磋商），清理政府采购领域质量保证金2709.25万元。提高小微企业价格评审优惠幅度、阶段性提高面向中小企业预留份额。预计授予中小微企业采购合同金额占政府采购预算金额比例达80%以上。对承租国有房屋从事服务业和其他生产经营活动的小微企业、个体工商户和个人，落实房租减免政策。漳州市行政事业单位减免房租2120.19万元、受益2020户。

【社会民生财政保障不断加强】

2022年，漳州市民生支出396亿元，比上年增长20.3%，高于全省10.2个百分点；占一般公共预算支出比重79.3%，比上年增长0.9%，超过全省3.1%。支持完成市委、市政府30个为民办实事项目，累计下达财政资金5.62亿元。下达1.04亿元落实稳定就业政策。下达创业担保贷款担保费68.42万元，并对符合条件的创业担保贷款给予财政贴息及奖补。对不裁员、少裁员的企业给予稳岗补贴，共发放8313.63万元，惠及企业1.54万家。累计筹措19.98亿元，加快九龙江流域（漳州段）山水林田湖草沙一体化保护和修复工程项目进度。将基本公共卫生服务财政补助标准从每人每年79元提高到84元。城乡居民医疗保险财政补助标准从每人每年600元提高到650元。城乡居民基础养老金从每人每月不低于130元提高到不低于140元。按最低工资标准的45%提高城乡居民最低生活保障标准。城乡特困人员基本生活标准按不低于当地城乡低保标准130%相应提高。下达5.16亿元提升教育服务供给能力，加快漳州三中龙文校区等教育重点项目实施和“双高”院校创建。下达2.27亿元，支持漳州体育代表团参加第十七届省运会，推进漳州海域水下考古挖掘。下达15.93亿元，支持适龄女性HPV疫苗免费接种，推动漳州市医院高新区院区等卫健基础设施建设，支持残疾人及养老事业发展，落实优抚安置和涉军保障待遇，荣获全省“爱国拥军模范单位”。漳州市实际支出保障性安居工程财政资金42.19

亿元，漳州市棚改单项工作评价位居全省前列。严守PPP项目从预算安排的支出责任占一般公共预算比例不超过10%的红线，定期公开地方政府债务限额、余额、使用等信息，督促按时偿还到期债务本息及付费99.27亿元。截至年底，漳州市政府债务余额1100.61亿元，控制在省厅核定的1179.49亿元限额内。下达2.29亿元，支持开展常态化扫黑除恶斗争、安全生产隐患排查整治等工作。

【增收节支促平衡兜“三保”】

2022年，漳州市非税收入120.77亿元、比上年增长72.5%。市本级一般性支出预算比上年下降5%，“三公”经费比上年下降9.6%。加强市本级政府投资评审，核减率13.1%、节约财政资金7.07亿元。市本级累计盘活使用存量资金2.49亿元。推动实行城乡居民医保基金总额预算管理、健全基金监管长效机制、完善待遇支付政策，从近三年每年缺口4亿多元到当年实现收支平衡且结余1.6亿元。动态监测县区库款情况，支持“三保”、民生及部分县区退税、还债等重点支出，累计向上争取调度资金210亿元，比上年增长33%。市级累计向16个县区调度资金207亿元，比上年增长49%。各县（区）“三保”实际支出215.4亿元。

【财政预算管理效能持续提升】

2022年，漳州市财政局在全省率先建立预算绩效管理财审联动机制，县级基本建成全方位、全过程、全覆盖预算绩效管理体系。预算管理一体化系统核心模块全面上线运行。常态化落实财政资金直达机制，加强31项、80.05亿元直达资金支出管理和监控，漳州市中央财政直达资金预算指标分配进度100%，高于全省0.3个百分点。在2023年市级部门预算审核中首次试行全面联审。印发《加强中央专项彩票公益金支持漳州社会公益事业发展资金财政管理工作机制》。推广运用财政电子票据，全面实现非税收入收缴电子化管理。牵头规范津贴补贴、生活补贴，落实套改工资待遇。加强财会监督，推进地方财经秩序专项整治行动自查及复查工作，落实涉粮巡视、审计反馈、检查发现等问题整改，强化财政内控内审防范业务风险。

（吴崇炼）

·税务·

【概况】 2022年，漳州市税务部门实现各项税费收入645.4亿元，比上年下降5.7%。其中，税收收入256.15亿元，比上年下降21.6%，扣除留抵退税因素还原后，税收收入351.97元，比上年下降0.9%，扣除留抵退税因素税收增幅居全省第3名；非税收入389.25亿元，比上年增长8.9%。按照地方财政口径计算，漳州市税务部门组织一般公共预算总收入230.82亿元，比上年下降28.4%。组织地方一般公共预算收入140.39亿元，比上年下降23.8%。

【减税降费落实】 2022年，漳州市新增市场主体3.61万户，其中企业1.96万户，个体工商户1.65万户。年内，漳州市税务局落实新的组合式税费支持政策132.98亿元，其中办理大规模留抵退税95.82亿元。加强与市公安局、海关、人民银行、检察院等多部门协同配合，成功办理两起打击骗取增值税留抵退税专案，被国家税务总局列为典型案例。

【税收征管】 2022年，漳州市税务局提高土地增值税清算效率，推进欠税清理，全年土增税征收入库32.83亿元，其中清算入库22.64亿元，占比69%；企业所得税入库72.01亿元，九龙江集团股份减持片仔癀股份入库企业所得税9.42亿元；向上争取调库指标达23.8亿元，比上年增加1.7亿元。聚焦重点行业、重点税源企业、重大工程项目，福建中沙石化有限公司12月30日首次实现税款入库4527.73万元。统一社会保险费征收模式，厘清与人社部门职责分工，在全省率先解决养老保险核定补缴工作。与市住建局联合制定《“市区经济适用住房、可售廉租住房取得完全产权一件事”工作实施方案》，将个人补缴土地金事项融入“一件事”，实现跨部门“一次办”。

【税收共治加强】 2022年，漳州市税务局在全省率先成立以市县两级政府主官为主的财税工作领导小组，并以“一办五专班”实体化运作。加强税务、财政、人行三方会商，加大六部门联合打击打骗取留抵退税等违法行为。推进“银税互动”，为诚信纳税企业发放信用贷款46.18亿元。与市科技局、省农信联社漳州办事处共同签订《税务+金融助力科技型企业发展框架合作协议》。

（黄安娜）

·审计·

【概况】 2022年，漳州市审计机关完成审计项目268个，其中审计246个，专项审计调查22个。审计发现非金额计量问题1930个；损益（收支）不实金额26.40亿元；出具审计报告和专项审计调查报告366篇。审计处理处罚金额58.27亿元；移送司法机关、纪检监察机关和有关部门处理事项26件，移送处理人员12人。审计促进整改落实有关问题资金24.69亿元；审计后挽回（避免）损失8050万元。审计提出建议852条，被采纳833条。

【政策落实跟踪审计】 2022年，漳州市审计局组织市县两级审计机关重点对乡村振兴、省重点项目推进实施情况、服务“产业发展项目建设攻坚年”、农村养老服务设施管理使用情况等专题开展重大政策措施贯彻落实情况跟踪审计。其中，开展工业企业培优扶强及专业化提升情况跟踪审计，推动相关单位兑现奖补资金1.05亿元，涉及331家企业。

【财政审计】 2022年，漳州市审计79家预算单位。其中，市审计局审计市财政局、发改委、民族宗教局、交通运输局、退役军人局；开展地方政府债券与隐性债务、建设通道枢纽功能、乡村振兴、市本级基本医疗保险基金管理使用情况、市属国有企业固定资产和货币性资金等5个专题审计以及漳州高新区2021年度财政收支审计、网络安全和信息化建设专项审计；推动出台《关于建立预算绩效管理财审联动机制的实施意见》，构建全方位、全过程、全覆盖的预算绩效管理体系，实现“管理+监督”的深度融合。

【固定资产投资审计】 2022年，漳州市实施渔港建设管理情况专项审计调查、漳华东路（九龙大道至龙文北路）路面改造工程项目竣工决算审计、漳州城投集团建设项目实施情况专项审计、海西网漳州云霄至平和（闽粤界）高速公路项目建设管理专项审计等27个投资审计项目。针对工程领域突出问题，牵头起草，出台《关于进一步完善市级政府投资建设项目管理的若干措施》，为促进深化投融资体制改革、提高投资绩效提供制度保障。

【企业审计】 2022年，漳州市实施漳州市九龙江集团有限公司、漳州环境集团有限公司、漳州通裕资产管理运营有限公司2021年资产负债损益审计，市属国有企业固定资产和货币性资金等专项审计调查，福建漳州岱山国家粮食储备库执行国家粮食政策情况审计等13个企业审计项目。针对市属国有企业固定资产和货币性资金等专项审计调查查出问题，市政府组织成立全市资产资源资本运营工作专班，解决企业存在的历史遗留问题等，促进国有企业做大、做优、做强。

【民生审计】 2022年，漳州市组织开展医保基金、农村养老服务等审计，把审计监督跟进到民生项目和资金的“最后一公里”。其中，市审计局开展市本级基本医疗保险基金管理使用情况专项审计，严肃查处46家医院违规套取医保基金的问题，推动医保部门完善制度12项，促进医保基金规范管理。

【经济责任审计】 2022年，漳州市对153名领导干部进行审计监督，查出违规金额3967万元。其中，市审计局对5个市直单位、1个县（区）法院共7名领导干部实施经济责任审计。

【资源环保审计】 2022年，漳州市实施24名领导干部自然资源资产离任（任中）审计，促进领导干部落实生态文明建设责任制。其中，市审计局配合省审计厅实施漳平市党政主要领导干部自然资源资产离任审计。

【内部审计】 2022年，漳州市审计局组织对市住建局、市中医院等7个单位内部审计工作开展专项检查，促进各单位健全内部审计工作制度，严格依法履行内部审计监督职责。福建漳州农村商业银行股份有限公司《践行研究型审计 护航高质量发展》和福建漳龙集团有限公司《漳龙审计三部曲 助力企业提效能》获“福建省2022年内部审计探索研究型审计典型实践案例”称号。

【审计查出问题整改】 2022年，漳州市审计机关全面检查并督促指导以往年度审计项目整改落实情况，持续提升审计整改质效，促进整改资金24.69亿元、促进建章立制67项。其中，市审计局向相关县（区）和单位发出审计整改告知函、提醒函、催促函62份，推动审计整改落实到位。

（李伟光）

·统计·

【概况】 2022年，漳州市统计系统全面提升统计能力、数据质量和服务水平，为全市“产业发展项目建设攻坚年”活动和“七比一看”竞赛提供统计服务。

【统计法治】 2022年，漳州市统计局推动市政府办印发《关于加强统计基层基础建设的通知》《贯彻落实福建省人民政府办公厅关于进一步完善我省统计体系若干意见的通知》，以文件形式将“统计基层基础规范化水平”纳入市对县（区）绩效考核指标体系。制定工作方案，印发《漳州市统计局贯彻落实国家统计督察反馈意见整改工作方案》《漳州市统计造假不收手不收敛问题专项纠治实施方案》，切实将各项责任落实到岗、各项措施细化到位，高质量完成国家统计督察反馈意见整改和统计造假不收手不收敛问题专项纠治工作。开展全面清理纠正违反统计法律法规文件工作和统计行政处罚自由裁量权规范性文件清理工作，全面推进依法行政。制定《2022年度统计执法检查工作计划》，开展“双随机”检查，依法依规严肃查处统计违纪违法行为，加大对第三方机构代填代报、弄虚作假等违法行为的查处力度，加强执法信息公示，有效震慑统计违法行为。结合第十三届“中国统计开放日”“12·4”国家宪法日等节点，广泛向社会宣传统计法律法规和统计业务知识。推动各级党委政府领导班子通过理论中心组、常委会、政府常务会议等形式，对统计法律法规和相关文件精神开展专题学习研讨。建立长效机制，继续落实并完善统计法进党校，确保市县（区）两级实现全覆盖。

【统计监测分析】 2022年，漳州市统计局创新开展“一月一分析”经济运行研判分析会，着力强化经济运行监测。强化数据审核评估，对存疑或波动较大的数据，及时查询核实，确保数据真实、完整、准确。年内，撰写统计分析报告和呈阅件154篇，22篇获市领导批示。撰写的《高质量发展背景下提升漳州市县域经济综合竞争力的对策研究》获得2022年度福建省市、县（区）统计局优秀统计分析报告评比一等奖。编印《漳州每月经济报告》《统计摘要》《统计年鉴》，通过《闽南日报》发布年度全市国民经济社会发展公报，漳州市统计局官网刊登“喜迎二十大 奋进新征程”系列统计分析报告，统计信息产品不断改进创新。

【基层基础建设服务】 2022年，漳州市统计局继续推动将“统计基层基础规范化水平”纳入2022年度市对县（区）绩效考核指标体系。建立局领导班子“分片挂钩帮建”制度，以“一月一检查”的形式，摸清源头数据质量。组建由领导班子牵头，以工业、贸易、投资等3个科室为主的培训团队，邀请省统计局专业负责人莅临业务指导，开展常态化、大规模、覆盖专业广、覆盖对象全的培训。

（吴宗林）

·国有资产监督管理·

【概况】 2022年，漳州市国资委全面开展国企改革三年行动，国资监管和国企改革发展各项工作取得成效。市属国有企业资产总额3108.06亿元，比上年增长18.06%；所有者权益总额1046.95亿元，比上年增长18.10%。全年累计实现营业收入1225.47亿元，比上年增长50.73%；利润总额35.80亿元，净利润27.30亿元；缴交税费总额37.07亿元；批零住餐销售额982.53亿元，比上年增长60.47%；市属国企有29家纳税1000万元以上。

【国有企业改革】 2022年3月启动市属国企新一轮结构布局优化调整后，漳州市市属国资国企围绕加快打造数字经济、海洋经济、绿色经济、文旅经济“四大经济”和“9+5”千百亿产业集群，调整市属国企功能定位，并将主责主业进行同质整合，通过资源优化配置，市属国企“10+3”（10家市属重点国有企业+3家市国资委管理单列企业）基本架构全面形成。

【国有资产监管】 2022年，漳州市国资委建设国资在线监管、国企招商、阳光招租等一体化国资云综合监管服务平台，强化企业“三重一大”决策运行、财务监管、大额资金动态、产权管理、投资管理和风险管理等板块建设，全面提升国资监管信息化水平。修订《市属国有企业投资融资监督管理办法》，对企业投融资管理流程、决策程序、风险管控、违规责任追究等方面作出详细规定，有效规范企业投融资监督管理，防范投融资风险，提高资产配置效率。

【投资融资管理】 2022年，漳州市市属国企累计完成投资371亿元；累计完成融资1234亿元。市属国企通过设立13只基金，带动近310亿元规模资金投向“9+5”产业集群；漳龙集团创新设立总规模30亿元“漳州城市发展母基金”；九龙江集团采取“项目股权投资+工程总承包”模式，带动漳龙、城投、交通三家国企等合作参与三大片区综合

2022年10月26日，“国企发展这十年”成就展在漳州古城开幕
（漳州市国资委 供图）

开发；九龙江集团得到国开基金15.2亿元注册资本金贷款和国开行122.3亿元配套授信贷款。

【社会发展保障】 2022年，漳州市市属国资国企累计扶贫挂钩乡村36个，投资金额2296万元，受益群众5.19万人次。开展公益活动352场，投入金额6640万元。获得信用评级AA+以上的国有企业增加至5家，九龙江集团、漳龙集团、城投集团3家企业上榜“中国服务业企业500强”和“福建企业100强”；片仔癀公司、龙轴集团入选“2022年福建制造业企业100强”。漳龙集团东山发展广场和总部经济大楼1号楼、城投集团总部办公楼、漳州发展第二自来水厂和东墩污水处理厂等5个项目入选“福建省2022年度城乡建设领域绿色低碳试点建设项目”。

（周菁菁）

漳州市九龙江集团有限公司

【概况】 2022年，漳州市九龙江集团有限公司（简称九龙江集团）资产总额超1200亿元，年融资能力超600亿元，供应链贸易超400亿元，是福建省首家境内评级AAA且境外评级BBB+国企，先后获评“中国服务业500强”“2022福建企业100强”等称号。

【融资运作】 2022年，九龙江集团与中国银行、兴业证券等20多家金融机构、券商建立战略合作关系，年融资能力超600亿元。设立福建九龙江闽台润信石化产业基金等多只基金，规模超百亿。持有多家银行、券商股权价值超17亿元。

【产业投资】 2022年，九龙江集团聚焦漳州“9+5”产业，建链、补链、延链、强链，集团累计投资超千亿元，拓展石油化工、生物制药、智能制造、数字信息、文旅康养等优势产业和战略性新兴产业。推动福海创石化、中沙乙烯、海泉化学、桐昆化纤、天辰项目等9个总投资额超千亿元项目落地。支持古雷石化基地建设，承担高新区三大片区投资建设运营招商一体化任务，重点落实古雷开发区富民示范产业园特许经营权项目、安商一体化、一德码头、松风酒店、置地广场、古雷医院等重点项目，推进片仔癀大健康智造园、龙轴高端机械零部件制造基地、九龙江医院、绿色发展及产业配套设施项目等项目攻坚。

（蒋秋滨）

福建漳龙集团有限公司

【概况】 2022年，福建漳龙集团有限公司（简称漳龙集团）权属企业共有137家，其中全资公司66家，控股公司34家，参股公司37家。截至年底，合并资产总额780.49亿元，年营业收入336.09亿元，合并年利润总额1.67亿元，上缴税收2.32亿元。信用评级直接升级BBB+，成为福建首个获得境外评级跳级的地方国企。年内，获得中国服务业企业500强、连续三年获得福建企业100强、福建服务业企业百强位列“中国服务业企业500强”第226名、“福建企业100强”第37名、“福建服务业企业100强”第15名、“2022投资机构软实力排行榜新锐LP TOP10”等称号。

【基金投资】 2022年，漳龙集团以漳州城市发展母基金、漳龙创投基金管理公司为主体的金融服务为基础，全面推动片区开发、产业投资、供应链运营三大板块高质量发展，实现集团从业务型向投融资实业型的结构性转变。创新“基金招引+产业补链”“基金+EPC”投融资模式，启动公共资产证券化等新举措。参与或管理的基金15只，基金规模达到172.51亿元，投资项目44个。获中国母基金周刊“2022投资机构软实力新锐LP TOP10”称号。

【项目建设】 2022年，漳龙集团完成市级方舱医院建设、漳华路面改造，背街小巷整治等重点民生项目。承接中央“保交楼”项目，托管市区恒大帝景、恒大城市之光项目，成为首个国企托管的保交楼项目并在全国推广。主动承接处理水泥厂历史遗留问题，引入新项目，盘活无效旧资产。

（王艳春）

福建漳州城投集团有限公司

【概况】 2022年，福建漳州城投集团有限公司（简称城投集团）资产总额582.14亿元，比上年增长18.99%；所有者权益总额183.49亿元，比上年增长19.34%；资产负债率68.48%，比上年下降0.09%。全年完成营业收入228.11亿元，比上年增长100.78%；实现利润3.65亿元，归属母公司所有者的净利润2.65亿元，实现纳税总额3.19亿元，经营管理效益持续向好，入围中国服务业企业500强，首次荣膺福建企业100强，再次荣膺福建服务业企业100强。

【项目投融资】 2022年，城投集团新增融资225.46亿元，完成投资71.58亿元，超出年度投资额目标26.81亿元，其中，全年公益性项目完成投资27.05亿元，超出年度投资额目标12.61亿元。全年承接96个工程项目，其中省市重点项目10个，为民办实事项目8个。年度内23个项目开工、46个项目竣工、55个项目移交。其中，西湖生态园片区安置房、小学、市政道路完工或竣工，核心区景观工程按要求如期完工；钟法路、新浦路改造提升工程等项目提前竣工验收；诏安县霞洋佳苑、语堂数字经济产业园超前完成节点目标。年内，与龙海、长泰、诏安等县（区）开展战略合作，中标高新区南湖“双创”产业园项目，落地实施高新区九龙江医院，同步开展招商选商，推进设立高新区众旺投资合伙企业、漳州城乡绿色发展母基金，与中电光谷、中北通信等企业签订战略合作协议，对接南湖七首智慧谷等项目。

【市场拓展】 2022年，城投集团地产板块新增2021P13地块、2022P01地块、诏2021P02地块、2022P23地块，自主开发建设的丹霞云邸项目开盘。建工板块推行项目内部经济责任负责制，竞得13个市场化项目。设计板块谋划全过程工程咨询业务，中标24个市场化项目。建材板块多元化拓展供应链贸易业务，全年实现营收138.6亿元。运营板块稳步推进电动自行车充电桩等项目。生态环卫板块中标中心城区内河维护等9个项目，中标东山湾海洋生态保护修复项目、吴田山废弃矿山综合治理工程勘查设计施工运营一体化项目，战略性新兴业务逐步落地见效。

【深化改革】 2022年，城投集团全面完成国企改革三年行动，落实市属国企结构布局优化调整，推进21家权属企业清理整合、1048名专业技术职务转任和技能（工勤）序列职级转聘、3名职业经理人选聘，统筹推进建工集团施工企业综合改革、设计集团落实八闽国有企业综合改革专项行动以及地产、建工、建材、环境市场化经营试点，落实全员绩效考核，加快推进市场化转型。

（周亚楠）

漳州市交通发展集团有限公司

【概况】 2022年，漳州市交通发展集团有限公司（简称交通集团）资产总额512.67亿元，营业收入50.01亿元，利润总额1.98亿元，纳税1.38亿元。所属福建漳州市长运集团有限公司被中国道路运输协会授予“中华人民共和国交通运输部重点联系道路运输企业（2022年—2026年）”等称号；长运集团所属客运中心站荣获中国道路运输部授予的“2022年中国道路运输百强诚信企业”等称号；所属漳州通正勘测设计院有限公司获“福建省首届地理与信息行业无人机应用职业技能交流赛”团体特别奖；所属漳州漳武高速公路南靖段A4标段项目获评全国公路重大工程新闻宣传“十佳项目”；所属福建通畅建材有限公司获“一种冷补沥青析漏装置”实用型专利证书，申请专利“一种易于拆装的沥青混合料车辙成型试模”“一种易于马歇尔试件成型过程中厚度测量的游标卡尺”得到授权。

2022 年 1 月 3 日，马洲大桥建成通车

（交通集团 供图）

【项目投资】 2022年，交通集团投资项目50个，涵盖高铁、高速公路、市政交通、公交枢纽、汽车场站、房地产等项目，其中公益性项目22个，经营性项目28个。项目总投资1048.09亿元，完成投资66.36亿元。省道219线龙海零林至翠林段提升改造工程、南江滨路与厦漳同城大道互通节点工程、北环城路提升改造工程、漳州交通集团指挥中心、五福嘉园房产开发、常山环保沥青砼生产基地、北环城路、和平安吉建筑用凝灰岩矿露天开采和深加工等8个项目开工建设；省道219线（联六线）漳州芗城区过境段公路工程、漳州市东环城路及其接线工程A3合同段马洲大桥、漳州市芝山南路跨江桥梁工程项目、漳武线南靖段高速公路工程5个项目建成通车或投入使用；公共电单车监管平台建成投入使用，北环城路、金峰大桥北连接线、圆山大道等3个项目具备通车条件。

【资本融通】 2022年，交通集团集团信用评级维持国内联合信用主体AA+，债项评级AA+，国际评级BB+。年内，融资154.21亿元，其中，直接融资117.4亿元，间接融资36.81亿元，融资成本4.479%，比上年下降9.84%。置换存量债务总额70.33亿元，节省财务成本1.13亿元。

【国企改革】 2022年，交通集团对21家二级公司进行整合，形成对应“交通基础设施建设、道路运输、工贸建材、海洋经济、地产开发、物流”等六大产业的6家二级集团和“资产运营、铁路投资”等二项业务的2家直管二级公司“6+2”管控模式。对业务萎缩、业务重叠、“僵尸企业”和效益低下的企业进行全面排查清理，全年完成7家企业的注销工作。在市属国有企业中率先推行经理层任期制和契约化管理，以协议约定开展年度和任期考核；在房地产等市场化较成熟的领域试行职业经理人选聘模式，持续夯实企业高质量发展要素。

【交通运输板块运营】 2022年，交通集团保有生产经营用车1510辆，客运班线65条，主城区保有公交车655辆，公交线路63条。“漳州达达通”平台用户约120万人，公共自行车及共享电单车日租用量突破3万人次，累计骑行量656万人次以上，其中公共自行车平均每年免费优待145.33万人次，免费优待率达91.2%，成为群众日常生活中不可缺少的综合出行服务平台。在芗城区、龙文区和高新区范围内建设智能公共站点1017处（道钉实体电子围栏），投放5000辆手续完备的共享电单车，以“政府政策扶持，国企市场化运作”的方式，对城市共享电单车进行统一监管，主城区共享电单车违停率下降99%以上。为117个市直机关单位提供公务保障用车约1.7万车次，保障里程约270.9万千米。深耕长运中心加油站，实现营收8700万元；加强社会化租赁业务，投放400部网约车，实现营收2342万元。

【工贸建材板块运营】 2022年，交通集团初步集成矿山开采和产品研发、生产、销售的环保沥青商砼供应链，同步推进钢材、水泥、石油制品等贸易业务。全年完成贸易营收30.49亿元。

【海洋经济板块运营】 2022年，交通集团完成海洋经济板块发展战略与远期规划工作，聚焦打造三大海洋综合体经济，推进将军澳作业区、北江渔港、龙海中心渔港、中利码头前期工作和渔业加工贸易。

【地产开发板块运营】 2022年，交通集团按照城市发展战略和功能布局，融入高新区三大片区建设，启动“安商一体化”开发，配套漳州高新区“一药一智”启动区安置房项目，签约金额11.5亿元。

（欧阳福金）

漳州片仔癀药业股份有限公司

【概况】 2022年，漳州片仔癀药业股份有限公司（简称片仔癀药业公司）资产总额为146.04亿元，实现营业收入86.94亿元，比上年增长8.38%；实现利润总额29.78亿元，比上年增长3.79%；实现净利润25.23亿元，比上年增长2.36%；上缴税收10.58亿元，比上年增长1.12%。控股子公司实现营业收入49.98亿元，比上年增长18.97%。公司入选福建省商务厅“福建省重点培育和发展的国际知名品牌名单”；被人力资源和社会保障部、中华全国总工会、中国企业联合会/中国企业家协会、中华全国工商业联合会授予“全国和谐劳动关系创建示范企业”。

【研发创新】 2022年，片仔癀药业公司加快推进中成药二次开发。立项开展片仔癀及优势中成药品种二次开发临床研究10余项，持续开展药理毒理、质量标准研究、临床研究课题40余项。用于预防静脉血栓栓塞的阿哌沙班片和用于治疗过敏性鼻炎和慢性特发性荨麻疹的地氯雷他定口服溶液2个化药获生产许可并完成首次批量生产，7个创新药进入临床研究阶段，其中用于治疗广泛性焦虑症的PZH1204完成II期临床试验。公司国家企业技术中心通过国家发改委评价、国家技术创新示范企业通过工信部复核评价、院士专家工作站再次通过认定，新增福建省闽台港澳科技合作基地科技创新平台、福厦泉国家自主创新示范区协同创新平台等。新增承担1项福建省自然基金立项，4项省级科技项目通过省科技厅验收。科技成果获2021年度福建省科学技术进步奖二等奖2项、2022年度中华中医药学会科学技术奖一等奖1项、第七届中医药国际贡献奖—科技进步奖二等1项；参与编制2个国家标准、1个团体标准正式发布。

【药材可持续利用和保护研究】 2022年，片仔癀药业公司联合西藏边坝县人民政府开展《圈养林麝耐高原低氧的生理和免疫适应及耐低氧种群的组建》课题研究，并申报福建省科技厅对外合作项目。适用于林麝智能化管理的“一种具有动物生命体征检测功能的电子耳标设备”获国家知识产权局授权；联合天津中医药大学申报的《党参与三七补气活血功效物质解析及深度研发》课题、联合中国医学科学院药用植物研究所申报的《高品质中药材生态调控栽培技术研究》课题被列入“十四五”国家重点研发计划项目。组织专家召开“片仔癀药业与通辽市中药产业发展办公室牛黄产业发展研讨会”，共同谋划推动牛黄产业高质量发展。“支持乡村振兴战略的林麝产业扶贫基地管理”项目获“第二十九届企业管理现代化创新成果二等奖”；“林麝精细化养殖及全程溯源管理系统”项目入围第五届中国海峡“龙江杯”（漳州）工业设计大赛终评名单。

【产权保护】 2022年，片仔癀药业公司作为专利权人新增发明专利授权16件、新增实用新型专利授权8件；作为专利权人拥有有效专利165件，其中发明专利101件。发表科技论文41篇；作为所有权人获得注册授权的商标272件（其中，通过马德里国际商标注册权利覆盖70多个国家和地区，在海外及港澳台地区获得注册商标49件）。打造知识产权全链条保护工作格局，持续监测商标注册动态，通过“国家知识产权示范企业”复核。《聚力商标品牌建设创新赋能企业发展》入选经国家知识产权局“2022年度商标品牌建设优秀案例”。

（林　毅）

漳州市国有资本运营集团

【概况】 2022年，漳州市国有资本运营集团有限公司（简称资本运营集团）合并资产总额119.76亿元，比上年增长2.2倍；营业收入14.47亿元，比上年增长6.91倍；利润总额1.35亿元，比上年增长1.23倍，上缴利税6358.85万元。集团拥有担保、典当、融资租赁、商业保理、基金管理等5张“类金融牌照”。

【资本优化整合】 2022年，资本运营集团精简权属企业和集团内设机构，集团形成股权投资、基金投资、资产管理、金融服务、政策性资金和融资担保等5大业务板块，权属企业数量从23家精简至6家；集团总部内设机构从原有13个管理部门调减为11个部门。年内，集团被授予AA+主体信用等级。

【股权投资】 2022年，资本运营集团权属企业产业股权公司投资项目中，本地企业产值70亿元，利润9718万元，税收5340万元。其中，万辰生物、太龙股份等2家企业在主板上市，春天生态、佳龙科技、明鑫智能、海峡生科、神悦铸造、正霸股份、视瑞特等7家企业在新三板挂牌上市。

【基金投资】 2022年，资本运营集团围绕“基金+招商”模式，新设2支“9+5”产业子基金，总规模18.75亿元，实缴出资10.85亿元，撬动社会资本倍数超3倍，通过基金招商引进8家企业，增加税收3000万元，解决1800个就业岗位。利用自有资金发起设立漳州市战新产业发展母基金，目标规模20亿元；与漳州金投集团、战新创投公司、市科技局指定主体共同设立漳州市科技孵化创业投资基金，规模2000万元，基金管理人均为战新创投公司。

【资产管理】 2022年，资本运营集团权属企业国投公司经营性资产、厂房1266处，总建筑面积35.08万平方米，土地面积63.39万平方米。年内，根据市国资委关于开展国有企业国有房屋租金减免的相关要求，国投公司等权属企业为426户租户减免金额1460万元。

【金融服务】 2022年，资本运营集团加快推进漳州综合金融服务平台建设，累计引进入驻机构46家（其中，金融机构35家、类金融机构11家），入驻机构发布金融产品177项，平台注册企业约27.05万家，共帮助8117家企业解决融资854.38亿元，被评为2022年度“全国中小企业融资综合信用服务特色平台”。年内，权属企业晟发典当公司拓展典当业务，放款金额1.04亿元。

【政策性资金和融资担保】 2022年，资本运营集团权属企业瑞信担保公司在保余额为42.38亿元，比上年增长

114.04%，放大倍数达到6.03倍。截至年底，与23家银行建立合作关系，为1157户小微企业和“三农”主体发放担保贷款金额合计10.02亿元，累计免收担保费1621万元。

（李　萍）

福建龙溪轴承（集团）股份有限公司

【概况】　截至2022年年底，福建龙溪轴承（集团）股份有限公司（简称龙轴集团）资产总额35.69亿元，比上年增长3.42%；集团营业收入17.19亿元，比上年增长19.81%。年内，龙轴集团公司获评国家技术创新示范企业、国家知识产权示范企业、全国机械工业现代化管理企业等称号，入选中国机械500强、福建战略性新兴产业企业100强、福建省重点培育和发展的国际知名品牌等，获C919（国产中程窄体干线客机）、AG600（中国研制大型灭火/水上救援水陆两栖飞机）、AC313A（国产大型民用直升机）等主机厂感谢信。

【营销思路创新】　2022年，龙轴集团拓展“三新”（新客户、新产品、新项目）市场，销售收入比上年增长63%，弥补传统配套市场需求断崖式下降30%以上的缺口；加大关节轴承延伸产品拓销力度，持续推进部件化产品延伸拓销，逐步实现产业化。抢抓重构契机，进入跨国公司产业新布局，销售收入比上年增长13.9%。把握进口替代机遇，系统制订市场战略地图，全方位深化航空主机及二级市场一体拓销，新增客户近70家，销售收入比上年增长超60%。

【科研能力提升】　2022年，龙轴集团开发新产品829种，抢抓全国产化契机开展航空特种产品及组件研制，产品型号达200种以上，配套C919、AG600M、AC313A等国之重器。在国内战略性新兴产业领域填补国家重点型号和重点工程空白，研发风机、光伏光热、轨道交通等领域新产品。新增专利18项，制修订技术类国家行业标准6项，参与制修订国际ISO标准1项。投入1.2亿元，立项课题11项，飞机操纵拉杆等省部级专项取得重大突破，进入产业化阶段；国家“工业强基工程”项目通过验收并投产；获批福建省工信厅“重大技术攻关及产业化”等省部级项目2项。

【顶层设计优化】　2022年，龙轴集团在全国机械行业创新提出可复制、可推广的商业模式，即：以提升顾客价值为导向，以技术升级推动产品升级，以产品升级推动顾客升级，挺进全球高端产业链。持续实施关节轴承绿色智能制造技术改造，购置200余台套精密加工检测设备和废气废水处理设备。启动长寿命、高可靠关节轴承及组件产业化项目建设。该项目被列入国家产能提升专项，总投资1.1亿元，获中央资金1314万元。

【获卡特彼勒全球四大最佳供应商认证】　2022年，龙轴集团在连续十年获得全球最大工程机械国际跨国公司卡特彼勒金牌供应商认证的基础上，凭借卓越的QCLDM（卡特彼勒选择、管理和发展供应商的方法和手段，也是卡特彼勒所有供应商必须执行的准则）绩效表现，从其1万多家供应商中脱颖而出，获得供应商最高荣誉“年度供应商”奖，成为其全球四大最佳供应商，也是唯一获此殊荣的亚洲供应商。

【产品亮相珠海国际航展】

2022年，龙轴集团产品在陆海空天领域实现全覆盖，并获多个首台套应用示范，连续第四届参加珠海国际航展。在第十四届航展上，全面展示为陆海空天装备研制配套的一系列领先创新成果，引起业内广泛关注。航展期间，与航空工业国之重器主机单位签署战略合作协议，共同推进产业链协同创新，打造现代化产业体系。

（龙轴集团）

福建漳州发展股份有限公司

【概况】 2022年，福建漳州发展股份有限公司（简称漳州发展）旗下全资企业37家，控股企业16家，参股企业11家。总资产89.47亿元，比上年增长10.31%；实现营业收入28.52亿元、净利润7573.92万元，全年完成投资17.82亿元，年度完成在建及新增省、市重点项目投资3.22亿元，累计缴纳税费1.03亿元。

【新能源板块发展】 2022年，漳州发展所属福建漳发新能源投资有限公司围绕“光、风、储”新能源产业领域，与福建南平太阳电缆股份有限公司、长江三峡集团福建能源投资有限公司及东山开投集团有限公司共同出资设立太阳海缆（东山）有限公司，建设福建省首家海底电缆生产基地；与漳州市金盾智慧停车管理集团有限公司签署战略合作协议；参股投资的一道新能东山基地一期3吉瓦（装机容量单位）高效N型光伏组件项目在东山光伏新能源科技产业园正式投产，助力漳州发展延伸拓展新能源产业链。与福建漳州发展汽车集团有限公司跟特来电新能源股份有限公司正式签署合资协议，共同出资设立漳州漳发特来电充电科技有限公司，拓展漳州区域新能源汽车充电网络建设与运营业务。7月，福欣特殊钢20MWp分布式光伏电站并网投产，该项目为漳州发展首个并网发电光伏电站。

【生态环保板块运营】 2022年，漳州发展所属福建漳发生态科技有限公司处理漳州城乡污水量1.05亿吨，比上年增长9.39%，涵盖漳州中心城区及平和、漳浦、南靖、云霄等城乡范围，出厂水均达标排放。年内，漳州内河水环境综合整治PPP项目完成建成区100%以上污染源整治改造、市区河道清淤疏浚工作、河道引水工程，主要河道完成黑臭水体消除。东墩污水处理厂二期项目新增生物段工艺观察窗口、鼓风机主风管流量计、车间通风换气等工艺，获2020年福建省“闽江杯”优质工程奖、“华东地区优质工程奖”奖项。马洲污水处理厂（一期）工程项目于2022年2月通水试运行。

【绿色建造板块运营】 2022年，漳州发展所属福建漳发建设有限公司，以联合体形式中标福建省华安县农村综合性改革试点试验项目勘察设计、施工及运营一体化（EPC+O）项目，项目总投资约2.88亿元。福建展恒新建设集团有限公司与漳龙创投基金、漳龙建投等28家单位组成的联合体中标漳州高新区靖圆“一智一药”产业园项目股权投资+工程总承包一体化项目，总中标价293.58亿元；与联合体其他方中标东山县前楼镇乡村振兴点线连片暨“原味前楼”综合项目（一期）设计施工总承包项目，总中标价4.4亿元；作为主体工程施工单位与其他联合体成员中标漳浦县城区污水收集与水环境整治项目工程总承包及运营一体化项目，总中标价11.45亿元；作为联合体成员，中标漳州高新区绿色发展及产业配套设施项目之生态治理项目工程总承包（EPC），总中标价45.21亿元；南靖县农村污水处理设施建设工程PPP项目开工建设58个村，累计铺设配套管网683千米，完成率95%；新建成48座污水处理站点，其中20座正式运营。

【智慧水务板块运营】 2022年，漳州发展所属漳州发展水务集团有限公司推进智慧水务平台建设，通过国家安全生产标准化二级达标企业评审，市区4座水厂和漳浦水厂日均供水51.5万吨，年售水收入1.5亿元；联合中国电建集团成都勘测设计研究院有限公司中标漳州高新区城乡供水一体化工程二期工程（靖园片区）EPC+O工程，项目总中标价1.3亿元。年内，漳州发展新成立的漳州漳发环境检测技术研究有限公司获得由福建省市场监督管理局颁发的检验检测机构资质认定证书。

【低碳出行板块运营】 2022年，漳州发展所属福建漳州发展汽车集团有限公司实现新车销售10960台，经营收入16.37亿元。年内，开发二手车“交易平台”，提升二手车交易纳统规模、自身做大做强二手车规模、引导已有二手车经销商入驻平台培养做大并增加规模以上企业。

（李勋虎）

漳州市文旅康养集团有限公司

【概况】 2022年6月23日，漳州市文旅康养集团有限公司（简称文旅康养集团）揭牌。截至年底，集团资产总额超91亿元，年营业收入37亿元。

【结构布局优化调整】 2022年，文旅康养集团成立5家二级集团（公司）和1个品牌建设运营中心，完成二级集团（公司）和三级公司的党组织、董事会、监事会及经营班子成员选配工作，初步实现董事会应建尽建、配齐建强，外部董事基本覆盖。推进权属企业归并整合，接收九龙江集团、城投集团、交通集团及国有资本运营集团划转及运营管理的8家权属企业。

【酒店运营】 2022年，文旅康养集团接待部级领导46批次56人次，厅级领导416批次521人次，完成中国共产党漳州市第十二届委员会第四次全体会议、漳州市第十七届人民代表大会第二次会议、政协第十四届漳州市委员会第二次会议等重要会议保障及其他重要接待任务。其中，漳州宾馆获评福建省首届旅游行业服务技能大赛团体一等奖和“福建省劳动关系和谐企业”称号。

【景区运营】 2022年，文旅康养集团代表队在漳州市首届文旅行业服务技能大赛—导游、讲解员服务技能比赛中，获导游组、讲解员组一等奖等。东南花都获评福建省休闲农业示范点、福建省森林康养基地、福建省红领巾校外体验示范基地；华安官畲景区多次登上央视网、人民政协报等国家级媒体，获赞“乡村振兴的典范”；高峰生态谷获评国家AAAA级旅游景区，助力平和县创建“全域旅游县”；漳浦车本村获评省级爱国主义教育基地及市级“十佳红色旅游胜地”；漳州古城重新划分功能分区，形成“一中轴四板块七街区”的商业业态布局，入选第二批国家级夜间文化和旅游消费集聚区。

【康养医疗运营】 2022年，文旅康养集团成立医疗服务公司，推动医疗后勤服务专业化发展及相关服务延伸，完成漳州市医院总部院区开诊启用前后勤服务保障工作。

【供应链运营】 2022年，文旅康养集团先后在漳州宾馆、福建谷文昌干部学院和福州开设“花样漳州”伴手礼门店，首次在京东、天猫、淘宝、拼多多等四大平台开设“花样漳州”品牌旗舰店，品牌触达全国34个省级行政区。推进“中国女排娘家·漳州”和谷文昌文创系列产品开发设计，擦亮城市名片。

【项目投建】 2022年，文旅康养集团投资建设芗江酒店商业综合体、漳州“中国女排娘家”基地腾飞片区、诏安大酒店及东山、漳浦等项目，完成投资额11.05亿元。

【品牌建设】 2022年，文旅康养集团“全域旅游卡”总发行量突破30万张，惠及用户近100万人次，带动漳州近600万人次持卡出游，间接拉动全市旅游消费超30亿元，延伸推出“花样漳州好料卡”及“全域卡直通车”线上预约系统，打造集“吃、住、行、游、娱、购”于一体的惠民生活服务平台。

（郭沈灵）

漳州信息产业集团有限公司

【概况】 截至2022年年底，漳州信息产业集团有限公司（简称信产集团）资产总额8.47亿元，比上年增长140%；所有者权益4.57亿元，比上年增长51%；营业收入4.41亿元，比上年增长300%；上缴税收62.95万元；利润总额161万元，比上年增长1617.48万元，实现扭亏为盈。

【项目投资】　2022年，信产集团续投福建漳州语堂数字经济产业园，投资额2.17亿元；投资“海上漳州”，投资额1.047亿元；投资漳州数字经济产业基金，投资额0.5亿元，完成年度投资总额3.72亿元。

【产业投资及园区运营】　2022年，信产集团投资的福建漳州语堂数字经济产业园（一期）获批2022年地方政府专项债券资金20亿元，到账资金2亿元。一期A区7公顷11万平方米厂房、行政研发楼封顶，漳州大数据中心、美亚国云安全服务器等8个项目意向入驻。参与发起设立漳州数字经济产业投资基金，总规模5亿元，首期到账资金2.5亿元。

【信息技术应用】　2022年，信产集团“海上漳州”等5个项目入选2022年度数字技术创新应用场景。其中，“海上漳州大数据中心及应用系统”“智慧林业”“漳字号鲜果标准化基地”“烘焙企业生产数据检测系统”4个项目入选应用场景建设需求，“福建漳州古雷港经济开发区5G+智慧园区”项目入选应用场景解决方案。先后中标市智慧图书馆信息化与智能化、市级山水林田湖草沙数据与智慧中心、智慧停车、智慧林业等13个500万元以上的重大信息化项目。承担疫情防控指挥系统、免申即享、国资云平台等紧急软件开发任务。

【电子商务运用】　2022年，信产集团运营国有企业阳光采购网上超市、惠工汇职工服务平台、“漳字号”名优特产网上商城三大平台。截至年底，阳光采购网上超市签约国企用户287家，累计完成订单金额超8000万元，为企业节约采购成本超1500万元。“惠工汇”职工服务平台用户达8万余人，签约各级工会组织200多家，获评全国总工会2022年互联网+工会普惠服务“最具影响力”平台称号。参与组织“手拉手”漳州食品产销对接会，获商务局支持发放全闽乐购政府消费券95万元。平和数字乡村公司建设的“漳字号”鲜果标准化基地助力平和蜜柚产业数字化转型升级，实现销售收入超6000万元。跨境电商“公服平台—海关监管场所—产业园区”三位一体的产业服务体系不断完善，跨境电商孵化园入驻企业108家。跨境电商公服公司建设数字经济人才培训学院，培训学员超6000人，参训企业超400家，建设漳州直播电商基地、漳州直播选品中台，商业模式获得省商务厅认可，获补助100万元。

【漳州跨境电商产业学院创办】

2022年4月12日，漳州跨境电商产业学院揭牌成立。该学院由信产集团与漳州城市职业学院共同创办，设有电商实训中心、跨境电商实训室、电商直播中心、视频制作中心等功能区，通过设置跨境电商优势特色专业课程、职业技能培训课程等，培育跨境电商行业高素质、应用型、复合型、创新型人才，打造集融合人才培养、科学研究、技术创新、企业服务、学生就业创业等功能于一体的校企共同体。

（陈　茂）

漳州人才发展集团

【概况】　2022年，漳州人才发展集团资产总额39471万元，比上年增长17.73%；所有者权益37189万元，比上年增长15.12%；营业收入42575万元，比上年增长140.69%；亏损537万元，比上年减亏23.1%。

【优秀人才引进】　2022年，漳州人才发展集团持续做好招聘考录活动，累计承接服务市直相关部门、国有企业招考项目54项，发布各类型就业岗位需求约1500个，吸引约4万名人才报名，审核通过人数1.5万余名，拟录用人数2179名；服务13家市属国企开展2022年漳州市国企系统高校应届毕业生专项公开招聘活动，累计提供岗位135个，吸引1692名毕业生参加。在招聘过程中，率先进行无纸化考试，采用“双机位”+线上笔试、面试的方式进行人才招聘，通过AI在线监考技术实行远程监考。

【技能人才培育】 2022年，漳州人才发展集团服务漳州市企事业单位线上线下培训，累计承办高层次人才、高层次企业管理人才赴浙大、南京大学等各类培训班75场，共培训7132人。承办漳州市新春技能竞赛，吸引248名选手参与。为龙文区满编事业单位周转国企编制教师926名，为国企教师提供线上+线下优质培训，提升教师专业水平及综合能力。与福建谷文昌干部学院签署战略合作框架协议，推动资源共享、平台共建，实现合作共赢。

【人才服务】 2022年，漳州人才发展集团优化人才“一件事”“一站式”服务平台建设。以“万才聚漳”人才网为依托，进行人才项目申报，累计完成1484位高层次人才申报资料的审核工作，完成2121位高层次人才资金申领，完成住房保障购房补助资格认定55人和资金申领31人，完成59位高层次人才子女入学申请审核工作，完成“万才聚漳”官网人才信息咨询服务210人次。国企系统面向社会公开征集名校优生和专业人才入库，申请人数645名，收储220名优质人才入库，完成第一批人才推介工作。推行“人才卡”赋能服务，向市直有关单位、部分县区、高校的高层次人才发放779张人才卡，切实让人才在就医、旅游、交通、生活和子女就学等方面享受便捷、高效、优质的服务。

【漳州市技术市场揭牌成立】

2022年5月，漳州市技术市场揭牌成立，线上平台整合导入科技成果资源52884项、专家资源5473人、高校科研院所143所，线下展厅完成10家科技服务机构入驻，举办线上线下创新活动9场，启动技术转移机构培育孵化工作，签约入驻技术转移机构5家，培训初级技术经纪人80人。

【漳浦公司揭牌成立】 2022年6月8日，漳州人才发展集团在漳浦县成立首家二级子公司，注册资本金2000万元，对标集团现有业务，充分整合漳浦县业务资源，推进集团各项业务向县区延伸。

【漳州职业技能人才考评中心全面运营】 2022年7月，漳州职业技能人才考评中心作为福建省职业技能等级认定社会培训评价组织，面向社会开展14种工种技能等级认定，累计吸引800余人参加认定。

【“人才漳州月”活动服务保障】 2022年，漳州人才发展集团围绕2022年“人才漳州月”活动方案和“1+5+N”系列活动，在市委人才办的指导下，全力做好各项服务保障工作。针对全国137所重点院校开展人才政策和招聘岗位宣传推介活动。主动对接各高校开展人才政策和招聘岗位挂网宣传及邀请学生参加线上招聘活动事项。配合做好12月初选优生、教育及卫生专场直播和平台及场地的选定工作。配合组织开展2022年“双创之星”遴选工作，协助市科技局组织上海产学研对接活动，组织两岸（漳州）青年文艺人才招聘活动暨台胞直播人才招聘会。

（王　琪）

责任编辑：江细珍

应急管理

·安全生产·

【概况】 2022年，漳州市应急管理局强化隐患排查治理和安全风险管控，厘清密室逃脱、私人影院、剧本杀、平台经济的安全监管职责，完善乡镇船舶安全管理、铁路沿线安全环境整治、燃气安全监管执法等机制，统筹加强自然灾害防治。全年发生生产安全事故61起，死亡43人，比上年减少56起、32人，比上年下降47.9%和42.7%，未发生较大及以上事故。

【监管执法】 2022年，漳州市应急管理局推进执法创新模式，建立内设监管科室与执法支队融合执法机制，通过典型案件执法示范及应用，促进同类同片企业安全标准的提升。全年开展执法1895次，全省排名第一，办理行政处罚案件446件，分别比上年增长83.7%、235.3%。

【专项整治】 2022年，漳州市应急管理局开展全市安全生产三年专项整治行动和安全生产大检查工作，分析各地、各行业存在的薄弱环节和重大风险，拉清单抓好整改。年内，开展督导检查32248次，检查单位59188家，实施行政处罚4219次，责令停产整顿195家，暂扣吊销证照3家，关闭取缔31家，移送司法机关1人，约谈警示301次；排查隐患57375个，并全部整改，整体整改率100%。

【应急体系建设】 2022年，漳州市应急管理局编制出台《漳州市“十四五”应急体系建设专项规划》，为全面推进应急管理各项工作提供重要依据。继续落实《漳州市安全风险源头治理体系建设工作方案》，着力推进安全风险管控机制建设。建立统一指挥决策集成门户，构成“4+2+1”（监测预警、监督管理、指挥救援、决策支持4个模块，“智慧应急”APP、全市风险管控一张图建设2个应用、1个指挥决策集成门户）的漳州市应急管理综合应用系统，建成59个系统共337个功能模块，有效提升自然灾害风险防范、生产安全事故预防和应急指挥救援等保障能力。截至年底，平台汇聚各类数据8996万余条，日均增长量3万余条。向上申报设立古雷港经济开发区国家海上危险化学品应急救援古雷队（基地）；会同消防救援、森林消防等单位，加大对社会救援队伍的指导扶持力度，建立以危化、特种设备等为重点、全领域覆盖的专家队伍，鼓励引导社会救援力量与专业队伍联训联动，强化与漳州军分区及其他驻地部队的联调联战，构建全灾种、全领域、全覆盖的应急救援力量体系。

【应急宣传教育】 2022年，漳州市应急管理局发动全市各级各部门集中学习《生命重于泰山》

电视专题片，开展专题研讨、集中宣讲、培训辅导，累计组织各类培训教育1114场，参与人数达10.9万人次。以“安全生产月”活动为抓手，开展线上网络知识竞赛活动，建好、用好“漳州应急管理”官方微信微博，推动“五个一百”（100个应急避灾示范点、100个应急物资储备站、100个微型消防站、100个安全宣教体验场所、100个安全文化公园）安全应急保障提升工程建设，通过实地踏勘、线上线下评审等做法，完成11个安全主题公园建设。

·防灾减灾救灾·

【概况】 2022年，漳州市受灾人口37925人，紧急避险转移6718人，紧急转移安置1482人，农作物受灾4388.45公顷，倒塌房屋271间，直接经济损失3.04亿元。

【森林防灭火】 2022年，漳州市批准野外用火386起，均未发生跑火现象。发布高森林火险预警信号5次、全市禁火令2次；开展森林火灾隐患排查整治，推进林区输配电设施火灾隐患专项治理，累计排查隐患337项，整治337个，整改率100%。严厉打击林区违法违规用火行为，共查处野外违规用火33起，行政处罚33人，问责1人。全年全市实现森林零火灾、零伤亡。

【防汛抗旱】 2022年，漳州市防汛抗旱指挥部召开会商会议29次，加密研判，强化联防联动，启动防暴雨洪涝IV级响应3次、III级响应4次、II级响应1次以及防台风IV级响应3次、III级响应1次进行防范应对。市领导赶赴挂钩县区、县区领导到乡镇、乡镇领导到村居，指导督促防台风工作，累计发布气象预警2135份、山洪预警108期、地灾预警169期，发送短信262万人次，组织驻乡包村干部下沉一线60561人次，撤离渔船2670艘次和渔排人员4878人次，转移陆上危险区域群众19245人次，切实保障人民群众生命财产安全。

【自然灾害防治】 2022年，漳州市应急管理局牵头推动市气象、地震、消防等有关部门和各地减灾办开展好“5·12”国家减灾日、“10·13”国际减灾日宣传活动，通过组织应急疏散演练、救援知识讲座等措施，推动防灾减灾宣传进社区、进学校、进企业、进单位，不断提升群众防灾减灾、自救互救能力。主动对接市气象、水利、海洋与渔业、自然资源等有关部门，强化自然灾害监测，配合防汛科、防火科密切监测、科学研判全市汛情、雨情、风情、水情、森林火灾等自然灾害趋势，做好自然灾害防治基础工作。

【救灾保障】 2022年，漳州市应急管理局有序推进农房重建，截至年底，12户因灾倒损农房重建户全部迁入新居。开展政策性农房保险，签订《2022年漳州市政策性农村住房保险协议》，全市农房保险理赔1191户，理赔总金额484.73万元。做好冬春救助，完成2022年受灾需救助的5个县区1364名受灾群众的救灾金发放，发放资金29.1075万元。全面加强自然灾害避灾点建设，全市共有自然灾害避灾点2146个，其中县级避灾点20个、乡镇（街道）级避灾点143个、村（社区）级避灾点1983个，可供自然灾害发生时使用。

（洪兆雄）

·消防工作·

【概况】 2022年，漳州市消防救援支队共接警出动4268起，抢救疏散被困人员779人，抢救保护财产价值近6亿元。支队被国家消防救援局评为“全国执勤训练工作先进支队”，下属古雷大队被团中央认定为“全国一星级青年文明号”。

【消防组织】 2022年10月19日，漳州市消防救援支队提请市政府印发《漳州市建立健全应急救援力量联调联战工作机制实施意见》，强化消防救援队伍与各部门救援力量和保障的联动对接、会商研判、资源共享和信息互通，同时挂牌成立“漳州市社会综合救援联训中心”，同步开放全市消防站训练设施。

2022 年 9 月 27 日，漳州市应急管理局在龙海区举办 2022 年非煤矿山生产安全事故应急救援演练 （江 帆 摄）

【消防执法】 2022年，漳州市消防救援支队以消防安全整治三年行动为主线，以各类专项排查整治为抓手，全年累计检查社会单位12692家，督促整改隐患6777处，处罚559家，临时查封141家，责令“三停”（停止施工、停止使用、停产停业）162家，挂牌督办重大（区域性）火灾隐患单位59家。推动全市122个乡镇（街道）明确161名行政（事业）编制人员专职从事消防工作，签订95份消防赋权执法确认书。建成131个消防车通道智能监控点，消防车通道管理更加智能化。推动县（区）政府对7起亡人火灾事故依法开展延伸调查，对13名公职人员进行问责处理。

【消防演练】 2022年，漳州市消防救援支队严抓全员岗位大练兵，建立支队班子成员每季度实地参与指导基层大队实战演练机制，举办器材装备比武竞赛，完成全省消防救援队伍“中心站+卫星站”组训和执勤模式改革试点工作。强化地震、化工、水域、新能源等灭火救援技术培训，研发灭火救援数字化预案系统、119可视化调度系统，提升示范教学质量和实战化训练水平。

【消防宣传】 2022年，漳州市消防救援支队统筹推进全生命周期宣传教育，建成省级应急消防科普教育基地1个、学生消防体验馆1个、消防文化主题广场1个，联合媒体曝光火灾隐患单位64家，开展火灾警示教育5次。加强原创作品策划生产，邀请奥运冠军卢云秀拍摄专题片《我们都一样》及系列宣传提示，制播防烟面罩、保命墙等公益海报和“圆方锐”消防科普动画，扩大消防宣传影响。

（章辛彬）

责任编辑：江细珍

农 业

·综述·

【产业强镇示范建设】 2022年，漳浦县六鳌镇入选2022年农业产业强镇建设名单，获得第一批财政部补助资金300万元，实施示范项目3个。截至年底，漳州市共有5个乡镇入选全国农业产业强镇建设名单，其他4个乡镇分别为诏安县太平镇、南靖县书洋镇、龙海区东园镇、长泰区岩溪镇。

【农村创新创业建设】 2022年，漳州市筛选培育农村创业创新创意项目参加第六届全国农村创业创新项目创意大赛福建省选拔赛，其中“乡村振兴与大健康同行”项目获得农产品产销类二等奖、“‘山村速配’城乡半日达”项目获平台服务类优秀奖，漳州市农业农村局获评“优秀组织奖”先进单位。福建哈龙峰茶业有限公司、福建奇兰茶王谷茶业有限公司入选2022年福建省农产品加工观光园名单。完成农村创新创业带头人培育798人。

【农业产业化建设】 2022年，漳州市新增补124家农业产业化市级龙头企业，培育19个省级示范联合体。漳浦县佛昙镇东坂村入选第十二批全国“一村一品”示范村镇名单，现有国家级“一村一品”示范村镇9个；诏安县太平镇、平和县小溪镇入选2022年全国乡村特色产业超10亿元镇名单；云霄县下河乡下河村、高新区郑店村、漳浦县佛昙镇东坂村入选2022年全国乡村特色产业超亿元村名单；新培育28个省级“一村一品”专业村。平和县入选2022年农业现代化示范区创建名单。

（郭晓义）

【农业可持续发展】 2022年，漳州市化肥、农药使用量分别比上年减少9.2%和6.98%，全市畜禽粪污资源化综合利用率达98%以上，规模养殖场粪污处理设施装备配套率100%。推广生态茶园1.89万公顷，占全市茶园面积97.73%。推广施用有机肥、稻田秸秆还田和种植豆科绿肥、病虫害绿色防控和统防统治、农田废弃物回收利用、生态农业种养循环模式等具有漳州特色的农业绿色发展模式。

（林永忠）

【农产品质量监管】 2022年，漳州市有4024家具备生产基地的食用农产品生产企业、合作社、家庭农场等生产主体，纳入福建省食用农产品承诺达标合格证与一品一码追溯并行系统，开具农产品合格证或者赋码准出18.95万批次。全市快检食用农产品8.53万批次，总体合格率为99.3%，省对市农产品质量安全监督抽检总体合格率为98.2%，未发生重大农产品质量安全事件。长泰、漳浦、平和、南靖、华安完成CMA（检验检测机构资质认定标志）和CATL（农产品质量安全检测机构考核合格证书）“双认证”工作，实现全市基层检测机构“双认证”全覆盖，创建水果、蔬菜、茶叶、畜禽、食用菌省级优质农产品标准化示范基地56个。

（陈嘉林）

【农业生产社会化服务】 2022年，漳州市完成农业生产社会化服务710万元，完成服务面积4733.33公顷，其中，龙海区50万元、长泰区150万元、漳浦县100万元、诏安县60万元、东山县50万元、南靖县50万元、华安县100万元、高新区150万元。

（邹建周）

【安全防控防治】 2022年，漳州市主要农作物病虫草鼠害发生面积81.54万公顷次，防治面积103.5万公顷次，挽回粮食损失2.3万吨，挽回果蔬损失6.02万吨。完善省级农作物病虫害监测重点县建设7个，建立农作物病虫害监测点166个，全市有农作物病虫害专业化防治服务组织112个，经工商、民政部门注册且在农业部门备案83个，从业人员1151人，拥有无人航空喷雾机75台。实施病虫害绿色防控44万公顷次，病虫害统防统治23.65万公顷次。草地贪夜蛾累计发生454.4公顷，累计防治711.73公顷次。农业检疫性病虫得到控制，全年红火蚁防控面积1.76万公顷。全年共回收处理农药包装废弃物244.4吨，回收处理率达36.25%。

（潘永红）

【农膜回收】 2022年，漳州市各县（区）农业农村局充分推广集约化育秧育苗和防虫网育秧，指导农业生产经营者继续推广使用加厚地膜，在现代农业园区、设施农业重点区域等全面开展废旧农膜回收行动，全市农膜使用量6200吨，已回收废旧农膜5400吨，回收率达87.1%。

（黄晓玲）

【农资打假与质量安全】 2022年，漳州市出动执法人员1.4万人次，检查生产经营主体1万家次，开展省级农资质量执法抽检290批次，立案查处涉农违法案件226起，捣毁私宰窝点和非法生猪交易场所2个，没收销毁假劣农资近3600千克，无害化处理生猪及肉品1万多千克。强化行刑衔接，移送公安案件14起，向公安机关通报伪造农机牌照线索1起，1起生猪屠宰的移送案件当事人获刑7年半。做好农业执法技术监管相关平台建设工作，将农药、兽药、种子、肥料、饲料等领域共计2751家生产经营企业纳入平台监管，全市开展平台网上巡查6756次，在线巡查时长7.93万分钟，清退关停和不符合要求的企业113家次，做好全国农业综合执法信息共享平台案件录入，已录95起，局网站公开案件48起、互联网+公开案件49起。

（黄光线）

【饲料与兽药监管】 2022年，漳州市农业农村局发放饲料生产许可证8张，饲料添加剂生产许可证3张，许可证增项3张。全市共有饲料生产企业110家，饲料工业总产量达450.64万吨，总产值186.22亿元。开展饲料领域安全生产企业隐患排查399家次，发现隐患661个，整改661个；开展专项整治298次，检查生产经营单位405家次。联合省农业农村厅对5家饲料生产企业开展双随机监督检查，现场提出整改36个，完成整改36个，整改率100%。新增通过市级规范验收4家。全市兽药生产企业2家、有效持证兽药经营企业205家，入网率和可追溯率100%。开展兽用抗菌药专项整治行动，出动检查人员1087人次，检查兽药生产企业2家次、兽药经营企业119家次、养殖场等兽药使用单位362家次。开展兽用抗菌药规范使用培训8场次，参加培训321人次。督导各县（区）开展兽药经营许可换发新证，协助省厅开展2家兽药生产企业新版GMP证书现场验收工作。

（林俊升）

【生态能源管理】 2022年，漳州市农业农村局在耕地土壤污染治理方面，对安全利用类耕地落实安全利用类措施面积8827公顷，对严格管控类耕地落实严格管控类措施面积137公顷，受污染耕地安全利用率＞95%。完成农产品产地环境长期定位监测采样968个（其中，省控监测点采样955个、国控监测点采样13个）。在农业生态建设方面，开展化肥农药等农业投入品减量增效、畜禽粪污资源化利用等专项行动，强化农业面源污染源头治理。在农村沼气安全生产方面，发放宣传手册及材料7211份（册），张贴宣传标语、挂图等2670张，制作警示牌348个；发送手机短信3015条，通过报刊、电视、网络等方式宣传报道1次；举办安全生产培训班16期、培训人员402人。农村沼气领域共组织1000人次，265个检查组（队）或指导组（队）或服务组（队）或调研组（队）或专家组（队），排查或调研大中型沼气工程（包括黑膜沼气池）41个，农村户用沼气池及养殖小区和联户沼气工程16464户，完成2289个农村沼气设施安全性处置工作。

（林永忠）

【秸秆资源化利用】 2022年，漳州市通过土肥能源站推动秸秆“肥料化”“能源化”综合利用；通过畜牧站推动秸秆“饲料化”综合利用；通过经作站推动秸秆“基料化”综合利用；通过农机服务中心推动秸秆“原料化”综合利用。截至年底，全市农作物秸秆综合利用率91.84%。

【农业转基因加工企业“双随机”检查】 2022年，漳州市农业农村局组织开展全市农业转基因加工企业双随机抽查工作，陪同省农业农村厅科教处赴芗城区、龙文区3家农业转基因加工企业开展省市县联动农业转基因生物加工企业随机抽查工作，联合市场监管局到漳州开发区金钱（漳州）实业有限公司开展市级农业转基因生物加工企业抽查工作，查阅产品采购、加工、销售、培训等管理档案及转基因产品标识等情况，实地核查装卸、储藏、运输、加工等关键环节。

（黄晓玲）

【土壤肥料推广】 2022年，漳州市化肥使用量为27.8万吨，比上年减少2.5万吨，主要粮食作物肥料利用率提高至41.2%。开展化肥减量增效示范，建立30个土壤改良、地力培肥和化肥减量增效示范片。推广测土配方施肥面积28.15万公顷。在平和、华安、南靖、东山、诏安等5个示范县，推广商品有机肥2.88万公顷，推广应用有机肥22.29万公顷。采用等间距法分别确定漳州市闽南粤中农林水产区区域耕地质量等级划分标准，得出漳州市耕地质量等级面积加权平均值为3.72，耕地质量等级均值比上年提高0.08个等级。

（丁　文）

【高标准农田建设】 2022年，漳州市完成高标准农田建设9666.67公顷，其中高效节水灌溉660公顷，完成总投资额达2.7亿元。下达市级财政配套资金724.68万元、管护资金9万元。

（何幼群）

【农业物联网及益农信息社建设】 2022年，漳州市农业农村局投入补助资金45万元，建设市级智慧农业项目2个。截至年底，全市共有省级数字农业创新应用基地7个、省级农业物联网应用基地26个、市级智慧农业示范点30个，涵盖蔬菜、水果、茶叶、花卉、中药材、食用菌、畜禽、水产等特色产业；共建成1341个益农信息社站点和11个县级运营中心，其中标准站325个、专业站538个、简易站478个。

（上官昭治）

【农药双随机检查】 2022年，漳州市农业农村局组织开展全市农药随机抽查工作，联合市场监管局抽查芗城、长泰、华安、南靖、漳浦、云霄、诏安、东山、平和9个县（区），共抽查农药生产单位4家、农药经营单位40家、农药使用单位40家。

【种业市场监管】 2022年，漳州市农业农村局开展种畜禽市场监管，联合漳州市市场监管局抽查长泰、南靖共计3家畜禽生产经营企业，未发现问题。开展农作物种业市场监管，开展春季农作物种子质量监督抽查、秋季农作物种子质量监督抽查，均未发生重大种子违法案件。

【种质资源保护与利用】 2022年，漳州市推动建立1个国家生猪核心育种场（漳浦县赵木兰养殖有限公司）和2家（福建创佰佳畜牧育种有限公司和漳州市龙海昌农禽业有限公司）种业企业获得省级种畜禽生产经营许可证。完成5个省级种质资源保护与利用项目，共利用省级资金100万元。

【种质资源普查】 截至2022年年底，漳州市完成农作物种质资源普查1956年、1981年和2014年农作物种质资源普查表的编制填报工作，全市累计采集各类作物种质资源764份。畜禽遗传资源初步普查出16个畜种、88个品种，录入数据1971条，群体规模达到189多万只（头），普查完成率100%。

（李开拓）

【检验检测体系建设】 2022年，漳州市农业检验监测中心采购气相色谱质谱联用仪、气相色谱仪、液相色谱仪等一批新的仪器设备。年内，选送3位检测技能能手参加福建省农业农村厅举办的2022年农产品质量安全检测技能竞赛，获得团体二等奖，2人分别获得农残组和兽残组个人二等奖。

（蔡丽萍）

·种植业·

【概况】 2022年，漳州市农业农村经济实现农林牧渔业总产值1066.35亿元，比上年增长4.6%。水果面积12.81万公顷，总产量414.84万吨，比上年增长8.1%；茶叶面积1.98万公顷，产量6.79万吨，比上年增长8.8%；食用菌产量45.99万吨，比上年增长4.1%；中药材面积5020公顷，产量4.35万吨，比上年增长6.01%。

（上官昭治 蔡建兴）

【农业生产建设】 2022年，漳州市粮食播种面积6.19万公顷（含大豆2046.67公顷），产量42.01万吨，均比上年增长0.6%（大豆面积比上年增长4.1%）。粮食生产播种面积、总产量连续3年实现增长。落实耕地地力保护补贴、实际种粮农民一次性补贴等各级扶农惠粮政策资金1.7734亿元，比上年增加1290万元以上。推广“稻–稻–菜（露天蔬菜）”“菜–稻–菜（大棚稻菜）”水旱轮作、“稻–豆–薯”“玉米–水稻–玉米”“豆–稻–豆”三季粮作栽培、粮食产能区水稻增产攻关、滨海“网红”甘薯高效栽培、城郊“菜–稻–菜”轮作、山区“稻–蛙–菜”高效种养、山区水稻农旅结合等12项稳粮增收关键技术模式，主要轮作模式种植粮食1.63万公顷，比上年增长1340公顷；推广果园等间、套种粮食773.33公顷以上；组织建立粮食产能区百亩以上规模示范片23个，示范总面积441.47公顷以上；30个水稻工厂化集中育秧基地建设，每季供秧大田种稻3000公顷以上；因地制宜培育诏安“田长制”、漳浦云霄“果园套种”、长泰“巨型稻”、华安“农旅种稻”、平和“退果种粮”、东山“万亩甘薯胡萝卜旱作轮作”、龙文“城郊型菜稻菜水旱轮作”、高新“千亩花稻轮作”等一批稳粮增效新增长点典型。

（林锦辉）

【经济作物生产】 2022年，漳州市蔬菜面积8.89万公顷、总产256.62万吨，分别比上年增长2.5%和3.5%。全市高效设施蔬菜种植7633.33公顷，比上年增加1633.33公顷以上；实施南靖县全国蔬菜绿色高质高效创建项目、10个蔬菜优质农产品标准化示范基地创建，推动13个县（区）建设62个春收蔬菜绿色优质高效示范基地建设；加强3.33万公顷以上春收蔬菜生产收获，组织各地开展春种蔬菜2.13万公顷以上，扩大叶类蔬菜种植，持续抓好2万公顷以上夏播秋收蔬菜生产，组织实施全市5.5万公顷以上秋冬种蔬菜生产。依托国家荔枝龙眼产业技术体系漳州试验站，引进井岗红糯、仙进奉、岭丰糯、冰荔、观音绿、红绣球等30多个品种，示范推广荔枝晚熟优质品种，建立高接换种示范基地20个，全市实施高接换种的荔枝园1666.67公顷，投产1266.67公顷。引进福选1号、南天皇、中热1号、中热2号等优新香蕉品种4个，建立优新品种示范点3个；引进红美人、黄美人柑橘、玉橙、“阳光一号”橘柚、泰国红宝石青柚、葡萄柚等柑橘优新品种6个，建立优新品种示范点8个；引进鲜食李品种福红李，建立优新品种示范点1个。建立井岗红糯、仙进奉、冰荔、宝石1号等优新品种示范片40多个。开展省级优质水果、茶叶、食用菌标准化示范基地建设，建设13个水果、7个茶叶、9个食用菌标准化示范基地。建设生态茶园，全市生态茶园面积1.89万公顷，占全市茶园面积97.63%。福建万辰生物科技有限公司入选国家种业“食用菌破难题阵型”企业。

（林锦辉　蔡建兴）

【种子工程建设】 2022年，漳州市建立省级农作物优质、特色新品种核心展示示范片48个，面积588.07公顷，展示示范品种数量达361个次。其中优质稻新品种展示示范片点37个，面积495.47公顷；旱作、蔬菜新品种展示示范片点11个，面积92.6公顷。辐射推广优质稻面积达3.71万公顷。全市农作物良种覆盖率达98.7%，优质专用率达87.7%，水稻优质率达85.0%，高档优质稻品种推广比例达45.6%。全市共落实粮食安全应急种子储备资金217.5万元，储备粮食安全应急杂交水稻种子13.3万公斤，比上年增加6.8万公斤；可种植面积1.18万公顷，比上年增加6313.33公顷。

（蔡恩兴）

·林业·

【概况】 2022年，漳州市森林覆盖率45.18%（按新统计口径）、森林蓄积量5322.85万立方米。全市林业产业总产值达1058.41亿元，比上年增长5.55%。

【林长制推行】 2022年，漳州市共设立市、县、乡、村四级林长、副林长4826名、森林警长810名，组建专职护林员队伍990名。设立市、县、乡三级林长办公室159个。年内，实行“集中办公机制”“党建+林长制”“提示交办督办警示制度”。

【森林资源建设】 2022年，漳州市完成植树造林1.11万公顷、森林抚育2.81万公顷、封山育林7130公顷。建成龙海林下国有林场“互联网+全民义务植树”基地，漳浦中西国有林场国家相思良种基地、华安西陂国有林场国家木荷良种基地；南靖县南坑镇新罗村鹿角锥古树群、东山县陈城镇澳角村榕树古树群等2个古树群获评“福建省最美古树群”；云霄县莆美镇、诏安县官陂镇、华安西陂林场建成珍贵树种造林示范区；长泰区枋洋镇、平和县长乐乡、南靖县金山镇、华安县高安镇成功创建“福建省森林乡镇”；长泰区枋洋镇赤岭村等26个村庄成功创建“福建省森林村庄”。

【林业改革发展】 2022年8月，漳州市委、市政府出台《关于持续推进林业改革发展的实施意见》，进行集体林权制度改革，在全国范围内率先推行林业“地票”改革试点，破解集体林地所有权、承包权、经营权“三权”分置不清、权益不均、变现不易等问题，全市共签发地票58.9万股、林票253.7万股，探索出一条“集体得财、林农得益、经营得利、社会得绿”四方共赢的林改新路径。“漳州地票”经验做法在全省推广。

【花卉苗木产业发展】 2022年，漳州市出台《漳州市人民政府办公室关于促进花卉苗木产业高质量发展十条措施的通知》，助推漳州花卉苗木产业实现种植面积2.33万公顷，全产业链产值384.15亿元，蝉联全省首位。

【木材产业发展】 2022年，漳州市重点扶持省级林业产业重点园区平和西蝉木业产业园项目建设，打造集木业进出口、加工、设计、制造于一体的全产业链群。全市进口各类木材104万立方米，新西兰辐射松94万立方米和巴西桉木10万立方米。深入实施南靖笋竹精深加工项目，全市现有竹林种植面积5.65万公顷，笋竹加工企业137家。

【林下经济发展】 2022年，漳州市培育多种类型的林下经济经营主体，实施省级林下经济项目39个，评定省级新型林业经营主体标准化建设单位14家，评选星级新型林业经营主体13家，市级示范社（场）建设2家，新增合作社、家庭林场52家。全市实现林下经济经营面积14.4万公顷，实现产值102.08亿元。新增1家国家级林业产业示范园区、2家省级林业产业化龙头企业。

【森林旅游发展】 2022年，漳州市新增漳州东南花都、南靖县紫云山、长泰区天柱山欢乐大世界、漳州欢乐岛旅游度假区等4个森林康养基地，新增长泰区马洋溪生态旅游区1个森林康养小镇。新增长泰马洋溪富山柚木谷、飞龙旅游开发有限公司、南山谷旅游发展有限公司、漳浦漳州市佳洪旅游管理有限公司等4个森林人家。实施华安国家森林公园、东山国家森林公园、龙海林下圆山森林公园改造提升，新建森林步道25千米。

2022年4月27日，漳州市林业地票、林票首发仪式在漳州宾馆举行
（闽南日报社 供图）

【森林资源管理】 2022年，漳州市推进平和花山溪退果还林168.13公顷，红树林生态保护修复53.33公顷，互花米草除治1132.97公顷。完成6个省级以上风景名胜区整合优化预案编制及上报工作，完成云洞岩风景名胜区总体规划报批。查处林业行政案件638起，罚没款1009.38万元，2013—2021年度全市森林督查问题图斑1263个全部“清零”。松材线虫病疫区数量、疫点数量、发生面积呈下降趋势，漳浦、平和2个县成功拔除疫区。完成松林改造提升2320公顷。清理松枯死木2.62万株，完成采伐改造411.13公顷；挂设松墨天牛诱捕器2387个，诱捕天牛9.61万只；完成以菌治虫3498.07公顷。

（胡　为）

·畜牧业·

【概况】 2022年，漳州市畜牧业产值（现价）185.72亿元，比上年增长6.6%；肉蛋奶总产量53.3万吨，比上年增长6.8%。全市肉类产量42.2万吨，比上年增长5.27%；禽蛋产量8.65万吨，比上年增长12.2%，奶类产量2.48万吨，比上年增长17.15%；全市生猪存栏146.95万头、出栏240.8万头，分别比上年增长2.0%和6.77%。推动全市15家设施蛋鸡新建改扩建项目新增产能86万羽。全市家禽存栏3908万羽，存栏1万羽以上的设施蛋鸡存栏量、肉鸭和蛋鸭存栏量和产蛋量均居全省首位。

【畜禽标准化示范创建】 2022年，漳州市创建省畜禽养殖标准化示范场7家、省级美丽牧场5家、省级优质农产品示范基地17个、建设省级家禽产业体系示范基地4个。

【生猪产业发展】 2022年，漳州市生猪存栏146.95万头、出栏240.8万头，分别比上年增长2.0%和6.77%。全市能繁母猪存栏16万头，比上年增长1.2%，生猪规模养殖场被列入农业农村部直联直报系统名单1440家。全市共有生猪新改扩建项目11个列入省农业农村厅年度重点跟踪落实项目，完成投资14.99亿元，新增产能8.79万头，其中能繁母猪1.03万头。在全国率先分别出台生猪“惠农e贷”和生猪养殖保险全覆盖政策，全市农行生猪贷款授信总额近16亿元，用信余额达10亿元以上；全市承保生猪133.8万头，保费6671.68万元，生猪承保覆盖率55.6%。

【畜禽粪污资源化高效利用整市推进】 2022年，漳州市农业农村局接续实施畜禽粪污资源化高效利用整市推进行动，在全省率先实施整市推进畜禽养殖废弃物资源化高效利用，全市畜禽粪污资源化利用率达98%以上，规模养殖场粪污处理设施装备配套率达100%。新增畜禽粪污资源化利用示范基地（点）10个。1月，农业农村部通报表扬漳州市畜禽粪污资源化利用工作做法成效。

（陈永贵）

【动物疫病防控】 2022年，漳州市免疫牲畜口蹄疫509.01万头、家禽禽流感6220.78万羽、羊小反刍兽疫9.58万头，完成强制免疫注射任务，强制免疫病种群体免疫密度均超过90%，应免畜禽100%。免疫抗体监测禽流感抗体2.3万份、口蹄疫2.1万份、小反刍兽疫2182头份，病原学监测禽流感9600羽份，非洲猪瘟病原学检测4144份，免疫抗体不合格的及时补免，确保畜禽始终处于有效抗体保护。全年未发生人感染禽流感（H5和H7）病例和家禽禽流感疫情。开展消毒灭源专项行动，市级调拨消毒药10吨，先后开展2次消毒灭源专项行动，投入消毒经费61.5万元、使用消毒剂18.12吨，消毒乡镇115个、行政村1373个、规模养殖场2058个、交易市场151个、屠宰场15个，消毒面积1577.26万平方米。

【动物疫病净化】 2022年，诏安县的福建省鼎业生态农业有限公司获批“国家级牛布鲁氏菌病（非免疫）净化场”和“国家级牛结核病净化场”，漳浦县赵木兰养殖有限公司获批“省级非洲猪瘟、猪瘟、伪狂犬病净化场”。

（林跃华）

【动物卫生监督】 2022年，漳州市生猪产地检疫猪107.8万头、牛羊1900头、禽1037.52万羽，屠宰检疫生猪78.2万头、牛羊6900头，合计检出病猪290头（羽），全部进行无害化处理。落实入闽动物及动物产品指定通道制度，平和、诏安等2个指定通道、省际检查站检查猪牛羊70车次1.05万头，家禽235车次57.66万羽。全市16家生猪屠宰企业全部通过非洲猪瘟自检能力验证，屠宰生猪78.2万头，完成生猪定点屠宰场视频监系统和生猪定点屠宰追溯信息系统建设。全市通过各类处理模式共无害化处理病死猪17.69万头，禽31.13万羽，其中经工厂化第三方处理率占总量的94%。8个设立病死猪集中无害化处理工厂的县区全部实现病死猪无害化处理信息化管理。在养殖环节“瘦肉精”抽检224家的养殖场，抽检1248批次；屠宰环节“瘦肉精”抽检24471批次，覆盖全市所有在产屠宰企业；饲料抽检48批次，生鲜乳抽检3批次。

（林云平）

·海洋与渔业·

【概况】　2022年，漳州市完成渔业产值343.3亿元，比上年增长1.5%，拉动农林牧渔总产值增长1个百分点；完成水产品产量210.48万吨，比上年增长1.01%。水产品加工量104.9万吨，比上年增长5.5%；水产品加工产值259.7亿元，比上年增长9.7%。渔民人均纯收入3.39万元，比上年增长8.9%，渔业经济总产值656.6亿元，比上年增长4.7%。

【水产养殖】　2022年，漳州市推广三倍体牡蛎、珍珠龙胆、绿盘鲍、云龙石斑、金刚虾、河豚、大口黑鲈等优良品种1300公顷，新增产量3.94万吨、新增产值11.4亿元。实施种业振兴行动，培育种苗品种涵盖鱼虾贝藻4个大类60余种，年育苗量达1771亿尾（粒）。东山、诏安湾纳入国家级海洋牧场示范区规划建设。福建宝智水产和诏安升马养殖入选国家级水产健康养殖和生态养殖示范区，福建宝智水产入选国家水产种业阵型企业。漳浦县佛昙镇东坂村（河豚）入选第十二批全国“一村一品”示范村，带动漳州河豚产业发展，全市养殖面积达733.33公顷，2022年新增产量400万吨，产值0.9亿元。云霄巴非蛤上榜2022年度福建十大农产品区域公用品牌。编制《漳州市深远海养殖发展规划》，规划8个深远海养殖区，总面积2.6万公顷，首套深海装备养殖平台“闽投东山1号”开始建造。拓展渔旅融合，休闲渔业产值达2.5亿元，接待游客近60万人次。

【渔船管理】　2022年，漳州市纳入渔业管理的渔船3648艘，总吨位25.5万吨，总功率48.67万千瓦。其中海洋渔船3543艘、内陆渔船105艘；中型及以上海洋渔船1986艘，占全市纳入渔业管理海洋渔船总数56.1%；50总吨位以上的海洋渔船1785艘，

2022年4月26日，非法吊养、围垦养殖清退专项执法整治行动在厦漳大桥至玉江桥海域开展。图为整治现场

（漳州市海洋与渔业局　供图）

占50.4%；钢质及玻璃钢质渔船3210艘，占88%。市县两级累计投入1.5亿元，在全省率先打造“智慧渔业”全景海视图，开发“船讯通”APP，2071艘在册大中型渔船加装“插卡式AIS”和可视化探头设备，1492艘在册小型渔船和20856艘乡镇船舶安装定位终端。

【污染防治】 2022年，漳州市开展常态化养殖执法监管，累计清退1473公顷，全面完成超规划养殖回流反弹清退整治。常态化落实水域滩涂养殖证制度，实现全市水产养殖证应发尽发，率先在全省通过省级验收。对诏安湾沿岸和九龙江南溪流域2861个养殖主体（普通池塘、高位池、工厂化等养殖方式）进行分类治理，基本完成养殖尾水治理设施建设。

【执法管控】 2022年，漳州市查处海洋与渔业案件165起，收缴罚没款294.06万元，其中1起涉嫌刑事犯罪案件，移交公安机关立案侦查。漳州市海洋与渔业执法支队被农业农村部授予2022年渔业执法系列专项行动工作突出的集体称号。

（沈 悦）

·绿色食品·

【概况】 2022年，漳州市新增“三品一标”（无公害农产品、绿色食品、有机农产品和农产品地理标志产品）92个，“云霄枇杷”获批农业农村部2022年农产品地理标志保护工程项目。

【品牌申报与监管】 2022年，漳州市农业农村局组织12次“三品一标”产品专项抽查和市场监察活动，完成2批次48个绿色食品产品的市场监察和15个企业产品的抽查，合格率100%。深入34家绿色食品生产企业，实地检查企业生产的规范、投入品使用情况、标签使用的情况，配合部、省开展绿色食品、有机产品监督抽检产品11个，合格率100%。

【品牌创建】 2022年12月，“云霄枇杷”获2022年度福建十大农产品区域公用品牌，福建百汇绿海现代农业科技有限公司的“百汇绿海牌蔬菜”、福建中延菌菇业股份有限公司的“中延牌杏鲍菇”、福建鸿森畜禽养殖有限公司的“鸿森泰牌鲜鸡蛋”获2022年度福建名牌农产品称号。

（林 蔚）

漳州市 2022 年“三品一标”新增获证企业产品一览表

表 5

县区	“三品一标”获证企业	产品名称	类别
芗城区	漳州芗城区伍肆叁水果专业合作社	番石榴	无公害农产品
	漳州芗城区伍肆叁水果专业合作社	香蕉	无公害农产品
	漳州市芗城区绿田园食用菌专用合作社	凤尾菇	无公害农产品
	福建云佳安生物科技有限公司	杏鲍菇	无公害农产品
	福建云佳安生物科技有限公司	平菇	无公害农产品
	福建云佳安生物科技有限公司	凤尾菇	无公害农产品
	漳州芗城区伍肆叁水果专业合作社	番石榴	无公害农产品
	漳州芗城区伍肆叁水果专业合作社	香蕉	无公害农产品
	漳州市芗城区绿田园食用菌专用合作社	凤尾菇	无公害农产品

续表 5

县区	“三品一标”获证企业	产品名称	类别
芗城区	福建云佳安生物科技有限公司	杏鲍菇	无公害农产品
	福建云佳安生物科技有限公司	平菇	无公害农产品
	福建云佳安生物科技有限公司	凤尾菇	无公害农产品
龙文区	漳州市龙文区博茂家庭农场	荔枝	无公害农产品
	漳州市龙文区博茂家庭农场	荔枝	无公害农产品
龙海区	漳州市龙海区港尾镇辰巳家庭农场	杨梅	无公害农产品
	漳州胜杰生物科技有限公司	杏鲍菇	无公害农产品
	漳州市龙海昌农禽业有限公司	活鸭	无公害农产品
	龙海市旺辉果蔬专业合作社	甜椒	无公害农产品
	龙海市旺辉果蔬专业合作社	辣椒	无公害农产品
	龙海市闽隆农产品专业合作社	普通白菜	无公害农产品
	龙海市闽隆农产品专业合作社	玉米	无公害农产品
	龙海市闽隆农产品专业合作社	番茄	无公害农产品
	龙海市闽隆农产品专业合作社	甘薯	无公害农产品
	龙海市闽隆农产品专业合作社	稻谷	无公害农产品
	龙海市闽隆农产品专业合作社	黄瓜	无公害农产品
	龙海市闽隆农产品专业合作社	黄秋葵	无公害农产品
	龙海市闽隆农产品专业合作社	花椰菜	无公害农产品
	漳州市明宇畜牧养殖有限公司	生猪	无公害农产品
	漳州市龙海区港尾镇辰巳家庭农场	杨梅	无公害农产品
	漳州胜杰生物科技有限公司	杏鲍菇	无公害农产品
	漳州市龙海昌农禽业有限公司	活鸭	无公害农产品
	龙海市旺辉果蔬专业合作社	甜椒	无公害农产品
	龙海市旺辉果蔬专业合作社	辣椒	无公害农产品
	龙海市闽隆农产品专业合作社	普通白菜	无公害农产品
	龙海市闽隆农产品专业合作社	玉米	无公害农产品
	龙海市闽隆农产品专业合作社	番茄	无公害农产品
	龙海市闽隆农产品专业合作社	甘薯	无公害农产品
	龙海市闽隆农产品专业合作社	稻谷	无公害农产品
	龙海市闽隆农产品专业合作社	黄瓜	无公害农产品
	龙海市闽隆农产品专业合作社	黄秋葵	无公害农产品

续表 5

县区	“三品一标”获证企业	产品名称	类别
龙海区	龙海市闽隆农产品专业合作社	花椰菜	无公害农产品
	漳州市明宇畜牧养殖有限公司	生猪	无公害农产品
长泰区	长泰县新世纪果蔬专业合作社	番石榴	无公害农产品
	长泰县世腾家庭农场	柑橘	无公害农产品
	长泰县世腾家庭农场	橘	无公害农产品
	长泰县后坪山新瑞家庭农场	橘	无公害农产品
	长泰县田寨园家庭农场	荔枝	无公害农产品
	长泰县新世纪果蔬专业合作社	番石榴	无公害农产品
	长泰县世腾家庭农场	柑橘	无公害农产品
	长泰县世腾家庭农场	橘	无公害农产品
	长泰县后坪山新瑞家庭农场	橘	无公害农产品
	长泰县田寨园家庭农场	荔枝	无公害农产品
漳浦县	漳州天福茶业有限公司	青茶	无公害农产品
	漳浦县赵木兰养殖有限公司	生猪	无公害农产品
	漳浦县丰之源农产品收购有限公司	甘薯	无公害农产品
	漳浦县冠之缘蔬菜种植专业合作社	甘薯	无公害农产品
	漳浦县南岸休闲专业合作社	番石榴	无公害农产品
	漳浦县湖西畲族乡绿盈果蔬农民专业合作社	结球甘蓝	无公害农产品
	漳浦县湖西畲族乡绿盈果蔬农民专业合作社	辣椒	无公害农产品
	漳浦县湖西畲族乡绿盈果蔬农民专业合作社	花椰菜	无公害农产品
	福建省福多多生态农业科技有限公司	火龙果	无公害农产品
	漳州众农合农业开发有限公司	活鸡	无公害农产品
	漳州众农合农业开发有限公司	鲜鸡蛋	无公害农产品
	漳州市欣云农牧有限公司	鲜鸡蛋	无公害农产品
	漳浦县创福生态农业有限公司	活鸡	无公害农产品
	漳浦县创福生态农业有限公司	鲜鸡蛋	无公害农产品
	福建大正生态农业有限公司	鲜鸡蛋	无公害农产品
	福建省美珑家庭农场有限公司	活鸡	无公害农产品
	福建省美珑家庭农场有限公司	鲜鸡蛋	无公害农产品
	福建绿领农业科技有限公司	鲜鸭蛋	无公害农产品
	福建绿领农业科技有限公司	活鸭	无公害农产品

续表 5

县区	“三品一标”获证企业	产品名称	类别
漳浦县	漳州天福茶业有限公司	青茶	无公害农产品
	漳浦县赵木兰养殖有限公司	生猪	无公害农产品
	漳浦县丰之源农产品收购有限公司	甘薯	无公害农产品
	漳浦县冠之缘蔬菜种植专业合作社	甘薯	无公害农产品
	漳浦县南岸休闲专业合作社	番石榴	无公害农产品
	漳浦县湖西畲族乡绿盈果蔬农民专业合作社	结球甘蓝	无公害农产品
	漳浦县湖西畲族乡绿盈果蔬农民专业合作社	辣椒	无公害农产品
	漳浦县湖西畲族乡绿盈果蔬农民专业合作社	花椰菜	无公害农产品
	福建省福多多生态农业科技有限公司	火龙果	无公害农产品
	漳州众农合农业开发有限公司	活鸡	无公害农产品
	漳州众农合农业开发有限公司	鲜鸡蛋	无公害农产品
	漳州市欣云农牧有限公司	鲜鸡蛋	无公害农产品
	漳浦县创福生态农业有限公司	活鸡	无公害农产品
	漳浦县创福生态农业有限公司	鲜鸡蛋	无公害农产品
	福建大正生态农业有限公司	鲜鸡蛋	无公害农产品
	福建省美珑家庭农场有限公司	活鸡	无公害农产品
	福建省美珑家庭农场有限公司	鲜鸡蛋	无公害农产品
	福建绿领农业科技有限公司	鲜鸭蛋	无公害农产品
	福建绿领农业科技有限公司	活鸭	无公害农产品
云霄县	漳州天弘农业科技有限公司	番茄	无公害农产品
	云霄县苇盛家庭农场	辣椒	无公害农产品
	云霄县绿佳园果蔬农民专业合作社	茄子	无公害农产品
	云霄县盈漳果蔬专业合作社	杨桃	绿色食品
	漳州绿州农业发展股份有限公司	西兰花	绿色食品
	漳州绿州农业发展股份有限公司	甜瓜	绿色食品
	漳州天弘农业科技有限公司	番茄	无公害农产品
	云霄县苇盛家庭农场	辣椒	无公害农产品
	云霄县绿佳园果蔬农民专业合作社	茄子	无公害农产品
	云霄县盈漳果蔬专业合作社	杨桃	绿色食品
	漳州绿州农业发展股份有限公司	西兰花	绿色食品
	漳州绿州农业发展股份有限公司	甜瓜	绿色食品

续表 5

县区	“三品一标”获证企业	产品名称	类别
诏安县	福建裕健龙生态农业股份有限公司	八仙茶	绿色食品
	福建裕健龙生态农业股份有限公司	苦瓜茶	绿色食品
	福建省诏安福益食品有限公司	青梅精丸	绿色食品
	福建裕健龙生态农业股份有限公司	八仙茶	绿色食品
	福建裕健龙生态农业股份有限公司	苦瓜茶	绿色食品
	福建省诏安福益食品有限公司	青梅精丸	绿色食品
东山县	东山县晟华畜牧养殖有限公司	生猪	无公害农产品
	东山县西埔镇翁木火果蔬种植家庭农场	樱桃番茄	无公害农产品
	东山县西埔镇翁木火果蔬种植家庭农场	甜椒	无公害农产品
	福建省双瀛生态农业有限公司	番木瓜	无公害农产品
	东山县晟华畜牧养殖有限公司	生猪	无公害农产品
	东山县西埔镇翁木火果蔬种植家庭农场	樱桃番茄	无公害农产品
	东山县西埔镇翁木火果蔬种植家庭农场	甜椒	无公害农产品
	福建省双瀛生态农业有限公司	番木瓜	无公害农产品
平和县	漳州玉露食品科技股份有限公司	白芽奇兰(乌龙茶)	绿色食品
	福建海山茶业有限公司	白芽奇兰(乌龙茶)	绿色食品
	漳州名峰山旅游开发有限公司	白芽奇兰(乌龙茶)	绿色食品
	平和县阳茗茶厂	白芽奇兰(乌龙茶)	绿色食品
	漳州市庄怡农业发展有限公司	柚	无公害农产品
	漳州闽山岩茶业有限公司	白芽奇兰(乌龙茶)	绿色食品
	漳州玉露食品科技股份有限公司	白芽奇兰(乌龙茶)	绿色食品
	福建海山茶业有限公司	白芽奇兰(乌龙茶)	绿色食品
	漳州名峰山旅游开发有限公司	白芽奇兰(乌龙茶)	绿色食品
	平和县阳茗茶厂	白芽奇兰(乌龙茶)	绿色食品
	漳州市庄怡农业发展有限公司	柚	无公害农产品
	漳州闽山岩茶业有限公司	白芽奇兰(乌龙茶)	绿色食品
南靖县	南靖宏顺果蔬专业合作社	茄子	无公害农产品
	南靖宏顺果蔬专业合作社	辣椒	无公害农产品
	南靖县年丰果蔬专业合作社	稻谷	无公害农产品
	漳州柏丰农业开发有限公司	辣椒	无公害农产品
	漳州柏丰农业开发有限公司	茄子	无公害农产品

续表 5

县区	“三品一标”获证企业	产品名称	类别
南靖县	漳州柏丰农业开发有限公司	火龙果	无公害农产品
	漳州市宝利达生态农业有限公司	柑橘	无公害农产品
	漳州市宝利达生态农业有限公司	柚	无公害农产品
	漳州华园生物科技有限公司	杏鲍菇	无公害农产品
	南靖申野果竹开发有限公司	柚	无公害农产品
	南靖申野果竹开发有限公司	柠檬	无公害农产品
	南靖申野果竹开发有限公司	橘	无公害农产品
	南靖申野果竹开发有限公司	香蕉	无公害农产品
	漳州市狼搏文化传媒有限公司	柚	无公害农产品
	漳州康元农产品有限公司	杏鲍菇	无公害农产品
	漳州康元农产品有限公司	平菇	无公害农产品
	南靖县兰鲜果蔬专业合作社	竹笋	无公害农产品
	南靖县兰鲜果蔬专业合作社	柚	无公害农产品
	南靖县枫树坪生态农场	芋	无公害农产品
	南靖宏顺果蔬专业合作社	茄子	无公害农产品
	南靖宏顺果蔬专业合作社	辣椒	无公害农产品
	南靖县年丰果蔬专业合作社	稻谷	无公害农产品
	漳州柏丰农业开发有限公司	辣椒	无公害农产品
	漳州柏丰农业开发有限公司	茄子	无公害农产品
	漳州柏丰农业开发有限公司	火龙果	无公害农产品
	漳州市宝利达生态农业有限公司	柑橘	无公害农产品
	漳州市宝利达生态农业有限公司	柚	无公害农产品
	漳州华园生物科技有限公司	杏鲍菇	无公害农产品
	南靖申野果竹开发有限公司	柚	无公害农产品
	南靖申野果竹开发有限公司	柠檬	无公害农产品
	南靖申野果竹开发有限公司	橘	无公害农产品
	南靖申野果竹开发有限公司	香蕉	无公害农产品
	漳州市狼搏文化传媒有限公司	柚	无公害农产品
	漳州康元农产品有限公司	杏鲍菇	无公害农产品
	漳州康元农产品有限公司	平菇	无公害农产品
	南靖县兰鲜果蔬专业合作社	竹笋	无公害农产品

续表 5

县区	“三品一标”获证企业	产品名称	类别
南靖县	南靖县兰鲜果蔬专业合作社	柚	无公害农产品
	南靖县枫树坪生态农场	芋	无公害农产品
华安县	福建立兴食品有限公司	香蕉	有机转换产品
	漳州光照人有机茶有限公司	茶青	有机转换产品
	华安县鹭泉家庭农场	橘	无公害农产品
	华安县鹭泉家庭农场	柑橘	无公害农产品
	福建立兴食品有限公司	香蕉	有机转换产品
	漳州光照人有机茶有限公司	茶青	有机转换产品
	华安县鹭泉家庭农场	橘	无公害农产品
	华安县鹭泉家庭农场	柑橘	无公害农产品
台商区	漳州市角美农业发展有限公司	双孢蘑菇	无公害农产品
	漳州市角美农业发展有限公司	草菇	无公害农产品
	漳州市角美农业发展有限公司	双孢蘑菇	无公害农产品
	漳州市角美农业发展有限公司	草菇	无公害农产品
高新区	福建源兴生态农业科技有限公司	韭菜	无公害农产品
	福建源兴生态农业科技有限公司	蕹菜	无公害农产品
	福建源兴生态农业科技有限公司	普通白菜	无公害农产品
	福建源兴生态农业科技有限公司	韭菜	无公害农产品
	福建源兴生态农业科技有限公司	蕹菜	无公害农产品
	福建源兴生态农业科技有限公司	普通白菜	无公害农产品

注：2022 全年新增 92 个产品。

·农业科技·

【农业科研建设】 2022年，漳州市农业科学研究所开展新品种区域试验，毛木耳复筛品种11个、省区试品种7个、DUS（植物新品种）试验菌株11个；双孢蘑菇2个；杏鲍菇28个；黑皮鸡枞16个、初筛1个适合工厂化栽培；筛选出1株适宜工厂化栽培的秀珍菇菌株。筛选出1个适宜秀珍菇工厂化栽培的优质高效培养料配方，初步解决秀珍菇产量与品质不稳定问题，良种配良法辐射推广120万袋；试验示范双孢蘑菇反季节、周年化栽培集成技术，初步形成1套适宜小户式周年化生产的配套栽培管理技术，试验示范4万平方米，单产稳定在23千克/平方米。

【科技服务民生】 2022年，漳州市农业科学研究所12名被确认为市级科技特派员和7名被确认为省级科技特派员到龙文、龙海、长泰、云霄、南靖、平和等县区挂钩科技服务。

（林秀芳）

【茶叶研究】 2022年，漳州市农业科学研究所内设机构增设1个茶叶研究室，承担漳州茶产业方面生态绿色茶园关键技术集成研究与示范推广，茶叶加工工艺研究，茶树良种的繁育、引进与推广工作，茶叶精深加工产品研发与技术推广，茶品牌打造及创新团队打造等职能。

【优秀农村实用人才】 2022年，漳州市修订完善《漳州市优秀农村实用人才遴选实施细则》，推荐15名入选2022年漳州市优秀农村实用人才，每人一次性给予3万元奖励。

【乡村产业振兴带头人推荐】 2022年，漳州市推荐117名乡村振兴带头人参加“头雁”项目，向福建农林大学推荐13名“头雁”项目实践导师对参训学员予以指导帮扶。

【农业农村先进工作者队伍建设】 2022年，漳州市推荐5人参评全国农业农村劳动模范和先进工作者，推荐1名参评福建省五一劳动奖章。

【农业系列专业技术资格管理】 2022年，漳州市开展农业系列专业技术职务任职资格评审，组织中初级农业技术职务任职资格评审54人次，配合省农业职改办审核正高级、副高级职称评审材料40人份。

（林世忠）

【农友之声】 2022年，《农友之声》栏目全年播出51期，时长1350分钟，全年遴选接入热线137个，网络问题364个，共回复501个，累计发布科技专题及相关新闻信息200多条，与受众线上互动近千例。

【高素质农民培训】 2022年，漳州市培训高素质农民297期，合计17959人次，培训主题主要包括新型农业经营者主体产业带头人、农业新品种新技术、农业资源环境、果蔬种植技术、农村电商、茶叶加工等多领域多方面。

（黄晓玲）

·漳台农业交流合作·

【概况】 2022年，漳州市新批办台资农业项目42个，合同台资6655.8万美元，分别比上年增长46%和103%；15家台资农业企业增资扩产，增加台资1671.4万美元。全市引进台湾农业良种66个、技术22项、设备19台套，推广面积1533.33公顷。

【基地建设推广】 2022年，漳州市筛选23个闽台农业融合发展推广基地备选项目，经省农业农村厅审核认定，确定新建设9个省级闽台农业融合发展推广基地，获省级补助135万元。

【产业园建设】 2022年，漳州市漳浦农机、南靖兰花产业园均争取到省级项目建设补助575万元。重点推进靖台兰花融合示范园、丰侨宝霖兰博园等项目建设。

【漳浦台创园建设】 2022年，漳州市推进蝴蝶兰温室大棚、蝴蝶兰交易展示中心等项目建设，完成投资300万元。为种植养殖台企办理电费优惠600万元，补助贷款贴息约354万元，补助特色现代农业资金550万元。优化对台金融服务，与漳浦农商银行签订助力乡村振兴战略合作协议，获得授信5亿元。漳浦县新批办台资农业项目13个，合同台资940.9万美元。

【对台农业支持服务】 2022年，漳州市出台《促进漳台农业融合发展的十条措施》，漳台农业首次争取到市级财政专项资金补助。对台资企业、总资产、固定资产、年销售收入指标要求调减20%，共12家台资农业企业增补为市级农业产业化龙头企业。出台《漳州市培育海峡两岸乡村振兴合作基地村工作方案》，在全省率先组织设立43个合作基地重点村。

【漳台交流合作】 2022年，漳州市组织10名台商参加第十四届海峡论坛·两岸特色乡镇交流对接暨乡村融合发展论坛，2个特色乡镇对接项目现场签约，占全省20%。组织15家台企参加第八届海峡（漳州）茶会，获2个茶王、4个金奖、6个优质奖。接洽参访漳州市的海峡两岸农业协会（台湾）秘书长龚世明一行，举行“两岸合作助推乡村振兴”座谈会，就两岸农业合作乡村振兴发展思路和乡建乡创合作项目进行深入探讨。

（周俊贤）

·对口协作·

【闽宁协作深化】 2022年，漳州市委、市政府通过多层次、常态化的交流互访，进一步密切闽宁两地关系。协助当地政府招引企业，组织8家企业到宁夏海原县开展商务对接，新增落地投产企业3家，计划总投资7.69亿元。

2022年，漳州市选派25名专技人员到宁夏海原县开展为期8个月以上的帮扶工作交流，建立“文化交流组、教育交流组、医疗交流组、城乡建设组、乡村振兴组”5个援宁专技服务小组。继续实施政府采购脱贫地区农副产品工作，推进宁夏特色农产品进机关、进学校、进医院、进企事业单位。助力“宁货出塞，闽货西行”，帮助结对地区销售农畜牧产品和特色手工艺产品金额2.2亿元。

2022年，漳州市投资7100万元用于闽宁示范村巩固提升、产业培育、基础设施建设、消费帮扶、就业创业、干部人才培训等闽宁项目5大类27个子项目。引进闽宁冠荣生态农业有限公司与宁夏海原长隆农业（四季鲜）合作，把“胡萝卜科技节水种植”的乡村振兴经验做法复制推广到海原县。

2022年，漳州市开展“点对点”输送促进转移就业，帮助宁夏农村劳动力及脱贫人口在宁夏或到福建省及其他省份就业，共帮助西部农村劳动力到福建地区就业368人，其中脱贫户126人。筹集结对帮扶资金8600万元支持宁夏海原县，其中财政帮扶资金7100万元、社会帮扶资金1500万元。

【山海协作深化】 2022年，漳州市所有对口协作县双方党政领完成互访对接，共同签订帮扶协议。7个任务县（区）的党政领导深入结对县区开展山海协作对口帮扶考察活动达11批次。落实帮扶资金6000万元，其中龙海区拨付泰宁县1200万元，拨付漳平市1200万元；长泰区拨付武夷山市1200万元；龙文区拨付三元区1200万元；芗城区拨付华安县1200万元。全面完成专技人才技术交流互访活动，全市结对帮扶县区完成教师、医生、农业等行业专技人才共104人次的交流活动。推动山海协作共同实施产业园区建设，探索建立“飞地园区”，全市共引进8家企业，总投资18.5亿元。

【闽西南区域协作深化】 2022年，漳州市加大与闽西南区域相关地市在发展现代绿色农业、共建产业园区发展及推进生态环境协同保护等领域进行合作，加快构建区域特色农业现代产业链。推进农业与旅游、教育、养老等产业融合，相互推介各具特色的休闲农业和乡村旅游精品线路。加强农业科技力量协同合作，整合农业专家的技术优势，邀请区域内相关农业专家针对区域市场的需求，并与优新品种推广相结合。推动农业行政审批、行政执法流程标准化和信息互联共享，推动各类审批事项同城化通办与互认。协助调查厦门相关案件情况5次，收到厦门、泉州等地案件线索3起，向外地发出相关案件线索通报15次。利用厦漳山海协作资金支持农村基础设施建设，共安排35个基础设施建设项目，总投资1099.92万元，其中厦门协作资金300万元。

（苏英顺）

·农业机械·

【概况】 2022年，漳州市主要农作物机耕面积6.38万公顷（其中水稻4.6万公顷）、机插面积2.45万公顷（其中水稻2.11万公顷）、机收面积4.71万公顷（其中水稻4.21万公顷），主要农作物综合机械化率达到73.23%，水稻综合机械化率达到80.67%。全市共有农机专业合作社40家，落实5家农机合作社作为“五有”农机合作社培育对象，农机专业合作社作业服务面积达3.23万公顷。

【推广与培训】 2022年，漳州市新建8个水稻生产全程机械化示范基地和8个特色农业产业（水果、蔬菜、茶叶、食用菌、畜禽、水产、花卉、林竹）生产全程机械化示范基地，举办35场次推广演示会，其中水稻全程机械化演示会28场次，特色农作物全程机械化演示会7场次，编印《推广水稻机械精量穴直播技术》口袋书材料2000册。全市有7个县（区）分别举办水稻机械直播演示会，其中华安、漳浦直播水稻试验成功。高新区农户自发采用简易水稻直播机作业面积5.33公顷，亩产近550千克，与机插产量持平。

【惠农政策】 2022年，漳州市农业机械部门受理购机补贴申请8539份，受益农户5822人，补贴机具18780台（套），补贴资金2131万元，全市完成上级下达的农机购置补贴“零结余”目标。其中申请报废补贴申请24份，受益农户23户，补贴机具24台（套），补贴资金12.35万元。

·水土保持·

【概况】 2022年，漳州市累计完成水土流失治理面积1.59万公顷（其中水利部门完成6380公顷）；完成水土保持生态清洁小流域建设（安全生态水系）16.52千米，投入1.15亿元，（其中水利部门投入3925.88万元）。以国家水土保持重点建设工程（南靖、平和）、以奖代补（漳浦、长泰、华安）、省级水土流失治理重点（云霄、漳浦、诏安、长泰、华安）、水土保持生态村（长泰高层村、华安日新村、龙海新厝村、南靖靖城村、河墘村、平和大坑、云霄荷东村、漳浦岱嵩村、诏安下径村）等项目为重点，争取上级补助2810万元，全面超额完成省委省政府、市委市政府为民办实事任务和水土流失综合治理任务。南靖县石桥小流域列入2022年度国家水土保持示范名单。

【预防监管】 2022年，漳州市审批水土保持方案报告书（表）407件，征收水土保持补偿费1668.46万元，其中市级审批的生产建设项目水土保持方案报告书（表）6件，征缴入库水土保持补偿费194.22万元，征收率100%；开展生产建设项目现场检查503次，检查项目476个，印发整改通知113份，立案查处1起。落实国家发改委、财政部“关于缓缴涉及企业水土保持补偿费一季度”的惠民惠企政策，缓缴金额25.89万元，助力企业纾困解难。

【科研宣教】 2022年，漳州市举办“美丽中国，我是行动者”——第二十届全国中学生水科技发明比赛活动，对获奖的15件作品颁发证书，并选送优秀作品参与省级评选。在《中国水利报》刊稿1篇，在中国水土保持生态建设网站刊发信息10篇。

（邱柔嘉）

·水利·

【概况】 2022年，漳州市完成水利投资55.4亿元，其中重大项目完成33.8亿元，面上项目完成21.6亿元。争取中央、省级资金7.81亿元，地方专项债17.34亿元，地方一般债0.3亿元。全市新开工水利重大项目34个，基本建成13个。

【水利规划】 2022年，漳州市完成《漳州市主城区生态水系连通规划方案》《漳州市江河湖库连通规划方案》；推进流域综合规划、入海河口整治规划编制工作；推进九龙江防洪工程、官峰水库、哈溪水库、湖珠水库、罗溪水库等一批重点水利项目前期工作。

【水利工程建设】 2022年，漳浦县朝阳水库工程完成年度投资1.13亿元；古雷区域引水工程实现供水，附属调配站工程完成年度投资9000万元；东山岛外引水第二水源工程实现2022年元旦应急通水，完成年度投资4527万元。漳州市东南部沿海地区九龙江调水工程（“南引工程”）分三期进行建设，其中试验段于2022年9月30日全线贯通。九龙江防洪工程漳州段4期（华安段）完成年度投资2098万元。西溪水闸除险加固工程开工建设。全市7项工程分获省级优秀设计银奖、标准化示范工地、文明工地奖项。

【农村水利水电】 2022年，漳州市加快推进城乡供水一体化建设，完成投资20.05亿元，启动建设规模化水厂7处，铺设管网988.3千米，受益21.5万人。推进大中型灌区建设，实施长泰区颜府陂灌区、长泰区十五户陂灌区、平和县东川水库灌区、诏安县三姑娘灌区等4个中型灌区续建配套与节水改造工程，完成年度投资5409万元，改善灌溉面积5246.67公顷；全市农田灌溉水有效利用系数测算成果为0.57。推动农村水电站绿色发展，抓好农村水电站安全生产，强化农村水电生态流量落实，全年生态下泄流量泄放合格水电站座数占比94.3%。全面启动水电站清理整治行动。

【水旱灾害防御】 2022年，漳州市完成518座水库和458座水闸调度运用计划和汛期应急预案的审批。参加市防指会商31次，落实应急值班值守654人次、加强班31人次，同步启动水旱灾害应急响应13次，报送重要水旱灾害情况报告42期，下发防御暴雨洪水山洪灾害工作指导意见12份，防御3轮持续性暴雨和4次台风影响。年内，漳州市九龙江洪水预警报中心获评全国水旱灾害防御工作先进集体。

【水利工程运行管护】 2022年，漳州市完成68座水库大坝和28座水闸安全鉴定；实施南一水库、峰头水库，漳浦县文周水库应急加固；完成61座小型水库水雨情设施、79座小型水库安全监测设施建设；持续做好小型水库维修养护，完成中央资金1373万元，省级资金538万元；继续开展小型水库社会化管护服务，除3座水库均由管理单位自行管理外，其余400座公益性小型水库均委托第三方管护。

【河湖治理】 2022年，漳州市市、县、乡河长巡河31665次、解决问题7398个。实施“南溪行动”，成立工作专班，制定水环境治理实施方案及污染整治攻坚行动部门细化方案，制作南溪流域污染作战图，推进“南溪行动”奋战100天，完成23项治理任务。核实确认“四乱”问题490个，完成整改销号490个，整改率100%。完成全市流域面积50平方千米以上河流81条的管理范围划定工作。

【河湖文化遗产调查】 2022年，漳州市开展河湖文化遗产调查，并向省河长办、省水利厅推荐申报，全市9处河湖入选“福建省第一届河湖文化遗产名录”。

【河湖荣誉】 2022年，九龙江西溪获“最美家乡河”称号，是福建省唯一上榜河流。九十九湾入选水利部首批“幸福河湖”建设项目，获中央建设资金补助。在水利部组织的“守护美丽河湖”全国短视频公益大赛中，漳州共有3部作品获评3个奖项。南靖县土楼水乡水利风景区获得水利部景区办第二批国家水利风景高质量发展的典型案例、龙海区龙江颂歌水库水利风景区入选《传承红色基因——水利风景区名录》。

【水行政执法】 2022年，漳州市水利局在全市范围内取缔非法采砂点和堆砂场3处，行政处罚28件，罚没金额77.79万元，其中河道非法采砂14件，罚没金额50.19万元；配合省水利厅完成水利部太湖局来闽防汛保安专项执法检查，评查漳州市8起行政处罚案件卷宗，龙文、龙海共2件案卷被省水利厅推荐水利部评审典型案例；水政支队与市扫黑办密切配合侦办涉恶涉砂案件1件，配合纪检监察部门办理涉砂案件1件，办理办结举报信访件6件，实施夜间等执法活动32次，查获并移交属地查处办理事项6件。

【水资源管理】 2022年，漳州市、县两级最严格水资源管理制度考核工作自查总结报告经市政府审核通过，并报送省政府和省水资源管理委员会。完成取水许可“一件事”办理审批改革，指导华安县完成“水资源区域论证+承诺备案制”的试点任务。完成422个取水口排查整治、23个大中型灌区监测计量整改、139个点位取水监测计量接入和936个取水许可电子证照数据治理工作。全市新核发取水许可证125本，办理延续取水许可证910本，依法依规征收水资源费3464万元。万元生产总值用水量比上年下降29%，万元工业增加值用水量比上年下降43.8%。

【节水工作】 2022年，漳州市水利系统22家单位被评为“水利行业节水型单位”，推开市直（含直属）50家公共机构节水单位创建。联盛纸业（龙海）有限公司被评为“福建省2022年重点用水企业、园区省级水效领跑者”。

【水库移民】 2022年，漳州市安排移民资金项目165个，获批移民资金2.54亿元，比上年增长36.8%。年度发放移民直补资金3366.18万元，拨付移民后期扶持项目资金约2.45亿元，19个移民资产型生产开发项目租金收益累计达4027.97万元。推进移民村人居环境整治、农业基础设施建设、就业创业能力培训、省级移民后扶示范区建设等，全市255个水库移民安置村受益，受益人口超过30万人，其中直补水库移民56112人。首创项目实施负面清单管理机制，对全市所有移民后扶项目实施情况进行负面清单管理。《漳州市三峡移民信访稳定工作调研报告》获2022年度全省信访系统信访热点调研报告二等奖。

【水利监管】 2022年，漳州市在全省范围内率先成立实体运行的“水利监管办”。在水利部2022年第1期、第7期监督月报上刊登典型经验《落实体制机制建设 推动监督工作延伸》《加强行业监督指导 提升服务管理水平》，向全国推广漳州经验。1月，水利部副部长在全国水利监督工作会上肯定漳州积极探索市县两级监管体系试点建设的“漳州模式”。2月，全省水利监督工作现场会在漳州召开，漳州市就监督体系“漳州模式”作典型发言，并在全省范围内实施推广。12月，《中国水利》杂志第24期亮点展示刊登《福建漳州以体制机制建设发挥监督工作效能》向全国推广展示漳州监督工作经验。

（邱柔嘉）

责任编辑：林 倩

工 业

·综述·

【概况】 2022年，漳州市培育新增新上规模工业企业377家，规模工业增加值比上年增长10.2%。全市11个主要工业行业中，10个行业增加值比上年增长，增长面90.9%。工业企业实现营业收入比上年增长9.5%。全市累计工业用电量增长7.98%。

【企业技改】 2022年，漳州市工业和信息化局（简称漳州市工信局）组织推荐漳州市技改项目申报省重点技改项目，列入省级重点技改项目251个，总投资473.3亿元，年度投资145.6亿元。福建龙溪轴承（集团）股份有限公司通过国家级技术创新示范企业认定。

【企业对接】 2022年，漳州市新对接民企产业项目1107个，计划总投资1981.2亿元。其中，制造业项目943个，计划总投资1424.9亿元。年内，漳州市工信局组织企业参加世界闽商大会，签约民企项目共4个，计划总投资65.6亿元。

【“双创”基地建设】 2022年，漳州市打造“双创”基地，建设语堂数字经济、芯云谷等一批信息化产业园区，获评省级新一代信息技术与制造业融合发展新模式新业态标杆企业1家，软件业技术创新重点攻关和产业化项目1家，新一代信息技术与制造业融合发展典型应用案例3家，30家企业入选“5G工业互联网”应用场景项目库，72个项目入选新一代信息技术与制造业融合发展项目库，72家企业通过两化融合公共服务平台福建省评估诊断服务系统进行两化融合水平的诊断评估和改造提升。

【物资保障】 2022年，漳州市在库储备物资价值900余万元，包括布洛芬、连花清瘟，口罩、防护服，消毒液，医用手套鞋套等物资。2022年12月防疫政策以治疗为主要方向后，市级储备供应市场药品1500余万元。

·冶金新材料产业·

【概况】 截至2022年年底，漳州市共有规模以上黑色金属冶炼和压延加工、有色金属冶炼和压延加工等行业门类冶金新材料企业48家，实现规模工业总产值883亿元，可比价比上年增长27.3%，占全市规模以上工业产值的11.1%。

【漳州市冶金新材料产业高质量发展座谈会暨产销对接会举行】

2022年6月2日，由漳州市工信局主办的漳州市冶金新材料产业高质量发展座谈会暨产销对接会在台商投资区举行。本次对接活动以“畅通产业链助力产业高质量发展”为主题，分为参观企业、座谈会和产销对接三个阶段。目的在于贯彻落实中央政治局会议、全国稳住经济大盘电视电话会议精神和市委、市政府《千百亿产业培育行动计划（2022—2025）》，通过搭建冶金新材料行业中的冶炼、锻造、压延企业与下游用钢企业对接交流平台，进一步推动辖区内钢铁产品与机械、家具、建筑等行业加强配套、互补，畅通产业链供应内循环、助力漳州市冶金新材料产业高质量发展。对接会期间，三宝集团与凯景新材料、福欣特钢与威驰腾、首钢凯西与金锐达等企业现场签约，签约钢材总量27.57万吨，签约金额共计14.56亿元。

【2022年中国冶金新材料（耐蚀钢）产业链对接会在福州举行】 2022年12月15日，由漳州市工信局和漳州市芗城区人民政府联合主办的“2022年中国冶金新材料（耐蚀钢）产业链对接会”在福州举行。此次对接会以“畅通供应链，助力新发展”为主题，通过搭建冶金新材料产业链对接交流平台，发挥重点龙头企业带动引领作用，提高冶金新材料（耐蚀钢）生产企业对重点工程项目的保障水平，培育打造冶金新材料千亿产业集群，助力福建省经济高质量发展。会上，三宝集团和中国核工业二四建设有限公司代表就“三宝耐蚀钢筋产品应用体验”作主题演讲。8家合作单位与三宝集团现场签订三年耐腐蚀钢筋推广战略合作意向书，合作金额39亿元。

·石油化工工业·

【概况】 截至2022年年底，漳州市规模以上石化企业228家，占全市规模以上工业企业9.02%；实现工业总产值1101.7亿元，占全市规上工业产值13.85%，比上年增长14.9%；工业增加值339.5亿元，比上年增长13.9%。石油化工、炼焦和核燃料加工业企业7家，产值195.8亿元；化学原料和化学制品制造业企业98家，产值662.0亿元；化学纤维制造业规模以上企业3家，产值18.4亿元；橡胶和塑料制品业规模以上企业120家、产值236.4亿元。

【中沙古雷乙烯项目合资公司成立】 2022年3月10日，全球石化巨头沙特基础工业公司（SABIC）与福建能化集团合资企业福建中沙石化有限公司正式注册成立，标志着福建省迄今为止一次性投资最大的中外合资项目——中沙古雷乙烯项目建设正式启动。在福建省委省政府主导下，福建中沙石化有限公司将在古雷石化基地投资建设并运营一座世界级大型石化联合体——中沙古雷乙烯项目。项目将建设一套年产150万吨乙烯装置，配套建设一系列下游生产装置，采用多项全球先进技术，多项专利技术为国内首次采用，填补国内空白。

【漳州市石化装置产业链供需对接会举行】 2022年12月2日，由漳州市工信局、漳浦县人民政府、古雷开发区管委会主办的漳州市石化装置产业链供需对接会在古雷开发区举行。此次活动共有10家装备制造、钢铁冶炼企业和15家石化企业参加。对接会上，福船一帆与福化鲁华、盛桐化工、福欣特殊钢等企业现场签订合作意向。

（谢 霁）

·电力工业·

【概况】 2022年，漳州地区全社会用电量325.55亿千瓦时，比上年增长6.16%，网供电量244.4亿千瓦时，比上年下降6.64%。发电量81.14亿千瓦时，比上年增长80.9%（其中水电发电量24.47亿千瓦时、风电发电量7.90亿千瓦时、火电发电量40.80亿千瓦时、生物质能6.58亿千瓦时、太阳能7.97亿千瓦时）。国网漳州供电公司售电量278.31亿千瓦时。

【新设备投产】 2022年，漳州市新增电厂（电站）3座，为角美阿斯福特热电厂30兆瓦、古雷新港热电厂112兆瓦、平和北门山垃圾焚烧发电厂12兆瓦。新、改建220千伏线路6条，总长139.83千米；新、改建110千伏线路15条（含支线），共长172.66千米；35千伏线路9条，长度113.73千米。新投运220千伏公网变电站1座、主变3台，新增变电容量540兆伏安；新投产220千伏用户变电站1座、主变2台，新增变电容量260兆伏安；新投运110千伏公网变电站1座、主变9台，新增变电容量431.5兆伏安；新投运110千伏用户变电站2座、主变4台，新增变电容量150兆伏安；新投运35千伏公网变电站1座，35千伏主变6台，新增变电容量56.3兆伏安。

【电网规模】 截至2022年年底，漳州地区总装机容量7476.24兆瓦（含后石电厂），其中水电装机768.025兆瓦，火电装机5154.4兆瓦，风电装机508.1兆瓦，光伏发电装机918.38兆瓦，生物质能发电119兆瓦。

【网供负荷】 2022年，漳州市网供最高负荷459.8万千瓦，比上年下降6.07%，发生在8月22日；网供最低负荷118.5万千瓦，发生在2月4日；网供日最大峰谷差178.8万千瓦，占当时最高负荷（372.2万千瓦）的48.02%，发生在2月22日。

【网架建设】 2022年，国网漳州供电公司开工35千伏及以上输变电工程32项，竣工投产35千伏及以上输变电工程28项、新增变电容量109.78万千伏安、线路241.08千米，比上年增长91.9%，解决单线单变10个。属地助力闽粤联网工程竣工投产，完成漳州核电500千伏送出工程318基塔基交地；推进220千伏龙江输变电、锦湖—格林线路等重要网架工程，文昌变电站工程获国网现代智慧标杆工地称号。组建智能生产管控中心，成立东区—长泰区域运检中心，变电站一键顺控改造27座、远程智能巡视建设60座。有序推进龙海、东山新型电力系统示范区建设。

【供电安全生产】 2022年，国网漳州供电公司完成“闽盾2022”“护网2022”等网络安全演习。组建漳州方舱医院建设特攻队，七天六夜竣工送电。出台国庆和中共二十大保电工作方案，细化各时段各专业具体保电标准；26个高考、72个中考考点实现“零停电”。投运迎峰度夏项目69项。注重故障管控，输变配分别压降45.4%、35.6%、12.1%，用户平均停电时间比上年下降19.9%。

【改革创新】 2022年，国网漳州供电公司加速创新成果转化，3个入选双创中心产品推广名录、1个进入孵化。创新“136”实践场景，遴选40名数字化人才，研发数据应用场景83个，云平台上架流程机器人场景240个，5个获全省统一推荐、1个获评国网公司优秀项目。承办全省数字化专题科技沙龙，数据治理相关做法上稿《国家电网报》，天宝供电所数字化综合示范获国网公司优秀案例。3个项目分获中国电力科技创新奖二等奖，福建电力科学技术进步奖一等奖、二等奖。

【电力服务】 2022年，国网漳州供电公司促成漳州市政府出台外线投资支持政策，“电e金服”服务产业链下游企业。持续优化电力营商环境，高低压办电平均时长分别压减3.4个、0.8个工作日，19项简单业务“一趟不用跑”，2项复杂业务“最多跑一趟”，线上联动过户办理1168件。率先建成分布式光伏功率预测系统，精准率由81%提升至90%；“一县一特色”电能替代8.48亿千瓦时。

（蒲　乾）

·装备制造工业·

【概况】 2022年，漳州市规模以上装备制造企业394家，实现产值903.89亿元，可比价比上年增长6.3%，占全市规模以上工业产值的11.4%。

【3款产品被列为2022年省内首台（套）重大技术装备】 2022年，漳州东刚精密机械有限公司“五轴卧式加工中心机（HMU—500）”、漳州科晖专用汽车制造有限公司“平推式垃圾中转设备（KHHY100）”、漳州科华技术有限责任公司“新型能源光储逆变升压成套设备（光储1号）”等3家企业3款产品被列为2022年省内首台（套）重大技术装备。

【13个项目被列为2022年福建省智能制造试点示范项目】 2022年，漳州宏发电声有限公司“年产10亿只继电器智能制造工厂项目”、漳州立达信光电子科技有限公司“LED面板灯及各类灯具智能制造项目”等13家企业13个项目被列为2022年福建省智能制造试点示范项目。

【7家企业被列为2022年省级智能制造优秀场景】 2022年，华安正兴车轮有限公司“在线运行监测，质量精准追溯”被列为2022年国家级智能制造优秀场景；漳州市鸿利食品科技有限公司“产线柔性配置”等7家企业被列为2022年省级智能制造优秀场景。

【3家企业被列为2022年省级智能制造示范工厂】 2022年，福建古雷石化有限公司“福建古雷炼化一体化项目全厂智能管理综合系统”等3家企业被列为2022年省级智能制造示范工厂。

·汽车汽配工业·

【概况】 2022年，漳州市汽车制造业规模以上企业29家，规模工业总产值237.91亿元，比上年增长0.6%，产业占全市规模工业总产值的比重为2.9%。汽车制造产业龙头企业有正兴车轮、正新橡胶、金龙客车、新福达汽配等。

【汽车汽配技术升级】 2022年，漳州市支持科晖、毅宏、秦劲川等专用车企业技术升级，引进技术优势的专用车企业，逐步形成完整的产品结构开发体系和多元化的产品格局。以多品种、智能化、多功能化、高技术含量、高附加值的专用车辆为方向，鼓励开发生产发展清障车、新型环卫车辆、多功能绿化修剪车、多功能联合疏通车、高空作业车等多品种专业作业类车辆。

·食品工业·

【概况】 2022年，漳州市食品规模工业企业633家，实现规模工业产值比上年增长5.3%。

【漳州市食品产销对接“手拉手”活动举办】 2022年9月16日，漳州市工信局会同市商务局、高新区管委会、漳州信产集团举办漳州市食品产销对接“手拉手”活动。活动以“三品消费季”暨“全闽乐购·万企百日惠福品”为主题，助力35家食品生产企业和20家商贸企业、5家网络采购平台开展产销对接，并促成漳州惠工汇福利商城等平台企业与食品生产企业现场签订意向合作协议合计2.1亿元。

（谢 霁）

·二轻集体工业·

【概况】 2022年，漳州市工艺美术行业46家规模以上企业总产值69.21亿元。漳州市二轻集体工业联社（简称漳州市二轻联社）主动服务全市工艺美术产业发展，实行市工艺美术馆、市二轻文化发展有限公司“馆企一体化运营”模式，形成工艺美术综合展厅、八宝印泥展厅、漳绣展厅、传习中心展厅等4个实体展厅和1个“云展厅”一馆多厅的服务格局，总面积1000平方米。

【企业改制】 2022年，漳州市二轻联社完成市乐器厂改制处置，全员解除劳动关系，安置职工37人，支出费用168.95万元，企业注销关闭，残余资产收归总公司。启动漳州市洗衣机厂改制处置工作，首批解决市洗衣机厂职工医社保历史遗留问题，退还147名职工医保、社保代垫金共194万元。

【资产运营】 2022年，漳州市二轻联社加强资产运营，加大对直属企业集体资产的管理和修缮，对市洗衣机厂、六塑厂等老旧厂房进行改造提升，盘活存量改制储备金，新增厂房出租面积1774.26平方米，年可增加收入187.86万元。探索老旧厂房改造提升，立足市场需求，引导六塑厂进行文创园建设试点工作。

【职工服务保障】 2022年，漳州市二轻联社完成市二轻供销公司4名职工的房改房产权办理。持续做好已安置职工的后续服务工作，提供查找档案、协助办理退休、职工社保缴交等服务300余人次，出具各项证明125份。做好群众来信来访接待工作，为职工提供医社保缴交、房改等政策咨询200多人次。

【工艺美术技艺传承】 2022年，漳州市二轻联社与漳州职业技术学院共同筹资300多万元建设工艺美术传习中心，促进本土工艺美术人才培养。年度共开展专题培训9次，700多人次参加。

2022 年 11 月 18 日，漳州市首届工艺美术名人作品展开展。图为现场

（漳州市二轻联社 供图）

组织漳绣、棉花画、木偶头雕刻、剪纸等传统工艺美术类大师、传承人开展“非遗”进校园、进社区和文化圩日等活动，举办大师示范教学课、培训课等90余次，受益学生、群众逾1万人次。推荐符合条件的工艺美术从业者申报第六届福建省工艺美术大师评选，李小燕、黄日富、谢建东获得“福建省工艺美术大师”称号。

【市工艺美术馆重启】 2022年7月1日，漳州市二轻联社重启漳州市工艺美术馆，举办2022漳州工艺美术精品展。此次精品展是漳州市中断十年之后举办的又一次工艺美术主题展览，集中展示100多位大师、艺人创作的300多件工艺美术精品，涵盖30多个本地民间艺术品类。展览为期2个月，其间，接待工艺美术大师、名人、专家以及社会各界人士2500多人次。

【首届工艺美术名人评审认定】

2022年4月，漳州市二轻联社开展首届工艺美术名人评审认定，翁清香等45人被市政府授予“漳州市工艺美术名人”称号，评审涉及漳绣、剪纸、八宝印泥、乐器、彩扎等20个手工艺门类。11月18日，举办漳州市首届工艺美术名人作品展，集中展示第一届漳州工艺美术名人新近创作的优秀作品近140多件（套），展览为期2个月。

（邹思敏）

责任编辑：蔡钰臻

商贸服务业

·商贸服务·

【概况】 2022年，漳州市社会零售总额完成1904.2亿元、比上年增长5.5%。全市限额以上批发业销售额2766.03亿元，比上年增长35.8%；限额以上零售业销售额475.72亿元，比上年增长14.9%；限额以上住宿业营业额18.62亿元，比上年下降0.3%；限额以上餐饮业营业额47.74亿元，比上年增长58.4%。

【商贸指标提升】 2022年，漳州市培育市级夜间经济示范区8个，完成市区32个农贸市场及周边环境持续巩固提升，累计投资512.9万元。新增新上限上贸易业企业834家、比上年增长153.5%。

【惠民实事落实】 2022年，漳州市投入5000多万元促消费资金，开展“全闽乐购”促消费，汽车消费补贴、美食节等40余场惠民利民活动。推进“菜篮子”工程，在全市较大的商超、农贸市场、批发市场设置114个供需监测点，指导调控全市57家省级城市副食品调控基地，做好市场保供稳价。

【商务发展保障】 2022年，漳州市商务局开展全市商务系统安全生产专项整治行动，全年共组织涉及行业领域安全管理督导检查13批次，及时发现并整治各类安全隐患132处。针对报废机动车回收拆解、再生资源回收、成品油经营、商业单用途预付卡等11个行业开展两次“双随机”检查，依法打击侵害消费者权益违法行为。

【漳州跨境电商（数字贸易）孵化园暨首届漳州数字经济峰会举行】 2022年1月11日，以创新 驱动 提升“漳州产 全球销”为主题的漳州跨境电商（数字贸易）孵化园开园仪式暨首届漳州数字经济峰会在龙文区举行。漳州跨境电商（数字贸易）孵化园、漳州数字经济人才才培训学

2022年1月11日，漳州跨境电商（数字贸易）孵化园开园仪式暨首届漳州数字经济峰会在龙文区举行 （漳州市商务局 供图）

院、龙工场（漳州）跨境电商产业园、漳州跨境电商直播基地等开园，雨果跨境、汉连、厦门亿丰商学院等入驻企业代表与园区运营方进行签约。漳州市首届漳州数字经济峰会、漳州跨境电商（数字贸易）孵化园作为漳州市首个跨境电商产业园区，是漳州跨境电商综试区“两平台”（线上公共服务平台、线下产业园）重点建设内容之一，是资源共享、孵化培育、企业服务的重要载体。孵化园占地面积1.6公顷，主体楼建筑面积8000多平方米，总投资5000万元。已引进阿里巴巴产业带、雨果跨境、汉连物流集团等跨境电商及配套服务商近40家企业，涵盖电商卖家、电商平台、报关通关、金融物流、培训辅导、商务支持等多种企业类型。

（余秋凤）

·粮食储备与供应·

【粮食购销】 2022年，漳州市总购进（含进口）折合原粮387.19万吨，比上年减少3.8%。总销售（含出口）折合原粮119.27万吨，比上年减少8.6%。

【粮食应急供应保障】 2022年，漳州市修订粮食安全应急预案。依托粮食企业，建立起了由238个应急供应网点、26个应急加工企业、36个应急配送中心和11个应急储运企业构成的应急供应网络，实现应急供应网点乡镇全覆盖。

【优质粮食工程实施】 2022年，“漳州市品冠米业有限公司”“福建嘉穗米业有限公司”“福建省龙海市安利达工贸有限公司”“漳州市双锦贸易有限公司”被中粮协评为第十一批“放心粮油”示范企业。漳州市双锦贸易有限公司“双锦玉竹香米”产品获得“福建好粮油”称号。“福建胜兴米业有限公司”被评为第二批省级大米应急加工重点企业。福建漳州岱山国家粮食储备库被选定为全国绿色储粮标准化试点单位。

【粮食监管检查】 2022年，漳州市粮储局完成全省组织的政策性粮油库存交叉检查，其中龙岩检查组对漳州市8个政策性粮食承储企业，合计85个货位；2个食用油承储库点8个货位进行检查，检查结果为账实、账账、账表相符，数据真实准确。市级监督抽查辖区内储备粮原粮批次54份，代表数量14.37万吨，占全市储备粮规模40.5%；承储企业15个，占全市储备粮承储企业100%。

【粮食购销领域腐败问题专项整治】 2022年，漳州市粮储系统开展粮食购销领域专项执法检查515次，检查企业1283个次，出动检查人员1849人次，其中，市粮储局组织检查99次，检查企业346个次，出动人员703人次。检查中未发现“克扣斤两”“打白条”等损害群众利益和政策性粮食“出库难”等问题。

（林子健）

·供销合作·

【概况】 2022年，漳州市供销系统实现销售总额516.86亿元，比上年增长20.16%；社有企业利润总额827.23万元，比上年增长39%。芗城区誉丰苗木专业合作社、诏安县华强果蔬专业合作社、诏安县瑞喜果蔬专业合作社联合社、诏安县忠发果蔬专业合作社被评为“2022年国家级农民合作社示范社”。诏安县忠发蔬菜专业合作社、诏安县华强果蔬专业合作社被评为“2022中国农民合作社500强”，诏安县乌石养羊专业合作社被评为省级“农民合作社示范社”，漳浦县农地鲜水果专业合作社、诏安县景雄果蔬专业合作社联合社和太平平钦青梅专业合作社被评为省供销社“农民合作社示范社”。

【农资供应服务】 2022年，漳州市供销社争取市、县两级财政化肥冬储贴息161.6万元，与本市4家农资企业的联合体（龙鑫公司、龙益公司、华盈公司、金谷地公司）签订储备协议，落实化肥冬储18.46万吨（年度任务数7.6万吨）。全市供销系统先后开展12场农资科技下乡活动，赠送优质化肥140多吨、价值约35万元，发放宣传资料16000多份。新冠疫情防控期间，建立农资供应保障工作专班，保障全市农业生产需要。

【“三位一体”试点工作】 2022年，诏安县供销社与农信社保持原有合作机制的基础上，扩大与农业银行、邮政储蓄、汇通村镇银行和人保财险等金融部门的合作，累计为269户农户申请贷款5200多万元。云霄县财政安排不少于70万元贴息补助资金、为65户农民合作社（家庭农场）解决生产资金贷款1784万元，芗城区财政安排50万元贴息补助资金、为涉农经营主体申请贷款500多万元。

【“保供促销工程”推进】 2022年，漳州市供销社争取省级“保供促销工程”补助资金303万元用于4个省级农村流通服务网络体系建设、3个省级乡镇综合服务中心建设以及诏安县“三位一体”试点建设，启动市级“保供促销工程”补助资金220万元用于3个市级农村流通服务网络体系、3个市级乡镇综合服务中心建设。

【为农服务建设】 2022年，漳州市供销社改造升级薄弱基层社10个，新建乡镇惠农综合服务中心9个、农村综合服务社43个，创建国家级示范基层社4个，领办创办农民专业合作社89个、农民专业合作社联合社2个、新增入社社员9031人，组织高素质农民培训6期超过360多人次，土地托管面积3671.8公顷，农业社会化服务面积1.39万公顷，全市共领建庄稼医院209家，其中被评为国家级1家、省级25家。组织5个县（区）参加省社组织的“农产品迎新年展示展销年货订货会”，销售额达24.6万元。组织两期高素质农民线上电商和茶叶技能培训班，全年全市系统电商销售额91.78亿元，比上年增长34.49%。会同漳州市委组织部在兴泰、天福、常山（每家含双向两处服务区）高速服务区创建名优特农产品展示中心，长泰区供销社在天柱山风景区成立旅游农特优产品展示中心，云霄县供销社成立地标产品供销有限公司营销本地“全国地理标志”农产品。

（刘晓峰）

·烟草专卖·

【概况】 2022年，漳州市烟草专卖局（公司）税利总额比上年增长5.97%。年内，1个窗口单位获评“全国工人先锋号”，1人获评全国行业“最美物流人”称号，1人获“福建省五一劳动奖章”，1人获评“福建省金牌工匠”。1个部门获全省系统“十三五”科技创新先进集体称号，2人获“十三五”科技创新先进个人称号，1个项目获评2021年度烟草行业质量管理小组引进应用奖，1篇统计论文获评全国行业二等奖。

【营销网络建设】 2022年，漳州市烟草专卖局试点烟茄分离，累计建成雪茄体验终端12家。营销上云建设实现一体化升级，数据增值服务实现基础性突破。推进城乡一体终端网络建设，新建“海丝新晟”流通品牌核心终端24家、合作终端10家，农网特色示范终端21家。围绕连锁门店、联营批发、集团业务三条主线推进非烟经营，海晟公司全年实现销售比上年增长44%，税利比上年增长44.3%，其中非烟销售比上年增长65%。

【打假打私落实】 2022年，漳州市烟草专卖局共查获制假烟机4台，比上年下降33%；查获假烟1.49万件，比上年下降28%；查获烟叶烟丝207吨、假烟标识1360万张，分别比上年增长26%和47%。查获海上走私案件21起，涉案假烟7567件。持续开展重点案件深挖扩线，共办理省督案件13起（其中申报部督案件1起），完成国家局重大案件13起。

【卷烟市场监督管理】 2022年，漳州市烟草专卖局保持市场监管高压态势，加大真烟治异力度，严管违法违规大户，加强许可证管控力度，有序推进电子烟经营主体许可证申办和监管工作，辖区内卷烟市场经营秩序平稳良好。年内，全市共查获异常流动卷烟1860.38件，比上年增长30.65%；查获5万元以上真烟案件125起，取缔违法大户30户；全市共准予电子烟许可72份，新办零售许可证722份，不予许可1752份，注销1186份，截至年底，全市共有持证卷烟零售户33829户，比上年减少536户。

（陈晓宇）

·盐业专营·

【概况】 2022年，漳州市盐业实现销售总量5.38万吨。其中，小包装碘盐销售0.79万吨，大包装食盐销售4.59万吨。

【网格化管理推进】 2022年，漳州盐业有限责任公司推进品种采集、巡访信息的补录工作。截至年底，录入云商系统的流通渠道客户8586个，其中A类客户数867个，B类客户数7719个。巡访非餐饮终端数8528个，终端巡访率99%，已采集盐种终端数8492个，品种采集率99%。从云商系统接单客户数（含万全）6357个，接单率74.04%。

【未加碘食盐销售管理】 2022年，漳州市设置未加碘食盐专柜224个，全年销售未加碘食盐346.49吨。联合漳州市市场监督管理局共同印制未加碘盐政策法规宣传单，进行政策宣传，提升未加碘食盐产品效应。

【大包装盐管理】 2022年，漳州盐业有限责任公司针对上半年省内盐库存不足情况，提早与晶秀公司、晶海公司签订购销合同，确保青梅季节的用盐需求。在南靖麻笋季节期间提前介入，与江西九二盐业、晶昊盐业洽谈，确保麻笋季节用盐户的供应。

【盐政辅助执法】 2022年，漳州盐业有限责任公司共出动3068次，出动人数1.21万人，巡查餐饮店2.53万家、商超食杂店2.53万家、食品加工厂1523家、学校488家。巡查发现票证不全违规线索3172件，发现重大违规线索11件，重大线索涉嫌盐产品的53.51吨，提供给市场监督管理局的违规线索数556件，市场监督管理局受理案件数353件，市场监督管理局办结案件数335件，行政处罚案件59件，罚款2.07万元，当场责令整改案件276件。

（邹国武）

责任编辑：蔡婉玲

经贸合作

·对外贸易·

【概况】 2022年，漳州市进出口总额1200.9亿元，比上年增长13.9%，其中出口813.2亿元，比上年增长17.8%；进口387.8亿元，比上年增长6.6%。

【精准帮扶】 2022年，漳州市商务局推动中远海运与企业需求对接，开展“一对一”服务。帮扶威驰腾申办整车出口资质，培育外贸新增长点。协调出口信保漳州办事处优化服务。推荐114家企业入池福建金服云“外贸贷”融资项目，累计获得银行融资5915万元。简化申报手续，兑现各级稳外贸资金1.05亿元。

【外贸市场开拓】 2022年，漳州市商务局组织近200家企业以云展会、云洽谈等新模式拓展市场。对RCEP国家出口321.8亿元，比上年增长35.16%，占漳州市出口39.57%；对共建“一带一路”国家出口266.79亿元，比上年增长33.87%，占全市出口的32.81%；对欧盟出口98.17亿元，比上年增长6.1%，占全市出口的12.07%；对日本出口59亿元，比上年增长21.92%，占全市出口的7.26%；对美国出口167.82亿元，比上年增长13.14%，占全市出口的20.64%。

·招商引资·

【概况】 2022年，漳州市实际利用外资3.96亿美元，比上年增长102%，居全省第三。其中制造业实际利用外资3.16亿美元，比上年增长120.26%；高技术产业实际利用外资0.45亿美元，比上年增长135.76%。漳州市新签约项目1363个、总投资3132亿元，新开工项目1429个，新竣工投产项目1120个。漳州市新设立外资企业项目166个，比上年增长23.0%；合同外资18.91亿美元，比上年增长318%。

【招商活动开展】 2022年，漳州市各县区党政“一把手”共外出招商265次，对接洽谈项目566个，推动签约和落地项目180个。年内，举行4场招商项目集中签约活动，共签约项目567个、总投资3375.2亿元，其中现场签约63个项目、总投资1464亿元。开展九大类109场产业大招商攻坚系列活动。落实签约外资合同项目36个，总投资27.8亿美元，拟利用外资7.0亿美元。

【招商方式创新】 2022年，漳州市商务局出台《漳州市鼓励第三方招商引资办法（试行）》《漳州市鼓励国有企业招商引资办法（试行）》。举办产业园运营商和第三方招商项目对接会，共签约产业园项目41个，总投资393.2亿元。6家市属国有企业成立13只基金，基金总规模306.8

亿元。

【招商队伍建设】 2022年，漳州市商务局探索建立“县区（园区）+行业部门+群团国企”协同招商和“管行业管招商、管团体管招商、管国企管招商”等工作制度，形成每个部门、团体、国企“专注1—2个行业、联系100—200家企业、服务1—2个园区”的大招商格局。向长三角、珠三角首次派驻45名驻点招商人员，开展行前业务培训，发挥驻点招商队伍的前哨作用。

【招商评比】 2022年，漳州市商务局首次实施招商项目“亩均效益”考核，制定重大招商项目认定细则，配套出台《漳州市工业项目“标准地”出让改革试点工作方案》《漳州市存量工业企业“亩均论英雄”评价和结果运用实施方案》《漳州市存量工业用地提质增效若干措施（试行）》等政策，推动全年签约按“亩均效益”考核的制造业项目149个，总投资977亿元。对31个市直单位分类精准考核，出台《市直单位比项目招商考评办法》。制定闽南、粤港澳大湾区和长三角等重点区域2000家“9+5”行业优质目标企业图谱。绘制漳州市优化招商引资服务流程图。出台《漳州市促进飞地招商若干意见》，制定漳州市20个飞地园区地图。

2022年9月8日，第二十二届中国国际投资贸易洽谈会在厦门国际会展中心开幕。图为漳州招商局经济技术开发区展区 （游斐渊 摄）

【漳州市参加第二十二届中国国际投资贸易洽谈会】 2022年9月8日，第二十二届中国国际投资贸易洽谈会在厦门国际会展中心开幕。投洽会期间，漳州市共落实可望签约外资合同项目33个，总投资27.5亿美元，拟利用外资6.7亿美元。继续用好“云上投洽会”平台，在“云上投洽会”和国际投资促进网发布招商项目83个，总投资近1640亿元。

·投资与合作·

【对外投资】 2022年，漳州市办理对外投资备案项目5个，备案注册资本6475.9万美元，备案中方投资额6462.9万美元。分别为：漳州市琪凯食品有限公司投资柬埔寨，成立柬埔寨星灿食品有限公司，总投资33万美元；福建海丽天食品有限公司投资柬埔寨，成立兴闽泰（柬埔寨）食品有限公司，总投资100万美元；福建博研建材有限公司投资芬兰，总投资57万美元；漳州万宝能源科技股份有限公司投资香港，成立万宝能源（香港)有限公司，总投资2万美元；漳州立达信光电子科技有限公司投资泰国，总投资6270.9万美元。

【漳台经贸合作】 2022年，漳州市新备案台资项目100个，注册合同3.05亿美元；台资项目到资1.63亿美元。

【漳港澳经贸合作】 2022年，漳州市新设立港资项目44家，合同港资4.03亿美元，实际到资1.32亿美元。

【对外劳务合作】 2022年，漳州市对外签订劳务合同共843份，合同金额7083万美元，外派劳务人员4010人次，实现营业额4006万美元，期末在外人数为4363人。

【对台劳务合作】 2022年，漳州市对台劳务合作方面，渔工实现营业额6万美元，期末在外人数为4人。

【对澳劳务合作】 2022年，漳州市对澳门陆上劳务共签订劳务合同843份，合同金额7083万美元，派出人员4010人次，实现营业额4000万美元，期末在外人数4359人。

2022年4月21日，中国（福建·漳州）——菲律宾（巴丹省）“两国双园”园区合作谅解备忘录线上签约仪式举行

（漳州市商务局 供图）

【中国（福建·漳州）——菲律宾（巴丹省）“两国双园”园区合作谅解备忘录线上签署仪式举行】 2022年4月21日，中国（福建·漳州）——菲律宾（巴丹省）“两国双园”园区合作谅解备忘录签署仪式，通过视频连线方式举行。东山经济技术开发区、漳州经济开发区、古雷港经济开发区3家园区运营公司与菲律宾巴丹省菲中经济合作产业园运营公司相关负责人共同签署《合作谅解备忘录》。根据合作谅解备忘录，双方将共同推动建设中菲“两国双园”经贸创新发展示范园区，遵循“企业主体、市场运作、国际合规、政府引导”原则，明确以东山经济技术开发区、漳州经济开发区和古雷港经济开发区为中方先期合作园区，以菲律宾巴丹省菲中经济合作产业园为菲方先期合作园区，围绕食品加工、海洋经济、现代农业、油气合作、冷链物流、新能源等产业，逐步建立贸易互联、商品互通、投资互利的开放型贸易投资体系。菲律宾合作园区位于巴丹自由港（FAB），是菲律宾第一个经济特区，全菲第三大自由港，连续五年被评为菲律宾发展最快速的经济特区，具备建设双向投资合作的良好条件。

（余秋凤）

责任编辑：蔡婉玲

金融业

·地方金融监督管理·

【概况】 2022年，漳州市地方金融监管局（简称漳州市金融局）与中国人民银行漳州市中心支行、漳州银保监分局构筑金融“铁三角”，紧盯重点区域、重点领域、重点项目，紧盯存贷款、保费收入等地区生产总值组成指标和政府性融资担保等业务指标，全力优化金融服务。截至年底，全市本外币各项存款余额4374.51亿元，比上年增长13.36%；本外币各项贷款余额4688.79亿元，比上年增长15.78%；本外币存贷款总额9063.3亿元，比上年增长14.61%。全市政府性融资担保机构在保余额49.15亿元，平均担保费率0.5%，融资担保放大倍数4.99倍，比上年增加1.98倍。持续抓好金融服务实体经济、金融风险防控和金融改革创新等工作。

【信贷风险化解】 2022年，漳州市金融局加强重点信贷风险分析研判及监测预警，按照“一企一策”的方式加大对正兴集团、中坤食品、厦漳跨海大桥公司等重点企业风险防范化解力度，组织梳理全市金融领域风险点，督促各地履行金融风险防范属地责任。截至年底，全市不良贷款余额32.23亿元，不良贷款率0.71%，保持在历史低位。

【非法集资处置】 2022年，漳州市金融局首次召开全市防范和处置非法集资工作会议，持续开展“一月一主题”系列宣传活动。在龙文碧湖社区创建漳州市首个“防非宣传示范社区”，并升格为省级示范社区。木偶剧短视频《非法集资套路多、谨防养老变坑老》获处置非法集资部际联席会议办公室短视频征集大赛全国优秀奖。

【地方金融监管】 2022年，漳州市金融局新审批设立开泰担保等5家支农融资担保公司和10家典当行，强化行业自律，推动漳州市地方金融业协会成立。坚持管行业管安全、管疫情防控，组织开展2021年度典当行年审及小额贷款公司现场考核评价、2022年度典当行和融资担保公司监督管理“双随机”现场检查。

【重点区域服务】 2022年，漳州市金融局开展重大项目现场融资服务保障6场次，通过创新信贷产品、提供综合金融服务，加大重点区域金融支持力度。在古雷实行金融特派员制度，为22个古雷石化项目提供贷款授信支持568亿元，用信余额314亿元；在高新区“三大片区”，累计授信超260亿元，在云霄核电项目，实现贷款余额100.47亿元。

【重点领域服务】 2022年，漳州市金融局坚持服务普惠金融发展本源，围绕“四大经济”和

"9+5"产业，以及制造业和受疫情影响严重的交通物流、住宿餐饮、文体旅游等行业，开展普惠金融及制造业发展政银企融资会等融资对接活动15场，达成意向融资金额2848.46亿元。对接福建省纾困专项资金，推动银行机构发放中小企业纾困贷3478笔，金额104.51亿元，帮助企业融资成本节约超1亿元。

【重点项目服务】 2022年，漳州市金融局共向金融机构推送2批次、622个项目。首次召开保险工作推进会，持续做好"险资入漳"，引导保险机构通过工程一切险、安责险等方式为项目提供保障。对接国开行、农发行等政策性金融机构，和市发改委等部门联合运用政策性开发性金融工具（基金）。年内，28个项目与政策性银行签约，签约金额60.8亿元；16个项目获得基金投放支持，放款39.7亿元。

【企业直接融资服务】 2022年，漳州市金融局首次召开证券机构代表座谈会，创新举行3场企业股权投融资常态化路演活动，推动16家企业与100多家股权投资管理机构对接。运用再融资工具，推动傲农生物通过股票定向增发融资14.4亿元。推动《漳州市企业上市"龙江计划"行动方案》出台，持续完善抓上市助上市的制度体系，年内，新增新三板挂牌公司1家、海交中心挂牌公司3家，41家企业入选省重点上市后备。

【普惠金融创新】 2022年，漳州市金融局在全省创新设立普惠金融风险补偿金，出台《漳州市普惠金融发展风险补偿资金管理暂行办法》，推出1亿元的普惠金融风险补偿金，引导金融机构面向中小微企业推出纯信用、无抵押贷款。该项目入选福建改革创新案例，并转报中央改革办推广改革创新做法。

【绿色金融创新】 2022年，漳州市金融局联合市林业局等部门，研究出台《漳州市林业地票、林票管理办法》，在全国率先探索推行林业"地票"改革试点，发放全国首张"林业地票"，创新"拿票变现"机制，破解"产业融资"瓶颈。"漳州地票"经验做法受到福建省委、省政府肯定，并印发意见在全省推广。

【漳台融合金融创新】 2022年，漳州市金融局在融合"台商台胞金融信用证书"的基础上，推动厦门银行漳州分行以标准化产品"台农贷"面向全省台农推广，具有纯信用、免抵押、免第三方担保、额度高等特点，涉农制造业最高可贷1500万元，单笔贷款可无还本续贷，被省金融局列为第四批金融可复制创新成果。

（陈汉宗）

·银行业·

银行业监督管理

【概况】 截至2022年年底，漳州市本外币各项存贷款余额9063.3亿元，比上年增长

2022年4月27日，漳州林业"银政合作"签约仪式举行

（柯雪娇 摄）

14.61%。其中，全市存款余额4374.51亿元，比上年增长13.36%。各项存款余额比年初增加515.70亿元，比上年增加149.04亿元；全市各项贷款余额4688.79亿元，比上年增长15.78%，增速较全省平均增速高出4.76%。各项贷款余额比年初增加638.91亿元，比上年增加36.46亿元，存贷比为107.18%，增量贷款、存贷比续创历史新高。

【信贷结构优化】 截至2022年年末，漳州市企（事）业贷款、普惠小微贷款、绿色贷款余额分别比上年增长25%、30.88%、101.37%，分别高出全省平均增速8.72%、6.43%和53.03%；地方法人金融机构贷款比上年增长19.06%，高出全金融机构贷款增速3.28%，余额较年初增加121.73亿元，为上年同期的1.2倍。

【企业融资成本降低】 2022年，漳州市人民币贷款加权平均利率为4.84%，在前两年大幅下降的基础上再下降52个基点。其中，普惠小微贷款利率5.07%，比上年下降58个基点；企业贷款利率4.11%，降至历史低点，比上年下降38个基点。全年为贷户减少利息支出约16亿元（不含房地产贷款）。

【实体经济发展金融服务】 2022年，中国人民银行漳州市中心支行出台《转发关于做好疫情防控和经济社会发展金融服务的通知》等助企纾困政策文件，牵头印发《漳州市数字普惠金融行动计划（2022—2025年）》《金融支持漳州市绿色低碳发展行动方案（2022—2025年）》等信贷政策文件，推动市政府设立1亿元普惠金融发展风险补偿基金，推进各类结构性货币政策工具全面落地，政策性资金发放规模创历史新高。牵头开展“一县一品 贷动‘闽’生”以及金融支持“绿色低碳、数字普惠、乡村振兴、科技创新、台商台胞”等6项专项行动，全市信贷增长保持“量增、质优、价降”。

【区域金融稳定维护】 2022年，中国人民银行漳州市中心支行履行金融稳定职责，持续加强风险监测、预警工作，健全完善内外部金融监管协调长效机制，守住不发生区域性金融风险。全市累计处置不良贷款30.9亿元，截至年底，全市不良贷款余额32.23亿元，比年初增加3.01亿元；不良贷款率0.71%，较年初下降0.04%，保持在历史低位。组织开展打击治理洗钱违法犯罪三年行动，全年推动洗钱罪案件判决10起。深入开展打击地下钱庄、虚开骗税、反恐禁毒和扫黑除恶等专项行动，中国人民银行漳州市中心支行被评为漳州市反恐怖工作领导小组成员优胜单位。持续推进“断卡”行动，指导银行机构加快实施账户分类分级管理，全市涉案银行账户比上年下降17.4%。

【外汇管理改革】 2022年，中国人民银行漳州市中心支行出台《关于进一步做好外汇金融服务工作的指导意见》，指导全市涉外企业利用各项便利化政策办理1048笔业务，金额2.56亿美元，业务量居全省首位。开展漳州市中小微企业外汇套保首办拓户专项行动，全年全辖银行办理远期、期权衍生品业务签约19.81亿美元，新增外汇衍生品首办企业162家。指导全市银行运用全国外汇跨境金融服务平台办理出口信保融资1289.88万美元，应收账款融资额1.47亿美元。推动“企业汇率避险”纳入漳州市政府性融资保资金支持范畴，在全省范围内首推外汇套保财政支持政策。

【经理国库职能履行】 截至2022年年底，全市人行系统23个国库共办理预算收支业务611.75万笔，金额3417.40亿元，分别比上年增长13.5%、30.5%。全市实现公共预算总收入341.03元，比上年下降11.3%，剔除增值税留抵退税影响，比上年增长8.3%。完成公共预算支出499.11亿元，比上年增长18.3%。保障新政策红利直达纳税人，全市完成增值税留抵退税5012笔、共95.82亿元。

【信用体系建设推进】 2022年，中国人民银行漳州市中心支行在全市辖区共受理个人信用报告查询23.1万次、企业信用报告查询7971次。持续深入开展“金融信用示范村、乡镇”创建工作，牵头评定460个省级“信用村”、11个省级“信用乡镇”，推动东山县获评“福建省金融信用县”，打造“信用漳州”模式。推动建成漳州市涉农信用信息综合服务平台。中征应收账款融资服务平台融资金额60.38亿元，有效缓解中小企业融资问题。

【现金正常供应保障】 2022年，中国人民银行漳州市中心支行在全市发行基金调拨92笔，调拨金额443.73亿元，保障全市现金正常供应。持续开展整治拒收现金活动，协助公安机关侦办1起非法持有假币案。

【企业账户服务】 2022年，中国人民银行漳州市中心支行持续优化银行账户服务，全面开展本外币合一银行结算账户体系试点。联合市营商办组织全市银行机构修订《开立企业银行账户服务指南》，并在政务服务平台统一公开。督促银行机构共为13.64万小微企业和个体工商户降低支付手续费4900多万元。

【金融消费者教育和权益保护】 2022年，中国人民银行漳州市中心支行联合市中级人民法院等部门建设“一站两中心”，实现金融纠纷多元化解中心辖内全覆盖。牵头漳州市农业农村局等部门开展“百镇千村金融行赋能万户新农人”活动，推动成立“金社工程”金融宣传教育服务站。

（游志强）

银行和银行金融机构

【中国农业发展银行漳州市分行】 2022年，中国农业发展银行漳州市分行（简称农发行漳州市分行）累计审批贷款98.63亿元，比上年增加59.87亿元；投放贷款51.21亿元，比上年增加26.02亿元；审议通过农发基础设施建设基金项目9个，金额4.4亿元；实现投放项目5个，金额1.47亿元。年末贷款余额133.07亿元，比上年增加35.25亿元，贷款增量和贷款规模均创历史新高。

2022年，农发行漳州市分行累计发放粮油购销储贷款3.96亿元，投放2.99亿元支持11家食品加工流通企业。累计审批农地项目贷款5笔，金额33.5亿元，投放12.02亿元，支持芗城、漳浦、南靖、平和等县（区）土地综合开发项目。

2022年，农发行漳州市分行支持巩固拓展脱贫攻坚成果、农业现代化、农业农村建设、区域协调发展、生态文明建设，累计审批项目20个，金额91.46亿元，比上年增加58亿元；投放贷款44.22亿元，比上年增加23.72亿元；累放精准帮扶贷款850万元，带动脱贫人口137人，引导存量14家民营贷款企业开展“万企兴万村”帮扶行动。

2022年，农发行漳州市分行审批18.8亿元、投放16.13亿元，支持辖内盘活存量资产项目4个。审批“保交楼”专项借款12.7亿元，投放7.31亿元。审议通过农发基础设施建设基金项目9个，金额4.4亿元；实现投放项目5个，金额1.47亿元。发放普惠小微企业贷款7114万元，支持辖内12家普惠小微企业。

（戴俊玉）

【中国工商银行漳州分行】

2022年，中国工商银行漳州分行（简称工行漳州分行）实现营业收入15.97亿元，比上年增长10.42%；拨备前利润12.14亿元，比上年增长15.47%；净利润5.10亿元，比上年下降13.05%；中间业务收入2.12亿元，比上年增长2.49%。一般性存款余额405.82亿元，比年初增加70.48亿元。储蓄存款余额199.04亿元，比年初增加28.48亿元。对公存款余额206.78亿元，比年初增加42亿元，其中公司、机构存款分别增加31.79亿元、10.21亿元。各项贷款余额615.32亿元，比年初增加64.11亿元。其中，个人贷款（含卡透）余额326.48亿元，净减4.98亿元；公司贷款余额247.26亿元，净增40.22亿元；票据贴现余额41.58亿元，净增28.87亿元。不良贷款余额4.05亿元，净减0.16亿元；不良贷款率0.66%，净降0.1个百分点。

截至2022年年底，工行漳州分行制造业、民营企业、绿色信贷、涉农贷款、普惠型涉农贷款余额分别比年初净增22亿元、42亿元、32亿元、38亿元、4.8亿元。落实让利实体经济的政策导向，新发放公司贷款和普惠贷款利率分别较年初下降41个基点、30个基点。

2022年，工行漳州分行全量个人客户数净增6.72万户，日均5万以上个人客户净增0.75万户；代发单位数净增422户，代发人数净增1.59万人；累计代发81.80亿元。同业口径私人银行客户262户，净增36户。信用卡新发卡1.78万张，新增客户1.08万户；收单商户交易额89.4亿元。个人手机银行117.52万户，净增8.92万户。融资余额1000万元（含）以上法人客户拓展净增48户；机构客户净增203户，日均1万以上机构客户净增64户；国业对公交易类活跃客户273户，比上年增加84户；国际结算量、跨境人民币结算增幅分别达56%、31%；累计开立农民工工资保证金账户98户。

（工行漳州分行）

【中国农业银行漳州分行】

截至2022年年底，中国农业银行漳州分行（简称农行漳州分行）存贷款总量1057.07亿元，比年初增加134.86亿元。各项贷款余额589.05亿元，比年初增加68.31亿元。各项存款余额468.02亿元，比年初增加66.55亿元。中标发债业务6笔，金额62亿元，中标标数及金额均居四行首位。为68个重点项目授信320亿元。为国家发改委基金项目清单内6个项目授信185.2亿元。

2022年，农行漳州分行支持重点领域，累计投放法人实体贷款155.3亿元。其中，民营企业贷款余额50.81亿元，比年初增加1.37亿元；制造业贷款余额75.58亿元，比年初增加7.41亿元；绿色金融贷款余额67.27亿元，比年初增加20.74亿元。投放个人住房贷款14.21亿元，余额137.44亿元。落实减费让利政策，累计投放人民币实体贷款425.21亿元，加权利率比上年下降42基点。

2022年，农行漳州分行涉农贷款余额283.82亿元，比年初增加55.34亿元。投放乡村振兴贷1.47亿元。上线柚农贷、水仙花贷等47个“惠农e贷”系列产品，惠及农户4.72万户，授信余额83.82亿元，贷款余额66.57亿元，比年初增加12.51亿元。开办“惠农e贷”网点61个，点均余额1.1亿元。3个脱贫县支行贷款总量125.77亿元，比年初增加18.24亿元。

2022年，农行漳州分行普惠金融重点领域贷款余额60.9亿元，比年初增加17.9亿元；小微贷款户数8497户，比年初增加1871户。其中，法人小微企业贷款余额17.64亿元，比年初增加3.37亿元；新增首贷户301户。纾困贷款余额11.63亿元，新增5.29亿元。全年累计投放普惠小微企业贷款加权利率3.8%，比上年下降27基点。农户贷款加权利率4.28%，比上年下降37基点，其中农户小额贷款4.1%，比上年下降48基点。

2022年，农行漳州分行服务台企台农82户，授信金额73.99亿元，用信余额28.79亿元。

（林舒婷）

【中国银行漳州分行】 2022年，中国银行漳州分行（简称中行漳州分行）实现营业收入12.96亿元，比上年增长4.79%，连续3年实现正增长，其中，净利息收入11.44亿元，中间业务收入1.48亿元。本外币各项存款余额491.73亿元，比年初增加35.16亿元；其中，个人存款余额285.62

亿元，比年初增加42.07亿元；公司存款余额206.11亿元，比年初减少6.9亿元。本外币各项贷款余额419.56亿元，比年初增加42.35亿元，其中，公司贷款余额226.89亿元，比年初增加34亿元；个人贷款余额192.67亿元，比年初增加8.35亿元。年内，获全国金融五一劳动奖状称号。

2022年，中行漳州分行服务实体经济发展，发放纾困贷款超8亿元，年内获批重点项目授信金额近180亿元，实现贷款投放28亿元；新增民营企业贷款14.64亿元、制造业贷款13.05亿元、普惠金融贷款8.09亿元、绿色金融贷款21.35亿元、战略新兴产业贷款12亿元、涉农贷款16.14亿元。协助企业发行可持续发展债券、绿色境外债等各类债券，全年叙做投行业务57亿元，市场份额达54.55%。

2022年，中行漳州分行成为漳州市首家为中沙古雷乙烯项目出具贷款承诺函的金融机构；创新福费廷非融资性风险参与业务、委托境外加工的新型离岸国际贸易业务，年内国际贸易结算量41.78亿元、跨境人民币结算量36.95亿元，结售汇履约量37.13亿美元。

2022年，中行漳州分行补换发三代社保卡146.43万张。年内，千元以上个人月均有效客户数新增3.94万户，中高端客户比上年新增4298万户；对公客户拓展3399户。

（陈嘉怡）

【中国建设银行漳州分行】

2022年，中国建设银行股份有限公司漳州分行（简称建行漳州分行）实现主营业务收入21.69亿元，比上年增加0.48 亿元；存贷款总量1296.25亿元，存款增加56.31亿元，贷款增加56.42亿元。公司机构有效客户当年新增815户，个人全量客户新增4.27万户。对公新增储备233亿元，比上年增长247%；获批53个项目，比上年增长47%；全年近90%对公贷款新增投向重点领域。不良贷款额16.89亿元，比上年减少3481.47万元；不良贷款率2.35%，比上年下降0.25%；全年处置不良贷款6.02亿元，已核现金回收1.43亿元。

2022年，建行漳州分行中标5只债券承销资格，承销量53亿元；资管资产配置12.1亿元。办理套保购汇超4000万欧元，累计为50家企业办理汇率套保3.85亿美元。办理建总行2022年新产品人民币利率期权5000万元。

2022年，建行漳州分行新增普惠贷款12.29亿元，比上年增长22.69%。减费让利近1亿元，发放纾困专项贷3.14亿元，办理延期续贷27.82亿元；承接市级政府消费券，累计发放政府消费券超20万张，直接拉动消费超700万元。

2022年，建行漳州分行涉农贷款余额118.02亿元，比上年增加15.34亿元。完成布设普惠金融服务点200个。绿色信贷贷款余额为48.42亿元，新增20.64亿元。

（李 欣）

【邮储银行漳州市分行】 截至2022年年底，中国邮政储蓄银行漳州市分行（简称邮储银行漳州市分行）各项贷款余额268.33亿元，新增57.65亿元。各项存款（含代理）余额297.54亿元。实体贷款新增达54.58亿元，比上年增加17.97亿元。全年处置不良贷款2.77亿元，收回不良资产1.57亿元，核销不良资产6565.62万元，不良率控制在省分行下达的年度管控目标内。全年未发生资金案件和重大风险事件。

2022年，邮储银行漳州市分行服务古雷石化基地、云霄核电建设发展等项目，获批授信102.6亿元。加快数字经济发展，线上产品累计投放78.49亿元。为科技型企业提供贷款1.2亿元；投向海洋经济领域贷款92.45亿元，渔船抵押贷款16.6亿元；绿色贷款余额突破10亿元；文旅经济领域投放6.73亿元。

2022年，邮储银行漳州市分行小企业贷款余额27.88亿元，新增6.31亿元。普惠小微贷款余额83.95亿元。为实体经济减费让利7000余万元。小企业法人贷款无还本续贷投放8.95亿元，纾困贷款投放5.56亿元。

2022年，邮储银行漳州市分行累计为乡村振兴带头人授信1.43亿元。创建全省首个邮银协同共建信用村（线上模式）。累计创建信用村1548个，惠及农户近4万户。全行涉农贷款余额123.70亿元，占全部贷款的46.11%，年新增20.64亿元。

2022年，邮储银行漳州市分行服务"保交楼、稳民生"，累计向芗城恒大帝景等项目发放贷款5682万元；新增个人住房按揭贷款15亿元。发放专属"新市民贷"贷款6498万元。

（陈淑惠）

【兴业银行漳州分行】 截至2022年年底，兴业银行股份有限公司漳州分行（简称兴业银行漳州分行）账面总资产505.95亿元，比年初增加67.16亿元；本外币各项存款余额487.9亿元，比年初增加66.85亿元。其中，对公存款283.66亿元，比年初增加22.06亿元；个人存款204.24亿元，比年初增加44.79亿元。本外币各项贷款余额422.71亿元，比年初增加61.1亿元。其中，对公贷款余额247.07亿元，比年初增加40.42亿元；个人贷款余额175.64亿元，比年初增加20.68亿元。累计完成各类投融资278.72亿元，比上年增加65.18亿元。不良贷款余额2.19亿元，比年初减少0.37亿元；不良贷款率0.52%，比年初下降0.19%。公司客户数2.22万户，零售核心客户数23.8万户。

2022年，兴业银行漳州分行各项贷款余额比年初增长16.9%。制造业中长期贷款52.8亿元，普惠小微贷款余额45.15亿元，涉农贷款余额96.67亿元；科创企业贷款余额27.23亿元。全市各类产业园区、开发区金融贷款余额160.75亿元。

2022年，兴业银行漳州分行绿色贷款余额39.03亿元。零售理财保有量日均192.01亿元，同比新增24.5亿元。

2022年，兴业银行漳州分行场景生态圈平台项目构建新增13个，累计61个。手机银行新增月均活跃客户3.5万户，零售城市生活活跃客户数新增7.2万余人，"兴e家"租住一体化平台签约42个社区、上线39个小区，兴业管家有效户同比新增1736户，兴业普惠融资完成34.48亿元，钱大掌柜月均网络产品运营情况（MAU）新增1.07万户。

（杨瑞林 吴剑雄）

【漳州农商银行】 截至2022年年底，漳州农商银行总资产343亿元，各项存款余额259亿元，比年初增加22亿元；各项贷款余额212亿元，比年初增加28亿元。实现财务总收入16亿元，利润总额5.5亿元，净利润4.4亿元，当年上缴各项税金2亿元。批发零售业贷款余额46亿元，个体工商户贷款余额31.5亿元，小微企业主贷款余额35.8亿元。

截至2022年年底，漳州农商银行当年累计办理"无还本续贷"续贷金额超35亿元。小微企业信用贷款余额12.6亿元，比年初增加3.12亿元；累计发放政策性融资担保贷款"银政通"4.4亿元。绿色金融信贷余额达6.6亿元，科技型中小企业贷款余额2.4亿元。

2022年，漳州农商银行通过"金服云"发放贷款34亿元。累计发放纾困贷款15.7亿元，发放"信易快贷"普惠金融业务合作担保业务2.7亿元，为小微企业、个体工商户减免支付手续费365万元。"五福"贷款余额达74.6亿，新型农业经营主体贷款2.4亿元，十大特色产业贷款余额10.7亿元。

截至2022年年底，漳州农商银行累计办理国际贸易结算业务1861笔，结算金额1.27亿美元，累计减免手续费和中间业务收入96.4万元。

2022年，漳州农商银行深入推广"党建+金融助理+多社融合"服务模式，依托"支部建在网点"的组织优势，开展对外共建320个，覆盖镇街、村居、社区、行业协会、企事业单位等组织。设立了10个福农驿站、5家普惠金融学校、8个普惠金融工作站、103个普惠金融便民点。

（郑小丽）

·保险业·

保险业监督管理

【概况】 2022年，漳州市保险业实现保费收入95.82亿元，比上年增长3.88%；赔付支出34.35亿元，比上年增长6.89%。全市保险主体55家，其中财产险公司21家，人身险公司23家，保险专业中介机构11家。

【金融风险防范】 2022年，漳州银保监分局严把政策性医疗保险入口关，公布辖区7家机构大病保险经营资质。消除黑产土壤，推动建立“保险理赔司法鉴定”协调机制，联合市公安局、市场监管局等部门开展整治“代理退保”黑产乱象专项行动。推进大病保险及短期健康险业务重点风险自查整改、中介机构“多散乱”问题整治等专项工作，发出监管意见书5份。联合市应急局印发安责险业务专项通知，发出监管意见书3份，系统提出监管举措3项，指导协会举办高危行业领域安责险培训会。妥善应对10余起涉嫌保险诈骗案件。开展车险监管指标非现场监测，对5家机构做出风险提示，推动前六大财险机构签署家用车自律公约。持续深化“内控合规管理建设年”活动，从根源上整治保险机构屡查屡犯问题。

【实体经济助力】 2022年，漳州银保监分局推动辖区保险业为地方经济发展提供风险保障余额3.16万亿元，为受疫情影响企业提供风险保障650亿元，为货运企业提供货物运输风险保障超350亿元，通过债权、债券和股票等方式为芯云谷信息技术产业园、城区基础设施建设等提供资金支持达52.3亿元，在漳资金运用余额突破70亿元。积极引导20家机构上线开具工程投标电子保函，累计为投标企业释放资金超300亿元。推动全省首创政保合作协调机制，引导保险机构与政府相关职能部门开展对接，做好政策性、普惠性民生保险工作。引导逾30家银行保险机构开展“手手相牵，银保相连”党建共建暨清廉伙伴结对。推动设立全市首家政策性保险机构，承保出口金额突破32亿美元，为在漳小微出口企业拨付应对俄乌风险、进口商商业风险等信保赔款。

【民生保障服务】 2022年，漳州银保监分局为居民提供健康风险保障1.24万亿元，推动全国首创“东山造礁石珊瑚群落司法+保险+修复”模式，开办全国首单珊瑚群落责任保险。召开保费收入工作专题推进会和政保合作协调机制推进会，推动“惠闽宝”落地参保人数突破31.1万人。引导机构在漳州推行台胞健保“一站式”代办服务。推动行业协会下发学平险业务发展专项通知及投保倡议书，助力护航群众安全。

【乡村振兴服务】 2022年，漳州银保监分局为21.63万户次农业保险参保农户提供风险保障136.1亿元。推动保险机构首创“镇域安全保”、脱贫户枇杷低温气象指数保险、溯源农产品质量责任保险，创新推出青梅价格指数保险。发布漳浦县乡村振兴特色金融服务指南，助力消费者高效获取保险服务信息。

（梁润城）

保险机构

【中国人民财产保险股份有限公司漳州市分公司】 2022年，中国人民财产保险股份有限公司漳州市分公司（简称人保财险漳州市分公司）建立起覆盖全市16家经营机构共120支销售服务团队，实现保费20.4亿元，市场份额54.84%。

2022年，人保财险漳州市分公司与漳州市农发行开展“手手相牵，银保相连”党建结对共建暨青年伙伴结对子工作，辖内人保财险诏安支公司党支部挂钩帮扶白洋镇汀洋村，为脱贫人口提供产业帮扶保险服务。推广“惠闽宝”，助力守护漳州人民生命健康；在芗城、龙文、龙海、长泰、云霄等11个县（区）开展脱贫人口医疗兜底综合保险；通过保险+科技创新服务模式，为全市278栋房屋提供风险保障；全国首创海底珊瑚礁保险，为东山县造礁石珊瑚群落每年提供100万元的风险保障。

（韩小平）

【中国人寿保险股份有限公司漳州分公司】 2022年，中国人寿保险股份有限公司漳州分公司（简称人寿保险漳州分公司）实现股份总保费21.01亿元，比上年增长0.51%。续期保费15.49亿元，占比73.8%。长险首年期交保费3.73亿元，比上年增长9.09%；十年期及以上期交保费达成1.8亿元，比上年增长10.97%；长险首年标准保费1.13亿元，比上年减少13.63%。短期险保费1.47亿元，比上年减少1.78%。全年共计理赔案件近2.3万件，总赔款金额超1.4亿元。

2022年，人寿保险漳州分公司涉农保险业务提供风险保额355.21亿元。漳浦县支公司党支部与其挂钩村建立三年结对共建关系，成立“金融指导员驻村工作室”；承保漳浦原贫困人口补充医疗保险422.33万元，为17791人提供风险保障17.79亿元。开展“乡村振兴保”和“健康驿站”项目，建立健全线上线下融合的普惠保险保障服务体系，“乡村振兴保”平台共为98228名群众提供100.59亿元风险保障。

2022年，人寿保险漳州分公司城市定制型商业保险“惠闽宝”，完成28.1万人的承保出单，受理审核1172笔理赔业务。推广普惠保险，共为83.03万人提供1183.85亿元的风险保障，累计为7161人赔付2278.54万元。推广员福业务，承保1060家企业，为24008人提供36.64亿元风险保障。

2022年，人寿保险漳州分公司寿险APP实名认证人数超22万人，无纸化投保率达100%，个人理赔e化率达99.91%，保全作业e化率达98.28%。为920位客户提供“重疾一日赔”3401.95万元；医疗类案件智能理算率达86.35%，医疗险直付赔付率55.91%。

（刘燕玲　蒋小玲）

【中国太平洋人寿保险股份有限公司漳州中心支公司】 2022年，中国太平洋人寿保险股份有限公司漳州中心支公司（简称中国太保寿险漳州中支）实现原保费收入4.93亿元，总保费收入市场份额占比8.31%。其中，新单保费收入1.25亿元，比上年增长1%；新单期缴保费收入6699.09万元，比上年增长12.51%；续期保费收入3.68亿元。长期保障类业务保费2.64亿元，占比总保费53.5%。

2022年，中国太保寿险漳州中支以“太慧赔”“云柜面”远程服务、太平洋保险APP等线上渠道，为业务一线及消费者提供全天候服务。开展保驾护航航意卡2.0、护身福保险保障计划、E路领航商务卡2.0赠险，扩展新冠责任为有效应对疫情带来的客户（含中小微企业）阶段缴费能力变化，落地执行总公司建立年度常态化的二、三期免息复效政策。

（薛舒静）

责任编辑：江细珍

交通

·公路·

【概况】 2022年，漳州市完成道路客运量614.57万人次，比上年下降1.02%；客运周转量6.45亿万人千米，比上年增长7.00%。完成道路货运量7517.55万吨，比上年下降10.78%；货物周转量89.58亿吨千米，比上年下降4.26%。全市公路客货运输换算周转量完成90.22亿吨千米，比上年减少4.2%。

【漳武高速（南靖段）建成通车】 2022年4月29日，漳武高速（南靖段）正式通车运营，标志着全长245千米的漳州开发区至龙岩武平高速公路全线建成通车。漳武高速（南靖段）是福建省交通扶贫“双百”高速公路项目，路线全长50.7千米，采用双向四车道高速公路标准建设，批复概算总投资62.3亿元，项目起于南靖县丰田镇五川，途径山城镇、南坑镇、船场镇，止于南靖县书洋镇的曲江附近，与漳武线永定至上杭高速公路永定段相接，是一条打通漳州招银港区物流集疏运通往闽西赣南地区的“交通大动脉”。

【国道228线滨海风景道漳州境内主体全线贯通】 2022年11月7日，龙海锦江大道（三期）CD段匝道全部贯通，标志着国道228线滨海风景道漳州境内主体全线贯通。国道228线漳州境内共232.8千米，途径8个县区，辐射全市约60%人口，串联起9个AAA级以上景区和数十个旅游景点，沿线布局能源、石化、高端制造、造纸等一大批临港产业集群。

【国道324线龙海角美大碑头至龙文朝阳漳滨段工程项目开工】 2022年10月8日，国道324线龙海角美大碑头至龙文朝阳漳滨段工程项目举行开工仪式。该项目起于角美大碑头，终于龙文漳滨村，设计里程8.892千米，按一级公路兼城市主干路标准建设，估算总投资26.05亿元，其中建安费约19.7亿元。该项目是国道324线漳州段的重要组成部分，项目的建设对完善国省干线路网布局，提高城区集疏运条件，加强国防交通应急保障能力和促进漳州市经济社会发展具有重要的意义。

·铁路·

【概况】 2022年，漳州市完成铁路货物运输量22.17万吨，比上年增长54.2%。铁路旅客发送量473.22万人次，比上年减少24.9%。

【福厦高铁厦漳段左线铺轨完成】 2022年12月9日，福厦高铁厦漳段左线完成铺轨作业。福厦高铁厦漳段正线总长35.08千米，由漳州铺轨基地首发，穿越既有漳州高铁站，直达厦门北站高铁站房，双线轨道铺设总长度70.16千米。

【鹰厦铁路华安城区段外移工程华新隧道部分贯通】 2022年11月28日，鹰厦铁路华安城区段外移工程华新隧道进口至斜井小里程顺利贯通。作为全线重难点控制性工程，进口工区与斜井工区贯通后，为华新隧道全隧贯通和铁路外移项目早日开通打下坚实基础。鹰厦线华安城区段铁路外移改线工程是漳州市基础设施类重大项目，总投资8.7亿元，总工期3年，桥隧比重达94%，新建线路12.5千米，新建、改建车站3座。其中，华新隧道位于华丰镇与新圩镇境内，进口接华安站温水溪双线中桥，出口接路基，隧道全长6915米，建成后将是鹰厦线上最长的单向隧道，该工程的实施对促进地方经济社会发展、缓解城区交通压力等具有重要意义。

·水路·

【概况】 2022年，漳州市完成水路客运量9.66万人次，比上年下降52.32%；旅客周转量90.68万人千米，比上年下降45.40%；完成水路货运量146.19万吨，比上年增长26.99%；货物周转量23.09亿吨千米，比上年增长133.54%；全市水路客货运输换算周转量23.09亿吨千米，比上年增长133.39%。全市完成货物吞吐量5111.04万吨，比上年下降1.76%，其中外贸货物吞吐量1242.41万吨，比上年下降2.03%；集装箱吞吐量34.41万标箱，比上年增长27.78%。

【厦门港古雷港区将军澳作业区规划方案正式获批】 2022年9月20日，交通运输部、福建省政府联合批复《厦门港古雷港区将军澳作业区规划方案》。将军澳作业区是古雷港区的重要组成部分，主要为临港产业和地方经济发展服务，以散杂货运输为主，兼顾集装箱运输。将军澳作业区将建设港口岸线2.0千米，路域规划采用环抱式港池布置形式，北侧布置通用泊位区和支持系统区，东侧布置多用途和干散货泊位区，南侧布置通用泊位区，共规划8个2万—10万吨级泊位；水域规划建设进港航道为10万吨级单向航道。作业区南侧水域布置1个5万吨级以下港内锚地和1个10万吨级以下港外锚地。

·交通基础设施建设与养护·

【交通基础设施建设】 2022年，漳州市完成交通基础设施投资179.2亿元，比上年增长14.9%。其中，铁路完成投资36.8亿元。高速公路完成投资13.3亿元，新增漳武高速50.6千米，通车里程达723千米，漳浦万安互通、古雷疏港一期已开工建设。普通公路完成投资68.8亿元，建成国省干线公路91.5千米，国道319线圆山大道、国道324线马洲大桥、漳浦港城大道等一批项目建成通车。运输场站及交通物流完成投资52.1亿元，芗城区东马物流园、龙海区港尾公交枢纽站等13个项目已顺利完工。港口航道完成投资6亿元，东山5000吨级对台客货码头、漳浦六鳌重装码头工程开展竣工验收；古雷作业区南20—22号泊位工程和东山港区城垵作业区3、4号泊位工程顺利开工建设。高质量推进“四好农村路”建设，建成路面646.7千米，完成农村公路危桥改造15座；龙海区获评第六批“四好农村路”省级示范县，南靖县和东山县获评2022年“四好农村路”全国示范县创建单位。

【公路养护与管理】 2022年，漳州市完成普通国省干线养护投资6.45亿元，实施路面改33万平方米，路面中修10.94万平方米，扎实开展裂缝封闭、坑槽修补等路面预防性养护工作。突出专业化养护优势，加强常态化养护，推广使用热再生技术，提升沥青路面养护水平，保障公路通行舒畅。与同济大学合作，开展道路交叉口沥青路面抗车辙和坑槽技术研究，加快创新成果转化应用。

·交通管理·

【概况】 2022年，漳州市交通运输局开展“安全生产专项整治三年行动”“迎二十大保安全百日攻坚行动”等专项行动，不断深化完善安全生产机制建设，深入推进平安交通建设，加大风险管控和隐患排查双重预防力度，全市交通运输安全生产形势总体平稳有序，行业保持安定稳定，全年未发生重大以上安全生产事故，较大事故得到有效遏制。

【工程质量监管】 2022年，漳州市交通运输局推进“平安百年品质工程”，持续加强交通建设项目质量安全管理，通过开展专项行动，“双随机、一公开”监管、检查和执法、现场服务，抽检核验和审核资料等多种监管方式和手段，做到事中事后质量安全监管全覆盖。全市交通建设工程质量监督覆盖率100%，工程质量总体受控；全市在建项目未发生一般及以上安全事故，安全生产形势平稳；指导服务G228线滨海风景道建设和“四好农村路”建设。

2022年2月25日，省道219线龙海雩林至翠林段提升改造工程开工动员会举行 （漳州市交通局 供图）

【“科技兴安”】 2022年，漳州市交通运输局在交通领域安全生产工作逐步实现从“事后处置”向“事前预防”转变，从人防、物防向技防转变。深化四省联盟平台运用，建立四省重点监管车辆清单。全面实施危货电子运单制度，营运危货运输企业均加入一体化平台，利用省级动态监管平台的联网联控指标信息，开展分析研判，完成危货运输挂靠车辆动态清零。

（陈永连）

责任编辑：杨少毅

邮政·通信

·邮政管理·

【概况】　2022年，漳州市邮政业务总量完成41.29亿元，比上年增长17.63%；邮政业务收入完成32.19亿元，比上年增长23.76%；快递业务量完成 4.48亿件，比上年增长21.21%；快递业务收入完成25.74亿元，比上年增长26.82%。全市有许可法人企业49家，分支机构91个，备案末端网点1465个，涵盖16个快递品牌。年内，指导快递服务花木、蜜柚、地瓜申报国家局金牌项目，推荐龙文区申报农村电商快递协同发展示范区。

【邮政服务农村】　2022年，漳州市邮政快递服务农产品业务量完成6200万件，占全市快件量比重约14%，拉动农业产值33亿元。共有6家企业申请邮政快递业奖补186.64万元。年内，推动市政府办印发《关于加快漳州市农村寄递物流体系建设工作的通知》，加快形成双向畅通的农村寄递物流体系。截至年底，共有村级服务站点数1184个，未设点区域均实现服务覆盖。通过邮快合作代投快件78.42万件，“交邮合作”投递1.5万件。警邮、税邮、政邮合作县市已全覆盖，并对接省级平台。

【邮政服务企业】　2022年，漳州市邮政管理局引导企业加速实现与制造业协同发展，快递服务制造业业务量约9000万件。联合市发改委等8个部门印发《漳州市关于加快快递包装绿色转型实施方案》，督查快递网点40个，立案2起。企业符合标准的包装材料应用比例为96.66%；按照规范操作比例为92.40%，可循环快递箱（盒）投入10.5万个，回收复用瓦楞纸箱245万个。

【关爱快递员】　2022年，漳州市邮政管理局组织开展漳州市蔚然“撑”蜂——关爱快递员“暖蜂行动”，开展38次慰问，覆盖2320名快递员。协调市人社局推动3700多名快递员参加工伤保险；为5391名快递员缴交医疗互助金43.1万元、购买人身意外险40万元，满足217名快递员“微心愿”。

【邮政执法检查】　2022年，漳州市邮政管理局开展“执法办案提升年”活动，出动执法检查1580人次，检查企业602家次，责令改正13起，立案处罚39起。持续推进行业综合治理，对各县开展两次专项督导，联合检查23次，出动检325人次。委托专业第三方评估机构对主要快递企业安全生产工作情况进行系统评估。漳州市邮政业安全中心推进“绿盾”工程建设，5家企业502个视频监控接入平台，监控视频在线率达98%以上。全市共有59台安检机与省局平台完成对接，24小时在线率达92%以上，对应安检机专用监控联网率达95%以上。

（刘雪云）

·邮政经营·

【概况】 2022年，漳州市邮政实现业务总收入6.59亿元，比上年增长11.3%。

【邮政业务市场】 2022年，中国邮政集团有限公司漳州市分公司（简称邮政漳州市分公司）金融业务收入35276万元，比上年增长14.8%。推进传统邮务发展，在邮政网点转型叠加警邮项目，对接交管行政部门“放管服”，全市开通警邮网点42个、警医邮网点31个。加快渠道站点建设，组建线上运营团队、新媒体直播团队、拼团支持团队等平台运营，构建具有漳州邮政特色的供应链资源。加快构建惠农协同生态，成功授信并落地全国首笔“中化产业链”个人经营性贷款，建成全省首个邮银协同共建信用村。

【邮政核心能力建设】 2022年，邮政漳州市分公司投入357.5万元，完成全部网点优化项目及店招改造；投入123.1万元，完成2处“未依托网点”工程改造；投入135.8 万元，完成5个四类库改造。投入105.4万元，完成重点县域县级共配中心建设，各项重点考核指标均达标；投入124万元，建成漳浦、龙海三农仓储配送中心，提升仓储物流竞争力。

【邮政企业管理】 2022年，邮政漳州市分公司系统推进“省管+市管”58个提升项目。市网路运营中心荣获“2022年度全国邮政快递业青年安全生产示范岗”。研发“漳邮优品”微信小程序，实现商品在线销售、大宗团购销售、电影票兑换、警医邮业务线上预约；研发漳州邮政综合管理平台，实现订单、仓管、制度文件及绩效预算管控信息化。

（张彩云）

·通信·

中国电信漳州分公司

【概况】 2022年，中国电信漳州分公司服务用户370万户，全年收入规模达到14.5亿元，地区生产总值增长18.18%，上交税费9497.93万元。

【网络建设】 2022年，中国电信漳州分公司新建开通422个5G基站和409套室分系统，累计建成2076个5G基站和571套室分系统，实现所有市区、县城、乡镇镇区以及高校、重要政企单位、工业区、部队、AAAA级景区、发达行政村的5G覆盖。新建10G PON端口近万个，累计建成2.45万个，实现全域千兆光网触达和政企OTN（光传送网）网络广泛覆盖。天翼云4.0正式商用，作为国家云的框架基本成型，在漳州建成超千个IDC机柜、部署2400台云桌面，推出云主机、云电脑、云存储、云安全等12个大类58项云产品应用，实现网络与算力深度融合、云网边端的智能互联。

【客户服务】 2022年，中国电信漳州分公司为近400家存量中小微企业专线用户提供免费提速降费；新增互联网专线用户平均月租比上年下降23.08%，新增企业宽带用户平均月租比上年下降23.71%。

【信息化应用】 2022年，中国电信漳州分公司打造“政企直通车”平台。全面建成市县纵向联动和部门横向协同的涉企服务网络，优化营商环境；推动行政服务中心智能化升级，提升服务水准；将漳州市网格化服务管理平台迭代升级为市域社会治理智治平台（“平安漳州e家”），实现省、市、县、乡、村、网格六级联动，已汇聚人口数据530万条、重点人员档案3万份、处置事件超50万次；完善“12345”便民服务平台，升级智能客服、智能填单、智能回访、智能派单、智能告知等功能。加快构建教育城域网，打造5G+Wi–Fi+光纤的三千兆智慧乡村学校；开通云课堂超10万次；搭建校园云助手平台，服务近500所学校、超30万名师生。

【电信助力乡村振兴】 2022年，中国电信漳州分公司自主研发数字乡村平台，具备智慧党建、疫情防控、通知管理、平安乡村、政务管理、乡村物色、三农服务7个大功能，为35个乡镇，近1500个行政村提供服务，发送语音群呼超200万条。上线“积分银行”功能，助力村委推进灾情预警、平安三率、医保缴交等多项工作。

【网信安全】 2022年，中国电信漳州分公司累计处置高危涉诈号码10241个，加强警企合作关停重点区号码1830次，完成信息反查任务78万次，有效维护人民群众生命和财产安全。全面履行央企责任，完成党的二十大会议等重大活动网络和信息安全保障，未发生网络信息安全责任事件。

【全国首个2.1吉赫 8T8R海域5G连续覆盖网络】 2022年，中国电信漳州分公司探索5G海域覆盖，打造全国首个2.1吉赫8T8R海域5G连续覆盖网络，实现5G信号82千米海域超远覆盖（在距离海岸线82千米时仍可达到29.8兆比特每秒的下载速率以及2.91兆比特每秒的上传速率），可满足海上5G语音、视频通讯、数据传输等业务需求。

【龙文公安局智慧反诈预警呼叫平台打造】 2022年4月，中国电信漳州分公司发挥网络通信技术优势，助力龙文公安打造全市首个智慧反诈预警呼叫平台。该平台创新采用“统一呼出号码+自动语音通知”模式，可在全天任何时间段内，统一使用“59696110”（福建反诈中心）号码，依托公安大数据平台自动对筛查出的疑似遭遇网络诈骗的多个号码进行快速、精准、清晰的防诈预警语音通知，解决传统人工拨打电话耗时长、工作量大等问题，提高预警时效性和工作效率，有效减少网络通信信息诈骗事件的发生，切实保障人民群众的财产安全。为避免发生预警电话漏接等情况，该平台还加载自动报表功能，在语音呼出后能立即展现电话接通率、接通时长等信息，以便公安机关工作人员再次呼出，确保预警提醒到位。

（宋　瑶）

中国移动通信集团福建有限公司漳州分公司

【概况】 2022年，中国移动通信集团福建有限公司漳州分公司（简称中国移动漳州分公司）服务通信客户数累计达333.8万户，其中5G客户数超220.8万户，宽带用户数达109.2万户，各类服务网点覆盖全市行政村。运营收入近28.3亿元，缴税近9436万元，累计缴纳税收超32亿元。

【网络建设】 2022年，中国移动漳州分公司累计投资超3亿元，建成5G基站数2300个，持续打造5G“700M+2.6G+4.9G”多频立体网络覆盖，从主城区、各县城关核心区域延伸至热点乡镇、工业园区等场景，实现“乡乡通”；累计建成宽带端口超179万个，打造城区“全千兆”、县城“泛千兆”、农村“三百兆”的宽带接入能力；打造5G数据中心，集全市5G、大数据、人工智能、云计算等核心网络设施和信息化创新应用孵化于一体，增强漳州创新型城市基础能力。

【数智应用】 2022年，中国移动漳州分公司持续推进5G、云计算、人工智能等技术创新，构建“连接+算力+能力”信息服务体系。依托创新自研智慧云平台，聚合党建管理、乡村振兴、智慧社区等多功能、多场景应用子平台，提升新型乡村治理智能化、精细化、科学化管理能力，在第五届全国数字峰会上作为漳州优秀成果展示。面向工业、能源、医疗、教育等重点行业，推进5G+互联网“上云、用数、赋智”，建成集团内首个5G专网核电行业应用自主集成项目，打造出古雷半岛5G景区非景区视频监控项目、南靖5G智慧社区项目等。

【电信网络诈骗打击】 2022年，中国移动漳州分公司配合地方政府和公安机关自主研发电信反诈模型，警企联动高效打击治理电信网络信息诈骗行为，配合公安机关关停涉嫌骚扰诈骗号码超2万个，打掉猫池窝点2个，缴获涉案设备7台，抓获嫌疑人22名；协助公安机关打掉3个匿话VoIP（语音通话技术）窝点，缴获VoIP等语音专线设备5台，抓获嫌疑人4人。

【通信保障】 2022年，中国移动漳州分公司累计完成防汛抗台等大型应急通信保障14次，出动应急保障车辆145车次、人员295人次。

【移动惠民服务】 2022年，中国移动漳州分公司“携号转网”累计服务超12.87万人次。继续提速降费，移动客户上网平均单价比上年下降20.3%，手机平均上网速率比上年提升22.16%，家庭宽带平均速率比上年提升6.6%。

（许 鹏）

中国联合网络通信有限公司漳州市分公司

【概况】 2022年，中国联合网络通信有限公司漳州市分公司（简称中国联通漳州分公司）移动网在网用户61.9万户、宽带用户17.4万户、固定电话用户1.2万户；4G/5G基站总数达到9168个，5G实现市区、县城、乡镇镇区室外连续覆盖和重点场景热点覆盖，5G人口覆盖率达到73%；4G人口覆盖率达到99.8%；宽带总端口数达到46.98万个，FTTH（光纤到户）端口占比94.9%；千兆端口占比26.3%。

【网络建设】 2022年，中国联通漳州分公司加速新型信息基础设施建设，核心网HSS（归属签约用户服务器）用户容量160万户，移动交换容量124万户，互联网出口带宽400吉比特。构建新沃云行业云基座，行业云算力达到3840vCPU，存储1008太字节，以需求牵引MEC（多接入边缘计算）边缘云部署，边缘云MEC算力达到672vCPU，存储40太字节。

【联通服务乡村振兴】 2022年，中国联通漳州分公司通过村通信合作社项目，增加村财收入，盘活壮大村级集体经济；提供“八闽数村”平台，含乡村治理、乡村产业、乡村民生三大板块共79个功能模块强化乡村治理，以信息化手段完善乡村民生保障。

【智慧赋能】 2022年7月，中国联通漳州分公司承办的漳州市住建局建筑工程电子数据管理平台正式上线启用。该平台以“推进建筑业数字化转型”为核心，以“强化建设工程全生命周期监管和服务”为目标，利用大数据、电子签章、数字加密等先进信息技术，打造形成集“在线编制、签章流转、文件管理、工程验收、归档验收”五大功能模块于一体的电子信息化管理系统，实现建筑工程全生命周期电子数据化管理。

【融合创新】 2022年11月，漳州市工信局联合中国联通漳州分公司发布漳州市智能制造云平台，该平台基于中国联通雁飞工业智脑，由联通自主研发的工业互联网AIoT平台、边缘云平台MEC、行业化5G专网、5G模组及工业网关等构成，具有物网协同、设备能耗低、全网业务一点开通等特色功能，实现工业全场景数据感知智能、连接控制智能和分析决策智能，支持漳州市企业设备与应用上云上平台，形成支撑制造业数字化转型的中枢，深化“5G+工业互联网”融合应用，推进产业数字化实践，促进漳州市工业经济繁荣。

（方雅娟）

·广电网络·

【概况】 截至2022年年底，漳州市广电网络主干线4642.6千米（其中，国干线448千米、省干线97千米、市干线672千米，县—乡镇干线3425.6千米），双向覆盖端口139.26万户，数字电视实际用户87.87万户（其中双向数字电视实际用户35.16万户，有线电视网络互联网用户26.69万户）。

【网络保障】 2022年，福建广电网络集团漳州分公司完成春节、两会、冬奥会、冬残奥会、党的二十大召开等重要安播保障工作。经营高清互动电视、广电宽带、电子商务、电视商城、“互联网+”等增值业务，参与数字福建、智慧城市、美丽乡村建设。承担重要视频会议安全传输保障任务，完成全市501场次的会务保障任务，出勤6431人次，视频、水安、银行等各类专线的可用率达99.99%。新冠疫情防控期间，全力做好方舱医院专线信号开通、“村村响”维护、隔离点网络信号覆盖、线上教学服务、疫情防控宣传引导、核酸检测等工作。

【广电精准扶贫】 2022年，福建广电网络集团漳州分公司与漳州市退役军人事务局联文下发《关于进一步落实漳州市优抚对象有线数字电视收视优待政策的通知》，确定新增优抚补助对象13628户。对53个行政村进行农村人居环境整治，共整治广播电视线路杆线1297处、225千米。参与2022年度漳州市文化科技卫生“三下乡”集中服务，捐赠机顶盒等物资价值6.15万元。

【广电网络建设】 2022年，福建广电网络集团漳州分公司加快偏远山区、海岛等网络欠发达地区的联网覆盖，投入665万元进行双向网工程建设，全市双向网覆盖率达94%。推进“党员远程教育”平台进万家。争取各地政府资金补助83.34万元，为全市88个党支部、1000多名党员提供党员远教服务。全市各网点100%完成“爱家驿站”基础设施建设，组织开展无偿献血、创卫创城、“三下乡”、巡线排障等活动103场，累计服务45887万人次。

【广电转型升级】 2022年，福建广电网络集团漳州分公司完成700兆赫移频第一阶段工作，中国广电5G正式商用，号卡发放突破万张，初步形成“有线+5G”融合发展新格局。全面推进全市省级乡村振兴试点村的应急广播系统建设，截至年底，完成114个村的建设工作。与福建漳州城投集团有限公司、中石化森美漳州分公司、漳州信息产业集团有限公司、漳州文旅康养集团有限公司等国企签署战略合作协议。推进“万福千屏”项目建设。完成云霄威惠广场、将军山公园2个点位的大屏建设。推进地市城域网BRAS（宽带接入服务器）等设备的IPv4（互联网协议第4版）、IPv6（互联网协议第6版）双栈部署，千兆光网等新建网络同步部署IPv6的工作。开设“漳州两会”电视专版，为入住酒店的代表、委员提供全方面、高质量“两会”信息主流获取渠道。

（付梦诗）

责任编辑：杨少毅

口岸管理

·漳州海关·

【概况】 2022年，漳州海关监管进出口货运量650.5万吨、进出口值164.4亿元、集装箱8000标箱，分别比上年下降20.3%、下降15.7%、增长3.4%。办理进出口报关单1.15万票，比上年增长13.8%。检验检疫出入境货物7.48万批、177.62亿元，分别比上年下降2.0%、15.4%。税收入库15.47亿元，比上年下降9.59%。签发原产地证书2.8万份、129.88亿元。办理减免税审批51票、1.15亿元，实际减免税额787.79万元。办理报关单位注册登记421家，变更215家，注销145家。办理加工贸易手册备案18.77亿元，比上年下降56.45%。开展稽、核查作业407起。出口食品备案企业418家，其中对外注册企业41家。监管进出境船舶416航次，比上年增长3.0%。口岸检疫供船食品118批次，供退物料668批次，查获非洲猪瘟猪肉6艘次共计520千克。

【动植物检疫】 2022年，漳州海关开展“国门绿盾2022”行动，全年截获进境植物有害生物153种、4396种次、152批次，分别比上年增长13.33%、74.30%和12.59%，检出率位列厦门海关关区第一。推进进境粮食“两段准入”，表层检疫和鉴定时长由24—36小时压缩至最短2小时。制发检疫处理单位监管作业指导书，完善进境粮食初筛实验室，开展进境粮食加工企业后续监管专项行动。

【税收征管】 2022年，漳州海关征收税款15.47亿元，其中关税3.55亿元，增值税11.92亿元。开展税政调研，整理上报的“红茶新增暂税”建议被海关总署税收征管局（京津）采纳，“含玫瑰木的吉他”建议于2022年9月落地生效。创办保税政策宣讲“云课堂”并开展线上宣讲4期，累计参加企业222家共668人次，收集并解决问题51条。

【食品安全监管】 2022年，漳州海关开展食品化妆品监督抽检140批次，出口动物源性风险监测抽检样品90个。完善进出口食品安全风险管理链条，完成2票进口食品标签不合格技术整改工作。对13批次出口食品境外通报开展核查。应对国外技术贸易措施壁垒，推动斯里兰卡按中国海关意见修改鱼罐头总砷限量标准，从设备和原料进口、生产流程、出口产品通关等方面予以指导，支持辖区国产威士忌首次出口。申报创建漳州市“食品安全教育基地”，增补3名食品安全专家库成员，主持制定2个海关技术规范及行业标准。

【营商环境优化】 2022年，漳州海关签发福建省首份农产品RCEP证书。推动平和蜜柚扩大对外出口。与东山、古雷海关联合成立中菲“两国双园”专班。支持保税物流中心（B型）拓展出口拼箱和进口集成电路等业务，全年进出口金额首度突破6亿美元，比上年增长1倍。推动1210网购保税量值齐增并启动“保税延展”业务，全年监管包裹4452票、货值261万元，分别比上年增长9.3倍、7倍。指导企业加强自检自控，黑斑病菌境外通报批次下降77%。指导LNG项目筹建海关监管作业场所。助力漳州后石港区3号泊位通过口岸开放省级验收，设立海关监管作业场所并开展外贸进出口业务。

【条块协作防治固废】 2022年，漳州海关推进开展加工贸易保税渠道进出口特殊商品专项排查整治、边角料内销处置情况专项检查，牵头协调漳州市生态环境局、东山海关、古雷海关建立起加工贸易边角废料信息共享机制，签发《漳州海关 东山海关 古雷海关 漳州市生态环境局关于构建加工贸易边角料信息共享机制的通知》。

【企业管理】 2022年，漳州海关办理报关单位备案428家，信息变更218家，企业注销业务145家。受理出口食品生产企业备案业务173件，企业国外注册推荐及水产品HACCP（危害分析的临界控制点）验证8家次，出口食品种植场备案业务68家次，出口食品养殖场备案业务6家次。进口食品进口商备案业务23家次，其中，通过“多证合一”渠道办理报关单位备案共计50家，比上年增长2.85倍。实现“全程网办”“一网通办”，压缩报关单位、出口食品生产企业备案办理时限至3个工作日。全年协调解决AEO（经认证经营者）企业相关问题9家次，对辖区内重点行业、企业开展“一对一”培育辅导21家次，成功培育AEO高级认证企业漳州松霖智能家居有限公司，漳州灿坤实业有限公司入选全国海关首批AEO互认观摩企业。

【稽查核查作业改革】 2022年，漳州海关推进“国门利剑”“金钥”专项行动，全年办结稽查、核查作业28起、369起，查发率分别为100%、84.09%，均位列厦门关区各隶属关第一。对13家跨境电商、市场采购企业开展虚假贸易调查。办理厦门关区首起粮食类快办案件，组织实施厦门关区首起跨辖区机动稽查作业，打击洋垃圾走私专项贸易调查和水运进口铁矿固废排查工作。查发辖区首起使用非备案基地原料违规出口案件。牵头开展“双随机、一公开”跨部门联合抽查，会同漳州市市场监管局对20家出口备案食品生产企业开展联合执法。

【查缉走私】 2022年，漳州海关探索关警合成新路径被厦门海关《全员打私工作专刊》首期刊登。全年快简案件办结率厦门关区第一。移交行政案件12起，完成率100%，比上年增长50%。移交刑事案件线索10条，完成率125%，比上年增长42.86%。快简案件完成率145.45%，列厦门关区第一。漳州海关、漳州海关缉私分局联合破获漳州海关辖区首起食品类逃避商检案，抓获犯罪嫌疑人2人，涉及案值2700万元；联合漳州海关缉私分局开展低报价格走私进口石材打击行动3轮次，刑事立案5起，行政立案3起，涉案案值超过2亿元。对辖区某家居企业开展联合稽核查作业，涉案案值超过1500万元。

【安全生产监管】 2022年，漳州海关开展“口岸危险品综合治理”百日专项行动，推动10家危化品查验场所不合规企业完成整改，监管危险货物及其包装325批计3768万美元，分别比上年增长89%、81%。常态化开展安全生产督导，就发现问题及时督办整改、跟踪落实。

【海关监管新模式】 2022年，漳州海关综合技术服务中心通过实验室认可（CNAS）/检验检测机构资质认定（CMA）二合一复评及监督扩项现场和远程评审，新增1个检测场所、32个类别、866个检测参数。参与课题《食品中强极性农用化学投入品分析关键技术及标准化》获厦门市科学技术进步二等奖，主持制定的海关技术规范SN/T 5459—2022《出境蘑菇菌棒检疫操作规程》、行业标准SN/T 5445—2022《出口植物源食品中特丁硫磷及其氧类似物（亚砜、砜）的测定液相色谱—质谱/质谱法》被发布实施。

【风险防控】 2022年，漳州海关继续发挥好业务风险信息处置中心“骐骥工作室”作用，全年发布风险预警29条，提出处置建议12份，移交刑事案件1起，补征税款178万元，办理行政处罚案件7起。强化全链条风险防控力度，查发机构改革后关区首起出口商品逃避商检案。研判处置对美反制商品区域“一日游”风险、“不老药NMN”规避进口管制风险。

（王亚芬）

·东山海关·

【概况】 2022年，东山海关全年监管进出境船舶305艘次，比上年下降45.5%；监管出口水产品货值198.7亿元，比上年增长2.3%；签发检验检疫证书1.32万份，比上年增长12.8%；签发各类优惠原产地证书5434份、93.5亿元，分别比上年增长29.3%、23.3%。新开验107个项目并通过资质认定，检测周期满足率达到100%。

【重点产业服务】 2022年，东山海关跟进中菲“两国双园”项目，支持东山港码头提质扩容、升级改造。开通“关键部件和设备进口绿色通道”，保障漳州核电设备及其零部件进口100余批次，货值1.2亿元，节省费用近300万元。专班服务省重点项目“富佳宝食品产业园”，指导企业成功出口首批产品。推动企业信用管理改革落地见效，培育通过福建省水产行业首家海关AEO高级认证企业。

【营商环境优化】 2022年，东山海关全年进口整体通关时间2.54小时，比上年压缩13.1%；出口整体通关时间0.48小时，比上年压缩45.5%。设立出口鲜活易腐农产品绿色通道，试行“边申报边查验”、邻近日期批次集中查验模式，保障鲜活水生动物稳定供港1300余批次。全年监管出口水产品货值198.7亿元，比上年增长2.3%。

【全员打私】 2022年，东山海关查获不合格进口食品43票。持续高压打击走私，制定厦门关区首份隶属关机动查验和复查复验实施细则，完成首票隶属关层面复查复验。在台湾地区输入大陆石斑鱼中检出隐性结晶紫，为总署采取相应管控措施提供重要参考依据。

（陈紫微）

2022年7月20日，东山海关关员在水产加工车间查验出口蟹肉罐头（李子涵 摄）

·古雷海关·

【概况】 2022年，古雷海关累计监管进出口货量513.8万吨，货值42.4亿美元，分别比上年增长6.7%、24.7%；累计征税65.3亿元，比上年增长66.2%。监管进出境国际航行船舶277艘次，比上年增长38.5%；进出境人员5886人次，比上年增长31.0%。进口提前申报率连续三年始终保持100%，首次实现出口提前申报；进口整体通关时间1.42小时，比上年压缩22.8%；出口整体通关时间0.34小时，比上年压缩93.5%。

【营商环境优化】 2022年，古雷海关推广“互联网+海关”线上服务，完成公共服务事项3157项，比上年增长48.4%。进口报关单提前申报率100%，首次实现出口提前申报。简化船舶申报手续，大幅压缩单证数量。落实进口大宗商品重量鉴定模式改革、进口原油“先放后检”等便利举措。符合条件的进出口货物实施“直提直装”模式。深化关税保证保险成效，办理关税保证保险63票，担保金额20.4亿元。分5批次为辖区两家企业完成消费税退税21.4亿元。推行“智能审核+自助打印”新模式，办理原产地证书3038份，涉及货物金额2.2亿美元，分别比上年增长48.3%、47.3%，含优惠签证1872份，涉及金额1.4亿美元，助力企业出口享惠700万美元，分别比上年增长109%、75%、49.1%。开展RCEP等政策宣讲4次，签发出口RCEP 项下原产地证930份，货值2.8亿元。

【助力石化产业发展】 2022年，古雷海关“7×24小时”预约加班服务保障货物进出口，推动重点产业项目加速建设。1月，首次监管进口石油原油；5月，首次出口邻二甲苯；8月，首次进口纯苯；12月，监管进口一批1.4万吨丙烷，刷新古雷口岸进口丙烷单批最大纪录。

【减免税政策落实】 2022年，古雷海关成立“青蕾”工作室，支持辖区内多个项目享受税收减免优惠，完成联盛纸业、奇美化工、万辰生物等企业减免税审核工作，出具征免税证明75份，减免税款6361.2万元。指导腾龙芳烃二期技术改造、漳浦达川食品建设等项目减免税前期准备工作，跟踪中沙古雷乙烯项目等可能开展减免税业务的重点项目进展。

【帮扶古雷口岸对外开放验收】

2022年，古雷海关指导帮扶古雷石化码头古雷南15—19号泊位和漳州翔鹭码头古雷南8号泊位对外开放。3月，古雷南15—19号泊位通过对外开放省级验收；10月，古雷南8号泊位通过对外开放市级验收。共新增外贸泊位6个，设计吞吐量达1325万吨/年，以高水平开放服务古雷石化产业发展。

【农林渔特色产业进出口服务】

2022年，古雷海关开辟保鲜蔬菜出口“绿色通道”，监管出口保鲜蔬菜8.6万吨，比上年增长2.4%；货值7400万美元，比上年增长4%。对辖区82家出口食品生产企业及其种植养殖基地提供技术指导和支持，发布风险预警信息53期，帮扶企业新增出口食品9种，新增出口食品生产企业对外注册推荐1家。

（张冬锋）

·漳州海关缉私分局·

【概况】 2022年，漳州海关缉私分局开展“国门利剑2022”行动，刑事立案19起，其中非涉税案件7起，案值4.99亿元，涉税8927万元，抓获犯罪嫌疑人53人，逮捕11人，刑拘10人，取保43人；移送起诉案件13起40人，移诉案值2.53亿元，移诉涉税1480.83万元；总署缉私局一级挂牌管理案件1起、二级挂牌管理案件2起。行政立案22起，案值2985.26万元，涉税279.7万元，罚没627.57万元。协查协办34起。

2022年2月15日，漳州海关缉私分局与漳州海关联合开展打击低报价格走私柬埔寨石材专项行动　（漳州海关缉私分局 供图）

资企业逃避商检未如实申报出口砂姜、南姜粉食品7500万元。

【反走私综合治理】　2022年，漳州海关缉私分局向漳州市打私办通报走私风险提示，配合地方政府对相关非设关地码头涉嫌走私开展专项整治。及时建议将高压水炮纳入出口管制清单。与地方公安联合开展3轮走私淫秽物品查缉行动，现场查获涉嫌非法出版物1885本。联合属地海关、地方公安开展打击整治专项行动13次。

（黄定灿）

【海上偷运走私打击】　2022年，漳州海关缉私分局立案侦办“林某明等人海上偷运走私煤炭进境案”，查证该案走私进境煤炭5000吨，该案被海关总署缉私局列为一级挂牌管理案件。与漳州市公安局和泉州石狮市公安局联合开展“忠诚22–09”打击海上偷运成品油走私专项行动，抓获犯罪嫌疑人30人，案值2.48亿元，涉税7356万元，冻结资金580余万元，该团伙近两年在漳浦、东山海域大肆走私成品油约3万吨。

【枪、毒走私打击】　2022年，漳州海关缉私分局查发枪爆毒走私刑事案件4起，查获高压气枪和其他疑似枪支27支、各类子弹（铅弹）1300余发及瞄准镜、枪管等配件，查获“迷奸药丸”等合成毒品。

【涉税走私打击】　2022年，漳州海关缉私分局联合漳州海关在长泰等地开展3轮打击走私柬埔寨石材专项行动，查发低报价格包税揽货通关走私等团伙5个，查证案值1.61亿元、涉税1376万元。

【涉濒走私打击】　2022年，漳州海关缉私分局开展“忠诚22–03”“忠诚22–04”打击走私珍稀植物、珍贵动物制品行动，现场查获走私入境的名贵仙人掌科多肉活体347株和印度野牛角50根，“忠诚22–03”专案查证走私入境珍稀植物2178株。

【涉检犯罪打击】　2022年，漳州海关缉私分局立案侦办漳州关区首起涉检刑事案件，查证某台

·漳州出入境边防检查站·

【概况】　漳州出入境边防检查站主要担负715公里海岸线上1个一类口岸（含招银港区、后石港区、东山港区、古雷港区等4个港区12个码头38个泊位），4个台湾渔船、小额贸易商船停泊点（龙海浮宫、云霄礁美、东山铜陵、东山冬古）的出入境边防检查任务。辖区内设有招银、古雷、东山等3个边检执勤点。

【通关举措落实】　2022年，漳州出入境边防检查站优质服务出入境（港）船舶1026艘次，出入境（港）人员16010人次，帮助船方节约等靠时间220余小时、经济成本260余万元。

2022 年 5 月 11 日，漳州边检站服务保障首艘邻二甲苯化工船出口
（李福钦 摄）

【对台服务优化】 2022年，漳州出入境边防检查站完善实施对台工作管理服务12项措施，推动市台港澳办制定台湾渔船、小额贸易商船停泊点管理机制，完成全市台轮点撤并改后的管理服务工作。

【口岸开放保障】 2022年，漳州出入境边防检查站派员实地调研10余次、参与口岸验收协调会4次、研提有效意见6条，保障6个泊位通过省级、1个泊位通过市级对外开放验收。靠前指导龙海LNG、东山旗滨等码头泊位建设。

【口岸管控强化】 2022年，漳州出入境边防检查站与漳州市公安局、漳州海关缉私分局、漳州海警局等单位协作，牵头召开口岸风险防控工作联席会2次，开展海上联合执法8次，港区联合巡逻6次。以“国门铸盾–2022”应急处突演练为抓手，累计开展港区演练18场次、桌面推演8场次及红蓝对抗演练4场次，出动参演警力412人次。

（庄奕彬）

·漳州海事局·

【概况】 2022年，漳州市海事局辖区船舶航次报告记录数27339条。国际航行船舶进出口岸查验1151艘次。港口货物吞吐量4814万吨，其中，外贸货物1076万吨，内贸货物3738万吨。载运危险货物船舶1513艘次，比上年增长39.78%。危险货物吞吐量2355.51万吨，比上年增长72.43%。集装箱31.2万标箱，比上年增长19%。

【保通保畅任务落实】 2022年，漳州市海事局开辟绿色通道，全力保障辖区水上物流供应链稳定畅通，保障2.73万艘次船舶、4814万吨货物安全进出港，其中，载运危险货物船舶进出港1513艘次，比上年增长39.78%，危险货物吞吐量2355.51万吨，比上年增长72.43%。

【区域发展服务】 2022年，漳州海事局保障云霄核电、漳州LNG、联盛林浆纸一体化、漳浦海上风电、厦门机场等26个重点项目安全施工，保障福建首例圣杯屿元代海船水下考古顺利进行，办理水上水下活动许可140件次，比上年增长79.5%，发布航行通告56件次，发布正确率100%。助推古雷港区南15—19号泊位和后石港区3号泊位完成口岸开放省级验收，做好古雷港区南8号泊位增设外贸作业点以及东山城垵作业区扩大开放服务工作。保障海上休闲旅游业健康发展，完成华毅、骏桑两家游艇俱乐部14艘休闲旅游船舶落户漳州的船舶登记工作。

【营商环境优化】 2022年，漳州海事局推进海事政务服务“好差评”管理工作，经“一网通办”平台接入“评价管理”模块以来，共收到有效评价620余条，群众评价满意率达100%。全年网上业务办理1925项，邮寄船员类证书1900本，提供延迟服务70余次，开通绿色通道40余次。

【船员产业发展服务】 2022年，漳州海事局打造“互联网+政务”船员服务平台，签发福建辖区首例外国籍船员专业合格证证书。举办云霄县“三免一包”船员培训推介会，19名农村青年通过职业技能培训实现就业脱贫。联合漳州市总工会开展辖区首届“最美海员”评选活动。全年辖区船员培训开班221期，新增学员6695名，比上年增长24.4%；组织船员考试187期，6394人次，比上年增长12.7%；核发船员类证书1856本，比上年增长17.54%。

【水域监管】 2022年，漳州海事局推进全要素水上“大交管”建设，以厦门湾口采砂区施工水域监管为抓手，增设厦门湾、九龙江下游监控台，整合辖区3个雷达站、71个CCTV（视频安防）监控、141个专用航标、无人机等信息化装备，构建“陆海空天”全方位立体感知体系，获得市领导批示肯定。

【安全监管】 2022年，漳州海事局促成玉枕渡口、斗美渡口改造升级，渡船实现公司化管理，印发《客（渡）运船舶安全监督制度》等九项客（渡）船安全监管工作制度。完成辖区滨海旅游船舶摸底工作，分类形成“证书齐全船舶”和“拟登记船舶”两张清单，做到底数清情况明，推动休闲旅游船舶持证规范经营。开展“商渔共治2022”活动，与厦漳两地海事、海洋部门签订《厦漳海域商渔共治长效工作机制》，开展涉海部门联合巡航执法42次，安全知识和典型案例进渔村、进船员培训机构12次。

【涉砂领域整治】 2022年，漳州海事局融入漳州打砂治理体系，聚焦九龙江下游水域、沙洲岛和诏安湾口等海砂资源富集区和砂船集中区水域，持续开展打砂行动，强化漳州籍砂船动态信息核查，严防砂船带病离港。

【水上交通协同治理】 2022年，漳州海事局推动东山县、古雷经济开发区、漳州开发区等沿海县（区）地方人民政府（管委会）建立水上交通安全工作协调机制。与市检察院、市中级人民法院、漳州海警局签订《关于构建蓝碳司法保护协作机制的意见》。与厦门海事公安签订《执法协作工作机制协议》，加强法制宣教、信息共享、案件移送及海上违法行为联合惩戒等执法协作。与潮州海事局签订《水上交通安全监管共建协议》，跨辖区执法合力不断增强。

【应急处置】 2022年，漳州海事局推进东山湾水域船舶交通管理系统完善工程、古雷溢油设备库工程。联合市交通运输局印发《漳州市加强海上搜寻救助工作的实施意见》，修订《漳州海事局防台工作预案》。开展化学品船宇洲“7·17”轮事故应急处置，避免对附近养殖水域造成污染。持续推进散装液体危险货物货主（码头）高质量选船机制建设。全年组织各类应急搜救演练10次，处置突发险情事件19起，避免险情41起。

（杨攀攀）

2022年8月2日，“海巡06”轮与漳州海事局“海巡8708”“海巡08709”组成执法编队在漳州海域开展联合巡航执法。图为巡航执法现场

（漳州市海事局 供图）

·厦门港口管理局漳州协调中心·

2022年5月15日，厦门港古雷港区古雷南20—22号泊位施工作业。图为古雷港区古雷南20—22号泊位 （戴凌翰 摄）

【概况】 2022年，漳州六港区在建工程项目完成投资40611万元，完成货物吞吐量5111.04万吨，集装箱吞吐量完成34.41万标准箱。

【规范审批】 2022年，厦门港口管理局漳州协调中心优化水运工程建设项目审批等流程，推广告知承诺服务，推出“一窗受理、集成服务”“全程网办”“一趟不用跑”等便民举措。漳州行政服务办理处共受理及办结申请事项118件，全部按承诺时间办结，实现办结率、群众满意率100%。

【项目服务】 2022年，厦门港口管理局漳州协调中心协调解决厦门港古雷港区将军澳作业规划调整方案，于9月正式取得交通运输部和福建省政府联合批复。助力联盛浆纸一体化项目落地，加快推动将军澳作业区防波堤、航道、码头工程前期工作。完成厦门港古雷航道二期工程、漳州液化天然气（LNG）项目码头工程和古雷港区古雷作业区南3号泊位液化罐区填海造地工程交竣工验收。推动厦门港漳州辖区9个在建水运工程项目进度，跟踪推进海洋经济高质量发展涉港7个项目前期工作进度，服务指导厦门港古雷港区古雷作业区南20—22号泊位工程、厦门港东山港区城垵作业区3、4号泊位工程顺利开工。

【企业帮扶】 2022年，厦门港口管理局漳州协调中心港口收费免除地方政府留存部分2434.89万元。全年共有4家码头企业和2家航运企业申请兑现扶持政策奖励资金1227.76万元。

【执法检查】 2022年，厦门港口管理局漳州协调中心联合辖区各港航中心出动执法检查人员约90余人次，开展安全督导服务13场次，检查27家港口经营企业，发现问题隐患42处，并全部督导完成整改，港区生产安全态势总体平稳、未发生任何安全事故。

【绿色环保提升】 2022年10月28日，厦门港口管理局印发《厦门港低碳发展行动方案》，该方案是国内港航领域首个由地方行业主管部门发布实施的低碳发展行动方案，范围涉及漳州片区的东山、古雷、石码、招银4个港区，提出推动漳州片区全面低碳转型的14项主要任务。

（林紫卿）

责任编辑：蔡婉玲

开发区

·漳州招商局经济技术开发区·

【概况】　2022年，漳州招商局经济技术开发区（简称漳州开发区）完成地区生产总值140.96亿元，比上年增长8.2%；规模以上工业总产值178.8亿元，比上年增长11.6%；规模以上工业增加值41.5亿元，比上年增长11.3%；固定资产投资30.07亿元，比上年增长14.7%；全社会消费品零售总额18.2亿元，比上年增长3.8%；外贸进出口总值77.65亿元，比上年增长36.93%，其中出口完成71.18亿元，比上年增长48.85%；利用外资5127万美元，超额完成目标；一般公共预算总收入11.79亿元，比上年同口径下降1.4%；地方一般公共预算收入8.4亿元，比上年同口径增长10.4%。

【产业发展】　2022年，漳州开发区制定存量产业用地提质增效实施方案，盘活工业用地14.93公顷，推动德兴果蔬、恒阳兴等闲置厂房引入新项目。推动解决项目二地历史遗留问题，收回3宗地块56.25公顷，保障国有资产安全。围绕重点产业精准招商，全年“一把手”外出招商17次，引入项目8个，投资额47亿元，其中投资额超10亿元项目3个。跨区域举办招商推介活动4场，对接企业超100家，储备意向投资额超100亿元。新增入库项目28个、“四上”企业25家。24个省市重点项目均按序时完成投资，15个项目开工，9个项目竣工。产业固定资产投资16亿元，比上年增长38%。中南高科等园区加快建设，芯云谷新增企业66家。四区3号泊位对外开放，集装箱吞吐量比上年增长24.5%。

【基础设施建设】　2022年，漳州开发区加快市政配套工程建设，完成后石航道二期及招银航道扩建二期交工验收，完成南滨加压泵站、南炮台海防公园等建设。完成“三区三线”方案，根据方案中明确的城镇空间、农业空间、生态空间（即“三区”），分别对应划定城镇开发边界、永久基本农田保护红线、生态保护红线三条控制线（即“三线”），开展城镇开发边界内增量用地指标分配，保障可持续发展。

【营商环境】　2022年，漳州开发区深化“千名干部挂千企”“亲清半月谈”活动，解决企业难题76项，办理留抵退税1.3亿元，促进企业增产增效。推动企业转型升级，企业研发费用投入翻番，技改投资超3.4亿元。全面推行“一件事一次办”改革，提高办事效率。“数字机器人”等3项举措被列为省市典型经验做法。推出工业“标准地”出让，14宗产业项目用地全部实现“交地即办证”，项目落地再创新速度。

【社会民生】 2022年，漳州开发区完成17项为民办实事项目。投入教育经费2.5亿元，新增学位1150个，厦大附中获评福建省首批示范高中，漳州开发区通过福建省教育“两项督导”实地督导评估，获评“双优”。深化与厦大附属第一医院总院一体化运作，16个总院专家常态化坐诊，医疗水平不断提升。发放低保金、救助金655万元。落实社区留地指标，兑现惠民权益近4亿元，完成大径安居房建设及回迁安置，安置率100%。就业服务不断优化，兑现稳岗返还资金超230万元，惠及企业192家，发放就业补助金近130万元。

【社会管理】 2022年，漳州开发区增设南滨社区，建立二级网格治理体系；年度违建处置任务完成163.4%，清理超规划养殖海域33公顷。深入开展安全生产专项整治行动，全年未发生较大及以上生产安全事故。推进生态环境问题大排查大整治，省市环保督察事项100%落实整改，环境空气优良率99.5%。落实“保交楼”措施，稳妥推进区内房地产领域涉稳问题化解。

【招商局漳州开发区建区30周年庆祝大会举行】 2022年12月28日，招商局漳州开发区建区30周年庆祝大会在美伦山庄大礼堂举行。庆祝大会举行荣誉颁发仪式，袁庚等13人获“创业功勋奖”，杨水来等22人获“创业功臣奖”，陈亚福等21人获“创业丹心奖”，姚跃林获“特别贡献奖”，金钱（漳州）实业有限公司等6家单位被授予“金鼎奖牌”。

2022 年 12 月 28 日，招商局漳州开发区建区 30 周年庆祝大会在美伦山庄大礼堂举行 （漳州开发区 供图）

【深化合作共建园区协议签订】
2022年12月29日，漳州开发区与甘肃省张掖经济技术开发区线上签订《深化合作共建园区协议》和《国企合作共建协议》，明确合作重点和方向。此次签约是贯彻落实东中西部国家级经开区合作共建的务实举措，双方将按照协议进一步保持密切对接、高效沟通，立足自身资源禀赋和现有产业基础，在产业融合、招商协作、人才交流等领域开展深入合作，推动区域间创新要素高效流动。

（厚美美）

·常山华侨经济开发区·

【概况】 2022年，常山华侨经济开发区（简称常山开发区）实现地区生产总值38.66亿元，比上年增长8.5%；规模工业总产值100.15亿元，比上年增长13.7%；规模工业增加值比上年增长13.4%；固定资产投资14.97亿元，比上年增长1.6%；一般公共预算总收入2.99亿元，比上年同口径增长29.8%；地方一般公共预算收入1.78亿元，比上年同口径增长15.1%；进出口总额46.09亿元，比上年增长5.4%；实际利用外资301万美元；社会消费品零售总额4.21亿元；全社会用电量3.67亿千瓦时，比上年增长15.2%；城镇居民人均可支配收入40935元；农村居民人均可支配收入23684元。

【产业发展】 2022年，常山开发区帮扶辖区纳税大户昌盛五金解决生产经营困难问题，增加税收4100万元；推动明旺食品、国威工贸等10家企业投入2.21亿元技改升级，新增规模以上企业3家，突破工业总产值100亿元大关。用好用足中央、省、市扎实稳住经济一揽子政策措施，落实组合式税费优惠政策5271万元，为360户次出口企业办理出口退税3.9亿元，兑现惠企奖补资金2331万元，市场主体比上年增长16.8%。发展现代服务业，新增限上贸易业企业5家，乌山湾现代田园度假区投入运营，三产比重提升0.9个百分点。制定出台一系列稳产增收方案措施，完成粮食播种面积66.67公顷以上，比上年增长10%，推动开发区粮食生产稳产增产，完成农林牧渔业总产值1.62亿元，比上年增长12%。

【重点项目】 2022年，常山开发区推行以商招商、以侨招商，党政主要领导分别赴厦门、福州、宁德、汕头等地招商15次，对接洽谈项目45个，签约项目9个，总投资11.4亿元。注重"飞地"招商，推荐总投资20亿元的金汇峰循环产业园项目落户漳浦县，总投资13亿元的a1食品项目（a1零食研究所）对接联系高新、龙海，助力全市发展大局。年内，9个市级重点项目全部开工建设，完成投资8亿元，其中美肯科技、双雁新材料投产。中菲"两国双园"建设提速，规划总面积174.24公顷，建设"跨境电商物流园区""新能源新材料产业园区""康养医养产业园区"，形成"一园三区"布局。完成批而未供处置15宗，面积11.15公顷。盘活存量土地5宗，面积13.65公顷，收取土地出让金3106万元，提升工业园区亩产效益。

【城乡建设】 2022年，常山开发区投入2.74亿元实施观坪线道路改造提升、消防站至双山郊野公园绿道等43个城乡建设品质提升项目。持续改善城区居住环境，房地产投资比上年增长274.8%。年度投资580万元，实施菠萝蜜产业园建设项目等4个"串点连线成片"项目，培育农业优新品种5个、培育省市级以上家庭农场示范场2家，100%完成裸房整治、村庄规划编制任务。开展"百路千村"两违综合治理环境全域提升行动，完成"两违"治理60处，拆除面积2.08万平方米。推进总投资2.48亿元的污水处理厂扩建及提标工程，完成一期提标改造、园区事故应急池及处理设施建设，污水处理能力达到10000吨/日且出水水质达到1级A排放标准。统筹推进南片工业园区管道清淤整治，竹港溪、梅州溪河道清淤，畜禽及牛蛙养殖污染整治，管道改造及雨污分流，总体规划环评修编等工作，梅州溪松仔岭断面达三类水水质标准。

2022年6月，漳州美肯科技有限公司竣工投产。图为漳州美肯科技有限公司厂房（美肯科技有限公司 供图）

【风险防范】 2022年，常山开发区推进上城国际房地产领域风险化解，治重化积信访件办结率100%。化解东旺饰品253名工人劳动维权纠纷和多年上访的大古坑三峡移民征迁安置问题。开展安全生产专项整治“三年行动”，全面开展各领域安全生产大排查大整治，彻底整治乌山天池水库船只非法载客运营问题，完成国道G228线中央隔离栏和标志标线设置，道路交通事故起数、死亡人数、受伤人数等指数分别比上年下降52.63%、50%、57.8%，没有发生各类生产安全事故。

【社会保障】 2022年，常山开发区累计投入财政资金1.05亿元用于教育、医疗、养老等民生领域，全面完成16项为民办实事项目。持续推进社会救助保障提标扩面，低保、特困供养、临时救助平均标准均比上年增长5%以上，城乡居民养老保险参保率达到98.34%。落实援企稳岗政策，保障重点人群就业，高校毕业生就业率达96%。加强职业技能建设，组织13期职业技能网络培训，发放培训券32万元。

【社会事业】 2022年，常山开发区推进近视防控教育照明改造工程、常山中心小学图书馆建设等工程，新建1家普惠性托育园，新增学位100个，学前近一年入园率、义务教育入学率均达100%。核增教师绩效性奖励工资1346万元，实现教师待遇不低于公务员标准。新时代文明实践中心（站）实现全覆盖。

【体制机制改革完成】 2022年，常山开发区机制体制改革方案经漳州市委认定批复。8月31日，常山华侨经济开发区揭牌授印仪式举行，中共漳州市委常山华侨经济开发区工作委员会、中共漳州市纪委常山华侨经济开发区工作委员会挂牌成立。

【“闽籍侨领故乡行”考察团到常山开发区调研】 2022年9月23日，由福建省政协组织的“闽籍侨领故乡行”考察团到常山开发区调研。考察团一行先后到源源成食品、乌山湾现代田园、思源馆等实地考察，参加侨商项目推介会，听取常山开发区7个重点项目的招商推介。

（王雅云）

·漳州古雷港经济开发区·

【概况】 2022年，漳州古雷港经济开发区（简称古雷开发区）地区生产总值169.5亿元，比上年增长11.1%。第一产业增加值24.8亿元，比上年增长2.1%；第二产业增加值89亿元，比上年增长16.2%；工业增加值78.9亿元，比上年增长17.5%；第三产业增加值55.7亿元，比上年增长8.8%。规模以上工业总产值701.4亿元，比上年增长54.6%（现价）。农林牧渔业总产值46.2亿元，比上年增长2.6%。固定资产投资184亿元，比上年增长8.7%。社会消费品零售总额64.5亿元，比上年增长6.6%。外贸出口额8.28亿元，比上年增长176%；实际利用外资1.7亿美元，完成率106.1%。一般公共预算总收入40.7亿元，比上年增长14.97%（扣除留抵退税、消费税退税影响）；地方一般公共预算收入20.36亿元，比上年下降19.57%（扣除留抵退税影响）。规模以上工业增加值比上年增长26.9%。连续三年获评“中国化工园区30强”。

【重点项目】 2022年，古雷开发区总投资420亿元的中沙古雷乙烯项目完成“储转规”和核准，总投资733亿元的古雷炼化一体化二期1600万吨/年炼油项目与沙特阿美达成合作框架协议。总投资345亿元的古雷炼化一体化一期项目投入商业运营。奇美PS、古蕾化学、新阳科技等3个项目接续投产，累计投产项目11个，基本实现投产项目累计产能破千亿；总投资648亿元的恒海聚酯纤维、海泉化学系列、中沙古雷乙烯等3个百亿级项目投入建设，全年新开工项目8

个，实现新开工项目总投资近二亿；签约中怡二期、鲁华丁辛醇等11个项目，总投资1158亿元，实现新签约项目投资破千亿。

【要素保障】 2022年，古雷开发区建立工作专班驻点省直部门，完成总能耗1120万吨标准煤的中沙、鲁华等28个产业项目能评报批。全面实施古雷精细化工园一期征迁，完成征地800公顷、房屋征迁25公顷，推动桐昆、古雷气体应急集中处置中心等13个项目完成征地扫尾清零。建立用地报批专班机制，用地报批平均组卷时间由90天压缩到50天，争取建设用地指标新增128公顷，获批超273公顷。推动南8号码头、古雷工作船码头等5个项目通过省自然资源厅填海竣工验收，总面积约118公顷。全年新增土地出让收入33.33亿元；获得债券资金19.22亿元；策划实施总投资125.76亿元的古雷乡村振兴精细化工富民示范产业园一期项目包，获融资73.56亿元。

【园区配套】 2022年，古雷开发区接续实施总投资489亿元的产业配套“三年行动计划”，园区供水、供电、供气、码头、管廊等设施一体运作、延链配套。港口码头方面，推动南15—19号泊位取得对外开放资格，南20—22号泊位开工建设。道路管廊方面，启动次三路、石化大道等3条园区道路和电力管廊第III标段、古雷山南路支廊（二期）等3条管廊建设。电力保障方面，推动总装机规模10.27兆瓦的整区屋顶分布式光伏项目一期实现全容量并网，华能古雷热电厂一期完成1、2号机组整组启动，达产后年供电量5.5亿千瓦时。

【营商环境】 2022年，古雷开发区落实惠企纾困政策，全年办理增值税留抵退税44.77亿元，国产石脑油、燃料油消费税退税12.29亿元；兑现台资到资奖励超700万元。完善国企管理机制，组建工程咨询公司等国企，古雷建发集团获AA主体信用等级认定。深化“放管服”改革，推进相对集中行政许可权改革试点，建立“一窗综合受理、后台分类审批、综合窗口出件”模式，制定审管联动办法，2672项行政审批事项审批时限压缩比率达91.37%。设立企业开办、工程建设等服务专区，实现企业开办审批“1天+零成本”。开启“交地即交证”服务新模式，推动企业办证时间提速28天以上，政务服务非常满意率达100%。投用68个村（社区）便民服务代办点，构建“15分钟便民利企服务圈”。

【城乡建设】 2022年，古雷开发区推进产城融合发展，稳步提升城乡建设品质。健全路网体系，投用省道漳东线（杜浔段）、金福路（近城段）、裕民路（近城段）等3条城市道路，完成省道S201漳东线白石村、院边村等道路提升改造。完善商服配套，建成综合农贸市场、港城中心公园、安全主题公园等城市配套，推动九古置地广场（商贸中心）、单建式人防、智慧体育公园（二期）等项目开工。全面实施乡村振兴，深化人居环境整治提升，推进总投资20亿元的农村生活污水收集处理、城乡供水一体化等项目建设。突出“串点连线”，培育徐坎、北旗、董门等3个乡村振兴省级试点示范村，打造“高山—北旗”“黄埔—董门”2条“示范线”。强化数字赋能，推动“数字乡村振兴平台”全域覆盖，开通4个镇级平台、66个村级平台。

【社会保障】 2022年，古雷开发区财政民生支出占比达82.8%。年内，巩固拓展脱贫成果，健全防止返贫动态监测和挂钩帮扶机制，为36049人次发放城乡低保发放超1357万元；多渠道促就业，举办招聘会7场，提供就业岗位1991个，利用就业服务平台提供服务近万人次。

【社会事业】 2022年，古雷开发区推动市医院古雷分院新建、区第一医院扩建、霞美卫生院扩建等6个医疗卫生项目开工。新建健身步道4条，新增21个体育场地计3.68万平方米。承办全国女足U17、U13锦标赛和中冠联赛、全国女足乙级联赛等大型赛事超10场。建成73个新时代文明实践中心（所、站），累计组织超5万人次，开展志愿服务近600场、文娱活动14场。配合国家、省、市文物主管部门发掘古雷圣杯屿水下沉船遗址项目。年内，成立教育发展基金会，引导和鼓励社会力量参与民生事业。漳州职业技术学院古雷石油化工学院揭牌成立，漳州一中古雷港分校扩建、后辽小学及其附属幼儿园新建等2个项目开工，4所幼儿园新投用。

【安全监管】 2022年，古雷开发区出台《关于进一步加强石化园区综合管理实施意见》《全面加强石化园区安全管理工作机制》等系列文件，实施安全生产提升制度、责任、基础、能力、风控等“五大工程”。强化隐患排查，深入开展安全整治提升三年行动、“安全生产大检查”“百日大会战”等15轮专项整治行动，深化危化品安全“一月一主题”活动，完成2轮国务院危化品重点县专家组123项反馈问题的整改销号，推进隐患问题“动态清零”。成立应急管理综合执法大队，建成投用10万立方米的码头区事故应急池，启动“智慧古雷”（一期）建设，推动完成安全整治提升项目16个，安全管理工作在全国危化品重点县综合指标评价中名列前茅，被列为全国5个危化品重点县示范县之一。全年未发生安全生产事故。

【生态文明建设】 2022年，古雷开发区坚决打好污染防治攻坚战，进一步提升生态环境质量，被中国石油和化学工业联合会列入“绿色化工园区名录（2022年）”。坚持绿色低碳发展，严格落实“三个一律不批”（即生态红线及水源地保护区范围内的项目一律不批、超出区域环境容量的项目一律不批、不符合国家产业和环保政策的项目一律不批）要求，新获批28个项目平均能耗强度0.79吨标煤/万元，单位产品能效水平处于国内领先水平。推动北部污水处理厂（一期）通过竣工环保验收、南北污水连接管道工程项目开工建设；完成7个村庄污水治理项目，6个乡镇交界断面及杜浔溪小流域考核全部达标。高标准完成1000公顷海上筏式吊养浮球升级改造任务；全年造林更新123.33公顷、封山育林124公顷、森林抚育155公顷。

【社会治理】 2022年，古雷开发区深化城乡社区网格治理“2+N”模式，建立健全社会纠纷多元化解和风险防控机制，“12345”便民服务平台诉求满意率达99.98%。排查调处各类矛盾纠纷442件，按时办结中央交办“国重治理”件64件，化解信访积案38件，重复信访件数比上年下降5.3%。常态化推进扫黑除恶，开展“清四乱集中攻坚月”专项整治，严厉打击电信网络诈骗、养老诈骗、黄赌毒等违法行为，打击整治黑恶势力团伙1个，逼劝返涉诈高危人员5人，自主摸排人员66人，破获养老诈骗案件11起，涉案金额78.9万元，全区治安、刑事案件数分别比上年下降8.45%和5.99%，人民群众的安全感和满意度保持98.9%以上。

【古雷炼化一体化一期项目投入商业运营】 2022年12月19日，海峡两岸最大的石化合作项目——古雷炼化一体化项目投入商业运营仪式在古雷半岛举行。古雷炼化一体化项目是古雷石化基地的龙头项目，一期项目总投资345亿元，主要建设80万吨/年乙烯裂解及下游9套化工装置和配套公用工程，达产后年产值约310亿元、税收约21亿元。

【古雷炼化一体化工程二期项目投资协议签订】 2022年9月23日，福建古雷炼化一体化工程二期项目投资协议签订。该项目由中国石化集团主导，总投资732.9亿元，主要建设1600万吨/年炼油、150万吨/年乙烯、320万吨/年芳烃，以及其他26套装置，配套建设公用工程、码头及

2022年9月23日，福建古雷炼化一体化工程二期项目签约
（漳州市古雷开发区新闻中心 供图）

辅助设施，为古雷首个“油头”项目。12月9日，中国石化与沙特阿美就福建古雷炼化二期项目签署合作框架协议。

【古雷石化基地连续3年获评“中国化工园区30强”】 2022年12月23日，中国石油和化学工业联合会化工园区工作委员会公布2022年化工园区高质量发展综合评价30强名单，古雷开发区成功入选。至此，古雷开发区连续3年获评中国化工园区30强。

【古雷开发区入选全国“绿色化工园区名录（2022年）”】 2022年12月27日，中国石油和化学工业联合会公布“绿色化工园区名录（2022年）”及“绿色化工园区（2022年建设期单位）”。古雷开发区名列“绿色化工园区名录（2022年）”，标志着古雷石化园区在绿色循环低碳发展方面获得业内高度认可，为推动区域经济可持续发展、打造世界一流绿色生态石化基地奠定坚实的基础。

（陈少鸿）

·漳州台商投资区·

【概况】 2022年，漳州台商投资区（简称台商投资区）全区实现地区生产总值476.95亿元，比上年增长6.1%；规模以上工业总产值完成1051.16亿元，比上年增长9.9%；固定资产投资155.05亿元；一般公共预算总收入23.85亿元，比上年增长1.3%；地方一般公共预算收入18.98亿元，比上年增长9.4%；社会消费品零售总额75.58亿元，比上年增长2.4%；城镇居民人均可支配收入48094元，比上年增长7.5%（参照龙海区）；农村居民人均可支配收入27018元，比上年增长9.4%（参照龙海区）；角美镇入选2022年度全国综合实力千强镇前40强。全区安全生产事故起数、死亡人数“双下降”。

【工业经济】 2022年，台商投资区食品工业、石油化工、装备制造、特殊钢铁“四大”主导产业产值928.06亿元，比上年增长8.23%；战略性新兴产业产值534.54亿元，比上年增长5.85%；建筑业产值44.71亿元，比上年增长16%；新增新上“四上”企业24家。实现高技术产业增加值62.81亿元，比上年增长19.6%；新增省级专精特新企业2家；设立“全闽乐购，惠享角美”促消费奖补资金160万元，撬动602.6万元消费购买力；新增限额以上贸易、规模以上服务业企业40家，服务业增加值比上年增长30%；落实稳外贸政策，全年贸易顺差12.29亿美元；加快台商投资区国际快件监管中心建设，台商投资区保税物流中心（B型）累计完成进出口额16.62亿美元，比上年增长113.55%。

【项目建设】 2022年，台商投资区共有9个省级在建重点项目完成投资49.8亿元；万福产业园、惠尔康生物科技等19个市级在建重点项目开工建设，福欣研磨机系统改扩建、宝湾国际物流园等17个项目建成投用。加快低效用地再开发，实施改扩建工业项目27个，总投资50.23亿元，新增建筑面积约165.8万平方米。新签约项目61个，总投资225.98亿元；阿斯福特二期扩建等3个投资10亿元以上项目落户；万福产业园、丰章实业、金之榕食品扩建等3个项目实现“签约即供地、拿地即开工”。向上争取资金1.81亿元；获批专项债资金9.8亿元，支出进度96.97%；获批一般债资金1.14亿元，政策性贷款资金17.75亿元；粮食储备库绿色储粮项目、高干渠生态补水工程等4个项目入选政策性开发性金融工具国家发改委备选清单。完成土地征收112.07公顷，报批土地1367.3公顷、林地108.公顷，出让21.66公顷，处置低效、闲置用地10.35公顷。

【改革创新】 2022年，台商投资区落实台胞台企“同城待遇”，优化台胞台企服务中心，为台胞提供暖心贴心的“一站式”服务，得到全国政协主席汪洋肯定。优化项目“前期办”“三百三下”“妈妈式”帮扶服务活动深入开展。兑现增值税留抵退税15.08亿元、减税降费2.46亿元、缓缴税费1.7亿元、出口退税3.8亿元、惠企资金9500万元。行政许可事项办理时限平均压缩90%，全流程网办事项占比91%，“一趟不用跑”占比94%，推出“一件事”套餐16个；创新“交地即交证”“拿地即开工”“一业一证”改革，办理全市首例二手房“带押过户”业务。实施教育卫技人才引进计划，新招引教育人才172名、卫技人才74名；人才申报项目取得突破，新增省级C类高层次人才1名，市级高层次人才6名。

【城乡环境】 2022年，台商投资区完善风貌专项研究成果，累计编制地块控规37个，其中48个城乡建设品质提升工程完成投资30.4亿元。改造棚户区4643套，整治裸房698栋。新建改造公共停车泊位100个，新增公园绿地3.33公顷、城市绿道5千米、雨污管网6.08千米。加快交通互联互通，国省干线纵二线台商投资区过境段公路进展顺利，新建农村公路5.9千米。完成39个入河排污口溯源排查整改、15条黑臭水体治理。

【社会保障】 2022年，台商投资区民生支出18.8亿元，占公共财政支出82%，比上年增长5.03%。37件为民办实事项目完成投资1.97亿元。落实民生保障资金补助1.43亿元，城乡居民医保补助标准提高4.62%，城乡居民最低生活保障标准提高23.67%。打造“劳动者之家”就业驿站，提供就业岗位1.3万个。完成15个行政村养老和医保村级便民信息化平台建设。

2022 年，台商投资区提升城乡建设品质。图为摄于 2022 年 8 月 26 日的漳州台商投资区中心城区
（张奇辉 摄）

【社会事业】 2022年，台商投资区新增中小学、幼儿园学位880个，普惠性幼儿园占比95%，福建省厦门双十中学漳州校区本科上线率96.33%；角美中学等3所学校与海沧实验中学等“两区六校”教育协作；漳州市第五医院与漳州市医院共建紧密型医疗联合体，深入开展安全生产专项整治三年行动、扫黑除恶、综治维稳，群众安全感满意率大幅提升，首次获评“福建省平安县（市、区）”称号。

【乡村振兴】 2022年，台商投资区加快23个乡村振兴项目建设，省、市级乡村振兴试点项目完成投资1075.4万元；乡村振兴“串点连线成片”项目完成投资1334.55万元；扶持农业龙头企业发展，新培育市级以上农业产业化龙头企业2家；坚决遏制耕地“非农化”，防止耕地“非粮化”，提高粮食综合生产能力，播种粮食406.33公顷。

【对台工作】 2022年，台商投资区创新设立台胞台企权益保障法官工作室、台商台胞金融消费纠纷调解室、涉台公共法律服务工作室，台胞台企维权更加便捷。深化两岸人文交流，先后举办漳台青年同种“友谊林”、海峡两岸保生大帝“云谒祖”数字文化交流活动、两岸融合发展论坛等。

【国贸智谷双碳产业沙龙暨项目合作签约会举办】 2022年8月5日，漳州台商投资区国贸智谷双碳产业沙龙暨项目合作签约会举办，活动“以产业繁荣，推动时代进步”为主题，通过开讲座，设沙龙，深入探讨产城融合、产教融合，推动双碳产业高质量发展。近百位专家、学者及企业家代表围绕双碳产业的发展要点，开展主题演讲和沙龙活动。会上，国贸智谷还分别与厦门大学能源学院、海峡股权交易中心等7家单位签订战略合作协议，与合作方就双碳产业发展、人才联合培养、产业金融服务、园区交通配套等达成战略合作共识。

（李胜武 黄安庆）

·漳州高新技术开发区·

【概况】 2022年，漳州高新技术产业开发区（简称漳州高新区）实现地区生产总值208.8亿元，比上年增长6.9%；规模工业总产值312.44亿元，比上年增长10.1%；规模工业增加值98.42亿元，比上年增长9.8%；固定资产投资138.88亿元，比上年增长8.7%；社会消费品零售总额65.61亿元；一般公共预算总收入12.63亿元（不含车购税），比上年增长47.54%；地方一般公共预算收入10.3亿元，比上年增长62.29%。

【片区开发】 2022年，漳州高新区集中力量攻坚“三大片区”（靖圆“一智一药”产业园、南湖“双创”产业园、站前总部经济产业园）征地拆迁、要素保障、项目落地、招商引资，累计完成启动区478.2公顷土地征收和188.4万平方米建构筑物拆除工作，完成安置面积27.1万平方米，占需安置权源面积的52.4%，快速储备出让土地464.87公顷。策划实施绿色发展及产业配套设施项目，获得国开行授信贷款122.3亿元和基础设施基金15.2亿元。创新“股权投资+工程总承包”招商建设运营一体化模式，成立3家项目公司，引进央国企施工联合体单位70余家，推动招商引资、基础设施建设、土地收储等一体化运作。

【招商引资】 2022年，漳州高新区深入开展常态化驻点深圳、厦门招商，开展“五比四拼”（“五比”：比项目对接、比项目签约、比外资到资、比工作落实、比招商成效；“四拼”：拼决心、拼细心、拼爱心、拼耐心）招商竞赛，推动镇办比拼招商、全员一线招商，全年新签约引进万洋智造产业园等项目42个，总投资371亿元。

【项目建设】 2022年，漳州高新区组织集中开竣工活动4场，推动开竣工87个项目，其中，片

2022 年 9 月 28 日，联东 U 谷竣工。图为公司厂房
（漳州高新区 供图）

仔癀科技大楼、泓光半导体材料二期等项目56个开工，总投资227.77亿元，漳州岁金智能装备产业园、联东U谷A区、思美科半导体等31个项目竣工，总投资63.72亿元。35个省市重点项目完成投资107亿元。全年推动获批智能制造园启动区等5个片区土地成片开发方案，总面积357.6公顷，完成49个重点项目，253.53公顷用地报批，供地62宗，面积265.8公顷，处置闲置土地39.67公顷、批而未供土地69公顷。

【科技创新】 2022年，漳州高新区拥有国家高新技术企业72家，比上年增长20%；年底区内科技型中小企业103家，科技小巨人企业22家。甲骨文双创基地通过国家级众创空间备案。在第十一届中国创新创业大赛、第十届福建创新创业大赛（漳州分赛区）暨2022年漳州市创新创业大赛中，漳州高新区4家企业获奖，其中，漳州航升卫星科技有限公司获得省赛初创组一等奖。

【改革创新】 2022年，漳州高新区创新实施“三点一线”（即破解土地报批痛点、破解工程审批难点、破解开工建设堵点、强化一线服务保障）工作法，成立土地报批公司，推出优化营商环境“加减乘除法”措施84条，建立招商服务中心、重点项目服务中心和企业服务中心“一起办”服务机制，服务可津和品科技产业园、新正食品等8个新供地项目实现“交地即交证”，漳州高新智造产业园等4个项目实现“拿地即开工”，岁金智能产业园实现首个“验收即办证”，推动12个项目实现当年签约当年开工，6个项目实现当年开工当年竣工。提升行政许可事项“减时限”“减跑趟”，提升“即办程度”和“全流程网办”占比，行政许可事项“一趟不用跑”“即办件”“全流程网办”“减时间”占比分别达97.08%、77.84%、94.83%、93.24%。创新设立“办不成事”反映窗口，集中受理企业、群众反映的因各种原因未能按时成功受理、成功审批或多次到服务大厅办理却未能解决问题的情形，全年74497份政务服务“好差评”满意率100%。

【城乡建设】 2022年，漳州高新区城乡供水一体化颜厝片区工程竣工，五星级南湖温泉酒店、总建筑面积33万平方米的七建总部、漳龙总部等站前片区5个总部大楼项目加快建设。龙江岁月二期水岸民宿、温泉康养中心等业态基本完工，鹭洲路“台湾风情一条街”推进。处置“两违”716宗、面积37.1万平方米，整治裸房799栋，严厉开展耕地图斑整治，完成489个耕地违法图斑整改。

【生态环保】 2022年，漳州高新区持续推进污水收集处理工程，马洲污水处理厂建成投用，圆山新城农村污水处理PPP项目全面投入运行，新增供水管网10.6千米，污水管网6.5千米，全区现有污水处理能力达到5.99万吨/天。推进各级生态环境督查问题攻坚整治，市级交办生态环保问题整治基本完成，解决群众反映的生态环境污染问题，223件群众投诉件100%按时办结。推进流域生态综合治理，国省考流域断面水质均值达标比例100%。在全市率先引入“环保管家”，全年排查企业179家，帮扶企业60家完成环保问题整改140个。

【社会民生】 2022年，漳州高新区全面完成25个省市为民办实事项目、14个区级项目年度任务。九湖中心小学新校区及附属幼儿园、高新二中综合楼等教育项目建成投用，新增学位2400个，公办幼儿园生源数占比从上年的55.01%提升到61.2%。规划2000个床位的市医院总部实现开诊运营，颜厝卫生院综合楼建成投用，靖圆中心卫生院启动运行，全区新增4家托育机构、238个托育床位。发放城乡低保等13类对象补助资金2264万元。加快水仙花苑二期等4个安置房小区建设，办理安置房小区不动产权证书5093本。完善兜底保障，缴交失地养老保险金1.34亿元，安置失地农民5496名。

【漳州九龙江医院实现“拿地即开工”】 2022年8月30日，漳州九龙江医院项目作为全省首宗综合开发项目成功出让，实现“拿地即开工”。漳州九龙江医院项目位于高新区南湖“双创”片区，毗邻荔枝海，总用地面积约15.44公顷，总投资约50亿元，总体规划床位数1000床，按照“强专科、大综合”设置相关科室，重点突出肝病、肿瘤、妇产、消化、康复等专科，打造集医疗、教学和科研等功能于一体的综合性三级甲等医院。

【漳州高新区党工委党校揭牌成立】 2022年10月14日，中共漳州市委高新技术产业开发区工委党校正式揭牌成立。中共漳州市委高新技术产业开发区工委党校选址于漳州高速漳州南征管所培训基地，是全市开发区中成立的第一家党校。

【圆山发展公司获批全国首批乡村振兴公司债券】 2022年7月26日，漳州圆山发展有限公司2022年面向专业投资者非公开发行乡村振兴公司债券（第一期）在上交所成功簿记发行，本期债券发行规模10.5亿元，期限3年，投资人认购倍数1.81倍，最终票面利率4.48%，此次债券系交易所市场批准的全国首批、福建省首单乡村振兴公司债券。募集资金将用于漳州高新区水仙花海保护区建设项目、圆山荔枝冰酒项目等乡村振兴项目建设运营。

（朱加良 郑莹）

责任编辑：江细珍

城市建设

·综述·

【概况】 2022年，漳州市实施城市建设品质提升项目1111个，完成投资461.04亿元。品质提升及样板工程获省级奖补资金1.58亿元，成功申报全国海绵城市建设示范城市，争取中央补助资金9亿元。

【城市品质提升】 2022年，漳州市完成227个老旧小区综合改造、26个无障碍示范样板和1个示范区项目，市区改造31个老旧小区供水设施，推进实施主城区城市体检。无障碍设施品质提升及城市地下管线信息动态更新典型经验做法被省住建厅发文推广。

【城市新区拓展】 2022年，漳州市芗城西湖片区、龙文建元片区、高新区“三大片区”、龙海南太武“南溪湾”新区、长泰溪东片区等建设有序推进，长泰溪东片区等城市重点区域和漳浦九曲岭片区、东山马銮湾—金銮湾片区、平和高南片区等县城重点区域城市设计顺利开展。

【园林绿化】 2022年，漳州市新建改造提升郊野公园3.06平方千米、公园绿地105公顷、福道134.95千米，口袋公园83个、立体绿化71处。加快创建国家生态园林城市，市区启动九龙江西溪北岸生态治理工程、绿道串联工程等“山水连城”项目建设，推进西湖生态园、龙江岁月二期建设。推进海绵城市示范项目改造，相关做法在《中国建设报》刊登。首创口袋公园“以赛代建”模式，获省住建厅肯定推广。

【城市交通建设】 2022年，漳州市新改扩建城市道路116.1千米，新增城市公共停车泊位5356个。市区完成219处背街小巷改

2022年，漳州市新华立体停车楼建成投用。图为摄于2022年11月26日的漳州古城商圈的新华停车楼 （漳州市住建局 供图）

造和6条道路“白改黑”，建成投用新华立体停车楼，加快建设九龙公园地下停车场等一批停车设施。推进厦门轨道交通6号线漳州角美延伸段工程和厦漳泉城际铁路R1线。

【城市管网建设与黑臭水体治理】 2022年，漳州市加快城镇污水处理提质增效和城市黑臭水体整治，新建改造供水管网128.6千米、雨水管网113.4千米、污水管网135.9千米。龙海城市污水处理厂站及管网配套设施（二期）项目完成，新增污水处理能力1.25万吨/日，全市11座城市污水处理厂总能力达到59.25万吨/日，东墩污水处理厂配套污水主干管工程建设完成。市区完成860千米市政排水管网深度排查，全面修复改造675处混错接点和1334处重度缺陷，完成674处沿河排口整治和682个排水单元雨污分流改造，建成区河道稳定消黑，污水收集效能稳步提升。

·住房保障·

【概况】 2022年，漳州市基本建成各类棚改项目10472套（含往年开工结转2022年续建基本建成套数）。新增并基本完工公共租赁住房项目1个2100套，完成投资8300万元。

【城市棚户区改造】 2022年，漳州市实施城市棚户区改造项目7个5865套，完成投资9.14亿元，其中基本完工1121套、封顶装修100套、主体施工650套、基础施工3994套。

【垦区危房改造】 2022年，漳州市实施垦区危房改造项目4个53套，完成投资1972万元，其中竣工52套、基本完工1套。

·房地产市场·

【概况】 2022年，漳州市住建局健全完善新建商品房预售资金监管制度，建立存量房交易资金监管制度，在全省率先建立预售资金和开发贷联动监督管理机制，建成全省首个租售一体化平台，强化房屋租售交易过程风险监管。牵头实施二手房交易“带押过户”新模式。立案查处2家开发企业的违规行为。全市备案的房地产中介机构1843家，比上年增加597家。

【风险项目稳控】 2022年，漳州市针对恒大等风险项目，采取一盘一策，专班运作，推进各类风险处置化解。创新性采取“政府主导、国企托管、捆绑运作”模式，先后被省住建厅、住建部发文推广。在全省率先出台保交楼专项借款管理办法，争取8个项目专项借款，为化解风险奠定基础，推动恒大等5个房地产风险项目实现交楼3595套。

【住房市场稳定】 2022年，漳州市新建商品房统计入库面积698万平方米、比上年增长0.3%；从业人员工资（含物业）总额比上年增长5.9%。通过实施购房补贴优惠、优化预售许可条件等政策，支持改善和刚性住房需求，激发市场活力，市区（芗城、龙文）共受理购房补贴申请4330户、金额3970.28万元。通过降低公积金最低首付比例、公积金可支付购房首付、灵活就业人员缴纳公积金办法等，加大公积金对住房消费的支持力度，全市新增缴存单位2053户、职工4.31万人，缴存额68.61亿元，办理职工提取53.17亿元；向8101户职工家庭发放住房公积金贷款41.18亿元，支持购房面积89.98万平方米；全市住房公积金使用率87.44%。全市完成房屋征收面积447.9万平方米，为加快优质土地供应奠定基础。

【安置房管理】 2022年，漳州市住建局建设市区安置房统筹管理信息平台，推动市区安置房规范化、信息化管理。推广“土地招拍挂+配建安置房”模式建设安置型商品房，新开工安置型商品房项目13个。推广“货币补偿+购房补助”安商一体化新模式，在南靖、东山、龙海、华安等地落地实施，累计签约425户、5.53万平方米。

【国有土地上房屋征收】 2022年，漳州市开展房屋征收项目（含集体）316个，完成征收总面积447.901万平方米，全年完成拆除净地总量417.52万平方米。修订出台《漳州市国有土地上房屋征收与补偿实施办法》，建立健全中心城区征迁安置房统筹管理制度和工作机制，出台《漳州市中心城区安置房统筹管理实施意见》，芗城区“百里弦歌”项目、龙文区东屿片区地块一、云霄县旧党校片区改造建设项目等3个房屋征收项目运用和谐征迁工作法，严格征收程序，依法实施补偿，被省住房和城乡建设厅认定为2022年度全省和谐征收示范项目。

·住房公积金监管·

【住房公积金归集】 2022年，漳州市公积金新开户单位2053家，新开户职工4.3万人，实缴单位10855家，实缴职工37.34万人，缴存额68.61亿元，截至年底，缴存总额508.46亿元，缴存余额173.37亿元。全市实现增值收益1.38亿元，截至年底，贷款风险准备金余额6.05亿元，累计提取城市廉租住房（公共租赁住房）建设补充资金8.01亿元。

【住房公积金提取】 2022年，漳州市共13.96万名缴存职工提取住房公积金，提取额53.17亿元，截至年底，提取总额335.09亿元。

【住房公积金贷款】 2022年，全市共发放公积金贷款0.78万笔39.56亿元，截至年底，累计发放公积金贷款281.9亿元，住房公积金贷款余额151.31亿元。发放住房公积金贴息贷款300笔1.62亿元，公积金贴息贷款余额91.52亿元，满足职工住房消费需求。

【公积金政策惠民】 2022年，漳州市取消购房提取或偿还商业性住房贷款的住房公积金贷款次数和房屋套数限制，全年全市共提取住房公积金5.46亿元用于“购房提取”；提取住房公积金7.19亿元用于“偿还商业住房贷款本息”，惠及商品住房15845套。实施购商品住房提取公积金支付首付款政策，共提取住房公积金7.07亿元用于支付购房首付款，支持购房面积55.76万平方米。实施缓缴或降低住房公积金缴存比例政策，2022年疫情期间，全市共有56家单位申请降低住房公积金缴存比例或缓缴，涉及职工2270人，为单位减负158.72万元。实施“降低申请使用公积金购买新建商品住房首付比例”措施，全年全市因降低首付比例申请住房公积金贷款245笔，发放贷款1.52亿元，提取住房公积金5.88亿元。实施“按照国家生育政策生育二孩或三孩职工家庭使用公积金贷款的，其最高可贷额度在现行政策基础上另加5万元”政策，全年全市生育二孩或三孩家庭申请住房公积金贷款283笔，发放贷款金额1.69亿元。提高租房提取额度，标准由每人每月500元提高到每人每月600元，全年全市享受提高租房提取额度的缴存人数共计11081人，累计租房提取金额7127.49万元。

【二手房“带押过户”个人再交易】 2022年，漳州市出台《漳州市住房公积金管理委员会关于开展“带押过户”个人再交易住房公积金（组合）贷款业务的批复》，漳州市住房公积金中心印发《漳州市“带押过户”个人再交易住房公积金（组合）贷款实施细则》，免去卖方为解除房屋抵押寻求过桥资金的环节，降低交易成本，推动存量房市场有序稳定发展，典型经验做法被省住建厅发文肯定。

·建筑业和工程建设管理·

【概况】 2022年，漳州市实现建筑业产值874.54亿元，比上年增长11.9%。建筑业增加值631.99亿元，拉动漳州市地区生产总值增长1.05个百分点。税收收入23.72亿元，比上年增长9.96%，占全市税收的8.23%。新开工项目本地建企占有率达62.26%，造价占比达43.49%，分别提高近30个百分点和20个百分点，全市建筑业企业新签合同额比上年增长28%。

【建筑产业集群】 2022年，漳州市推动8家企业晋升一级总承包资质，招引2家央企和3家优质民企迁入漳州，56家建筑类企业被认定为国家技术高新企业，全市占比19.6%，3家企业被评为省企业技术中心（建筑施工），全省占比21.4%，行业研究与开发经费投入9300万元，是上年的10倍。

【建筑企业资质等级提升】

2022年，漳州市实施建筑企业资质提升计划，推行资质安全许可证“一件事”合并办理和全程无纸化审批，提高审批效率50%以上，全年新增资质等级建筑企业134家。

【建筑转型升级】 2022年，漳州市明确经营性用地装配式建筑比例，开展重点工作督查，有3个国家级装配式建筑产业基地，1个省级装配式生产基地，16个钢结构装配式生产基地。全市城镇绿色建筑占新建建筑比例达到97.87%。

【工程造价管理】 2022年，漳州市住建局提供业务咨询服务，组织协调30场次，协调解决争议案值达1亿元以上。调研咨询企业135家，抽检工程造价咨询成果文件11期50份。指导举办造价业务公益讲座1期、技能竞赛1场，共组织1000多人参加。发布《漳州建设工程材料信息》12期信息近5万条。开展合同履约行为评价，每季度评价率均达100%，全年共评价123个次项目，发出整改通知书45份，累计扣分169.5分。

【建设工程质量安全精细化监管】 2022年，漳州市在建受监项目共1044个。年内，漳州市住建局举办3次全市建筑施工质量安全标准化观摩会，发挥漳州市精品工程、标准化工地的引领推动作用。全市各级监督机构共进行双随机检查2234次，涉及1044个项目，发出责令改正通知单2517份，发出违规事实确认单2228份；对项目经理记2.16万分，施工单位记2.16万分，总监记1.55万分，监理单位记1.55万分，其中市本级共对项目经理记1312.05分，施工单位记1312.05分，总监记1087.9分，监理单位记1087.9分，落实“差异化”监管。全市工程质量安全领域行政立案查处91起，处罚金额498.39万元，对建机一体化企业立案处罚7起，共处罚金3.6万元，约谈建机一体化企业13次。曝光存在违规施工行为的建筑工地5个，立案查处1起。全市在建项目责任主体共组织项目部全员安全培训教育2304场。

【建筑施工扬尘污染防治】

2022年，漳州市住建局加强漳州市建筑施工扬尘治理力度，落实网格化监管。中心城区共派出8940人次，检查3712个次项目，发现3770条问题，发出1558份责令整改通知书，其中全面停工整改40份，局部停工26份，约谈130家企业，立案处罚15起，处罚金额43.5万元，企业通常行为信用扣分50分。无人机巡查25次，检查360个次项目，发现395问题，全部整改完毕；线上巡查49次，检查4892个次项目，发现并整改问题146个。

·勘察设计和建设科技·

【概况】 2022年，漳州市勘察设计单位中，具有工程勘察综合甲级资质的有1家、勘察专业甲级资质3家、乙级8家、丙级2家；工程勘察劳务9家；具有工程设计建筑行业甲级的1家、乙级2家，建筑专业甲级资质的有6家、乙级3家、丙级1家；具有工程设计市政行业乙级资质的2

家，市政专业乙级资质的有4家和丙级3家；其他水利、电力、公路等设计资质有18家；具有工程设计专项资质49家，资质范围涉及建筑装饰、建筑幕墙、建筑智能化、风景园林、轻型钢结构等专项设计资质。

【施工图审查工作】 2022年，漳州市住建局推动施工图数字化审查，基本实施施工图数字化审查，通过福建省建筑工程施工图数字化审查系统进行勘察设计文件的上传、审查、出具施工图审查合格书等全流程数字化办理。年内，福建省及漳州市施工图审查机构共审查通过全市工程项目2522项，其中，勘察工程843项；建筑工程1107项，总建筑面积3095.9万平方米；市政工程149项；专项工程423项。漳州市两家施工图审查机构共审查通过本市工程601项，占总项目的23.83%，其中，勘察工程237项，占勘察工程总项目的28.11%；建筑工程252项，占建筑工程总项目的22.76%；建筑面积685.28万平方米，占总建筑面积的22.14%。

【工程抗震设防】 2022年，漳州市住建局贯彻执行《房屋建筑工程抗震设防管理规定》（建设部第148号令）等管理规定，严格执行《建筑工程抗震设防分类标准》等，落实各方主体责任，将抗震设防作为施工图审查的重要内容之一。全年有漳龙总部经济大楼等4个项目通过由福建省建筑工程技术中心组织的超限高层建筑抗震专项审查。

【建筑节能与绿色建筑发展】 2022年，漳州市通过施工图审查绿色建筑项目608项，建筑面积共2358.4万平方米；全年竣工绿色建筑167项，总面积为613.7万平方米，竣工绿色建筑面积占当年新建民用建筑面积比例为97.87%。共申报漳龙总部经济大楼（设计阶段）、城投集团总部办公楼（运营阶段）、漳州市第二自来水厂（运营阶段）、漳州东墩污水处理厂（运营阶段）、龙海市第一医院急诊内科综合楼工程（施工阶段）、东山发展广场项目（一期）一办公楼（设计阶段）等项目为省级绿色低碳试点项目，其中福建漳龙总部经济大楼1号楼试点项目纳入省级绿色低碳试点年度典型项目。

【建设科技】 2022年，漳州市住建局组织申报住建行业科技计划项目。共有福建省泷澄建设集团有限公司主编的智慧小区建设导则、大中型体育场馆智慧化建设和管理规范等2项工程建设地方标准；福建省禹澄建设工程有限公司申报的基于光纤传感技术的建筑结构健康监测系统开发应用与研究、泡沫磷酸钾镁水泥基装配式墙板接缝剂研究及工程应用2项科技研究开发项目；福建谷文昌干部学院二期、七建大厦、三宝广场1—10号楼、漳浦建发玺院等4个科技示范工程项目，包括建筑信息模型（BIM）、装配式建筑等类型项目。推荐申报施工企业技术中心，组织推荐福建省禹澄建设工程有限公司、漳州市建筑工程有限公司、福建荣冠环境建设集团有限公司等3家施工企业申报福建省企业技术中心（建筑施工企业）。

（侯伟超）

·城市管理·

【概况】 2022年，漳州市城市管理局（简称漳州市城管局）牵头市容市貌整治攻坚助推创城通过复审，“点题整治”物业小区公共收益工作经验以及“两违”综合治理工作经验在全省推广，首创“双员进社区”工作机制受到住建部、省住建厅和社会广泛关注，率先组建全国首支市容管理协勤支队，引入社会力量参与市容管理，建立全省首支城镇燃气应急抢险支队，提前完成燃气行业应急救援体系建设。

【老旧小区改造】 2022年，漳州市城管局推进老旧小区改造，推动改造老旧小区项目227

2022年11月20日，经过改造的鑫荣小区焕然一新。图为居民在改造后的小区设施内休闲娱乐（王煜彬 摄）

个，涉及建筑626栋、建筑面积135.27万平方米，惠及居民1.56万户，其中芗城区104个是市委、市政府为民办实事项目。向住建部、省住建厅申请老旧小区改造补助资金，向上争取老旧小区改造中央安居工程补助资金16059万元。省财政厅、住建厅公布全省2021年度推进城镇老旧小区改造综合考评情况，漳州老旧小区改造在全省位列第一，获600万工作奖励资金。

【燃气设施建设改造】 2022年，漳州市城管局推动燃气设施建设和改造，全市完成新建燃气管网122千米，改造提升35个燃气场站，更新改造2000年前敷设的2.58千米燃气管道。推动燃气企业完成管理信息系统建设或升级工作，完成全市2908.5千米的地下燃气管道普查建档。在全省率先出台居民户内燃气设施安全更新改造方案，启动更新改造工作，累计完成更新改造7756户，完成率2.43%。逐步完善环境卫生设施建设，聚焦中央环保督察问题整改，推进平和垃圾焚烧发电厂建设，完成点火试运行。

【环境卫生设施建设】 2022年，漳州市城管局完成主城区3座土建公厕改造和38座环保公厕的无障碍设施改造。对主城区38座主、次干道街面及人流量大的公厕加设发光标识和亮化灯饰。全市建设环卫工人休息屋16座。

【垃圾分类管理】 2022年，漳州市提升生活垃圾分类成果，中心城区新建垃圾分类生态流转屋70座和垃圾亭126座，垃圾分类生态流转屋总数达996座。委托第三方对芗城、龙文、龙海、长泰、高新区等5区的17个街（镇）进行考评，纳入市政府绩效考评结果。漳州市城管局指导龙文区创建省级示范片区、东山县创建省级生活垃圾分类试点县，组织芗城区东铺头街道、龙文区步文街道、长泰区武安镇创建市级示范片区。正式启动县域生活垃圾分类工作。在住建部考评全国125座小城市生活垃圾分类成效中，前二季度稳居第二档（第8名）。新配置2200个新型果皮箱，解决城区主次干道果皮箱配置不足、破损、缺失问题。

【燃气监管】 2022年，漳州市城管局在全市开展燃气安全排查整治、城镇燃气管道安全隐患专项整治、餐饮场所安装燃气泄漏报警器等系列专项工作，共排查发现城镇燃气一般隐患2162个，已全部完成整改，整改率100%；重大隐患2个（漳州安然诏安分公司山河站起始端加臭量不符合要求（实际加臭量8毫克、标准加臭量20毫克）以及南靖大酒店调压箱前段钢质管道底部腐蚀严重），完成整改并摘牌销号。

【物业管理】 2022年，漳州市城管局出台《漳州市住宅小区物业服务质量星级评定实施办法（试行）》，组织对物业履职情况开展星级评定，全市672家物业小区全覆盖星级评定，评出三星级至五星物业小区536个、

一、二星级136个。开展信用综合评价，全市累计对88家物业服务企业和229名项目负责人进行信用减分，进一步规范物业服务行为。

【垃圾处理管理】 2022年，漳州市部署建设的蒲姜岭（东部）、常山（南部）、平和（西部）、华安（北部）、漳浦（中部）等5座区域性生活垃圾焚烧厂全部完成建设投产，全市生活垃圾处理体系基本构成。平和垃圾焚烧发电厂投入运行。全年全市焚烧处理生活垃圾201万吨（日均焚烧处理5506.85吨），比上年增长11.7%。

【道路清扫保洁管理】 2022年，漳州市城管局严格考核道路清扫保洁，在中心城区建立月考核、年总评的考核机制，每月通报考核结果。将清扫（洗）保洁经费与质量考核结果挂钩，质费论价，倒逼道路清扫保洁单位提升道路清扫保洁质量。

【室内装饰装修管理】 2022年，漳州市城管局启动公共建筑装修工程室内装饰装修违法行为排查，排查82个工程，发现破坏建筑主体结构7宗，立案7宗，涉案金额39万。启动室内空气检查工作，摸排中心城区即将交付使用的公共建筑装修工程53个，要求业主在使用前必须进行空气质量检测。随机抽测2个全装修商品房项目，合格率68%，并责令整改。

【专项整治】 2022年，漳州市城管局整治人行道及社区（小区）内机动车、非机动车乱停放行为，搬离乱停放汽车3405辆、非机动车2.49万辆，优化和增划停车线框8.31万米，可停放电动车7.5万多辆。整治乱扔垃圾行为4.7万起。整治楼道垃圾乱堆放2.56万处，将467名屡劝不改人员登记造册，作为长期盯防攻坚对象。整治不文明遛犬258起，妥善处置流浪犬600只。整治占道经营、出店经营、流动摊贩3.57万起。整治共享单车乱停放，拖离共享电动车1.35万辆，劝导自行清退3.03万辆。整治“空中缆线”1.56万处，打锡巷、人民里、菜市路等地段实现缆线下地。规范共享电单车管理，牵头完成监管平台建设，设停放点1006个；对接交警部门核验、注册挂牌4425辆。设置智能共享充电桩，五区摸排点位671处，首批54个点位设计方案已提交联审公示，8个点位进入施工建设阶段。补充完善环卫设施，划线734处，可存放垃圾桶2483个，在不适合建设垃圾屋的地方设置垃圾亭93座。

【“两违”治理】 2022年，漳州市城管局严格执行“两违”铁三角机制，落实责任追究办法。定期组织深入乡镇，督查发现治违不力、不作为行为，发函各县区不折不扣执行“两违”责任追究办法，树立各县区“两违”治理办统领各县区“两违”治理的权威。漳州提前半年完成省下发年度700万平方米“两违”处置任务，年内处置926.4万平方米，省治违办专门发文在全省推广漳州市治违工作经验。

【“点题整治”守牢群众“钱袋子”】 2022年，漳州市城管局指导龙文区城管局在全市率先开发建设龙文区智慧物业服务管理平台，以科技赋能城市管理，提升社区治理治精细化水平，省住建厅发文推广。全市城管部门共指导督促683个物业小区完成自查自纠，并组织核查，累计清缴公共收益7622万元。

【城管进社区】 2022年，漳州市城管局创新性开展城管进社区活动，树立政府职能部门进驻社区的典范，全市城管部门622名城管队员组成290个工作组进驻290个社区。工作组每周不少于两次进驻社区，宣传城市管理相关法律法规，协助街道、社区和督促物业及时解决小区内各类涉及城市管理领域方面的问题。全市共协调解决问题1.35万个，化解社区矛盾纠纷8070件。

【智慧城管】 2022年，漳州智慧城管平台共受理案件23.53万件，处置率、结案率均达98%以上。4月15日上线“百姓城管E家通”微信小程序，方便城市管理问题随手拍，年内受理市民上报问题589起。漳州智慧城管作为漳州数字化、智能化的优秀成果，连续五届受邀参展数字中国建设峰会。

【城管执法业务指导】 2022年，漳州市城管局加强城管执法业务指导，从市、县（区）两级城管部门选取法治业务骨干，建立一支由6名具备法律专业素养的城管队员组成的公职律师团队，通过统筹调配，指导各县（区）城管部门厘清职能职责，协助办理疑难案件23起。修订自由裁量权基准，制定完善燃气安全、室内装饰装修、建筑垃圾管理、城镇供排水等方面行政处罚自由裁量权基准情节，供全系统适用。

【城管领域执法】 2022年，全市城管系统进一步加强“门前三包”、生活垃圾、建筑垃圾、户外广告等四部地方性法规的执法力度和处罚力度，共立案查处案件1125起、处罚金额386.72万元，比上年案件数增加228件，处罚金额增加225.78万元。新增供排水、燃气等方面的执法事项，全市累计查处供排水类、燃气类、规划监察类、噪声类案件698件，处罚金额1283.1万元。推动建筑垃圾管理市县（区）一体化，全市建筑垃圾运输企业备案入库62家，入库车辆690辆，备案入库车企比上年增长55%；严厉打击非法运输建筑垃圾行为，立案520件，处罚金额364.83万元。

【城市管理地方立法】 2022年，漳州市城管局推动城市管理地方立法，组织草拟《漳州市城市文明养犬若干规定》，深入街道、社区、犬类收容所等地开展立法调研，并向社会公开征集意见建议，共收到意见建议200余条。年内，完成《漳州市城市文明养犬若干规定（草案）》和《漳州市城市文明养犬若干规定实施细则（草案）》的起草工作，完成《漳州市城市住宅小区管理办法》立法调研报告。

【智慧城管信息采集员进社区】

2022年，漳州市城管局在全国首创将智慧城管信息采集范围向物业小区拓展，把中心城区的物业小区划分成38个责任网格，组建52名信息采集员，采集物业小区和背街小巷“城管与非城管职责事项”，通过智慧城管信息平台，派遣相关部门处置。截至年底，“采集员进社区”采集问题27355个，全部派遣处置。

【城镇燃气应急抢险支队成立】

2022年8月15日，漳州在全省率先成立覆盖全市的城镇燃气应急抢险支队，队员由城镇燃气主管部门和燃气企业应急岗位人员构成，提前一年半完成构建燃气行业应急救援力量体系的任务。全市共有15支（支队）大队，队员523人。实行市局统一领导，市、县区分级指挥，即市局统一指挥，县局各自调度指挥，按“一个月一主题”要求，开展4次管道燃气和瓶装液化气事故应急演练。

【全国首支市容管理协勤支队成立】 2022年8月22日，漳州市市容管理协勤支队成立，为全国首支市容管理协勤支队。支队共有274名队员，主要由中心城区77家物业服务企业的项目经理、安保人员等业务骨干组成，统一着藏青色特勤服饰，经常性开展军事化训练、技能培训和应急处置演练。截至年底，共参加市容市貌整治、劝导行动34次。

（蔡建福）

责任编辑：蔡钰臻

乡村振兴

·综述·

【概况】 2022年，漳州市聚焦提高效率、提升效能、提增效益，以“产业发展项目建设攻坚年”活动、“比乡村振兴”竞赛为抓手，加快推进农业现代化，推动乡村全面振兴。继续在全市组织实施特色产业发展、农村人居环境整治提升、乡村生态保护、文明乡风塑造、乡村治理提升、乡村民生改善、脱贫成果巩固、人才科技支撑、农村改革创新、农村党建引领等十大行动，推进116项重点任务落实。

【乡村振兴试点示范建设】

2022年，漳州市持续深化省级乡村振兴7个重点县、12个特色乡镇、120个试点村建设，实施试点示范建设项目818个，全年累计完成投资17.4亿元。打造36条乡村振兴“串点连线成片”线路，截至年底，完成建设项目282个，总投资3.4亿元。

（彭宏椿）

【漳州市乡村振兴工作推进会召开】 2022年5月16日，漳州市乡村振兴工作推进会召开。会议肯定2021年漳州市乡村振兴工作取得的成绩，并通报2021年度省对市乡村振兴实绩考核薄弱项指标。

【第二批省级乡村治理示范村认定】 2022年，芗城区浦南镇、龙海区港尾镇等16个乡（镇）认定为省级乡村治理示范镇，龙文区郭坑镇口社村、长泰区岩溪镇甘寨村等133个村认定为省级乡村治理示范村。

（邹建周）

【漳州市乡村产业振兴带头人（乡村治理）能力素质提升专题培训班开班】 2022年9月26日，2022年漳州市乡村产业振兴带头人（乡村治理）能力素质提升专题培训班开班仪式在漳州高速漳州南征管所举行。本次培训班由漳州市科学技术协会、漳州市农业农村局联合举办，闽南师范大学承办，漳州高速漳州南征管所、漳州国家高新区众创园联合协办。培训班结合漳州“三农”实际，培训内容丰富，涉及党建引领乡村振兴、乡村治理机制创新与城乡融合发展政策等，并实地参观全国乡村治理示范村和现代农业园示范园区。此次培训为期5天。漳州市16县区（含开发区）乡村产业振兴带头人58人参与培训。

·农村建设·

【概况】 2022年，漳州市农业农村局建立健全考核考评、激励奖惩、问题清零、群众主体、宣传引导等5个机制。农村建设品质提升重点任务完成投资67.19亿元。农村户厕改造、农村生活污水治理、村庄规划编制、整治既有裸房、农村公路建设等重点任务完成情况排名全省靠前。漳州市入选“全国农村黑臭水体治理试点城市”，华安县被评为农村综合性改革试点县。

【农村环境整治】 2022年，漳州市新建268户农村卫生厕所，新建镇、村公厕62座。推动台商投资区将村庄保洁、垃圾转运、农村公厕管护等打捆打包进行市场化运营管理。全市新增10个乡镇全镇域落实农村生活垃圾分类机制，完成投资2032.45万元。推动芗城、华安、高新区3个县区实施乡镇生活污水处理市场化运营管理。新建改造配套管网218.8千米。实施75个行政村的农村生活污水治理设施建设。推进安全生态水系项目建设27.42千米。完成既有农房（裸房）整治2.95万栋，推进芗城区浦南镇福林村、长泰区枋洋镇赤岭村、东山县杏陈镇磁窑村、南靖县和溪镇英勇村等四个传统村落保护和整治提升。

（林振福）

【农村建设品质提升】 2022年，漳州市乡村振兴精品示范线路项目完成投资1.39亿元；实现镇区千兆光网和5G网络覆盖乡镇95个；改造农网10千伏线路47条；新建、改造供电台区208个；打造乡村电气化试点3个。全市新改建农村公路596千米，完成投资20.06亿元；城乡供水一体化建设投资17.73亿元。创建“美丽庭院”850户；10个乡镇全镇域落实垃圾分类机制，完成投资2032万元。风貌管控工程，完成916个村庄规划编制；上线省传统建筑海峡租养平台村庄11个。长泰区崇尚集约建房样板完成投资7220万元，农村生活污水治理样板完成投资311.16%；长泰区岩溪镇作为集镇环境整治示范项目，完成投资2.07亿元；以台商投资区为农村生活垃圾市场化运营管理试点项目，完成投资1500万元。

（林添晖）

【农房整治与危房改造实施】 2022年，漳州市完成裸房整治34487栋，新增一批无裸房县区和镇村。强化农村建筑风貌管控和在建农房安全管理制度建设，各县（区）均建立落实“带图审批”和农村建房五级网格巡查制度，市本级修订完善《漳州市农村住宅通用图集》。全年共培训农村建筑工匠、村镇干部、建房人约1.2万人。年度完成24户农村低收入群体重点对象危房改造，危改档案录入全国农村危房改造信息管理系统。

【传统村落保护】 截至2022年年底，漳州市共有45个村庄列入中国传统村落名录，75个村庄列入省级传统村落名录。年内，漳州市住建局推动各县区完成103个传统村落保护规划编制。出台《漳州市传统建筑工匠管理试行办法（试行）》，向社会公布三批35名漳州市传统建筑工匠。逐步开展传统建筑修缮、传统街巷恢复等保护工作。

【闽台乡建乡创】 2022年，漳州市探索海峡两岸乡建乡创融合发展新路，鼓励支持县乡引入台湾建筑师团队作为城乡建设顾问开展陪护式指导。全市有21个项目签约引入台湾建筑师（含文创）团队开展乡建乡创陪伴式服务，18个项目获得省级补助资金900万元。

（侯伟超）

【“五个美丽”建设全面展开】

2022年，漳州市美丽乡村庭院、美丽乡村微景观、美丽乡村小公园、美丽田园、美丽乡村休闲旅游点等“五个美丽”项目7911个全部建设完成，其中，美丽乡村庭院5755个、美丽乡村微景观1585个、美丽乡村小公园363个、美丽田园160片、美丽乡村休闲旅游点48个（美丽休闲乡村29个、美丽森林人家6个、美丽水乡渔村5个、美丽民族特色村寨6个、创建省金牌旅游村2个），累计完成投资12亿元。

【乡村休闲农业】 2022年，漳州市新增中国美丽休闲乡村1个（华安县仙都镇大地村）、省级休闲农业示范点3个、福建省美休闲乡村5个、中国美丽乡村休闲旅游行精品景点线路1条、全国休闲农业重点县1个（长泰区）。截至年底，创建全国休闲农业和乡村旅游示范县2个，全国休闲农业重点县1个、全国休闲农业和乡村旅游示范点3个，中国美丽休闲乡村8个，中国美丽乡村休闲旅游行精品景点线路6条，省级休闲农业示范点42个现存留33个（2021年全省动态监测时被取消9个），福建省美丽休闲乡村18个，省级休闲农业示范乡镇6个，市级休闲农业示范点48个，漳州市十佳休闲农业示范点10个。至年底，全市尚存各类休闲农业经营主体576个，比上年增长133.2%，休闲农业从业人数3.92万人，比上年增长190.44%，年接待人数780.35万人次，比上年增长45.58%，营业收入27.28亿元，比上年增长107.14%，其中农副产品销售收入15.87亿元，比上年增长65.57%。

（林惠琼）

【乡村治理推进】 2022年，漳州市新增省级乡村治理示范乡（镇）16个、新增省级乡村治理示范村133个。开展“清单制”村118个，“积分制”村364个，培育文明乡风、淳朴民风、和谐家风以及村规民约执行。

（邹建周）

【厦漳山海协作项目建设】 2022年，根据省委、省政府关于深化新时代山海协作有关要求，厦门市安排2022年度厦漳山海协作帮扶资金300万元，支持漳州市农村基础设施建设、村居环境整治、公共服务提升等，共安排35个基础设施建设项目，项目总投资1099.92万元。

（苏英顺）

·脱贫攻坚成果巩固拓展·

【概况】 2022年，漳州市统筹做好巩固拓展脱贫攻坚成果和有效衔接乡村振兴。全市脱贫户人均年可支配收入达1.97万元。雨露计划发放补助486万元，补助1648人。

【防止返贫监测】 2022年，漳州市运用“一键报贫”在线申报监测预警系统，将存在致贫返贫风险的脱贫不稳定户和易致贫户纳入监测范围。2022年，受理农户申报704户，经甄别核实，将2户7人新纳入监测对象，将13户31人纳入城乡低保，31户31人得到临时救助。加大对脱贫对象的跟踪扶持，脱贫对象中有6户19人新纳入城乡低保，56户70人得到临时救助。

【“三保障”和饮水安全巩固提升】 2022年，漳州市没有出现辍学现象。对包含脱贫（享受政策）人员在内的符合条件的医疗救助对象的参保缴费工作进行跟踪，确保符合条件的对象应保尽保。全市叠加保险保障对象享受医保扶贫待遇共计7797.1万元，其中现行各类医疗保障政策报销金额6702.99万元，叠加保险报销金额1094.11万元。全市农村危房改造任务为24户（云霄县14户，诏安县10户），已全部完成改造，并录入全国农村危房改造信息管理系统。巩固提升农村供水保障水平工作，未发现脱贫户存在安全饮水问题。

【小额信贷帮扶】 2022年，漳州市完善金融服务政策，提高小额信贷覆盖面，全市小额信贷覆盖面15.39%，做到应贷尽贷。截至年底，累计发放扶贫小额贷款6.32亿元，累计发放贴息资金2811.59万元，受益贫困户15006户。新增贷款6369.02万元，新增扶持脱贫户2457户。

【监测户挂钩帮扶】 2022年，漳州市继续落实监测户挂钩帮扶工作，入户走访监测对象6919人次，安排各级财政专项资金138.17万元倾斜支持监测对象，实施各类帮扶措施4400项。

【脱贫劳动力稳岗就业】 2022

年，漳州市指导帮助脱贫劳动力实现务工23156人，提供277个公益性岗位，农村新型经济主体吸纳脱贫人口就业6148户。发放扶持农村困难残疾人就业创业项目补助资金246.31万元，帮助扶持651名农村困难残疾人实现就业创业。

【衔接资金管理】 2022年，漳州市共投入各级各类资金5.31亿元。其中，市和县两级投入衔接资金2.75亿元，比上年多500万元；市本级投入衔接资金1.01亿元，比上年多786.25万元。5.31亿元衔接资金共安排项目755个，安排率、项目开工率、资金支出率均达到100%。

【驻村第一书记驻点工作】

2022年，漳州市第六批省、市、县实际选派驻村任职党员干部439名，其中，省派25名，市派51名，县派363名。安排市派驻点村每年每村财政资金50万元用于支持驻点村发展，2022年共安排2350万元。在全省范围内率先创新举办驻村第一书记“情系乡村 振兴有我”乡建乡创项目比赛评选活动。

（苏英顺）

责任编辑：江细珍

环境·资源

·生态环境·

【概况】 2022年，漳州市生态和环境保护局（简称漳州市生态环境局）推动谋划水生态环境治理项目20多个，5个项目成功入选中央生态环境资金管理储备库，获得中央资金补助6155万元。推进九龙江流域山水林田湖草沙一体化保护和修护工程，会同财政部门指导各地落实年度30个项目建设任务。开展农村水源专项整治，完成336个千人以下农村分散式饮用水源地保护范围划定。南靖县被命名为第五批国家生态文明建设示范县；东山县获生态环境部第四批“绿水青山就是金山银山”实践创新基地称号，在全省率先挂牌成立市级生态环境系统“绿水青山就是金山银山”学习教育基地；芗城、龙文、长泰、华安等4个县区通过国家生态文明建设示范区创建省级预审，南靖县通过“绿水青山就是金山银山”实践创新基地创建工作省级预审。

【海洋环境治理】 2022年，漳州市近岸海域优良水质面积比例为93.5%，水质状况级别优。年内，漳州市生态环境局完成漳州市工业入海排污口和城镇污水处理厂入海排污口整治，开展水产养殖排污口试点整治。实施诏安湾综合整治，完成八尺门海堤贯通、海域清淤、海上养殖清退等，诏安湾国控点位“诏安湾内湾下西坑西”和“诏安湾中部”超标因子活性磷酸盐浓度分别比上年下降77%和58%，“诏安湾中部”水质提升为四类。常态化开展海漂垃圾治理，累计出动打捞船舶808艘次，保洁人员8万人次，清理海漂垃圾1.9万吨；从源头上管控海漂垃圾污染，完成塑胶渔排升级改造6.58万口，筏式养殖升级改造4506.67公顷。

【入河排污口整治】 2022年，漳州市生态环境局完成原水利部门移交的740个入河排污口中736个整治，整治完成率99.5%。

【农村生活污水治理】 2022年，漳州市成功申报国家农村黑臭水体治理试点城市，获得中央财政补助资金2亿元，实施111个村庄农村生活污水治理项目。

【绿盈乡村建设】 2022年，漳州市累计完成1423个绿盈乡村创评工作，占漳州市村庄数量的86.6%，其中被省生态环境厅认定的高级版绿盈乡村50个，占漳州市村庄数量的3%。年内，市生态环境局开展为期三个月的绿盈乡村“回头看”工作，共指导上年已核实达到绿盈乡村建设标准的乡村1112个。

【排污权指标建设】 2022年，漳州市各级生态环境部门核定5家排污单位初始排污权，收储33

个项目排污权，合计化学需氧量3960.25吨/年、氨氮461.35吨/年、二氧化硫210.34吨/年、氮氧化物40.39吨/年，其中新增工业源储备量：化学需氧量1383.21吨/年、氨氮173.82吨/年，制定出台《漳州市省“重中之重”项目排污权要素保障实施意见（试行）》，保障省“重中之重”建设项目排污权指标需求。

【污染防治】 2022年，漳州市生态环境局制定《漳州市深入打好污染防治攻坚战实施方案》，聚力打好打赢细颗粒物和臭氧污染协同防控、柴油货车污染治理、九龙江流域保护修复、流域突出问题综合整治、城市黑臭水体治理、陆海河湾“四源齐控”、古雷半岛—泛东山湾美丽湾区建设、农业农村污染治理、农村黑臭水体治理、工业园区突出生态环境问题排查整治等“十大攻坚战役”。制定出台《漳州市污染防治攻坚战指挥部联席会商制度》，定期会商解决污染防治攻坚战中遇到的问题。联合市委决策督查办对未销号中央环保督察问题开展专项督查督办，推动漳州市两轮中央环保督察信访件1253件已全部销号（第一轮616件、第二轮637件）；反馈问题39个完成销号27个，6个完成整改上报申请省级销号。制定《漳州市贯彻落实省生态环境保护例行督察反馈问题整改方案》等，推动漳州市省生态环保督察47个反馈问题完成整改14个，33个按序时推进整改，信访件266件完成整改264件。

【环境监督管理】 2022年，漳州市生态环境局办理行政处罚案件452起，罚款金额4007.09万元，按日计罚案件2件，罚款金额545.04万元，查封扣押96起，移送行政拘留37起，移送涉嫌环境污染犯罪案13起。其中行政处罚案件，比上年增长50.67%；处罚金额4007.09万元，比上年增长39.96%；“四个配套”案件（查封扣押、按日计罚、限产停产、行政拘留），与上年持平。全年办结12369环保投诉件610件、按时办结率100%，办理上级转办、督办信访件117件、办结率100%。

【行政审批】 2022年，漳州市累计完成环评审批632件，其中实行告知承诺制项目57个。完成508家固定污染源排污许可证质量复核，完成328家典型行业排污许可执行报告规范性审核。“漳州市生态环境局落实‘打捆’审批，支持基础设施建设”典型案例成功入选生态环境部环评司《积极改革创新环评审批方式典型做法——各地做好重大投资项目环评保障进展系列之四》，在全国范围内推广。全年抽取84份环评文件开展质量复核，对存在问题的9家环评机构和15位环评工程师进行失信记分。

【“三线一单”落地运用】 2022年，漳州市生态环境局在环评咨询中对32个不符合“三线一单”（生态保护红线、环境质量底线、资源利用上线和生态环境准入清单）管控要求的项目给予否决。漳州市“三线一单”推进及落地应用情况报告《强化生态环境分区管控落地应用建设富美新漳州》分别被《中国环境报》及生态环境部环境工程评估中心刊登。完成2022年度市级“三线一单”生态环境分区管控跟踪评估工作报告编制。

【环境宣传教育】 2022年5月18日，漳州市生态环境局启动环境日主题宣传系列活动，活动围绕2022年六五环境日宣传主题“共建清洁美丽世界”，先后开展2022年国际生物多样性主题日现场宣传、“落实‘双碳’行动，共建美丽家园”全国低碳日主题宣传活动等。全年4家环保设施和城市污水垃圾处理设施单位运用网络面向社会征集参与者525人，开展26次线下开放活动。被福建省生态环境厅评为“共建清洁美丽世界”主题征文和摄影作品征集评选活动摄影优秀组织单位和征文优秀组织单位。

（陈 静）

·国土资源·

【概况】 2022年，漳州市自然资源局完成新一轮海岸线修测，明确漳州海陆行政管理分界线，修测后漳州市大陆海岸线长度594.67千米，有居民海岛岸线长度291.64千米，人工岛7个，海岸线长度9.98千米。完成1906个历史遗留矿山核查、101.73公顷历史遗留废弃矿山综合治理。推进历史遗留临时用地复垦，漳州市共有104宗，完成89宗。

【国土空间总体规划编制】 2022年，漳州市融入闽西南协同发展区和厦漳泉大都市圈建设，初步形成“1+12+13++1”（1个市级总体规划、12个县/市直管开发区总体规划、13个专题、1个数据库）规划成果体系，支撑漳州市国土空间规划的“四梁八柱”基本形成。

【村庄规划编制】 2022年，漳州市自然资源局探索“镇村联编”“多村联编”编制模式，成立市级村庄规划专家服务团队，开展驻镇村规划师试点。年度应累计完成678个村庄规划编制任务，已完成963个。

【耕地保护】 2022年，漳州市自然资源局落实最新耕地用途管制和永久基本农田特殊保护政策，完成补充耕地343.06公顷；完成补充水田及旱改水任务326.2公顷。推广平和县“园改耕”工作经验，平和县新增耕地173.94公顷。根据“三区三线”划定要求，全市划定永久基本农田面积6.49万公顷，协调异地代保113.33公顷，达到90%的划定任务比例要求。

【违法占用耕地整治】 2022年，全市确认违法占用耕地面积20.41公顷，查处整改耕地面积19.84公顷，违法占用耕地面积整改率97.2%。2020年7月3日以来，省自然资源厅共下发漳州市2466宗专题监测图斑，经核查，共确认新增农村乱占耕地建房问题768宗，查处整改768宗，整改率100%。全年下发93宗疑似新增农村乱占耕地建房图斑，核查93宗，无新增农村乱占耕地建房问题。

【用地要素保障】 2022年，全市获批农转用和土地征收368宗、面积2039.53公顷，其中省级以上重点项目面积341.73公顷；获批准土地征收成片开发方案33批次，面积2221.4公顷。全市供应土地面积3499.26公顷；市区出让土地31宗，面积137.14公顷，出让价款108.38亿元。全市批而未供处置920.13公顷，处置率30.36%；闲置土地处置481.69公顷，处置率49.03%。

【用海项目服务】 2022年，漳州市自然资源局重点保障古雷石化基地、漳州核电、渔港等重大战略意义项目和民生工程的用海需求，获批面积1431.30公顷。盘活“存量资源”，全市围填海历史遗留问题处置率35.66%，围填海历史遗留问题处置剩余面积950.78公顷。

【不动产办证历史遗留问题解决】 2022年，漳州市自然资源局制定“清零”方案，11个历史遗留项目7800套房产全部可以办证，于12月9日提前实现“清零”目标。历时5年攻坚，共解决43个项目，公告办证28581套，惠及8万多人。逐步完善从用地报批供应、规划建设审批、开发建设监管到确权登记颁证全链条衔接的不动产管理机制。

【地质灾害防治】 2022年，漳州市自然资源局关注全市294处地质灾害点、1705处高陡边坡点。针对3轮有影响的持续性降雨，及时加密巡查、监测地质灾害隐患点及高陡边坡，转移受威胁群众，累计转移受威胁群众4533人，巡排查隐患点7397处次，出动专业技术人员247组，群测群防17657人次。

【审批制度改革】 2022年，漳州市自然资源局推行“多审合

2022年4月13日，漳州市自然资源局漳州开发区分局组织开展地质灾害风险点汛前安全隐患大排查。图为排查现场　（蔡清辉　摄）

一”“多证合一”“多规合一”等创新举措。将用地预审和选址意见书合并，办理时限由原来法定60个工作日缩减至5个工作日；将用地规划许可和用地批准书合并，划拨类项目办理时限由原来法定30个工作日缩减至1个工作日，出让类项目在土地出让合同签订时同步核发；将方案审定和工程规划许可合并，办理时限由原来法定60个工作日缩减至10个工作日；将竣工规划条件核实和土地核验合并，办理时限由原来法定30个工作日缩减至7个工作日。

【便民服务措施管理】　2022年，漳州市自然资源局设立不动产登记“企业服务专窗”，提供全流程“90分钟办结”绿色通道服务。在市中心城区范围内开展居住权登记，办理居住权不动产登记18件。开展“交房（地）即交证”，完成建发央誉、新城苑南区2个项目共517套商品房的“交房即交证”及漳州筑悦房地产有限公司等3家公司办理的5宗“交地即交证”。与市住房公积金中心共同推出“个人住房公积金贷款一件事套餐服务”，只需在受托银行贷款窗口提交材料就可以完成个人住房公积金贷款、预售商品房抵押权预告登记、抵押权首次登记业务的“一件事一次办”。出台《关于二手房“带押过户”工作方案》，买卖双方达成交易意向并向银行提出申请，经银行审批同意后，无需提前还清卖方原贷款，即可办理二手房交易过户、买房申请新贷款并设立新的抵押权登记。

【历史文化保护传承】　2022年，漳州市自然资源局向上争取省级历史文化保护补助资金2635万元，下达市级保护专项经费640万元，专项用于漳州市历史文化名城街区名镇名村和传统村落、历史建筑保护利用工作。推进为民办实事、城市品质提升“两街四村”改善提升项目，重点推进芗城区唐宋子成（台湾路-香港路）历史文化街区、南靖县中山路历史文化街区2个历史文化街区、芗城区浦南镇福林村、长泰区枋洋镇赤岭村、东山县杏陈镇磁窑村、南靖县和溪镇英勇村4个传统村落改善提升。

（方　欣）

责任编辑：蔡婉玲

科学技术

·综述·

【概况】 2022年度，全市拥有国家级高新技术企业778家，国家级科技企业孵化器2家；省级企业重点实验室10家，省级企业工程技术研究中心44家，省级科技企业孵化器5家、省级新型研发机构15家、市级产业技术研究院6家。年内，出台《漳州市深入推进科技特派员制度服务乡村振兴贯彻落实工作方案》《漳州市科技企业孵化器和众创空间管理办法》等政策。漳州市科技局获得人力资源和社会保障部、科技部颁发的全国科技管理系统先进集体。

（林开艺　洪韬亮）

【2个创新平台获国家自创区协同专项资助】 2022年，福建省省科技厅下发支持2022年度福厦泉国家自主创新示范区协同创新平台项目通知，漳州市2个创新平台项目名列其中，各获100万元经费资助，分别为漳州科华技术有限公司与厦门大学能源学院合作的“先进电化学储能技术协同创新平台”、漳州片仔癀药业股份有限公司与厦门大学生命科学学院合作的“高亲和力抗体智能化净化协同创新平台”。

（蔡志强）

·高新技术及新兴产业·

【概况】 2022年，全市646家企业通过科技型中小企业评价，新增省级科技“小巨人”企业71家，新认定国家级高新技术企业284家。全市国家级高新技术企业总数达778家。全市规模工业高技术行业增加值221.09亿元，高技术行业增加值占全部增加值比重达10.07%，纳入统计高技术企业152家。

（陈元波）

【科技创新创业基地】 2022年，漳州市科技开发服务中心引进9家企业入驻漳州市高新技术创业孵化基地，6家企业毕业，在孵企业41家。全市拥有国家备案众创空间6家、省级众创空间30家、市级众创空间32家；国家级星创天地3个、省级星创天地8个。

（陈元波　洪辉南　沈细冰）

·科技计划项目与经费·

【概况】 2022年，全市获国家级、省级以上科技项目立项93项，共争取资金3508.4万元。其中，争取到2022年中央引导地方发展专项资金6项、获经费600万元。有673家企业符合补助政策要求，核实拟补助金额22436.71万元（其中省级资金6853.98万元、市级资金7019.89万元、县级资金8562.84万元）。下达市级科技计划项目1项和兑现《漳州市人民政府关于进一步支持和促进创新驱动发展八条措施的通知》配套措施、企业研发经费投入分段补助经费、省级高新技术企业补助经费等科技专项，安排市级科技专项经费12712.32万元。

（刘文杰 陈明木）

【创新创业大赛获奖】 2022年8月3日，以“创新引领，创业筑梦”为主题的2022年漳州市创新创业大赛在云霄县举行。大赛首次由市政府与央企漳州核电联合办赛，配套举办“绿色能源+双创”论坛、核电科普展、科技成果展、高新技术产品展。全市共有112家企业参赛，参赛数位居全省设区市第一，决出市赛获奖项目25项，其中一等奖1项、二等奖4项、三等奖10项、优秀企业奖10项。24家企业晋级省赛，获得省赛一等奖1项、三等奖1项。2家获得国家行业优胜奖。同步举办漳州科技招商暨云霄产业招商大会，会上共签约40个项目，总投资132.8亿元。

（陈元波）

·科技服务·

【概况】 2022年，漳州市开展深化科技特派员服务百企千村工程，选派科技特派员1353名挂钩帮扶125家企业和1228个行政村，建立省市县三级科技特派员协同工作机制，开展“线上+线下”春耕指导服务等科技培训活动累计732场次、培训群众1.74万人次，推广新技术436项，引进新品种146个，间接服务农民数2.34万名。

【科技特派员工作】 2022年，漳州市选认省级个人科技特派员252名、市级个人科技特派员346名、县级科技特派员1157名，组建省级团队（法人）科技特派员99个、市级团队（法人）科技特派员74个，覆盖121个乡镇、1588个行政村，实现科技特派员创业和技术服务行政村全覆盖。实施省级团队（法人）科技特派员后补助项目13个，争取省级科技经费400万元，已建成省级科技特派员助力产业融合发展示范点5个、转型示范点6个。

（沈细冰）

【“双创”人才扶持】 2022年，漳州市科技局按照《漳州市“万才聚漳”行动计划》，实施本地人才培养工程，评出2022年度“双创之星”10名、“首席科技官”12名。

（陈明木）

·科技交流与合作·

【概况】 2022年，漳州市深化闽宁合作，选派2位科技特派员到宁夏挂职，开展中国农民丰收节暨宁夏（海原）第六届高端肉牛大赛等活动。组织开展2项闽宁合作科技专项，对外合作项目立项3项，中国科学院STS计划配套项目立项2项，省级科技成果购买补助项目立项2项。“照明及物联网产品工业设计闽台科技合作基地”等3个合作基地列入省闽台港澳科技合作基地科技创新平台项目。

【“蓝火计划”】 2022年，漳州市科技局组织生物医药企业代表赴自然资源部第三海洋研究所“海洋生物产业化中试基地”考察交流；组织市信息产业集团、人才集团及有关企业赴上海开展产学研对接、科技招商活动，促成技术合作、购买成果6项，达成合作意向10项。组织企业参展火炬科技成果直通车、海南国际健康产业博览会、中国国际高新技术成果交易会、闽京科技成果对接会、中国海峡项目成果交易会、厦门国际投资贸易洽谈会等活动。

（蔡志强）

·科技成果与奖励·

【概况】 2022年，漳州市20项优秀成果荣获2021年度福建省科学技术奖，其中科学技术进步奖一等奖1项、二等奖7项、三等奖

10项；自然科学奖三等奖1项；科学技术成果转化奖三等奖1项。

【技术市场建设】 2022年，漳州市技术市场在高新区众创园揭牌。汇聚科技成果53073项，技术专家5611位，高校科研院所152所，举办各类创新活动11场，入驻技术转移机构7家，技术经纪人25人、科技专员50人，累计服务企业逾1000家（次），促成技术交易项目29项，初步形成技术转移协同服务体系。

（蔡志强）

【技术市场交易】 2022年，全市共有12家省级技术转移机构，19家市级备案技术转移机构。累计完成合同登记共298项，其中，技术开发合同184项，技术转让合同12项，技术咨询合同66项，技术服务合同33项，技术许可合同3项；合同金额3.84亿元，其中技术交易额3.77亿元。

（蔡志强）

【科技创新奖励】 2022年，漳州市科技局对全市范围内符合《漳州市人民政府关于进一步支持和促进科技创新驱动发展八条措施的通知》奖励条件的漳州片仔癀药业股份有限公司等423家企业480个项目进行补助，补助金额7198.12万元，其中市本级补助资金1459.49万元，县级补助资金5738.64万元。

（陈明木）

·科技成果与推广·

【科技与农业】 2022年，漳州市科技局实施“有棱丝瓜设施专用品种选育及示范推广”等省级设区市农科所专项项目5个，“基于药食同源植物的抗应激猪饲料研发与应用”等农业类省级区域发展项目3个，“农牧业废弃物循环用于蘑菇培养料制备研究与推广项目”等星火计划项目9个，向上争取省级科技经费605万元，带动企业研发投入1645万元，新增“金永鹏星创天地”等4家省级星创天地。

（沈细冰）

【科技与金融】 2022年，漳州市科技局推行“科技贷”，全市科技型企业获授信额度13.2亿元，发放147笔科技贷7.24亿元，缓解中小微企业融资难融资贵问题。

（刘文杰）

·地震·

【概况】 2022年，全市共有地震前兆台站（点）172个：测震台站4个，强震台14个，GPS（全球定位系统）观测台8个，烈度速报台13个，台阵1个（含16个子台），伸缩仪观测台1个，重力仪观测台1个，地磁观测台2个，地下流体观测台1个，流动地磁13个，流动重力33个，流动水准观测场地5个，流动GPS观测点20个，宏观观测点41个。

【地震活动】 据福建数字遥测地震台网测定，2022年，漳州市及其沿海地区共发生ML≥1.0级地震148次，其中1.9≥ML≥1.0地震133次，ML≥2.0地震14次，显著地震为10月1日东山南澳海域3.1级地震，地震主要分布在东山至漳浦海域。

漳州地区 2022 年 ML ≥ 2.0 级地震目录一览表

表 6

发震日期	发震时间	北纬	东经	震级	参考震中
1 月 18 日	13:20	23.25°	117.43°	2.8	东山南澳海域
3 月 3 日	13:09	23.28°	117.32°	2.1	东山南澳海域
4 月 8 日	07:19	23.52°	117.87°	2.7	漳浦海域

续表 6

发震日期	发震时间	北纬	东经	震级	参考震中
5 月 23 日	19:49	23.28°	117.33°	2.1	东山南澳海域
6 月 8 日	17:04	23.35°	117.45°	2.1	东山南澳海域
6 月 24 日	19:46	23.75°	117.55°	2.3	漳浦海域
8 月 3 日	06:15	23.30°	117.38°	2.7	东山南澳海域
8 月 19 日	14:29	24.53°	117.75°	2.2	龙海区北部地区
8 月 27 日	09:51	23.33°	117.40°	2.4	东山南澳海域
8 月 28 日	05:21	23.28°	117.30°	2.0	东山南澳海域
10 月 1 日	01:11	23.28°	117.33°	3.1	东山南澳海域
10 月 25 日	03:13	23.32°	117.40°	2.1	东山南澳海域
11 月 2 日	08:33	24.17°	117.60°	2.2	漳浦县中北部地区
11 月 11 日	16:50	23.35°	117.45°	2.0	东山南澳海域

【地震预警宣教中心揭牌启用】

2022年2月14日，漳州市地震局地震预警宣教中心揭牌启用。该中心布置有中国地震和火山分布有声地图、漳州地震地质构造图、地球内部结构、地震波、断层展示、抗震设防体验、地震监测、地震预警等八大地震科普模块。

【漳州市第十一个防震减灾宣传月启动】 2022年5月12日，漳州市第十一个防震减灾宣传月启动仪式在漳州宾馆举行。启动仪式上，市地震局、市教育局、市应急局、市住建局、市科协相关领导结合防震减灾意识和应急避险、自救互救等主题进行现场访谈，市地震局相关领导作《减轻灾害风险，守护美好家园》讲座，并在线观摩漳州市实验小学组织开展地震应急疏散演练活动情况等。

【地震应急桌面推演】 2022年5月17日，漳州市举行2022年市县联动地震应急桌面推演，演练模拟2022年5月17日8时48分30秒在某海域发生6.7级地震，震源深度15千米。根据《漳州市地震应急预案》，漳州市政府启动III级应急响应，指挥全市抗震救灾工作。视频联动震中诏安县开展应急救援工作。

【全市防震减灾业务能力提升培训班举办】 2022年8月3—5日，漳州市地震局在福建谷文昌干部学院举办全市防震减灾业务能力提升培训班。市地震局领导班子成员以及干部职工，各县（区）地震办主任、开发区（投资区、高新区）地震工作部门负责人以及业务骨干共计40余人参与培训。

【深地震反射探测项目野外工作现场会召开】 2022年8月10—11日，福建省地震局在漳州市组织召开深地震反射探测项目野外工作现场会。深地震反射探测项目全省共布置3条总长815千米的地震测线，涉及7个地级市。其中，漳州2条，L1线由北西向穿过南靖县，L3线北东向穿过平和县、南靖县和华安县，测线总长度约140.7千米。采用纵波反射多次覆盖的勘探方法，使用炸药进行激发，节点式地震仪进行数据采集。地震测线上每30米布置一个节点式地震仪，每600米布置一个激发地震波的炮点。

（黄志乾）

责任编辑： 杨少毅

教 育

·综述·

【概况】 2022年，漳州市各级各类学校2903所，全年招生27.67万人，在校学生105.04万人，教职工6.69万人。其中，幼儿园1841所，在园幼儿19.78万人；小学821所，在校学生43.43万人；特殊教育学校10所，在校生1529人；普通中学208所，初中在校学生18.46万人，普通高中在校学生9.36万人；中等职业学校16所，在校学生4万人；高校7所，在校学生9.86万人。

【招生考试】 2022年，漳州市教育局组织高考26636人、中考12.36万人，普通高中、中职学校学生水平考试、成人高考18668人，研究生考试8818人，全国高等教育自考考试2场、11189人次，全国中小学教师资格考试笔试2场32567人次、面试2场10594人次，全国大学英语四、六级考试2场51436人次，全国计算机等级考试2场15664人次，全省中小学幼儿园新任教师公开招聘考试（笔试）18933人，普通话水平测试18场10460人次。

【民办教育】 2022年，漳州市教育局制定实施《漳州市规范民办义务教育发展工作方案》《关于调控漳州市民办义务教育学校办学规模的实施意见》，推动民办义务教育规范发展。

【教育科研培训】 2022年，漳州市教育局举办区域中小学联合教研活动等185场；举办名师空中课堂直播活动4期68场，累计观看142.79万人次。推进毕业班复习备考工作，开展局长、校长进课堂活动和漳州市高中全覆盖教学视导；依托漳州一中等学校建立漳州市高中英才培养基地，先后组织尖子生及骨干教师应对高校“强基计划”培训、新高三年级优秀学生数学等学科专项集训。

【思想课程改革创新】 2022年，漳州市教育局在全省范围内率先成立漳州市大中小学思政课一体化建设领导小组和专家指导委员会。举办第四届漳州市教育系统“八个相统一”引领下的思想政治理论课改革创新研讨会暨漳州市优秀思政课教师专题培训班，推动市属各高校开设《习近平新时代中国特色社会主义思想概论》课程。组织开展思政课一体化教学能力大赛，遴选“十佳思政教师”“思政课改革创新示范校”。组织开展“童心向党”向国旗敬礼网上签名寄语、校园读书节、中小学创客大赛、校园微拍大赛、经典诵读优秀作品展演等德育活动。加强新时代大中小学劳动教育，入选全省第四批中小学劳动教育实践特色项目7个。

【心理健康建设】 2022年，漳州市教育局围绕创建省级“心理健康教育创新区”，构建漳州市中小学心理健康教育长效机制，开展中小学心理健康教育各项工作和活动。组织市级心理健康教师培训1500多人次、市级心理健康教师个案专场督导2场；开展学生心理趣味游园、中考考前心理减压、心理委员心理素质拓展等多项团辅活动；举办漳州市首届青少年心理健康微视频比赛等宣传教育活动。开设疫情心理援助热线；组织2次心理健康筛查调研。搭建市级未成年人心理疏导平台，提供专业资源，服务全市未成年人及其家长教师心理支持需要，接待个案现场咨询489人次，热线咨询600多人次。

2022年4月1日，中央电视台少儿频道《大手牵小手》栏目在漳州古城北广场录制“漳州非遗进校园”特别节目。图为节目现场

（张 旭 摄）

【体卫艺语工作推进】 2022年，漳州市教育局联合市体育局举办全市中小学生阳光体育联赛，组队参加第17届省运会青少部比赛，组织足球运动员参加全国青少年校园足球夏令营福建省选拔赛，漳州一中羽毛球队分别蝉联全省中学生联赛初中组、高中组团体冠军，漳州三中排球队获全省中学生锦标赛初中女子组冠军、高中男女组一等奖，漳州二中篮球队夺得全省中学生锦标赛高中男、女组双料冠军，漳州八中邱祺缘夺得全国体操平衡木金牌。录制《大手牵小手——红色基因代代传》节目并在央视少儿频道展播，联合举办国寿小画家少儿绘画比赛。漳州一中原创颂廉锦歌作品《蔡新祝寿》获省曲艺丹桂奖少儿大赛文学奖、节目奖双项一等奖。漳州一中入选全国中小学国防教育示范校。

【教育项目建设】 2022年，漳州市列入为民办实事的14个公办幼儿园项目完成投资8377万元。义务教育薄弱环节改善与能力提升的20个新建（改扩建）项目完成投资1.91亿元，中小学校近视防控教室照明改造完成2859间，完成投资2865.81万元，节省资金282.99万元。列入市政府工作报告的龙溪学校、通源学校等26个重点项目完成投资11.49亿元，漳州三中龙文校区、漳州一中古雷港分校扩建项目开工建设。

【教师队伍建设】 2022年，漳州市教育局印发《漳州市师德师风建设长效机制》。开展师德专题教育“回头看”、师德教育专题月活动，组织全市教师师德师风应知应会知识全员测试。培育和宣传师德典型，全市教师被评为福建省劳动模范1名，第三届福建省“最美教师”1名、“最美教师”提名奖1名，被授予福建省特级教师称号22名。评选第七批市级骨干教师706名。全市教师入选全国名校长、名师培养对象2名、福建省第三批中小学名师4名、第二批中小学名校长3名。

【教师职称评定】 2022年，漳州市下放中小学教师中级以下职称评审权，承接中职学校高级职称评审工作试点，完成中小学教师高级职称评定664人，获评中小学正高级教师职务12名。

【教师选聘】 2022年，漳州市教育局组织开展2022年度“优选生”引进、省内本科高校优秀师范毕业生“双向选择”招聘、紧缺急需教育人才专项招聘、新任中小学幼儿园教师公开考试招聘，全市实际招聘新任教师2058人，其中“选优生”11人、紧缺急需教育人才53人、省内师范本科优秀毕业生97人。三所市属公办高校公开招聘岗位急需人才85人，其中博士9人。督促8所县级教师进修学校通过遴选等方式调入52名优秀教师，配齐学科专职教研员。

【名师工作】 2022年，漳州市教育局新组建6个中职学科大类名师工作室，全市名师工作室达到63个。组织遴选第三届漳州市优秀名师15名、首届漳州市优秀乡村教师19名。开展2022年乡村优秀青年教师培养奖励计划遴选工作，入选省奖励计划12名。实施第五期小学优质教育资源孵化工程，孵化培训乡村教师52名。

【教师培训】 2022年，漳州市教育局举办福建省兰臻名师工作室第五期小学语文骨干教师培训班，培训乡村学校骨干校长、骨干教师83名。依托4所“漳州市乡村教师培训实践基地校”先后举办培训7次，帮带优秀乡村学校校长教师15名。组织56个名师工作室开展送教送培下乡1600多节，惠及乡村学校80余所、师生近2万人。芗城区教师进修学校被认定为省级示范性学校，龙文区教师进修学校等6所被认定为省级标准化学校。

【教育资助】 2022年，漳州市教育局应用“全国学生资助信息管理系统”“福建省建档立卡等学生信息管理系统”等系统精准认定贫困学生。全年累计发放各类助学金、生活补助、免学费资金1.11亿元，受益学生10.42万人次（不含普惠性资助政策）；累计发放国家奖学金、励志奖学金769.8万元，获奖学生1495人；累计争取发放社会资助资金60.2万元，受益学生132人。

【教育信息化与装备建设】 2022年，漳州市教育局智慧巡课教研系统应用案例《不动声色的课堂革命》，被教育部评为基础教育信息技术与教育教学深度融合示范案例，《中国教师报》给予专题报道。在漳州一中等8所学校（校区）开展“5G+智慧教育应用项目”试点应用。推进教育系统IPv6规模部署和应用，完成局机关信息系统与基础网络设施IPv6升级改造。指导市直学校采购方案107个（总预算4871.67万元），提出修订建议44个。全省优秀教师网络学习空间评选中获奖68个（总数位居全省第二），师生信息素养提升实践活动中获奖作品教师22件、学生23件，中小学实验教学说课获奖15名。

【教育督导落实】 2022年，漳州市教育局牵头做好2022年省对市政府履行教育职责督导评估工作。组织对漳州开发区、东山县、南靖县、芗城区“两项督导”（党政主要领导干部抓教育工作和政府履行教育职责督导）评估，对诏安县、平和县2021年省对县“两项督导”开展“回头看”专项督导。联合对芗城区、龙文区等8个县（区）开展切实落实“义务教育教师平均工资收入水平不低于当地公务员平均工资收入水平政策”情况督查，督促追补教师收入共计2.95亿元。创建市级督导管理系统平台，配合做好国家、省级质量监测工作，开展学前教育办园行为专项督导和县级教师进修学校标准化评估，完成对长泰区进行学前教育普及普惠市级复核。

【校园安全工作】 2022年，漳州市有383所学校加装限位器，673所学校加装防盗网，1054所学校加装防护栏，1053所学校加装摄像头。年内，市教育局先后5次组织开展学校安全隐患排查治理专项行动，全市2971所学校共排查一般隐患689项，全部整改到位。推动学校食堂食材供应交易平台建设。组织全市学校开展安全演练1万多场次。组织开展网络安全攻防演练行动、国家网络安全宣传周校园日系列宣传教育活动。创建第二批省级“平安校园”143所。

·学前教育·

【概况】 2022年，漳州市有幼儿园1841所（公办484所、民办1357所），230所学校附设园（班）；在园幼儿19.78万人，幼儿入园率99.23%。

【公办率和普惠率提升】 2022年，漳州市公办性质幼儿园在园幼儿占比达63.02%，比上年增长3.43%。普惠率94.93%，比上年增长0.18%。

【示范性幼儿园创建】 2022年，漳州市修订出台市级示范性幼儿园创建标准和评估办法，指导各县（区）制定示范性幼儿园三年创建计划。召开漳州市示范性幼儿园工作现场推进会，推动开展新一轮省、市级示范性幼儿园申报、评估工作。采用原有示范性幼儿园一对一帮扶的方式，完成1所省级、11所市级示范性幼儿园创建工作。

【幼儿园保教水平提高】 2022年，漳州市教育局组织省、市示范性幼儿园教师参加全国五省安吉游戏研讨活动，先后对长泰、芗城、台商投资区等开展办园行为督导评估，推动城区幼儿园对口帮扶637所乡村薄弱幼儿园，推行幼儿园与小学双向科学衔接工作。

·义务教育·

【概况】 2022年，漳州市有小学821所（公办815所、民办6所），另有教学点155个，招生7.51万人，比上年减少6900人，在校学生43.43万人，比上年增加1.39万人，毛入学率100.75%。特殊教育学校10所，招生742人，在校生1529人。初中132所（公办122所、民办10所），招生6.11万人，比上年减少114人；在校学生18.46万人，比上年减少401人，毛入学率106.73%；初中学生三年巩固率100%。

【义务教育招生就学】 2022年，漳州市继续实行公民办学校同步招生和芗城中心城区小学升公办初中多校划片招生。保障918名进城务工人员随迁子女就读芗城中心城区公办初中校，接收率100%。制定“十四五”特殊教育发展提升行动计划，完成2所特教学校达标创建工作，适龄残疾儿童少年入学安置率达100%。

【义务教育“双减”工作落实】 2022年，漳州市教育局印发《漳州市关于进一步减轻义务教育阶段学生作业负担和校外培训负担的实施细则》。在全市义务教育阶段学校推行“2+N”课后服务模式，城区学校推行“2+3”课后服务新模式达100%。联合市发改委、财政局印发《关于市属义务教育阶段学校课后服务性收费有关事项的通知》，完善课后服务成本分担机制。针对变相违规开展学科类培训等问题，累计压减义务教育学科类校外培训机构201家、推进“营转非”52家，取缔关停无证无照、黑名单机构97家。在全省范围内率先开展作业设计评选活动，共遴选2000多份优秀作业设计案例供全市教师交流学习。市教科院作业设计评选、南靖县靖城中心小学闽南童玩等入选全省落实“双减”工作典型案例。

【义务教育对口帮扶】 2022年，漳州市教育局强化城区学校与乡村学校的对口帮扶关系，实现城区中小学城乡对口帮扶全覆盖。

【义务教育管理标准化】 2022年，漳州市教育局创建省级义务教育管理标准化学校62所，其中初中义务教育学校达标率83.08%。

·普通高中教育·

【概况】 2022年，漳州市有普通高中76所，招生3.38万人，比上年增加3259人；在校学生9.36万人，比上年增加5843人。高中阶段毛入学率96.58%，比上年增长0.48%。

【示范性普通高中创建】 2022年，漳州市教育局实施县（区）一中振兴工程，创建省级首批示范性普通高中2所、第二批示范建设高中2所、省级普通高中特色示范项目9所。平和第二中学晋级省二级达标高中，漳州开发区海滨学校、漳州艺术实验学校、华安正兴学校、漳浦龙成中学晋级省三级达标高中。完成漳州二中、诏安一中创建省一级达标高中市级评估指导工作。

【普通高中指导帮扶机制建立】 2022年，漳州市教育局建立指导帮扶机制，由厦大附中指导漳州一中和漳浦一中，龙海一中指导云霄一中，创建省级第二批示范性普通高中；组织示范性高中新一轮对口帮扶薄弱校。推动漳州一中、南靖一中等14个中学教育集团内涵提升。

【漳州第一中学举行建校120周年庆典】 2022年12月25日，漳州一中举行建校120周年庆典。市委书记张国旺，市长王进足，漳州一中校友代表、中国工程院院士郑绵平，省旅游发展集团有限公司党委书记、董事长刘革生，市领导李宣良、余向红等出席庆典活动。副市长余向红主持。漳州一中是省重点中学，创办于清光绪二十八年（1902），前身为漳州府中学堂，经过120年发展，办学规模、办学水平不断提升，曾获得全国校园文学特色学校、全国教育系统先进集体、福建省文明学校、漳州市高中教育教学质量功勋学校等荣誉称号。

2022年12月25日，福建省漳州第一中学120周年校庆举行。图为庆典大会上举行捐赠授牌仪式 （漳州一中 供图）

【厦大附中学生在第八届中国国际“互联网+”大学生创新创业大赛中获金奖】 2022年11月10—13日，第八届中国国际“互联网+”大学生创新创业大赛全国总决赛在线上举行。厦大附中高三7班陈晋彬、徐初涵和高三8班赖文杰同学申报的科技创新项目《百变书包——展翼型带雨衣的便携书包》获得萌芽赛道创新潜力奖（金奖）。本次大赛共有3500个项目入围总决赛，其中高教主赛道2000个、“青年红色筑梦之旅”赛道500个、职教赛道500个、萌芽赛道200个、产业命题赛道300个，采取线上比赛的方式举行。萌芽赛道入围全国总决赛的共有61个项目，最终通过先线上会议评审出20个金奖。

·职业教育·

【概况】 2022年，漳州市有中等职业学校16所（公办12所，民办4所），有高校附设中职班4所，完成招生1.46万人，在校学生4万人。新增取得职业资格证书或职业技能等级证书18374人。

【职业教育发展】 2022年，漳州市教育局设立漳州职业技术学院古雷校区暨石油化工学院，支持高职院校办好京东、聚善堂等产业学院，指导职业院校精准对接产业需求增设机器人装配与维护等一批专业；成立由漳州职业技术学院等4所高校牵头的4个职教联盟，服务“四大经济”发展；鼓励高校加大研发投入，全年合计超过2.8亿元。

【职业教育提升】 2022年，漳州市出台深化产教融合推动职业教育高质量发展十四条措施，成立漳州市深化产教融合推动职业教育高质量发展领导小组。漳州市创建省级高水平职业院校3所、高水平专业群13个和省级高职院校产业学院项目3个。

【职业技能比赛】 2022年，漳州市承办全国职业院校技能大赛中职组“建筑智能化系统安装与调试”赛项，漳州高新职校获得一等奖。漳州一职校等院校参加全国教师教学能力、班主任能力大赛获得二等奖2个、三等奖3个。举办“圆山圆梦 创新创业”“互联网+”漳州市大学生创新创业大赛，并在全省比赛中获得金奖1个、银奖8个、铜奖8个。

（曾绍清 张文忠）

·高等教育·

闽南师范大学

【概况】 2022年，闽南师范大学有全日制在校本科生、研究生2.1万多人。年内，录取新生5835名（其中全日制本科生5010人、研究生825人），毕业生数5456人，应届毕业生去向落实率91.76%。现有专任教师1377人，其中具有高级职称教师747人，具有博士学位教师623人，历年享受国务院政府特殊津贴专家13人，闽江学者37人，教育部“新世纪优秀人才支持计划”2人，省级以上优秀专家、教学名师等130多人。设有18个学院，68个本科专业。

【学科专业建设】 2022年，闽南师范大学有国家级一流本科专业建设点7个，省级一流本科专业建设点14个。2个学科入选福建省一流学科，中国语言文学和数学2个学科在全国第五轮学科评估中取得历史性突破。目前已完成16个专业师范类专业中学教育第二级认证工作；第二专业主干课程实现非师范专业全覆盖，开设卓越教师、卓越法治人才、卓越企业管理人才、卓越闽南文化人才等4个卓越实验班。

【师资队伍建设】 2022年，闽南师范大学引进高层次人才、境内博士13人，聘用客座教授、校外专家197人，公开招聘辅导员、工作人员、校聘编外硕士36人。教师入选福建省高层次人才14人，入选2021年“闽江学者奖励计划”特聘教授1人、讲座教授7人，入选2020年度福建省高校台湾地区全职教师资助计划66人，入选漳州市高层次人才180人、支持引进研究生人才7人，遴选二批次学科带头人和学术骨干61人次。累计发放奖助减贷金本科生5857万元、研究生1258万元。

【教育教学改革】 2022年，闽南师范大学获批国家级、省级一流本科专业建设点6个，国家级、省部级教学改革项目16项，省级教学成果奖6项。成立课程思政教学研究中心，获批省级课程思政教学研究示范中心，3名专家入选福建省课程思政专家库，1门课程入选福建省课程思政示范课程，4个案例入选福建省课程思政优秀教学案例。创新实施人才培养“优雅计划”，建立2个劳动教育实践基地，在福建省军事理论课教师微课教学竞赛获奖项2个，获省“互联网+”大学生创新创业大赛金奖，获批大学生创新创业训练计划项目国家级、省级立项95个。

【科学研究】 2022年，闽南师范大学获省科技成果奖3项。获批国家级项目23项，其中国家社科基金项目16项。获国家军事科学技术进步奖二等奖1项，福建省科学技术进步奖二等奖1项。完成科研经费7399万元，获批纵向科研项目388项，项目总经费2074万元；签订横向技术合同

292项，合同经费6615万元，到账经费5325万元。获授权专利43项，受理4个专利成果转化。发表中外文期刊论文812篇，资助学术著作出版58部。13篇应用对策研究类信息获得省级以上领导批示或有关单位采用，其中3篇获党和国家领导人批示，5篇被《人民日报·内部参阅》和国家部委信息刊物采用。

【社会服务】 2022年，闽南师范大学与龙文区等4个县区政府，与漳州市九龙江集团、漳龙集团等重点企业签订战略合作框架协议。与龙文区政府共建闽南师范大学附属龙溪学校。学历教育和非学历教育全年总营收5732.95万元，比上年增长25.8%。承接江西省教育厅“国培计划”项目、教育强市福州市和重庆市培训项目，举办福建省基础教育乡村教师下沉式培训等省级相关培训项目。

【思想政治工作】 2022年，闽南师范大学推进“一站式”学生社区综合管理模式建设，入选全国自主试点建设单位。通过福建省首批“三全育人”综合改革试点高校总结评估、院系总结评估。获福建高校重点马克思主义学院考核评估优秀。入选2022年福建省高校思想政治工作精品项目2项、课程思政示范项目3项，高校原创文化精品项目1项。荣获全省大学生学习马克思主义理论“一‘马’当先”知识竞赛本科生组团体一等奖、个人一等奖和研究生组团体三等奖。6个作品在福建省“马克思主义能够给予我们什么”主题征文与微演讲比赛中获奖，荣获第七届全国学生“学宪法 讲宪法”系列活动全国二等奖、福建省高校组一等奖，“习近平与福建教育故事”宣讲活动福建省二等奖。获教育部中国大学生在线“悦读青春”全国百场百所百名读书特色展示优秀特色活动奖及优秀组织奖；1支队伍获评大中专学生志愿者暑期“三下乡”社会实践活动全国优秀团队；拍摄原创心理微电影《确幸》入选全国百佳心理微电影。建设“智慧学工”，获得公益助教奖助金50万元。

【对外交流与合作】 2022年，闽南师范大学与国（境）外高校签订9份合作交流协议，与中国驻菲律宾大使馆签订华文教育人才合作培养协议，与澳大利亚堪培拉大学联合申报中外合作办学机构，与马来西亚新纪元大学学院联合开展校长讲座、学术沙龙等活动，与新西兰奥克兰大学合作成立奥克兰大学中国学习中心，在印度尼西亚汉涵学府、菲律宾碧瑶爱国中学、马来西亚道理书院设立3个海外汉语教学实习基地，被日本文部省增选为日本国立岛根大学硕士研究生推免高校。先后启动“2＋X”国际本科课程项目、国际职业教育自考本科项目、“4+2”留日班项目、“1+3”中泰联合培养项目等系列短期研修项目。

【教育督导研究】 2022年，闽南师范大学承办第三届福建教育督导高峰论坛，教育督导研究院被确认为首个福建教育督导智库，出版省内首部教育督导研究成果《教育督导助力县域高质量教育体系建设——福建省“两项督导”研究》。承接三届福建省政府督学培训、福建省中小学幼儿园责任督学示范培训、全省多地责任督学培训。举办福建省教育督导智库建设、“对市督导”网络初评暨实施方案等15场研讨会。

【海峡两岸发展服务】 2022年，闽南师范大学举办全国台联中青年台胞骨干培训班、圆山大讲坛、闽台文化与传播研讨会等系列活动，承办“朱子与闽南”文化论坛暨第五届海峡两岸朱熹陈淳学术研讨会、“新时代歌仔戏文化再出发”沙龙等学术活动。承接国家民委委托重点项目《台湾少数民族古籍资料汇编》，并如期结项。相关建言献策信息获党和国家领导人批示3篇，其中获中央政治局常委批示2篇。咨政类文章被《人民日报内参》、中央统战部《统战工作

（专刊）》等国家部委信息刊物采用5篇。学校被列为大陆首批试点开展依据台湾“统测”成绩免试招收台生高校，获国台办推介。两岸关系理论漳州研究基地蝉联“流动奖杯”，两岸大学生文创实践基地获批福建省台湾学生国情教育实践示范基地项目。

（李书勤）

漳州职业技术学院

【概况】 2022年，漳州职业技术学院有全日制在校生14414人，年内，录取新生4960名，毕业生数7431人，应届毕业生就业率96.16%，用人单位满意度达到99%。教职工848人，其中高级职称250人，博士29人，“双师型”教师588人。设有教学机构14个，专业49个，建有校内外实习基地410多个。

【师资队伍建设】 2022年，漳州职业技术学院引进调入博士12人，招聘工作人员49人，建设博士工作室3个、校级技能大师工作室11个、文化传承与创新工作室3个。

【科学研究建设】 2022年，漳州职业技术学院承担市厅级以上课题76项。申请授权专利115项，选派省、市科技特派员75人，参与生产、咨询和技术服务企业达到113家，技术成果对接转化服务企业50家以上，成果转化项目数30个以上，获得知识产权项目202个，企业技术服务和横向课题到账1200万元。获批福建省专项职业能力统一考核考点，数字化设计与智能制造虚拟仿真实训基地入选福建省2022年“示范性虚拟仿真实训基地”建设项目。

【“双高计划”建设】 2022年，漳州职业技术学院累计取得国家级各类标志性成果102项，完成国家“双高计划”（中国特色高水平高等职业学校和专业建设计划）整体预算执行率95.60%，通过国家双高计划中期绩效评价结果“优秀”。入选《福建省高校“三全育人”改革试点工作案例选编》案例3个，通过福建省第一批“三全育人”综合改革试点高校验收。

【职业技能比赛】 2022年，漳州职业技术学院承办省级技能大赛赛项赛点18个，获“国赛”二等奖2项，三等奖2项。“省级”技能竞赛一等奖29项，在金砖国家职业技能大赛学院获奖总数全国排名第三；获省级教学成果奖特等奖、一等奖各1项，省级教师教学能力大赛一等奖3项，省级“互联网+”大学生创新创业大赛银奖1个。

【产教融合发展】 2022年，漳州职业技术学院2个案例入选省职业教育改革发展典型案例，1+X证书试点工作获批50本，实现专业全覆盖。走访、接待企业258家，7434名毕业生去向落实率达到96%。与百余家单位签订合作合同110份，承担532场次社会化考试，完成社会培训5万多人次，获批福建省专项职业能力统一考核考点。做好中菲“两国双园”职业教育项目建设、漳州布袋木偶对外展演、泰国东部经济走廊（EEC）投资机遇推介会等，成为中国国际教育交流协会“鲁班工坊建设联盟”会员。面向泰国等共建“一带一路”国家企业输出热带水果加工技术等关键技术，为“走出去”企业员工开展技术培训共计377人次。

【漳州职业技术学院古雷校区暨石油化工学院建设启动】 2022年，漳州职业技术学院启动建设古雷校区暨石油化工学院，项目用地20万平方米，投资5.5亿元。打造食品加工技术技能人才培养高地，支撑中国食品名城、中国罐头之都产业转型升级。

【两个产业学院落户漳州职业技术学院】 2022年9月30日，漳州职业技术学院举行政校企签约暨揭牌仪式，漳州冠军制造产业学院、三宝科技学院正式落户漳州职业技术学院。漳州冠军制造产业学院由漳州市工信局、国家级制造业单项冠军企业龙轴集团、省级制造业单项冠军企业神悦集团与漳州职业技术学院共同组建。该产业学院聚合政校企各方力量，扎根于漳州装备制造产业一线，紧密围绕高端装备制造产业集群重大需求，建设集人才培养培训、职业技能培训鉴定、技术开发、成果转化、生产测试、科技服务为一体的产业学院平台，开展漳州高端装备制造产业链前沿技术研究与关键共性技术攻关，实现成果转化和工程应用。三宝科技学院由漳州市钢铁工业龙头企业三宝集团与漳州职业技术学院联合组建。该学院主要根据行业发展需要进行专项人才培养；同时根据不同类型的培养模式，对青年人才、技术人才进行长期、全方面、针对性的培养，形成“校内理论学习—校外实践—校内理论再学习—校外再实践”的培养模式。

（蒋水金）

漳州城市职业学院

【概况】 2022年，漳州城市职业学院有全日制学生（包括“二元制”和“高职扩招”退役军人）8485人，加上高素质农民（新型职业农民）专科学历教育、在联办中职就读的“三二分段”五年专学生，共计9545人。年内，录取新生3857名，毕业生数3688人，毕业生年终就业率超过96%。教职工475人，专任教师325人，具有副高级以上职称98人，取得硕士以上学位263人。设有教育研究院等11个研究（院）所和2个产业学院，有39个专业。建有多功能一体化的校内实训中心10个、各类校内实训（验）室179个。2022年教育部公布的职业院校满意度排行榜位列全省高职高专院校第9名。年度奖助金额856.18万元，受助学生7227人次。

【专业建设】 2022年，漳州城市职业学院“植物组织培养”等7门课程被认定为省级职业教育在线精品课程。“室内陈设设计”等4门课程获第六批省级精品在线开放课程立项建设，“基于产业学院建设的跨境电子商务专业教学资源库”获第六批省级职业教育专业教学资源库立项建设，第五批立项建设的省级精品在线开放课程“外贸单证实务”通过省级验收。

【职业技能竞赛】 2022年，漳州城市职业学院市级技能大师获得者韩阿火教授被授予“漳州市技能大师工作室”牌匾。年内，教师团队获第五届全国数字创意教学技能大赛高等职业教育赛道三等奖2项，职业教育省级教学成果奖二等奖，福建省职业院校技能大赛教学能力比赛二等奖6个、三等奖2个。学生获高教社杯全国大学生数学建模竞赛国家级二等奖，职业技能竞赛省级一等奖2项、二等奖12项、三等奖24项，第二届全国技能大赛（世赛项目）福建省选拔赛平面设计技术项目比赛铜奖，福建省大学生军事技能比武一等奖1项，三等奖1项，第七季福建省高校“一‘马’当先”知识竞赛总分位列全省高职高专组第4名，第十四届“全国大学生广告艺术大赛”福建赛区二等奖1项、三等奖3项。

【科学研究建设】 2022年，漳州城市职业学院获市厅级以上科研立项项目21项。新增国家专利授权8项，其中发明专利1项、实用新型专利5项、外观设计专利2项。教师公开发表论文57篇，其中核心及以上刊物发表论文5篇。挂牌成立“知创福建”福建省知识产权公共服务平台漳州城市职业学院工作站。选派8名科技特派员开展科技下乡、服务“三农”工作。

【社会服务】 2022年，漳州城市职业学院组织各类活动、讲座及培训，参加人数48907人次。学院职业技能等级认定中心通过国家人社部门备案审核，农产品食品检验员、插花花艺师、园林绿化工、育婴员、保育师、包装设计师、商业摄影师等7个职业工种取得认证资格。入选中国成人教育协会职业院校服务全民终身学习实验校项目。文创陶瓷产品装饰与制作、非遗文化赋能社区建设2个项目入选教育部社区教育“能者为师”系列特色课程首批推介名单与典型案例推介名单。“职业教育助力乡村振兴”项目获2022年省级终身教育提质培优实验项目。学院社会实践团队参加2022年“推普助力乡村振兴”全国大中专学生暑期社会实践志愿服务活动，为福建省唯一一支大专院校队伍。园艺技术专业高素质农民大专班8名学员入选福建省2022年乡村振兴“头雁”项目培育对象名单。

（张佩琳）

漳州卫生职业学院

【概况】 2022年，漳州卫生职业学院建有全日制在校生10744人，年内，录取4262人，招生录取率99.56%；为社会输送适用型技术技能人才3412名，就业率90.83%，专业对口率为91.22%，留漳率为39.3%。校内教职工437人。年内引进高层次人才3名，接收漳州市党政类选优生1名，公开招聘工作人员32名，组织认定漳州市高层次D类人才5名。有10个教学机构，设有7个专业群23个专业，拥有实习教学基地201家。

【专业建设】 2022年，漳州卫生职业学院完成全国助产专业教学标准的制定工作，新增“1+X”职业技能等级证书制度试点项目1个。立项建设精品在线开放课程省级5门、院级19门以及专业教学资源库省级1个、院级3个，3门课程获得2022年省级职业教育在线精品课程认定。立项建设2022年院级教学改革研究课题24个，其中4个课题被立项为省厅级重点课题。推进课堂新型教学模式建构，形成6个典型案例，2个优秀职业教育改革发展典型案例获福建省教育厅认定。1个项目入选省级高校思想政治工作质量提升综合改革与精品建设项目。获得职业教育教学成果奖省级一等奖1项、二等奖1项。

【职业技能竞赛】 2022年，漳州卫生职业学院院级技能大师工作室4个，1名教师入选2022年第五批全国中医临床优秀人才研修项目培养对象，1名教师被授予“第三届漳州市名中医”荣誉称号。年内，教师获2022年职业院校教学能力比赛国家级三等奖1项、省级一等奖3项、二等奖6项、三等奖4项。学生获省级职业院校技能大赛获得高职组一等奖1项、二等奖3项、三等奖10项、优秀奖4项，中职组一等奖2项，其中“护理技能”赛项进入国赛，获团体二等奖；获第七季福建省高校大学生学习马克思主义理论“一‘马’当先”知识竞赛获团体三等奖，第二届“A–PKU校园杯儿童康复教育全国职业技能大赛”一等奖1项、二等奖3项、三等奖2项；第六届全国医学检验技术专业大学生形态学大赛高职组一等奖2项，“中国教育电视台•外研社杯”职场英语挑战赛获福建赛区特等奖1项、一等奖1项、三等奖1项，各类创新创业大赛国家级奖项2项、省级奖项19项、市级奖项17项。参加福建省第十七届大运会8个项目，获得金牌7个、银牌10个、铜牌6个。

【科学研究建设】 2022年，漳州卫生职业学院立项省、市级纵向项目39项，开展横向项目77项。教师发表论文96篇，其中SCI（科学引文索引）3篇、核心期刊11篇，1篇论文获第十五届福建省自然科学优秀学术论文三等奖。获授权专利47项，其中授权发明专利4项、国家计算机软件著作权6项，免费开放许可发明专利1项，完成全省首件专利开放许可合同备案。选派各级科技特派员39名、团队科技特派员9名，其中1名获评“漳州最美女科技特派员”。新增漳州青草药文化研究中心院级科研平台，成立生物与医学伦理委员会，组建3个跨学科科研团队。中国高职院校科研与社会服务竞争排名从249名上升至238名。

【社会服务】 2022年，漳州卫生职业学院开展各级各类职业培训和社会培训，年培训35.75万人次，培训到款额超过600万元。承接国家医师资格实践技能考试、全国卫生专业技术资格考试暨护士资格证考试等各类社会考试，服务考生2.23万人。开展社区教育、老年教育、科普教育、职业体验等教育活动，服务32.66万人次。与通北街道办事处共建“社区健康学院”，联合申报的“校政共建社区健康学院，推进居民全生命周期健康教育”项目入选教育部首批社区教育“能者为师”实践创新项目示范类项目。获评福建省“终身学习品牌项目”1个，入选2022年省级终身教育提质培优项目7个；获得省级“智慧助老”优质工作案例推介1个，入选省级“智慧助老”教育培训项目10个；入选国家“职业院校参与全民终身学习”项目实验校。立项产教融合型企业培育单位2个、院级产业学院2个，校企共建院级企业工作室3个、教师实践基地6个、“双师型”教师培养基地1个，柯渡智能医疗装备产业学院获批为省级第四批高职院校产业学院试点项目。《产教融合背景下中药学专业实践教学模式的构建与实践》入选2021年教育部产教融合校企合作典型案例。新增实习实训基地20家，将漳州市长泰区医院列为非直属附属医院进行共建，完成漳州市第三医院、诏安县总医院2家非直属附属医院的申报并获得省教育厅及省卫生健康委的认定。

【“3+2”专本贯通培养班开班】 2022年9月3日，漳州卫生职业学院中药学专业“3+2”专本贯通培养班开班。中药学专业“3+2”专本贯通培养班是学院首个专本贯通人才培养试点项目，学院与厦门医学院共同制定人才培养方案和教学计划，联合开展教学活动，学生在高职阶段的第三年参加专本转段考核，考核通过被录取的学生可直接转段进入两年中药学专业的本科阶段学习。

（马华明）

漳州开放大学

【概况】 2022年，漳州开放大学本科学生1001人，专业12个；专科学生784人，专业17个；在编教职工63人。春季首次开展在职研究生招生工作，招收10名在职研究生。漳浦、平和县级电大更名挂牌开放大学。

【项目招生拓展】 2022年，漳州开放大学开展“求学圆梦行动”“乡村振兴农村基层干部人才培养行动”“一村一名大学生计划”开放教育班招生64人。实施漳州市保安从业人员学历提升计划，招收保安从业人员17人。

【书法学本科班开班】 2022年，漳州开放大学开展书法学本科学历提升计划，秋季共招收书法学本科学员101人。

【创新创业教育】 2022年，漳州开放大学在市级“互联网+大学生”创新创业大赛中，获金牌1枚、银牌1枚。参加福建开放大学组织的同类比赛，1个项目获得铜奖，学校获得组织奖。组织4个项目参加省校“乡村振兴优秀创新与创业案例大赛”，获得二等奖、三等奖各1个，优秀奖1个，学校获得组织奖。

【“丹霞文化园”基地建设】 2022年，漳州开放大学打造“念兹在兹”楼（闽南文史馆），开放“读书研学沙龙”。组建“丹霞童声合唱团”，开设闽南童谣声乐课程。举行第四批市级文物保护单位保护碑“漳州丹霞书院遗迹”揭牌仪式。

【“丹霞读书会”市民终身学习服务平台设立】 2022年4月，漳州开放大学举办《红星照耀时》读书交流会。开展以“赓续红色血脉 传承红色基因”为主题的线上“丹霞文化园”人文游学。“丹霞读书会”获评“福建省全民阅读示范点”。

【“智慧助老”“能者为师”系列活动开展】 2022年，漳州开放大学“智慧生活你我他”项目入选教育部第二批国家级“智慧助老”优质教育培训项目，“手机摄影及艺术审美表达”等5门课程入选教育部国家级“智慧助老”优质课程资源。“智能生活应用及普及系列课程”、“赓续红色血脉 传承红色基因”——红军攻克漳州90周年、“丹霞文化园”人文游学活动”两个项目入选省级“智慧助老”优质工作案例推介名单，“冷门好用的手机APP（趣味科普）”等10门课程入选省级课程资源推介名单。

（吴子悦）

漳州科技职业学院

【概况】 2022年，漳州科技职业学院在校生近1.4万人，录取新生近4700名，毕业生数3000人，应届毕业生就业率91%以上，现有教职工超600名。

【职业技能竞赛】 2022年，漳州科技职业学院派出42支队伍参加福建省职业院校技能大赛29个项目竞赛，获得互联网+国际贸易综合技能赛项等一等奖4个、电子商务技能赛项等二等奖7个、创新创业赛项等三等奖11个。2021—2022学年参加各级行业组织的竞赛获得特等奖12个、一等奖14个，二等奖40个、三等奖59个。互联网+国际贸易综合技能项目代表福建省参加全国职业院校技能大赛，获三等奖。

【产教融合深化】 2022年，漳州科技职业学院与盛军教授团队产学研合作签订合作协议。学校商学院与六鳌镇地标产品签订公益直播助农协议，地标产品产业融合发展项目。与福建天宏创世科技有限公司、漳州爱果冻信息科技有限公司签订校企合作协议。

（陈智慧）

漳州理工职业学院

【概况】 2022年，漳州理工职业学院在校生14522人，年内，录取新生7171人，其中省内三年专5257人，省外三年专911人，五年专1003人，毕业生数4499人，应届毕业生就业率91.69%。现有专任教师598名。

【科研能力提升】 2022年，漳州理工职业学院共有11项纵向科研项目获批立项，包括2022年福建省职业教育研究课题（职业教育教学改革研究常规课题）2项、2022年福建省中青年教师教育科研项目8项、漳州市2022年度哲学社会科学研究规划课题1项。

【职业技能竞赛】 2022年，漳州理工职业学院机电与信息学院获2022年度福建省职业院校技能大赛高职组“软件测试”赛项三等奖，传媒学院创新创业项目《央美自助移动摄影房》获第七届福建省“互联网+”大学生创新创业大赛职教赛道铜奖。参与由中国红十字会总会主办的2021年红十字应急救护知识竞赛，获得单位组织二等奖。传媒学院黄宇潇老师创作的手绘艺术作品《奥利奥生活记》获2022 ICVA Awards，暨第五届国际视觉艺术理事会奖专业组入围奖，并成为国际视觉艺术理事会（ICVA）会员。传媒学院学生吕鸿胜、朱文莹等人参加新加坡金沙艺术设计大赛，获铜奖8项，其中马金立老师获优秀指导教师奖。传媒学院学生朱艺兰、沈冬梅、吕鸿胜、陈进秀、王雅婷获BICC中英国际创意大赛铜奖。

【新校区建设】 2022年，漳州理工职业学院新校区教育用地126.67公顷，规划建筑面积80多万平方米，一期工程完成，主要建设有教学楼10栋、科研楼1栋、艺术楼1栋、图书馆和行政楼1栋、宿舍楼11栋、食堂1栋，主体建筑面积30多万平方米。

（傅丽华　戴威　蔡非可）

责任编辑：蔡婉玲

文化·旅游

·综述·

【文化旅游经济】 2022年，漳州市旅游接待总人数4873.37万人次，比上年减少5.5%；旅游总收入520.21亿元，比上年减少6.4%。规模以上文化娱乐业营业收入8.96亿元，比上年增长27.7%；规模以上旅行社及相关服务业营业收入1.54亿元，比上年减少2.6%。游客人均花费1067元，比上年减少0.9%。

【文旅市场监管】 2022年，漳州市文旅局制定印发《漳州市文化和旅游、新闻出版领域包容审慎监管执法三张清单（2022年版）》等文件，明确监管执法“不予处罚”“从轻处罚”“减轻处罚”事项的适用条件和适用原则。全面加强文化市场执法监管工作，共出动执法人员7556人次，检查经营单位3417家次，办理案件88件。加强未经许可经营旅行社业务、“不合理低价游”整治力度，在线巡查74家次，发现3个苗头性问题，完成下架整改。检查旅行社168家次、旅游团队10个、导游12人次，出动执法人员562人次。组织开展旅行社旅游包车行为执法行动，推行旅行社用车“五不租制度”（即不租用未取得相应客运经营许可的经营者车辆、未持有效道路运输证的车辆、未安装卫星定位装置的车辆、未投保承运人责任险的车辆、未签订包车合同的车辆），重点查处旅行社向无相应许可资质的客运企业等不合格供应商订购产品和服务等违法行为。

·社会文化·

【文化场馆】 截至2022年年底，全市文化系统共有公共图书馆11个，文化馆13个，国有博物馆（纪念馆）13家，非国有博物馆1家，县级图书馆分馆37个、文化站127个，优秀示范图书馆分馆11个，其中，公共图书馆图书总藏量214.5万册。4家农家书屋获“福建省示范农家书屋”称号，6家被确定为“福建省老区‘红色书屋’建设项目”。漳州市图书馆新馆开展二次装修和智能化工程，长泰区图书馆迁入新馆，华安县、东山县图书馆开展二次装修。电影院31家，年度电影票房收入6899.84万元。

【公共文化案例遴选】 2022年，漳州市文旅局组织公共文化高质量发展案例报送，《党建聚发展合力 文旅助乡村振兴》获第五届“推进机制活、建设新福建”全省机关体制机制创新优秀案例；漳州市博物馆“漳台一家”数字化展示案例被列入全省高质量发展案例。

【文化志愿服务】 2022年，漳州市文旅局围绕公共文化服务总要求，把文化惠民、文化志愿工作落到实处。漳州市艺术馆累计接待观众量达8万人次，接待各级团体参观120余起，为各中、小学生提供免费讲解和志愿服务5000余人次，为漳州市留守儿童、贫困儿童、盲人、孤寡老人提供特定的优质文化服务。

【文化展览】 2022年，漳州市艺术馆围绕非物质文化遗产保护、纪念红军攻克漳州90周年、漳州本地民俗等主题举办临时展览14期，展出内容涉及绘画、书法、诗词、摄影、漳绣、剪纸、木版年画等。漳州市博物馆围绕圣杯屿水下考古、中华优秀历史文化等主题举办临时交流展览14期，其中，引进“赫赫曾侯·穆穆和钟——曾国七百年青铜器特展”，展出湖北随州、枣阳等地出土的历代曾国青铜器106件。毛主席率领红军攻克漳州纪念馆结合纪念红军攻克漳州90周年主题活动开展“硝烟离去 光辉永照——红军攻克漳州90周年红色文献”等临时展览6场，与央视儿童频道《大手拉小手》栏目联合摄制“红色基因，代代相传——中国工农红军攻克漳州90周年”六一特别节目，与闽南日报社合作开展“红星耀漳州 初心永相传”——纪念红军攻克漳州90周年全媒体采访活动，进一步扩大红色文化影响面。

【文化公益培训】 2022年，漳州市艺术馆、龙海区文化馆举办免费开放公益培训课，培训范围涉及音乐、舞蹈、戏剧、美术、摄影、书法、文学等门类。开办暑期公益课程46门，包括拉丁舞、成人形体舞、少儿书法、剪纸、电钢等。市歌仔戏（芗剧）传承保护中心开展“薪火芗承·歌仔流芳”歌仔戏公益培训；市布袋木偶传承保护中心组织非遗研学和进校园活动；芗城区文化馆持续开办水仙花童声合唱团、锦歌公益培训班；南靖县非物质文化遗产保护传承展演中心开办歌仔戏（芗剧）少儿培训班等。

·文化艺术·

【文艺演出】 2022年，漳州市文旅局先后组织“福满乾坤 开漳大吉”漳州市迎春线上文艺汇演、开展国家艺术基金资助项目——芗剧《一代相国蔡新》福州首演和市区人民剧场展演以及芗剧现代戏《谷文昌》《李林》、全市宣传贯彻党的二十大精神文艺巡演等文化活动800多场。联合市行政服务中心组织举办“喜迎二十大 巾帼展风采”文艺演出，组织参加“纪念红军攻克漳州90周年”文化演出活动，组织开展艺术单位开展“福文化·非遗进校园”公益演出。

【书画展览】 2022年，漳州市文旅局先后举办“庆八一迎二十大·军民情——全国书画名家精品展”“‘喜迎二十大·水仙情’漳籍书画名家画写漳州美术作品展”“庆二十大·闽山青翠——福建省美术家协会山水画艺委会作品展”等书画展览活动近30场。

【线上展播】 2022年，漳州市文旅局组织各文化艺术单位开启线上展播展览活动100多场。漳州市美术馆举办“同心战疫·以‘艺’抗疫”漳州市书画作品网络展览、“‘艺’起抗疫——闽南师范大学艺术学院学生作品网络展、漳籍书画名家画写漳州美术作品展线上展览，漳州画院开展“防疫、抗疫、战疫”书画作品网络展览以及“疫情不出门，在家看展览——谱写富美新漳州”书画作品网络展览等。

【戏剧精品创作】 2022年，漳州市突出地域文化特色，创作一批具有漳州特色的戏剧作品。芗剧《谷文昌》被省委宣传部推荐参评中宣部“五个一工程”，芗剧现代戏《李林》申报国家艺术基金2023年传播交流推广资助项目，创作排练芗剧小戏《说亲》、芗剧折子戏《白蛇传·断桥会》、锦歌《唱尚书》等，布袋木偶剧《祝寿》在漳州古城木偶艺术表演馆首演，拍摄2集木偶戏电视连续剧《忠烈传》。漳州市戏剧研究所创作芗剧表演唱《欢庆二十大》、锦歌表演唱《大明孤臣》、少儿歌曲《初升的太阳》；东山县潮剧传承保护中心创排的潮剧小戏《家风》入围第十三届中国艺术节第十九届群星奖复赛。

·文化交流·

【对外文化交流】 2022年，漳州市文旅局组织“中菲人文之驿 走进漳州”文化演出活动，受到菲律宾华人华侨点赞；组织漳州市布袋木偶传承保护中心开展3场对美学校木偶艺术专题线上讲座。中国驻美国大使馆先后2次向漳州市委市政府发来感谢信，肯定漳州市文旅局等单位工作。

【与台港澳文化交流】 2022年，漳州市文旅局赴澳门特别行政区参加“海上丝绸之路”国际文化论坛。漳州“金门文化旅游驿站”在漳州古城揭牌，搭建促进两岸同胞心灵契合之桥。首部诠释海峡两岸剪瓷雕技艺的大型图书集《一剪系两岸》由福建教育出版社正式出版。

【2022中菲友好交流摄影展在漳州首展】 2022年9月6日，2022中菲友好交流摄影展（漳州专场）在漳州市美术馆开幕。本次活动由菲律宾驻厦门总领事馆、漳州市文旅局、漳州市侨联联合主办，漳州市美术馆、海外华侨华人社团厦门联络总部等共同承办。2022中菲友好交流摄影展以漳州、厦门双城巡展形式举办，其中，漳州9月6—24日首展。展出30多位中菲两国摄影家110余幅摄影佳作，全方位、多角度展示两国的发展成就、文化遗产、民风民俗、自然风光等。

·文化遗产保护·

【概况】 2022年，漳州市已登记不可移动文物4731处，其中世界文化遗产1处，全国重点文物保护单位27处39个点，省级文物保护单位151处，市（区）级文物保护单位1036处。

【水下考古】 2022年，漳州圣杯屿元代沉船遗址考古发掘项目被列入国家文物局公布的《“十四五”考古工作专项规划》，并经国家文物局批复同意考古发掘计划，全面开展水下考古发掘工作。漳州市文旅局配合保障，安排文物保护专项资金近100万元支持水下考古及央视直播工作。中央电视台对漳州圣杯屿水下考古发掘情况进行全面宣传报道。年内，协办2022年全国第九期水下考古培训班，承办2022年漳州圣杯屿元代沉船遗址考古发掘专家咨询会，与国家文物局考古研究中心等联合主办“考古学视野下的海洋文明探索暨漳州圣杯元代沉船发现十周年学术研讨会”，在漳州市博物馆举办“海贸明珠—漳州圣杯屿元代海船遗址水下考古成果展”。

【文物立法】 2022年，《漳州革命旧址保护办法》立法工作通过市人大常委会二审；《漳州市革命文物保护利用总体规划》完成编制并通过专家评审。年

2022年8月25日，圣杯屿元代海船遗址水下考古拉开帷幕。图为航拍古雷圣杯屿海域水下考古队作业地带 （詹照宇 摄）

内，漳州市文旅局与市检察院联合推出《全力推进漳州古城公益诉讼保护专项行动计划》，联合市住建局、市自然资源局出台《关于在城乡建设中加强历史文化保护传承七条措施的实施意见》等，联合市住建局、自然资源局公布《漳州市第三批传统建筑工匠名单》。完成《漳州市涉台文物古迹管理办法》立法调研。开展漳州市红军标语类革命文物专项调查。

【文保工程实施】 2022年，漳州市推进福建土楼河坑土楼群阳照楼、永盛楼、南靖五更寮土高炉、漳州中山桥、中国工农红军东路军领导机关旧址二期项目（2号楼、3号楼）、漳浦草埔塘营宫等一批全国重点文物保护单位、省级文物保护单位文物保护和修缮。

【土楼活化利用】 2022年，漳州市文旅局推进土楼活化利用，邀请黄汉民、徐甜甜团队在南靖、平和、华安开展土楼活化利用试点，投入设计经费260万元完成8座楼的规划设计，昇平楼等进入修缮阶段。

【考古遗址公园建设】 2022年，漳州市创建省级考古遗址公园，平和南胜窑列入第二批省级考古遗址公园立项名单，东西窑（南靖、华安）获评第一批省级考古遗址公园并授牌。

【非遗名录体系完善】 2022年，漳州市新认定公布59个项目（66家）入选第九批非遗代表性项目；遴选推荐22个项目（24家）为省级非遗项目；遴选推荐8名省级传承人申报国家级代表性传承人。

【漳州市闽南文化生态保护中心揭牌成立】 2022年4月14日，漳州市闽南文化生态保护中心暨漳州市非物质文化遗产保护中心揭牌仪式在芗城区举办。漳州市闽南文化生态保护中心和漳州市非物质文化遗产保护中心，主要负责闽南文化（漳州）生态保护区建设工作，为正科级公益一类事业单位，成为全省唯一一家拥有专门人员编制和办公场所的闽南文化保护中心。

【“用闽南文化点亮千年漳州古城”行动计划启动】 2022年6月25日，由福建省文旅厅、福建省广播影视集团、福建省闽南文化研究会指导，漳州市委宣传部、漳州市文旅局主办的“福满乾坤·开漳大吉”——“用闽南文化点亮千年漳州古城”行动计划暨“福”文化圩日启动仪式在漳州古城举行。现场共设置28个“福”文化项目展示展销。活动现场，以《技！高一筹》为主题的“福音、福艺、福饰、福食、福茶、福酒”“福”文化圩日展示展演，以《创！赢天下》为主题的“福”文化文创产品展示，以《福！有传承》让文物活起来的节目展演互动，以《乐！享挑战》为主题的“福”文化灯谜竞猜等丰富多彩的宣传展示活动。传播受众超过800万人次。

【漳阜两地剪纸作品交流展在安徽阜阳举办】 2022年9月17日，由漳州市文旅局、阜阳市文化旅游体育局共同主办，漳州市艺术馆、阜阳市文化馆、漳州市闽南文化生态（非遗）保护中心、阜阳市非遗保护中心联合承办的“福建漳州·安徽阜阳两市剪纸作品交流展”在阜阳市文化馆开幕。交流展为期5天，共展出漳州市剪纸作品52幅，阜阳剪纸作品50幅。

（林志仁）

·新闻出版·

【概况】 2022年，漳州市文旅局完成333家印刷企业、298家出版物发行单位年度核验工作。海西博文书店被评为全国“首届全民阅读大会·年度最美书店”，芗城区博文图书文化有限公司、长泰区学航书店、诏安县四都育才书店被评为“第二届福建省示范书店”，长泰区岩溪镇湖珠村农家书屋、南靖县金山镇霞涌村农家书屋被评为“第二届福建省示范书屋”，漳州开放大学入选2022年福建省全民阅读优秀项目。

【党的二十大宣传】 2022年，闽南日报社紧紧围绕党的二十大重要主题，做好新闻报道。策划推出“奋进新征程 建功新时代”等主题宣传，展现近年来漳州市经济社会发展取得的成就及百姓生活的变化；开展“闽山闽水物华新·闽南日报社记者滨海行”主题采访活动，将学习贯彻落实习近平总书记关于海洋强国建设的重要论述和来闽考察重要讲话精神与漳州市第十二次党代会确立“建设现代化滨海城市”的定位结合起来，为迎接党的二十大营造浓厚氛围。党的二十大召开后，对大会进行立体式报道，开设专栏，刊登党的二十大相关报道上千篇。推出“闽山闽水物华新·向总书记报告”系列8个专题版面，聚焦习近平总书记在漳州的主要经历和实践，展现漳州贯彻落实习近平总书记改革发展重要理念所发生的巨大变化；推出“二十大掌中看”系列原创节目，以主播出镜用闽南语讲解配合LED大屏翻页的方式，讲述党的二十大相关精神和重要解读等。

【文化宣传】 2022年，闽南日报社立足漳州特色，大力开展传统文化宣传。策划2期为市民拍摄全家福的公益活动，将福文化内涵融入百姓生活。线上线下齐宣传，线上“学习强国”漳州学习平台主办“虎年‘福’文化 元宵随手拍”活动，向社会征集有关漳州美好生活和风俗年味照片近200幅（组）；漳州新闻网主播联合各县区主播以“福见漳州 云端送福”为主题开展“福”文化云拜年，产生良好反响。线下承办“福连两岸”元宵灯谜会，通过云端与台湾谜友同享谜趣。挖掘朱子文化当代价值，通过承办“寻访漳州朱子文化印记”大型新闻摄影采访活动，采用“新闻摄影+文字+短视频”的全方位报道形式，“行进式”呈现朱子在漳州丰富、多元的人生足迹。先后在《闽南日报》及新媒体平台推出了十期专题报道。

【融合创新】 2022年，闽南日报社在报纸常态化推出“芝山时评”，全年累计刊发50篇。打造“县区要闻”，用报纸平台展现各县区主官重点活动、重点工作推进情况，拓展县区工作影响力。推出“芝山观察”，深度解读各县区和各部门阶段性亮点。“闽南日报”“漳州新闻网”两个微信公众号，粉丝数比上年增长超30%，累计粉丝接近60万。在2022年度福建微信影响力排行榜上，《闽南日报》在地市党报公众号中排名第三，漳州新闻网在地市新闻官网公众号中排名第二，彰显媒体融合改革的成果。

【对台宣传】 2022年，漳州新闻网开设台海频道，用普通话和闽南话“双语”强化对台宣传。携手芗城区文旅局举办以“福连两岸”为主题的元宵灯谜文化活动，两岸谜友通过网络连线，实现实时互动，在漳州灯谜艺术博物馆的射虎亭下同“射虎”。

【对外宣传】 2022年，漳州新闻网策划英语版《二十四节气播报》传播中国传统文化，得到新华社《新华丝路》节目的推荐，在海外传播；与漳州市人民政府外事办公室联合举办“外国友人话漳州”活动，视频被推送到中央文明网。视频之一《索恩：漳州越来越文明》在福建省人民政府外事办公室、福建省人民政府新闻办公室、中央广播电视总台国际在线主办的2022年“丝路正青春 风采看福建”在闽外籍青年短视频大赛中荣获一等奖。

【“朱子与闽南”文化论坛在漳州举办】 2022年6月25日，由中国朱子学会、漳州市委宣传部指导，省闽南文化研究会、市文旅局、漳州城投集团主办，闽南日报社、闽南师大闽南文化研究院、漳州古城保护开发有限公司、漳州城投古城运营有限公司承办的“朱子与闽南”文化论坛暨第五届海峡两岸朱熹陈淳学术研讨会在漳州古城向阳剧场开幕。活动组织分场研讨，并汇集海峡两岸专家学者各类相关学术研究论文近80篇。

【漳州芗剧折子戏《春香传·爱歌》亮相央视】 2022年9月10日，由漳州市歌仔戏（芗剧）传承保护中心创排录制的芗剧折子戏《春香传·爱歌》在央视一套和四套展播。《春香传》讲述苦女子春香和贵公子梦龙之间迂回曲折的爱情故事。此次央视展播主题为“乡音寄乡情，戏曲非遗庆中秋”，漳州芗剧折子戏《春香传·爱歌》同福州闽剧《祈福天下》、厦门高甲戏《风打梨》、泉州提线木偶《花好月圆》一同亮相央视，以地方特色剧种作为表现载体，充分展现福建的节日习俗和根植乡土的技艺传承。

（邹璐璐）

·广播电视·

【概况】 2022年，漳州市各级广播电视台发挥融媒体矩阵优势，全力做好党的二十大宣传刊播，大力推进“强国复兴有我”群众性主题宣传教育活动，着力开展“福”文化宣传。做好节目推优申报，先后组织报送“星光奖”“品读福文化、奋进新福建”作品、省网络剧、电视剧创作生产专项资金扶持等系列推优作品70余件，漳州电视台摄制的网络电影《蝶岛恋歌》等6件作品获得资金扶持，漳州电视台及龙海区融媒体中心分别获得传播类机构二类及三类扶持，漳州人民广播电台在各级各类作品评奖中共有60件作品获奖。年内，漳州市文旅局推进应急系统市、县级平台建设，落实120个乡村振兴试点村的应急广播建设。

【中共二十大宣传报道】 2022年，围绕党的二十大的召开，漳州人民广播电台《漳州新闻》推出“喜迎二十大”专栏，报道全市各地区、各部门、各行业以优异的成绩和昂扬的精神风貌喜迎党的二十大。策划推出特别节目《红色记忆》，制作发布《喜迎二十大——“邮”说丝海寻梦“批”读华侨故事》等一批推文和短视频，营造漳州市喜迎党的二十大的浓厚氛围。中共二十大召开后，持续开设“深入学习宣传党的二十大精神”等专栏，播发相关报道近百篇，制作推出《漳州市宣传贯彻党的二十大精神文艺巡演启动#奋进新征程 建功新时代#漳州》等一批接地气的短视频及相关推文。

【主题刊播】 2022年，漳州市各县区融媒体中心围绕“福文化”主题，通过开设专题专栏，拍摄主题公益广告、短视频等方式，全方位、多角度、趣味性地讲好“福”文化故事。漳州电视台持续开设《虎年说虎 福在身边》等专题专栏，主办“福来福见·海峡天使闹新春”少儿春晚。在漳州宾馆、中山公园、古城西、碧湖公园等全市8处户外LED电子屏及分布在全市重要办事窗口的城视联播平台119处点位，高频次滚动播放“福星高照 福佑中华”等“福”文化主题宣传，滚动播放累计10万次。各地融媒体中心通过刊播《什么是“福”》公益广告，制作《虎福临门》《掌上木偶拜年啦》等专题短视频，推出《“赏‘福’宝”——美在福建之漳浦剪纸》，“心福口福之漳浦肉圆”等特色节目，掀起“福”文化宣传效能。

【媒体融合】 2022年，漳州人民广播电台继续实施“短频快行动”，创作大量优质的原创短音（视）频，通过入驻央级“云听”APP、“在城市”系列融媒体平台等，实现一站式融媒体传播。与“听见广播”等APP加强合作。加入全国城市广电经营创新平台，扩大宣传面。与漳州市民宗局联合摄制《简易勇壮 所向无前》短视频，参加庆祝中华一家亲·2022海峡两岸各民族欢度“三月三”暨福建省第九届“三月三”畲族文化节展播。完成以纪念红军攻克漳州90周年为主题的广播剧《1932，那一年那一座城》的创作录制。推出12期“荐读红色经典 喜迎党的二十大”主题活动，除在传统广播专栏中播出外，还在“蜻蜓FM”“云听”等APP同步直播。

【闽南话普法微广播剧走进乡村】 2022年，漳州人民广播电台与市司法局联手打造的漳州市闽南话普法微广播剧通过“村村响”系统在全市各行政村（社区）开播。“空中送法、广播到村”开创全省乡村普法宣传模式的先河，打通“法律进乡村”最后一公里。

（许培玲 胡小玲）

·旅游业·

【概况】 截至2022年年底，漳州市共有A级景区30家，其中，AAAAA级景区1家，AAAA级景区14家，AAA级景区14家，AA级景区1家，各县区A级景区实现全覆盖。星级饭店14家，其中，五星级饭店2家，四星级饭店5家，三星级饭店7家；旅行社95家。国家级夜间文化和旅游消费集聚区1个，国家级旅游休闲街区1个，省级全域生态旅游示范县3个，省级旅游休闲街区2个，全国乡村旅游重点村6个，福建省“金牌旅游村”16个，福建省“全域生态旅游小镇”8个，福建省工业旅游示范基地3个，养生旅游休闲基地5个，体育旅游休闲基地1个，全国红色旅游经典景区3个。

【旅游品牌创建】 2022年，漳州古城再添“国字号”称号，先后获评第二批国家级夜间文旅消费集聚区和国家级旅游休闲街区。“花样漳州 人文世遗”文化之旅、“花果飘香喜庆丰收”乡村之旅、“年味漳州 福满土楼”民俗风情之旅等3条线路先后入选全国乡村旅游精品线路。案例《长泰山重村：文化铸魂旅游赋能》成功入选世界旅游联盟和中国国际扶贫中心联合发布的《旅游助力乡村振兴案例》。全市新增AAAA级景区1个（平和高峰生态谷），AAA级景区5个（漳州市博物馆、长泰文庙、南靖县田中赋景区、东山县东门屿景区、长泰天柱山欢乐大世界），福建省金牌旅游村3个（南靖县梅林镇坎下村、诏安县霞葛镇司下村、长泰区马洋溪生态旅游区后坊村），全域生态旅游小镇5个（长泰区马洋溪生态旅游区、东山县铜陵镇、漳浦县官浔镇、平和县大溪镇、华安县高安镇）。东山、南靖入选全省首批20个重点影视外景拍摄基地。

【旅游宣传推介】 2022年，漳州市文旅局组织参加第七届世界妈祖文化论坛暨第二十四届中国·莆田湄洲妈祖文化旅游节、“2022中国宁夏·第十二届丝绸之路大漠黄河国际文化旅游节”、2022“爱心厦门·闽韵翔安”文化和旅游（漳州）推介会等，推介漳州旅游资源。与闽西南协同发展区五市联合举行2022年度“山海微度假·YOUNG游闽西南”文化和旅游推介会，分别走进莆田、福州、南平等地推介，通过微博、微信、小红书、哔哩哔哩开展#全福游有全福山海闽西南##YOUNG游闽西南#有奖互动话题，分享“夏季潮旅打卡点”、赢取“山海潮旅二日游、三日游、五日游”YOUNG游礼包，与百余名网络大V联动推广，广受关注。创建推广“漳州旅游网”“喜马拉雅漳州频道”和“漳州美食”“漳州非遗”抖音号，拍摄“文旅局长带你游”等主题视频。

【旅游公共服务】 2022年，漳州市文旅局向上争取资金40万扶持华安先锋村、平和新建村两个村级游客服务中心建设。向上争取50万元投入G228风景道边漳浦龙美湾自驾车营地建设。加强旅游标识标牌巡查工作，全年开展4次旅游标识标牌巡查。漳州智慧旅游数据分析平台项目通过验收。指导全域旅游卡发行，从市级文旅融合资金中给予50万元补贴，开展景区直通车等惠民活动。

【旅游纾困发展】 2022年，漳州市文旅局出台《关于进一步助力旅游企业纾困发展的通知》《关于支持文旅行业恢复发展的纾困帮扶十二条措施》，通过发放文旅惠民消费券、暂退旅游质量保证金、兑现旅行社过夜地接奖补、景区提升补助、品牌创建奖补等共释放资金3000多万元，惠及数百家文旅企业。支持旅游景区和全域旅游卡加强合作，全域卡发行量新增6.35万张，间接带动漳州本地游客超38万人次出游，拉动文旅消费2亿元。

【"花样漳州·文明之旅"惠民消费券发放启动仪式举行】

2022年5月19日，"花样漳州·文明之旅"中国旅游日·文旅惠民消费券发放启动仪式暨微博大V滨海采风行活动在漳州市艺术馆举行。活动期间，《福建日报》《今日头条》等各大主流媒体对启动仪式活动进行报道，活动现场通过"漳州交通广播"广电云直播，累计观看超22.6万人次，点赞3720人，留言互动3135条。微博大V滨海采风行活动开设新浪微博话题#花样漳州·文明之旅#两次登上福建省热搜榜单，话题阅读量超阅读量1.2亿人次，带话题讨论量达3.4万人次。

【纪念红军攻克漳州90周年系列活动开展】 2022年，漳州市文旅局与漳州市委史志研究室联合推出"红军攻克漳州90周年"专题讲座，开展"重走红军进漳路"大型系列采风活动，制作2部红军攻克漳州微电影，并通过全媒体宣传推广，编辑出版《中国工农红军东路军东征漳州红军标语》等。漳州市博物馆和毛主席率领红军攻克漳州纪念馆联合推出"唤起工农千百万——中国工农红军东路军东征漳州红色标语展"。

【"5·18"国际博物馆日福建会场活动开展】 2022年，漳州市博物馆开展"5·18"国际博物馆日系列活动。由漳州市文旅局与银川西夏陵区管理处共同主办，漳州市博物馆、西夏博物馆共同承办"古冢记忆—西夏陵出土文物展"，红军进漳纪念馆举办红色讲古活动，漳州府文庙开展"文庙举办科举制度在台湾——台湾进士专题展"，平和博物馆举办"福见平和——喜迎党的二十大美术名家邀请展"，漳浦县博物馆开展文物古迹展览进校园活动等。

（林志仁）

责任编辑：江细珍

卫生·体育

·卫生健康·

【概况】 2022年，漳州市累计招聘卫技人员2427人，组织遴选漳州市2022年有突出贡献中青年医疗专家10名和首届优秀基层卫技人员15名。漳州市医院、漳浦县医院被列入公立医院高质量发展省级示范点建设单位。漳州市医院被列入罕见病协作网医院。诏安县霞葛中心卫生院、南靖县丰田镇卫生院、云霄县和平乡卫生院等8家基层医疗机构受到国家卫健委通报表扬。

【疾病防控】 2022年，漳州市传染病网络报告质量综合率达99%以上，全市有预防接种门诊133家，示范性规范化门诊113家，其中数字化门诊86家。设立11个免疫规划实践教学基地，漳州市国家免疫规划疫苗接种率位居全省前列。全年共报告法定传染病21种43911例，无甲类传染病报告，报告发病率868.78/10万，比上年增长48.52%。按时完成省级下达结核病防治任务，艾滋病控制在低流行状态。加强严重精神障碍服务管理网点建设。

【体制机制改革】 2022年，漳州市出台《漳州市“十四五”深化医药卫生体制改革专项规划》等文件。漳州市9个医共体任务县全部达到国家医共体建设评判标准。年内，充分运用5G和人工智能技术在医疗健康领域的应用，开发上线市级区域医疗急救协同平台（“5G智慧急救平台”），打造“上车即入院”急救模式，得到全国政协副主席邵鸿批示肯定。

【医政管理】 2022年，漳州市投入3594.82万元建设临床重点专科，设置病床3560张，配备专科医师1027人、护士1836人。联合市红十字会等9部门制定下发《“十四五”公共场所配置AED+群众性应急救护公益培训项目实施方案》，完成AED（自动体外除颤器）配置226台，救护员培训20564人。漳州市医院在国家2021年度三级公立医院绩效考核中位列全国第149名。启动第二批无“红包”医院创建活动，共创建无“红包”医院29家，实现漳州市二级以上公立医院100%全覆盖。制定下发《漳州市2022年度“千名医师万人次下基层”对口支援工作方案》，从县级以上医院抽调130名以上高年资中级以上职称医师进入漳州市所有社区卫生服务中心、乡镇卫生院进行医疗帮扶。

【基层卫生】 2022年，漳州市基本公共卫生服务项目人均经费从79元提高到84元。漳州市“优质服务基层行”基本标准以上的基层医疗卫生机构覆盖率达80%以上，累计11家基层医疗卫生机构达到社区医院建设标准，占全省数量的18.6%，为全省占比最高的设区市；2家基层医疗卫生机被国家卫健委评为“基层卫生健康优秀创新案例”。南靖县在全省紧密型县域医共体建设工作会上作漳州市县域医共体建设优秀案例代表作典型经验交流发言，其经验做法在国家卫健委《卫生健康工作交流》刊发。

【妇幼保健】 2022年，漳州市孕产妇死亡率9.22/10万、婴儿死亡率2.37‰、5岁以下儿童死亡率3.75‰。全市新增20个婴幼儿照护服务机构、新增1370个普惠性托位。完成20个省级普惠托育机构示范点建设，其中龙文区伟才托育园、常山经济开发区哈津托育园、南靖县妇幼保健院托育园被确定为省级试点示范单位。漳州市共有108家托育机构备案，备案数量在全省排名第一。实施适龄女性人乳头瘤病毒（HPV）疫苗免费接种项目，完成投资945万元，13—14周岁半女性HPV疫苗免费接种第一针35340人。开展“出生一件事”便民服务，6月17日，漳州市首张“零跑动”在线申领出生医学证明成功签发，至12月31日完成出生证线上签发1236份。

【综合监督】 2022年，漳州市国家双随机分配的被监督单位数11953家（包括医疗卫生机构、公共场所、消毒产品生产企业，涉水产品等），完成监督11936户，监督覆盖率99.86%。漳州市医疗卫生机构监督率、集中式餐具监督覆盖率、公共场所量化分级管理率、放射诊疗许可证持证率、新改扩放射诊疗预控评率、生活饮用水合格率均100%。

【卫生应急处理】 2022年，漳州市卫健委牵头修订《漳州市应对新冠肺炎疫情应急预案（第5版）》《漳州市应对新冠肺炎疫情应急预案（第6版）》，制定下发《漳州市公众急救知识和技能普及工作实施方案》。妥善处置突发事件，累计协调处置毒蘑菇食物中毒、南靖货车伤人、平和安厚交通事故等各级各类突发事件15起，救治伤员（病人）53人。

【中医药事业发展】 2022年，漳州市共有三级中医院4家，二甲中医院5家。漳州市基层医疗机构中医馆建设单位实现全覆盖，省级精品中医馆建设单位8家。年内，漳州市承办2022金砖国家传统医药高级别会议，漳州中药炮制特色技术被列为第七批省级“非遗”，漳州市中医院被确定为国家中医特色重点医院项目建设单位，漳州市中医院骨伤科被省卫生健康委列为巩固提升国家级临床重点专科建设项目。漳州市国家和省级中医药师承带徒指导老师的数量50名。

【社会办医】 2022年，漳州市共有社会办医疗机构72家，床位数8816张。有6家社会资本办医院获得持续运营补助资金367.53万元。

【爱国卫生宣传】 2022年，漳州市建设健康机关、健康村、健康社区、健康促进医院等健康细胞共75个。深入开展卫生创建活动，组织对云霄县马铺乡等7个乡镇、国强乡新建村等66个村（社区）创建省级卫生乡镇（村、社区）进行现场评估考核。建立健康科普专家库171人、专家咨询委员会专家129人。建立健康漳州行动宣传员队伍市级43人、县区135人。

【职业健康检查】 2022年，漳州市有职业病诊断机构1家、职业健康检查机构16家。成立职业健康专项监督执法检查组。漳州市卫健委等16部门联合制定《漳州市职业病防治“十四五”规划》。开展主题为“一切为了劳动者健康”的第20个“职业病防治法”宣传周活动。开展职业病防治四大项目监测，完成工作场所职业病危害因素监测共255家企业，覆盖漳州市11个县区，覆盖率100%。

【漳州市医院总部院区开诊启用】 2022年10月28日，漳州市医院总部院区开诊启用仪式在漳州高新区举行。漳州市医院总部院区位于漳州高新区琥珀路以南，龙江路以西，规划纵十五路以东，漳码路以北。院区占地49公顷，总建筑面积31.1万平方米，总投资35亿元，设置床位2000张，首期开设有内外科共19个专业的门诊、综合内科、综合外科、住院和相应医技检查服务，进一步满足人民群众基本医疗和多层次就医需求。

（潘丹丹）

2022年，漳州市新建2个智慧体育公园。图为2022年10月16日，小朋友在江滨智能体育公园打篮球 （严 洁 摄）

·体育·

【概况】 2022年，漳州市体育局进一步深化改革，加快补齐短板，不断推动群众体育、竞技体育、体育产业协调发展。年内，漳州市体育局被漳州市委、市政府记集体二等功，被福建省体育局授予“参加第三十二届东京奥运会突出贡献奖”和“参加第十四届全运会贡献奖”。

【群众体育发展】 2022年，漳州市政府印发《漳州市全民健身实施计划（2021—2025年）》。全市新建智慧体育公园2个、游泳池6个，开展各类全民健身活动222场次，参与人数3.68万人。新成立1个民办非公企业社会组织，截至年底，漳州市有市级单项体育协会（含民办非公企业社会组织）47个。组织社会体育指导员开展乡村志愿服务，截至年底，漳州市有社会体育指导员11950人。

【竞技体育】 2022年，漳州市修订新周期《漳州市体育局实施政府购买“非编教练员任教”服务实施办法》。举办漳州市中小学生阳光体育联赛田径、游泳、足球、乒乓球、羽毛球、定向越野、篮球、三人篮球等8个项目比赛，参赛人数达3300人。组织参加2022年福建省中学生冠军赛（锦标赛），参赛项目9个。承办省运会社会俱乐部组击剑比赛，参赛人数119人。漳州市少体校被国家体育总局评为“国家排球高水平后备人才基地（排球单项）”。漳州市臻冠青少年羽毛球俱乐部被中国羽毛球协会评为“全国羽毛球后备人才基地”。

【体育产业发展】 2022年，漳州市依托漳州欢乐岛国际足球训练基地，推动中国足球协会会员协会冠军联赛、中国足球协会女子乙级联赛、2022年中国青少年足球联赛女子U17预选赛（漳州赛区）和男子U17预选赛三个阶段比赛、2022年中国足球协会U21联赛等全国性赛事先后落地漳州并成功举办。古雷欢乐岛被省体育局授牌“福建省足球协会青少年足球训练基地”。依托中国女排福建省漳州体育训练基地，承办2022年全国女排高水平后备人才训练营及全国U17女排锦标赛、2022年全国青少年排球夏令营暨小排球锦标赛、2022年全国女排锦标赛等3场全国性排球赛事。全市共有品牌赛事21个，其中省级1个、市级3个、县级17个。体育用品企业新增专利8项。

【体育设施建设】 2022年，漳州市制定《2022年漳州市全民健身场地设施建设项目实施方案》，完成龙海区、漳浦县2个续建智慧体育公园和芗城区、长泰区、南靖县、古雷港经济开发区6个游泳池建设，新建龙文区、平和县2个智慧体育公园。

【参加福建省第十七届运动会】

2022年，漳州市选拔1120名运动员参加福建省第十七届运动会青少年部竞技组28个大项、俱乐部组11个大项比赛，青少年部夺得104枚金牌、70枚银牌、97枚铜牌，突破福建省第十五届运动会103枚的最高金牌纪录，获“体育道德风尚奖”；青少年部社会俱乐部组夺得7枚金牌、7枚银牌、3枚铜牌；群众部参加13个项目比赛，获得一等奖15个。

【漳州运动员揽金夺银】

2022年，高尔夫运动员吴阿顺在DP世界巡回赛—肯尼亚公开赛上夺冠，成为第一位在非洲大陆夺得DP世界巡回赛冠军的中国球员。羽毛球运动员欧烜屹与北京选手刘雨辰搭档夺得世界羽联巡回赛超级1000赛事——印尼羽毛球公开赛男双冠军、澳大利亚公开赛男双冠军和世界羽联总决赛冠军。女排运动员庄宇珊、殷小岚夺得亚洲杯、亚洲青年锦标赛亚军，张馨蕊、胡金玺夺得亚洲少年锦标赛亚军。体操运动员邱祺缘摘得2022年全国体操锦标赛女子平衡木金牌。郑益昕领衔的福建女排（漳州运动员：郑益昕、庄宇珊、郑莉娜、刘子炀、陈玉琼、梁玮凡、张婧、魏玉琳、郑欣怡）摘得2022年全国女排锦标赛铜牌。郑益昕、庄宇珊、殷小岚、郑莉娜、刘子炀、梁玮凡、张婧、魏玉琳、郑欣怡获2022—2023赛季中国女子排球超级联赛第四名，郑益昕入选联赛最佳阵容，荣膺最佳接应。

（吴舒婷）

责任编辑：蔡婉玲

人力资源

·就业创业·

【概况】 2022年，漳州市城镇新增就业人数4.52万人，就业局势基本稳定。发放各类稳就业补贴1.82亿元，惠及39.06万人次。

【高校毕业生就业创业】 2022年，漳州市人力资源和社会保障局（简称漳州市人社局）开发各类政策性岗位5264个（含见习人员808人），摸排征集漳州市重点和规上企业毕业生专岗5200多个。开展“公共服务进校园”“送岗留才进校园”“就业服务月”系列就业服务活动，举办线上线下招聘会307场。发动247个项目参与第五届“中国创翼”选拔赛暨海峡两岸（漳州）第一届“水仙花杯”创业创新大赛，推荐10个项目参与省级选拔，获一等奖1个、二等奖1个、优胜奖8个。申报省、市级大中专毕业生创业资助项目168个。推进离校未就业毕业生服务攻坚行动，漳州市离校未就业毕业生15424人，实名制登记就业15310人，登记就业率99.26%，其中困难毕业生就业率达100%。

【援企稳岗促就业】 2022年，漳州市人社局推广“人策匹配机器人”，采用“免申即享”“直补快办”等经办模式，兑现稳就业政策补贴1.82亿元、惠及企业1.92万家、39.06万人；发放失业保险稳岗返还资金8615.34万元，惠及企业1.58万家；继续落实阶段性降低失业保险费率政策，为全市企业减轻负担约4.25亿元。

【公共就业服务】 2022年，漳州市人社局聚焦零工劳务就业服务，推动实体零工市场建设，全市建成15个零工市场（就业驿站），现场接待求职人员3600多人，初步达成就业意向1700余人。开发“零工劳务服务”线上系统，设置企业招聘、个人求职、打零工、招聘动态等功能模块，打造求职招聘“双赢”模式。聚焦漳州本地生活实际，打造独具特色的“就业夜市”，组织引导“9+5”产业、重点企业、商贸业企业以及有用工需求的单位进场招聘，确保招聘工作不断档、就业服务不停歇。

·人才智力·

【概况】 2022年，漳州市申报、认定省级高层次人才87人，市级高层次人才650人，引进工科类青年人才70人，支持引进研究生人才13人，引进来漳高校毕业生88人，引进教育卫生青年人才17人，引进台湾优秀毕业生2人。新增5家博士后创新实践基地。开展事业单位公开招聘24次、招考4476人。

【职业技能提升】 2022年，漳州市人社局组织职业技能培训7.75万人次，使用职业技能行动专账资金6678.91万元。谋划技师学院东山校区建设，加速“万人校”规划。推荐国家级技能大师工作室1家，获评省级技能大师工作室5家，发挥高技能领军人才在技艺传承、技能推广等方面的重要作用。在全省首创青少年职业技能启蒙教育基地，面向广大青少年开展技能启蒙教育活动。

【技能评价】 2022年度，漳州市新增取得职业技能等级证书18374人，其中新增高技能人才3848人（含技师及以上219人），比上年增长112%；完成9场28个项目的职业技能竞赛；落实补贴推进技能提升，发放鉴定补贴3210人，补贴金额54.78万元；开展多元化技能评价，专项职业能力考核取证12830人；直接采认台湾地区职业技能资格9人。

【专家服务】 2022年，漳州市人社局组织47名专家参加“2022年高层次人才国情省情市情研修班”，选送2名专家参加省级国情省情研修班、4名专家参加省级专家休假活动。首次将技能人才纳入访学进修范围，选送40名人才参加访学进修或培训。邀请23名专家开展服务基层活动。

【第三届福建省技工院校教师职业能力大赛举办】 2022年7月11—15日，第三届福建省技工院校教师职业能力大赛在漳州技师学院举办。来自全省9地市27所技工院校共159个作品参加第三届福建省技工院校教师职业能力大赛，经专家评审，95名选手入围决赛。选手们紧扣“德技并修育英才，工学结合铸匠心”大赛主题，运用多媒体课件、教学视频等现代化教学手段进行现场说课（展示）答辩。评审过程规范严谨，作品内容丰富、教学形式多样、技工教育特色突出，充分展示良好的精神风貌、综合素质和教学水平。经过激烈角逐，15名教师获得一等奖，33名教师获得二等奖，46名教师获得三等奖，50名教师获得优秀奖，10所院校单位获得优秀组织奖。

·人事管理·

【概况】 2022年，漳州市专业技术人才总量为19.23万人，其中高、中、初级专业技术人才分别为2.07万人、7.65万人、9.51万人。年内，漳州市人社局经过预审，推荐647名专业技术人员参加省厅各系列高级职称评审（其中正高级98人、副高级549人）。组织各级各类职称评审会议，800人通过评审取得高级职称（系省厅下放卫生和教育部分专业），1375人通过评审取得中级职称、305人通过评审取得初级职称。推进跨区域职称互认工作，办理军队转业和省外调入人员的职称11人，其中高级5人、中级5人、初级1人。

【工资福利】 2022年，漳州市人社局开展事业单位工作人员年度考核晋升薪档工资审批工作，共审批市直事业单位344个，约1.2万人，月人均增资87元。

【评比表彰】 2022年，漳州市人社局健全评比达标表彰管理制度，完善项目申报、审批和组织实施管理办法。推荐12个集体、18名个人申报13个国家级表彰项目，推荐49个集体、90名个人申报10个省级表彰项目。完成2个当年度市级表彰项目，表彰集体49个、个人100名。

·劳动关系·

【概况】 2022年，漳州市人社局推进实施集体合同制度，建立工资集体协商制度，已建工会的企业集体协商建制率动态保持在85%以上，职工百人以上的建会企业集体协商建制率保持在90%以上。年内，获省三方四部门评选认定和谐劳动关系乡镇3个、国家级模范和谐劳动关系企业1家、省级模范和谐劳动关系企业

17家，省级金牌劳动关系协调员6名。

【劳动关系“和谐同行”三年行动计划推进】 2022年，漳州市人社局“和谐同行”千户企业培育共同行动计划，培育完成103家企业；服务万户新企用工计划，完成1059户新企提供用工服务指导；重点企业用工指导计划，服务指导走访重点企业306家；金牌劳动关系协调员打造计划，培育48名劳动关系协调员；金牌协调劳动关系社会组织打造计划，协调劳动关系社会组织培育24个，申报1个金牌协调劳动关系社会组织；企业薪酬指引计划，对3家企业进行技能人才薪酬分配指导服务等。

【根治欠薪系列联合行动开展】

2022年8月起，漳州市劳动保障监察支队联合治欠办（根治拖欠农民工工资工作领导小组办公室）各成员单位，深入企业和建设项目开展排查和宣传活动、执法检查、调研督导，畅通绿色投诉渠道，受理化解欠薪问题。全市共排查企业和在建项目356家，涉及工人数4.22万人，协调处理欠薪152件，为1837名工人追发工资2115.88万元。自2022年12月起至 2023 年春节前，在全市范围内组织开展为期1个月的根治欠薪“雷霆清零”专项行动，全国线索平台、省劳动监测预警和智慧就业大数据平台存量欠薪问题全部清零。全市劳动保障监察机构对属地在建工程项目工资支付情况持续进行隐患排查，实行周调度表上报，实时跟踪化解。市治欠办联合行业主管部门，成立专案工作专班，采取约谈责任单位及部门负责领导，或赴县区实地调查了解的方式，商议化解方案。

【收入分配】 2022年，漳州市人社局有序推进国有企业负责人薪酬制度改革，稳步推进国有企业工资决定机制改革，制定技能人才薪酬分配指引专项工作方案，城镇居民人均可支配收入增长7.1%，非营利性服务业劳动工资总额增长16.8%。

（王丽萍 蔡亮琦）

责任编辑：江细珍

社会民生

·人口与家庭·

【概况】 2022年年度计生统计年报（2022年1月1日至2022年12月31日)显示，漳州市期末总人口523.98万人，比年初减少0.15万人。出生3.06万人。初婚1.4万人。15—49周岁育龄妇女118.68万人，比上年减少1.56万人，占总人口22.65%，其中已婚育妇86.39万人，占总人口16.49%。

（潘丹丹）

【婚姻登记】 2022年，漳州市共办理结婚登记20942对，办理离婚登记6672对。

（陈雪云）

·居民生活·

【概况】 2022年，漳州市居民人均可支配收入36506元，比上年增长7.9%。居民人均消费支出24558元，比上年增长7.3%。

【城镇居民收支】 2022年，漳州市城镇居民人均可支配收入46380元，比上年增长7.1%；人均消费支出30865元，比上年增长6.8%。

【农村居民收支】 2022年，漳州市农村居民人均可支配收入25789元，比上年增长9.4%；人均消费支出17714元，比上年增长7.9%。

（漳州市统计局）

·医疗保障·

【概况】 2022年，漳州市基本医疗保险参保479.36万人，其中职工医保参保82.76万人，城乡居民医保参保396.6万人；职工医保统筹基金收入24.56亿元，支出20.25亿元；城乡居民医保基金收入39.19亿元，支出37.41亿元；签订医保定点医疗机构384家、零售药店1082家、村卫生所1638家。

【基本医疗保险】 2022年7月1日起，漳州市职工医保（含生育保险）月缴费基数上限调整为19962元，下限调整为3992元，补缴基数按3992元/月执行，城镇灵活就业新增参保人员缴费基数为3992元/月。城乡居民医保参保个人缴费标准为330元/年，政府补助标准650元/年，2021年9月1日至2022年6月30日缴费的，参保人员按个人缴费标准缴费；2022年7月1日起缴费的，参保人员按个人缴费标准加上财政补助标准缴费。

【补充医疗保险】 2022年，漳州市城乡居民大病保险起付标准由14737元提高至15475元；全年赔付居民大病保险38256.22万元。职工医保大额医疗费用补助起付标准为目录内8.4万元调整为政策范围内统筹基金10万元，全年赔付职工医保大额医疗费用补助9951.43万元。

【医疗救助】 2022年，漳州市城乡医疗救助累计救助83.87万人次，救助金额1.87亿元，其中资助参保19.26万人次、6354.91万元，特殊门诊救助58.78万人次、2881万元，住院救助5.8万人次、9433万元，一次性定额救助334人次、71.5万元，重特大疾病救助16人次、2.55万元。

【药品和医疗服务价格管理】 2022年，漳州市纳入带量采购药品396个品种、高值耗材种类19个，全市医疗机构2022年度通过带量采购政策分别节省药品、高值耗材采购费用约4.61亿元、1.53亿元。调整规范检查费、手术费等201个医疗服务项目价格。

【医保支付方式改革】 2022年，漳州市采取分批推进的方式，在全市定点医疗机构中实行区域点数法总额预算和按病种分值付费（DIP）改革，建立DIP改革专家库305人、DIP病种目录库6750个病种（其中中医优势病种目录库11个病种），并出台相关配套政策。自10月1日起，首批99家纳入DIP改革医疗机构实行付费运行；12月，确定第二批81家开展DIP改革医疗机构。

【基金监管】 2022年，漳州市医疗保障局（简称漳州市医保局）推进打击医保基金欺诈骗保行动，共检查定点医药机构1375家次，暂停、解除医保协议66家次、64家次，暂停医疗机构服务人员医保结算61名，处理违法违规参保人11名，追回医保基金1亿余元。作出行政处罚28件，处罚款22.48万元，投诉举报件处理率、完结率100%，兑现举报奖励2人次，曝光典型案例1022件。年内，出台《行政处罚自由裁量基准》和《医疗保障基金损失计算公式指导意见》，建立部门联动、行刑衔接、举报奖励等机制。

【医保服务】 2022年，漳州市132个乡镇便民服务中心、2106个村全部设置配备医保窗口和医保协理员，下放镇、村医保服务事项清单10项，基本建立市县乡村四级医保经办服务体系。年内，漳州市医保局推行“全市通办”“综合柜员制”，18个医保服务事项实现经办窗口“无差别一窗通办”，19项医保便民服务事项入驻e政务便民服务终端，实现24小时“自助办”。推进医保关系转移接续、生育保险待遇核准支付等高频事项“跨省通办”，针对参加台湾健康保险的台胞推出台胞健保报销“一站式”代办服务，持续提升医保服务便捷度。扩大异地就医结算范围，新开通5种门诊慢特病费用跨省直接结算。推进医保电子凭证应用推广，全市激活医保电子凭证434万人，激活率达91%。

（胡志军）

·社会保障·

【概况】 2022年，漳州市企业职工基本养老保险参保人数116.54万人，参保企业离退休人员18.45万人，执行机关事业单位养老保险制度的在职参保人数10.44万人、离退休人数5.25万人，城乡居民养老保险参保人数225.33万人；工伤参保职工人数93.18万人；失业保险参保人数56.36万人。

【社保基金收支】 2022年，漳州市机关社保经办机构养老保险基金收入33.09亿元、支出33.29亿元，累计结余11.5亿元。全市基本养老保险费征收78.24亿元，比上年增长9.64%。截至年底，企业职工基本养老保险基金累计支出59.47亿元，比上年增长5.05%，基金累计结余13.44亿元。城乡居民养老保险基金收入18.51亿元，支出15.53亿元，累计结余37.28亿元；工伤保险基金收入4.99亿元，比上年增56.43%；工伤保险基金支出4.44亿元，比上年增长32.93%；基金累计结余1.01亿元；失业保险基金收入2.25亿元，支出2.58亿元，基金滚存结余6.12亿元。

【无感审批】 2022年，漳州市创新实施“住院伙食补助费申领”“职业年金记实”无感审批，市本级无感审批支付住院伙食补助费495笔、金额23.39万元，职业年金记实259件、金额1254万元。

【养老金调整】 2022年，漳州市机关事业单位退休人员基本养老金调整于2022年7月底前完成，惠及全市5.04万名机关事业单位退休（职）人员。年内，提高城乡居民基本养老保险基础养老金标准，每人每月提高10元，调整后的基础养老金省定最低标准为每人每月140元，3月底全部调整到位。截至年底，全市77.84万人待遇发放到位，共提高养老金9055.64万元。

【社保基金监管】 2022年，漳州市人社局推进“社会保险基金管理提升年”行动，专项整治人员整改率92.47%，社保基金追讨率85.65%；提升年行动人员整改率96.38%，社保基金追讨率88.69%。市本级利用原有的金保监管专网和新上线的福建省人社数据共享平台开展非现场监督5次，产生预警数据9297条，社保经办机构核实处理预警数据9297条，均通过停发待遇、追回待遇形式予以制止并挽回损失。

（王丽萍 蔡亮琦）

·社会福利·

【概况】 2022年，漳州市民政局发放困难残疾人生活补贴和重度残疾人护理补贴1.89亿元，惠及6.32万困难残疾人、7.20万重度残疾人。截至年底，全市各类养老床位3.8万张，平均每千名老年人拥有养老床位数37.5张。

【社会救助】 2022年，漳州市按照最低工资标准的45%实施提标，城乡低保标准达到10584元/年（芗城、龙文）和9780元/年（其他县区），分散供养特困人员平均供养标准为18432元/年，集中供养特困人员平均供养标准为30360元/年。全年共为9.95万名城乡低保对象发放低保金5亿元，为1.11万名特困人员发放特困供养金1.81亿元，全市有低保边缘家庭对象10486人，低收入人口保障率为2.30%，生活不能自理特困人员集中供养率达到80%。开展临时救助3.04万人次，支出救助金5649万元。

【医养融合发展】 2022年，漳州市共有医养结合型养老服务机构28家。11月，市民政局牵头会同市卫健委、市财政局制定印发《医养结合型养老服务机构市级试点单位评估奖补实施细则》，组建评估组对28家医养结合型养老服务机构市级试点单位进行评估，确定第一等次3个、第二等次5个、第三等次10个，分别奖补15万元、10万元和5万元每个。这一创新做法被福建省委改革办评为福建改革创新案例。

【养老服务工作】 2022年，漳州市新建长者食堂35所，改造提升10所农村区域性养老服务中心。

【农村留守儿童关爱保护】 2022年，漳州市配齐乡镇儿童督导员和村（居）儿童主任，建立90个农村留守儿童家园关爱保护示范点，1497名农村留守儿童、24157名困境儿童监护责任得到落实。发放孤儿和事实无人抚养儿童保障补助资金2696.19万元，惠及孤儿285人、事实无人抚养儿童1697名。

【未成年人保护】 2022年5月31日，漳州市未成年人救助保护中心挂牌成立；11个县（区）均成立未成年人救助保护中心，在全省率先实现县级未保中心全覆盖。截至年底，全市共有乡镇儿童督导员150名，村（居）儿童主任2064名。

【精神障碍患者救治工作】 2022年，漳州市福康医院全年门诊人数6.03万人次，接收110巡警及公安派出所送来肇事肇祸精神病患者238人次；新收治强制医疗精神病人6人，住院59人；新收治流浪乞讨精神病人12人，住院38人。

【流浪乞讨人员救助工作】 2022年，漳州市救助站共救助流浪乞讨人员、临时遇困人员816人次，其中站内救助151人次，站外救助665人次，护送返乡26人，落户安置5人。

【慈善管理】 2022年，漳州市民政局开展“慈善手拉手”专项行动，共实施扶贫、助学、助医、助老、扶幼等各类慈善项目189个，受益群众10.6万人次。持续推动慈善助老超市建设，截至年底，全市共有芗城区、长泰区、华安县3家慈善助老超市投入运营。

【公益性生命公园建设】 截至2022年年底，漳州市共建成村级公益性生命公园22个，均投入使用。

·社区工作·

【概况】 2022年，漳州市新增社区8个。截至年底，共有1556个村、524个社区。

【村规民约（居民公约）施行】 截至2022年年底，漳州市1556个村、524个社区均制定村规民约（居民公约）。其中，芗城区后寨村村规民约被福建省民政厅评为第二批优秀村规民约。

【社区治理新模式】 2022年10月，漳州市民政局与漳州市职业技术学院成立全省首个“政校”联盟的漳州市数字社区教育学院，该做法被新华社、《人民日报》《福建日报》等媒体报道，被福建省民政厅以“三联发”的形式在官网刊发。严格落实“村庄撤并”规定，出台《关于严格规范“撤村设居”程序的指导意见》，明确程序、方法和步骤，进一步规范“撤村设居”工作。

【常态化城乡社区协商工作机制建立】 2022年，漳州市民政局探索建立常态化社区民主协商工作机制，推动全市社区（村）设立民主议事厅2080个。漳浦县大埔村、东山县石埔村村级议事协商创新实验试点方案入选民政部试点方案汇编。

·社会组织管理·

【概况】 2022年，漳州市共增注册登记社会组织8家，注（撤）销社会组织2家。截至年底，全市共有社会组织3742家，其中社团1600家（市本级445家）、社会服务组织2108家（市本级148家）、慈善组织34家（市本级14家）。全市共有1352家社会组织提交年报（年检）。

【社会组织监管】 2022年，漳州市民政局加强与市直各业务主管单位沟通衔接，将行业协会商会涉企收费纳入年度重点治理内容持续推进。持续开展打击非法社会组织工作，每年通过社会组织年报年检、双随机抽查、专项审计抽查及社会组织评估等相关活动，加强对社区社会组织的监管。

【社工站建设和志愿服务】 2022年，漳州市122个乡镇（街道）社会工作服务站规范化建设覆盖率和合格率均达到100%。截至年底，全市共有志愿者83.61万名，全国志愿服务信息系统登记人数人口占比达到16.5%。

·老区建设·

【概况】 2022年，漳州市民政局组织培训新任老区村主任120名；下达省级老区发展专项资金280万元，修缮布展非文物革命遗址12个；下达市级革命老区发展专项资金400万元，完成市老区发展项目23个。

【革命“五老”人员关爱】 2022年，漳州市民政局走访慰问革命“五老”人员及遗偶676人，发放慰问金25万元，被子、床套110套，成人纸尿裤110箱。

【“阳光1+1”牵手行动】 2022年，漳州市签约131对“阳光1+1”（社会组织与老区村）牵手行动帮扶对象，助力老区村振兴发展。

（陈雪云）

·老龄工作·

【概况】 截至2022年年底，漳州市户籍老年人口101.47万人，65岁以上老年人73.17万人，占全市总人口的比例分别为19.24%、13.88%。户籍百岁老人879人。老年人口超10万人的有芗城区、龙海区、漳浦县、诏安县、平和县。

【老龄保障】 2022年，漳州市继续推进漳州银龄保险专项承保工作。截至年底，全市累计承保81225人，保费172.39万元，其中承保80岁以上44316人，70岁以上25549人，60岁以上11360人，提供保障6.23亿元。

【老龄医养】 2022年，漳州市共有26个试点单位开展医养结合工作试点，163家医疗机构被认定为老年友善医疗机构，长泰区武安镇锦溪社区、长泰区武安镇文昌社区、龙文区蓝田街道福隆社区、诏安县金星乡古关社区、龙海区港尾镇卓岐村等5个社区被国家卫健委老龄办授予“全国示范性老年友好社区”称号。

【2022年福建省老年健康宣传周活动在东山县启动】 2022年7月26日，由福建省卫健委主办，漳州市卫健委协办，东山县卫健局承办的2022年福建省老年健康宣传周活动在漳州市东山县启动。7月25—31日为全国老年健康宣传周，各县（区）主要围绕“改善老年营养，促进老年健康”主题，组织线上和线下等多种形式的宣传活动，向老年人宣讲营养膳食、运动健身、心理健康、疾病预防和中医养生保健等科学知识，宣讲老年人健康管理、老年健康与医养结合、高血压患者健康管理等相关政策以及参照《中国居民膳食指南（2022）》中的“一般老年人膳食指南”和“高龄老年人膳食指南”等内容，广泛宣传老年营养健康知识，引导老年人养成营养健康的生活方式。

（陈雪云）

·民族事务·

【概况】 2022年，漳州市下达中央、省、市三级少数民族专项资金2339万元，比上年增长5.6%，其中突出重点、侧重扶持3个民族乡的资金超过1600万元。漳浦县赤岭乡列入全省首批“铸牢中华民族共同体意识”乡村振兴示范乡，建成赤岭乡文化创新数字云平台。36个市直机关扶持民族村发展经济社会事业，帮扶资金约537万元。

【民族交往交流交融】 2022年，漳州市民族与宗教局（简称漳州市民宗局）举办民族乡村、重点社区党支部书记铸牢中华民族共同体意识主题培训班；联合市委统战部、市委教育工委、团市委举办2022年度“福籽同心爱中华”漳州青少年学生主题演讲大赛，评出一等奖1名、二等奖3名、三等奖7名，优秀指导老师若干名；组织少数民族文物参加福建民族界喜迎中共二十大主题展。龙文区、华安县先后举办两场畲族医药非遗项目“四进”活动。龙文区蓝昱学校增设铸牢中华民族共同体意识读书社。漳州一中被评为全市首个全国民族团结进步示范单位。全市5个区（单位）获命名为第二批全省民族团结进步重点区重点单位。

【“民族特色村寨+”融合发展】 2022年5月，福建农信“民族同心卡”在华安县首发，创新打造专项用于支持少数民族及特色产业发展的金融产品。9月，推进民族工作高质量发展合作签约仪式在华安县举行，市、县（区）民宗局分别与省农信联社漳州办事处等5家行社签约，为民族乡村发展授信19亿元，并结合推出“乡旅货”“福村贷”等金融产品、提供信贷支持、派驻专职金融助理等方式，推进少数民族特色村寨建设步伐。

【福建省第十五个民族团结进步宣传月主题启动仪式举行】 2022年9月21日，由福建省委宣传部、省委统战部、省民族宗教厅共同主办的福建省第十五个民族团结进步宣传月主题活动在漳州市华安县举办。活动配套举办“福籽同心爱中华”福建青少年学生主题演讲大赛启动仪式及福建省民族团结进步创建互观互检活动。宣传月期间，市、县民宗局举办全省“民族团结知识云端竞答”有奖竞答活动、民族特色产品展销活动等，展示民族乡村发展及民族团结进步创建成果。

·宗教事务·

【概况】 2022年，漳州市主要有佛教、道教、天主教、基督教四大宗教。全市性爱国宗教团体5个，县（区）宗教团体30个，依法登记管理的宗教活动场所492处（其中佛教232处，道教78处，天主教 29处，基督教153处），经各级爱国宗教团体认定并经政府宗教工作部门备案的宗教教职人员880人，信教人员约44.2万人。全市纳入普查范围的民间信仰活动场所3989处（不含建筑面积10平方米以下场所），其中48座民间信仰活动场所纳入省级联系点、118座纳入市级联系点、628座纳入县级联系点，35座被省民宗厅纳入备案登记管理、52座纳入市级备案登记、52座纳入县级备案登记；民间信仰信众100余万人。

【宗教事务管理】 2022年，漳州市民宗局编发《2022年宗教工作学习宣传手册》，举办全市县乡两级宗教工作干部培训班，全年全市宗教系统组织各类学习培训活动或培训班次16个，受训人员800余人。指导督促宗教团体、宗教活动场所办理互联网宗教信息服务许可证30个，关停9个擅自发布宗教信息的互联网组织。依法依规审核审批设立2处宗教活动场所。规范建设13处文明进步和谐生态（美丽）寺观教堂。

【漳台民间宗教交流】 2022年，漳台共有近百家宗教及民间信仰活动场所2000多人参与线上交流。年内，漳州市民宗局围绕“蓝氏三杰”对台湾历史突出贡献，制作“命运与共”专题片，被全省“三月三”节庆活动采用并在海峡卫视等媒体播出。支持高山族表演队编导创作舞蹈精品，先后参演全省“第十四届海峡论坛・两岸民族团结进步共促会”现场表演交流活动和“用闽南文化点亮千年漳州古城”行动计划暨“福”文化圩日启动仪式。支持指导漳州白礁慈济祖宫与台湾台南学甲慈济宫进行视频连线，同步开展“2022年海峡两岸（白礁）保生大帝云谒祖数字文化交流活动”。举办第十四届海峡论坛・第三十一届海峡两岸（福建东山）关帝文化旅游节活动。

（李燕华　洪婉琳）

责任编辑：林　倩

县区概况

·芗城区·

【概况】　芗城区位于漳州市西北部。2022年辖2个镇、8个街道、1个开发区。辖区面积264.59平方千米。年末户籍人口49.93万人，常住人口64.26万人，户籍人口自然增长率5.01‰，常住人口自然增长率-2.29‰。

【国民经济发展】　2022年，芗城区地区生产总值868.84亿元，比上年增长8.0%，其中，第一产业增加值11.95亿元，比上年增长6.3%；第二产业增加值380.32亿元，比上年增长9.3%；工业增加值264.71亿元，比上年增长9.3%；第三产业增加值476.57亿元，比上年增长7.1%。农林牧渔业总产值22.06亿元，比上年增长6.9%。规模以上工业总产值974.03亿元，比上年增长13.2%。固定资产投资307.64亿元，比上年增长15.1%。社会消费品零售总额331.62亿元，比上年增长5.9%。外贸进出口总额完成110.45亿元，比上年增长2%；实际利用外资完成1306万美元。一般公共预算总收入33.29亿元，比上年同口径增长6.1%，其中地方一般公共预算收入20.20亿元，比上年同口径增长11.9%。

【重点项目】　2022年，芗城区新签约项目127个、总投资249.2亿元，其中10亿元以上项目9个，盈科智谷产业园、漳州智能制造产业园、万福产业园等项目相继签约落户。全年获批土地成片开发220余公顷，完成土地农转用报批260余公顷，出让、划拨土地400余公顷，处置批而未供土地66.67公顷，清理盘活闲置土地、低效用地86.67公顷，完成建筑物征迁面积40万平方米。金投集团参股设立漳州数字经济产业基金、漳州科技孵化基金，基金规模合计5.2亿元。谋划专项债项目13个，获批资金14.68亿元。市级以上重点项目完成投资258亿元。三宝新材料、语堂数字经济等项目开工，盈趣智能制造基地、傲农水产等一批产业项目竣工投产。推进工程建设项目审批制度改革，压缩审批时限80%，联动18个省、49个县实现政务服务“跨省通办”。新增减税降费9.55亿元，兑现各类惠企资金2.22亿元，建设安商房面积32.5万平方米。

【产业发展】　2022年，芗城区新增规模工业企业29家，食品加工、冶金新材料、高端装备制造、电子信息四大主导产业完成产值793亿元，比上年增长13.06%。三宝集团三次蝉联“中国民营企业500强”荣誉称号。推进金峰工业园区标准化建设，实施41个基础配套项目，完成投资50亿元，改造提升漳华路、天宝高速引线等一批道路，新改建工业厂房68.5万平方米。工业技改投资比上年增长25.9%，新培育国家级高新技术企业68家、省“专精特新”中小企业3家。完成建筑业产值123.4亿元，比上年增长19.02%，新增资质建筑企业24家。新增新上限上商贸企业111家、规模以上服务业企业37家。创建市级家庭农场示范场3家、农民合作示范社1家，培育市级农业龙头企业9家。新增“三品一标”产品5个，新建高标准农田53.33公顷。

【城乡建设】 2022年，芗城区加快百里弦歌片区、漳州古城历史文化街区更新步伐，接续完成104个老旧小区、236个背街小巷点位改造修复。新改建钟法路、胜利西路等15条市政道路，施划智慧停车位5000余个，新增口袋公园23个。九龙公园地下停车场、龙文塔遗址公园建成投用，西湖生态园景观核心区具备开园条件。巩固提升芝山街道生活垃圾分类省级示范片区创建成果，新建生态垃圾屋（亭）72座，天宝镇试点推进全域垃圾分类，获评全省村庄清洁行动成效突出区，通过中央文明办复查验收。完成24个村庄规划编制，改造提升天宝、浦南乡村振兴精品示范线路，白南线、泰浦路完成改造通车，石鼓山亲子乐园、墨溪智慧农业等项目有序推进，浦南10千米芗野漫道初具规模。持续稳固脱贫基础，脱贫村村集体收入均超过20万元。

【社会民生】 2022年，芗城区推进32项为民办实事项目，8所中小学和幼儿园竣工投用，新增学位6825个。核减校外培训机构92家，核减率78%。推动21所城乡中学、幼儿园成立3个办学（园）集团。改扩建7所基层医疗卫生机构。建设“5G+智慧急救平台”，推动公立医院检查检验结果互认，形成省、市、区三级医疗机构高效协同救治体系。改造提升文化馆、许地山纪念馆等一批文化活动场所，区档案馆新馆建成投用。新建3所长者食堂，通北、西桥街道养老服务照料中心投入社会化运营。发放各类稳就业补贴2736万元，城镇新增就业1.01万人，落实各类救助保障资金5492.12万元。11个商品房项目4318套房产历史遗留办证难题实现清零，西湖、团结北庙片区6700套安置房交付使用，铁塘、金安片区2750套安置房基本建成，2569户公租房轮候对象全部实现销号。推进未成年人保护工作，在全市率先创建全国未成年人保护示范区。

【生态文明建设】 2022年，芗城区国省控断面和饮用水源地水质全部达标，空气综合指数比上年下降8.4%。开展入河排水口污染源溯源排查，完成666个入河口登记造册，西区污水处理厂三期项目开工建设，30个涉气企业改造治理项目完工，金峰电镀厂、龙溪轴承厂污染地完成修复治理。

【芗城区第31届基层灯谜会猜活动在漳州古城举办】 2022年2月14日，芗城区第31届基层灯谜会猜活动在漳州古城举办。会猜活动共设38个会猜展位，悬挂谜条6000多条。活动主会场设在古城文庙泮池南侧广场，有主展台和文化题材展猜区、经济题材展猜区和民生题材展猜区。增设古城西入口广场和漳州灯谜艺术博物馆两个分会场，有乡村振兴题材展猜区和党史专题展猜区。

【芗城区百里弦歌改造提升项目启动】 2022年8月15日，芗城区启动百里弦歌改造提升项目。百里弦歌片区改造提升项目位于闽南师范大学北侧、县前直街西侧、瑞京路南侧，总长度约 478米，所处位置属于老城区，为南北走向的城市巷道，居住密度高，两侧以民居、店面为主，项目计划总投资为1780万元。改造内容包含历史文化节点景观提升改造、建筑立面及背街小巷整治提升。

【漳州市芝山大桥建成试通车】

2022年1月29日，漳州市芝山大桥建成试通车。芝山大桥起点位于南江滨路，终点位于瑞

2022年1月29日，漳州市芝山大桥建成试通车。图为芝山大桥夜景　　（郑文典 摄）

京路——芝山南路交叉口，路线全长1281.211米，设计速度40千米/时，为沥青混凝土路面。芝山大桥长981.6米，主塔高69.5米。大桥主桥采用“时空之门”双塔双索面斜拉桥，两个塔柱空间呈现反对称曲线，桥塔横桥向采用水滴形钢索塔，上塔柱采用空间曲线线型，造型独特。芝山大桥是连接漳州中心城区与南山文化生态园的一条重要通道，可有效提高老城区出城的通车效率，减轻城市交通压力，方便市民日常出行。

（蔡昕妤　许舒琪）

·龙文区·

【概况】　龙文区位于漳州市中部。2022年辖5个街道、1个镇、1个省级开发区。辖区面积126平方千米。年末，户籍人口20.2万人，常住人口30.67万人。人口自然增长率0.64‰。

【国民经济发展】　2022年，龙文区实现地区生产总值439.15亿元，比上年增长7.0%。其中：第一产业增加值5.42亿元，比上年增长6.2%；第二产业增加值167.99亿元，比上年增长8.7%；工业增加值114.62亿元，比上年增长9.2%；第三产业增加值265.74亿元，比上年增长6.0%。人均地区生产总值14.33万元，比上年增长16.5%。规模以上工业总产值410.63亿元，比上年增长11.6%。农林牧渔业总产值9.27亿元，比上年增长6.8%。固定资产投资总额261.02亿元，比上年增长10.5%。社会消费品零售总额252.50亿元，比上年增长7.3%。外贸出口额60.97亿元，比上年增长38.43%。实际利用外资1861.6万美元，比上年增长193.67%。一般公共预算总收入21.82亿元，比上年同口径增长7.1%，其中，地方一般公共预算收入16.08亿元，比上年同口径增长18.0%。城镇居民人均可支配收入53051元，比上年增长6.5%；农村居民人均可支配收入27732元，比上年增长9.9%。

【重点项目】　2022年，龙文区新开工项目95个，总投资212亿元；竣工项目75个、总投资388亿元；4个省级续建、51个市级在建重点项目均超序时进度完成。科技产业园等13个项目获得地方政府专项债14.05亿元，智慧科技园基础设施项目获国开行投放基金3.8亿元，“幸福河湖”项目获水利部、财政部补助资金近亿元。深化“产业链+新平台+零土地”招商，通过“异地孵化”“飞地经济”等模式拓展市场和发展空间。截至年底，孵化园入驻电商及其配套企业97家。设置粤港澳大湾区招商联络处，成立招商小分队，拓展“行业+属地+群团”的联动招商模式。全年新签约产业项目90个，总投资203.25亿元。

【城乡建设】 2022年，龙文区推进北溪“一江两岸”、龙江新城等城市设计及云洞岩风景名胜区等规划提升，推动324国道改线、云洞岩步道、海绵城市等项目落地开工。实施城乡品质提升项目112个，中心城区提升项目178个。完成5条道路、28条背街小巷，7条农村公路改造提升。建成投用“口袋公园”21个，新建改造绿地4.53公顷，新增公共停车位3607个。实施乡村振兴“串点连线成片”村庄建设6个，完成村庄生活污水治理设施建设及验收7个，整治既有裸房239栋，创建“绿盈乡村”6个，村庄清洁行动典型案例被省农业农村厅印发推广。推进口社田园综合体、汐浦生态养殖基地、篁卿康养体验园等7个乡村振兴项目。郭坑镇“五和联创”（和善村民、和睦邻里、和熙村落、和谐社会、和畅乡风）乡村治理积分制在全市推广。朝阳街道桥头村、郭坑镇口社村获评2022年度省级乡村治理示范村。《福建龙文：优化公共服务 擦亮乡村幸福底色》短视频入选农业农村部“农村公共服务十年建设成果小视频”优秀作品展。

【社会民生】 2022年，龙文区实施为民办实事项目34个，民生支出占一般公共预算支出的80%以上。建成投用学校（含幼儿园）4所，新增学位3330个，公办幼儿园占比53.02%，普惠性学前教育覆盖率85.96%；统筹用活教师编制，增加教师编制500个；区教师进修学校通过省级标准化教师进修学校评估验收。全区每万人口拥有全科医生数6.8人，千人均床位数4.13张；新设立碧湖、蓝田街道社区卫生服务中心，改造公办卫生所（站）3个，新申报省级卫生村（社区）46个，在全市率先实现基层中医馆全覆盖。新建成投用长者食堂8个、养老服务照料中心1个、社区居家养老服务站2个；完成部分社区及609户困难老年人家庭“适老化”改造；蓝田街道福隆社区被国家卫生健康委、全国老龄办命名为“2022年全国示范性老年友好型社区”。全区城镇新增就业人数8198人，在全省率先创建“零工劳务服务中心”“社区零工服务驿站”，“‘线上线下’齐发力做优做实用工服务新模式”被省发展和改革委评为2022年第一批优化营商环境工作典型经验做法。低保和特困供养审核确认权限下放各镇（街），居民最低生活保障和特困人员救助供养标准全市最高。

【生态文明建设】 2022年，龙文区制定实施《龙文区国家生态文明建设示范区规划（2021—2025）》，深化“水气土”三大重点领域系统治理，落实“三线一单”（生态保护红线、环境质量底线、资源利用上线和生态环境准入清单）硬约束，年度空气质量得到提高。“天地网”下发图斑全部完成核查，累计整改违法占用耕地165个，8宗新增乱占耕地建房全部拆除复耕。推进山水林田湖草沙一体化保护和修复项目，完成省生态环保督察交办信访件整改18件。北溪、西溪流域断面水质均达到Ⅲ类水质考核目标，集中式饮用水源地水质达标率100%。创建首批省级生活垃圾分类示范区，碧湖街道“‘五建五抓’助推垃圾分类实践出彩”被国家机关事务管理局评为2021—2022年度公共机构能源资源节约示范案例。

【漳州跨境电商（数字贸易）孵化园开园】 2022年1月11日，漳州跨境电商（数字贸易）孵化园开园运营。该项目位于辖区蓝田经济开发区，占地1.6公顷，主体楼建筑面积8000平方米，总投资5000万元，是中国（漳州）跨境电子商务综合试验区“两平台”（线上公共服务平台、线下产业园）重点建设内容之一，集漳州龙工场跨境电商产业园、跨境电商进出口保税和本地出口商品展示、跨境电商、国内电商、直播、社区电商等业态及综合配套服务于一体。截至年底，孵化园入驻企业97家。

【九十九湾连通水系入选全国首批“幸福河湖”试点】 2022年4月，九十九湾连通水系入选全国首批“幸福河湖”试点。九十九湾连通水系横贯九龙江西溪、北溪，北起北溪石井村内林头，南至湘桥、东墩与西溪相接，全长17.3千米。7月19日，省水利厅批复通过《漳州市九十九湾连通水系幸福河湖建设实施方案》。项目建设以九十九湾为核心，实施施工项目23个，项目总投资2.02亿元。

（林建金　陈华俐　杨伟弨）

·龙海区·

【概况】 龙海区位于漳州市东部。2022年辖9个镇、2个乡、2个场。辖区面积979平方千米。年末户籍人口59万人，常住人口53万人。人口自然增长率2.8‰。

【国民经济发展】 2022年，龙海区生产总值706.58亿元，比上年增长7.2%。其中，第一产业增加值58.72亿元，比上年增长2.5%；第二产业增加值420.82亿元，比上年增长9.0%；工业增加值269.29亿元，比上年增长6.6%；第三产业增加值227.04亿元，增长5.4%。规模以上工业总产值879.20亿元，比上年增长9.7%。农林牧渔业总产值111.80亿元，比上年增长3.0%。固定资产投资184.60亿元，比上年增长16.2%。社会消费品零售总额184.31亿元，比上年增长6.6%。实际利用外资262万美元。一般公共预算总收入23.62亿元，比上年同口径增长6.2%；其中地方一般公共预算收入19.84亿元，比上年同口径增长33.9%。规模以上工业增加值比上年增长9.4%。年内，入选全国综合实力百强区。

2022年4月，九十九湾连通水系被列入全国首批“幸福河湖”建设试点名单。图为九十九湾连通水系闽南水乡段俯瞰图

（龙文区　供图）

【重点项目】 2022年，龙海区部署实施“百个项目、百亿投资、百日攻坚”三百行动，92个项目（含省市重点项目），总投资565.75亿元，完成投资额220.9亿元，其中，34个本级项目完成投资33.93亿元；58个漳州市级以上重点项目完成投资186.97亿元。12个省级重点项目完成投资66.71亿元。新增入库项目211个，完成投资额266.47亿元。对接国家部委和省直相关部门，累计向上争取资金6.73亿元，新增专项债资金11.02亿元。

【招商引资】 2022年，龙海区组织前往北京、上海、深圳、南京等重点区域驻点招商，举办专场招商推介活动5场，签约项目109个，总投资123.45亿元，惠台芯科技产业园、智能制造信息产业园等一批项目落户龙海，远荣智能产业园、爱逸食品智慧产业园等项目实现当年签约、当年开工。

【城乡建设】 2022年，龙海区实施城市建设品质提升项目97个、完成投资34.9亿元，“四馆一中心”整体落成，城市污水处理厂站二期扩建项目通水运行，铺设供水、供气和雨污管网53.5千米，新增城市口袋公园5个、公共停车位450个，启动老旧小区改造23个。实施交通重点项目13个，完成投资19.33亿元，芦州大道二期等6条道路通车，锦江大道三期C、D段年底竣工，省道219快速化改造提升、省道208复线与漳州市区连接线工程加快建设。落实耕地占补平衡制度，清理乱占耕地建房及各类违法图斑4411宗156.27公顷，完成补充耕地任务36.13公顷，建设高标准农田446公顷。

【社会民生】 2022年，龙海区民生支出占一般公共预算支出80%以上，28个为民办实事项目完成投资5.13亿元。全区城镇新增就业人数9588人。成立奖教助学促进会，筹集资金1120万元，发放奖教助学金138万元，新增省特级教师1人、市级优秀教师83人。十二年一贯制的龙海一中南太武学校正式启用，区直机关幼儿园等15个教育项目竣工投用，新增学位7230个。实施文旅体项目4个，完成投资1.94亿元。组织实施农村公益电影“2131”放映工程，放映农村公益电影1880场，观影4.26万人次。闽南红砖瓦制作技艺、闽南土笋冻制作技艺（龙海）、中医诊疗法（李氏铜南人内科诊疗法）被列为省第七批非物质文化遗产代表性项目名录。榜山卫生院通过省级社区医院建设验收，紫泥卫生院被列为“省精品中医馆”项目。全年举办11场全民健身活动，共计2000多人次参加。少体校培养的龙海籍女排运动员欧阳茜茜入选国家队集训队人员大名单。在省第17届运动会群众比赛漳州选拔赛上，肖小艺、阮宝玲荣获（56—65岁）组男女单打冠军。龙海代表队8人获得2022年厦门市全民健身运动会“康乐佳”杯气排球比赛女子青年组第一名。

【生态文明建设】 2022年，龙海区推进国家生态文明示范区创建活动，总投资5.7亿元的山水林田湖草沙项目全面开工，完成水土流失综合治理1146.67公顷，河道清淤清障302千米，全面清退海上超规划养殖，如期完成互花米草除治任务，县级集中式饮用水水源、九龙江河口、南溪浮

2022年10月1日，龙海后港古街开街试营业。图为后港古街夜景（胡智勤 摄）

宫桥国控断面水质全面达标。九龙江西溪获得国家级“最美家乡河”称号，“龙江颂”入选国家红色基因水利风景区名录、获评省级“河湖文化遗产”。第一、二轮中央生态环保督察交办的237件信访件，完成整改并销号。农村生活污水收集处理PPP（政府和社会资本合作）项目加快推进，南溪流域沿线乡镇设置沉淀池476口、面积120.17公顷。

【“12·8”企业家活动日启动】

2022年12月8日，龙海区举行企业高质量发展行动暨“12·8”企业家活动日启动仪式。仪式现场宣读龙海区企业家倡议书，颁布龙海区企业功勋奖、企业荣誉奖、企业贡献奖和龙海区“亩产论英雄”标杆企业奖牌。

【龙海后港古街试营业】

2022年10月1日，龙海后港古街开街试营业，在各大社交平台曝光量超500万次，国庆期间接待游客超过10万人次，接待报名入驻的商户300家、意向商户100家。

（郭帝廷）

·长泰区·

【概况】 长泰区位于漳州市东北部。2022年辖4个镇、1个乡。辖区面积912.67平方千米。年末户籍人口21.13万人，常住人口23.13万人。人口自然增长率-1.03‰。

【国民经济发展】 2022年，长泰区生产总值412.3亿元，比上年增长7.1%。其中：第一产业增加值22亿元，比上年增长4.4%；第二产业增加值285亿元，比上年增长8.4%；工业增加值230亿元，比上年增长7.9%；第三产业增加值105.1亿元，比上年增长4.4%。人均地区生产总值17.89万元，比上年增长8.8%。规模以上工业总产值753.1亿元，比上年增长10.8%。农林牧渔业总产值43.5亿元，比上年增长5.0%。固定资产投资171.7亿元，比上年增长10.3%。社会消费品零售总额105.3亿元，比上年增长6.1%。实际利用外资859万美元。一般公共预算总收入23.5亿元，比上年同口径增长13.5%；其中地方一般公共预算收入16.5亿元，比上年同口径增长27.6%。

【重点项目】 2022年，长泰区生成项目207个，总投资440亿元。155个区级重点项目完成投资164亿元；固投项目入库215个、总投资202亿元。推进特高压、松霖建材等投资10亿元以上项目开工建设，完成联十一线二期A段征迁。新签约项目120个、总投资180亿元，金嘉华等5个投资10亿元以上项目落户，中童家居等95个项目实现当年签约、当年开工。推行三大主导产业（电子信息、智能制造、新材料）“链长制”，实现产值660亿元、创税10.04亿元，分别占规模工业的87.65%和90.94 %，“链长招商”经验成为全市典型。立达信集团运营总部、1300名高端人才迁入长泰，34个工业项目新开工，工业投资完成78亿元，比上年增长20%。国家高新技术企业新增23家，总数突破90家。宏发电声入选省数字经济核心产业领域“独角兽”企业，3家企业被认定为“瞪羚”企业（指创业后跨过死亡谷以科技创新或商业模式创新为支撑进入高成长期的中小企业）。改革区属国企，三大国企优化整合资源，资产规模从年初的28亿元扩张到89亿元，其中，开泰公司获评主体信用2A等级。

【产业发展】 2022年，长泰区新增新上规模工业企业43家。全年新增限上贸易、规上服务业企业77家。建成高标准农田1213.33公顷，粮食种植面积6066.67公顷、产量3.94万吨。引进推广种业创新品种27个，新增“三品一标”认证5个。

【城乡建设】 2022年，长泰区城镇开发净增建设用地722.95公顷。溪东片区路网、鹤亭中路延

2022 年 8 月，漳州市长泰区第五实验幼儿园竣工启用

（长泰区政府办 供图）

伸等6个项目建成。长泰（泰坤工业园）至厦门天竺山地铁站公交开通运营，成为全市首条跨市域公交线路。区医院立体停车楼竣工，新增停车位310个。疏通城区33条主次干道污水管网，锦溪明沟投入使用。完成龙津园、文昌阁功能改造提升工程。获评省城乡建设品质提升综合绩效优异区。打造文体中心、“一江两岸”夜景、圆池音乐灯光喷泉等景观工程。龙鑫花园、陶然园等老旧小区完成改造，新型城镇化建设经验成为全省典型。成立新农人协会，村企结对共建撬动社会资本7.87亿元，收入百万元村新增3个。42个村庄规划提前实现应编尽编，“绿盈乡村”创建实现全覆盖，农村公路新建改造57.68千米。“两违铁三角”机制全面推广，拆违243宗50.7万平方米。裸房整治3122栋。

【社会民生】 2022年，长泰区民生支出21.6亿元，占一般公共预算支出的80.1%。新增城镇就业5693人，城乡居民医保补助标准比上年提高4.6%，最低生活保障标准比上年提高23.7%。城区中学推行集团化办学，长泰一中加挂市第二外国语学校，长泰区第四实验小学、第五实验幼儿园等教育项目建成投用，新增学位2250个，筹集教育基金1820万元。创建全国健康区、国家食品安全示范城市。建设社会福利中心，文昌、锦溪社区获评全国示范性老年友好型社区。创建市域社会治理试点，被评为省级平安建设示范区。农村矛盾纠纷多元化解的“甘寨模式”获省领导肯定，省级双拥模范城实现“八连冠”。新媒体点击浏览量超10万次的融媒作品93件，区融媒体中心入选2022年度全省县级融媒体中心30强。创办“文昌讲坛”理论宣讲平台，龙人古琴入选全省12个对外文化交流基地。《湖珠村志》编纂出版，为全市首部村志。设立“云采购·泰有货”消费奖补资金100万元，旺亭美食购物街等夜间经济街区逐步做旺，“一江两岸”文化夜市开市。气排球比赛包揽省全运会男中、青、老年组冠军。

【生态文明建设】 2022年，长泰区整治养殖业污染，关闭生猪反弹户440家、1.59万头，整治水禽污染217家、60.12万羽。银塘污水处理厂投入运行，50处农村生活污水处理设施新建投用。空气质量优良率、国控洛滨断面水质达标率均为100%。植树造林1126.67公顷，森林抚育1593.33公顷，枋洋镇获评省森林城镇。吴田山废弃矿山综合治理工程开工建设。新增光伏发电项目32个，并网容量突破9万千瓦时。规模工业能耗下降18.1%。

【长泰区首届春节联欢晚会举行】 2022年1月28日，以“爱长泰、美长泰、兴长泰”为主题的长泰区首届春节联欢晚会在长泰区文体中心举行，晚会分为“爱长泰·好所在、美长泰·新时代、兴长泰·向未来”三大篇章，展示长泰“撤县改区”以来的发展成果和全区人民干事创业的精气神。晚会全程采用全球网络直播形式，通过“中国网”APP、新华社现场云、央视移动网、爱奇艺、Facebook、YouTube等10多个平台进行网络直播，海内外长泰乡亲通过网络连线向全区人民拜年，并在线观看晚会盛况。网络直播总点击浏览量突破1亿人次。

【长泰区第二届全域旅游发展大会召开】 2022年4月29日，长泰区第二届全域旅游发展大会在林墩半月山温泉小镇召开。大会现场发布《长泰区加快文化和旅游发展十二条措施》，设立每年850万元专项资金。大会现场网络直播总点击量累计5947.9万人次。长泰区20个文旅康养项目集中开竣工。“花果飘香·喜庆丰收”旅游线路获评全国乡村旅游精品线路，旅游区入选省全域生态旅游小镇、省森林康养小镇，天柱山、文庙获评AAA级旅游景区。

（李 文）

·漳浦县·

【概况】 漳浦县位于漳州市东南部。2022年辖17个镇、4个乡。辖区面积2149.2平方千米。年末户籍人口94.84万人，常住人口85.1万人。人口自然增长率2.31‰。

【国民经济发展】 2022年，漳浦县生产总值（不含古雷开发区，下同）500.14亿元，比上年增长7.1%。其中，第一产业增加值79.89亿元，比上年增长4.3%；第二产业增加值177.69亿元，比上年增长10.9%；工业增加值140.09亿元，比上年增长10.1%；第三产业增加值242.56亿元，比上年增长5.4%。规模以上工业总产值477.43亿元，比上年增长14.2%。农林牧渔业总产值148.68亿元，比上年增长4.9%。固定资产投资166.5亿元，比上年增长16.3%。社会消费品零售总额209.45亿元，比上年增长5.9%。外贸出口额68.51万元，比上年增长12%。实际利用外资5034万美元。一般公共预算总收入28.01亿元，比上年同口径增长13.5%。其中地方一般公共预算收入20.76亿元，比上年同口径增长27.7%。

【重点项目】 2022年，漳浦县110个重点项目完成投资208.2亿元。华煜城汽配、国嘉防火门等29个总投资279.38亿元的市级以上重点项目开工建设。天福医院、万辰金针菇等13个总投资42.07亿元的市级以上重点项目竣工投用。赤湖工业园热电联产项目参加第一季度全省重大项目视频连线集中开工。明阳、巨信等重大项目加快建设，联盛一期项目基本建成。策划生成项目350个、总投资510.8亿元，新策划项目转化率达98.3%。全年完成新增入库项目308个，总投资额333.4亿元。

【城乡建设】 2022年，漳浦县累计投入23.07亿元，实施城建项目30个。新改扩建金浦大道、得仙路等配套工程，完成绥东溪污水主干管改造工程，建成智慧体育公园，花漾街区、人行天桥投入使用。推进县城区智慧停车场建设，新增停车位200个。新增1个“一村一品”国家级示范村、3个省级“一村一品”专业村，30家产业化重点龙头企业，形成食用菌、果蔬、茶叶、花卉苗木等4个产值30亿元以上的农业全产业链，六鳌镇入选国家级农业产业强镇创建名单。

【社会民生】 2022年，漳浦县实施总投资8.12亿元7个大领域15个为民办实事项目。全年完成投资3.86亿元。创设县级奖教基金，筹集资金近5000万元，加快漳浦二中教学楼等11个教育项目建设，漳浦一中高考本科上线率98.02%。加快推进县医院、中医院诊治能力提升等9个卫生项目，三级综合医院天福医院开诊运营，旧镇、佛昙卫生院成功创建全国“社区医院”，县医院被评为省级公立医院高质量发展试点单位。累计发放城乡低保、特困供养、残疾人两项补贴等各类资金1.02亿元，惠及群众40.3万人次，城乡居民参保率达98%。

【生态文明建设】 2022年，漳浦县整治违法图斑2068个，确保乱占耕地建房零新增，坚决遏制耕地“非农化”。实施总投资15.2亿元的36个城乡污水处理和流域水质提升项目，推动国控、省控断面水质稳定达标。

【芗剧《一代相国蔡新》首演】 2022年5月15—16日，漳浦县竹马戏（芗剧）传承保护中心创作演出的新编历史题材芗剧《一代相国蔡新》在福州市工人文化宫上演。该剧先后入选第28届福建省戏剧会演剧本征文一等奖、国家艺术基金2020年度大型舞台剧和作品创作资助项目、福建省舞台艺术精品工程2022年度重点剧目。

【福船一帆智利海外塔筒项目首批产品完工交付】 2022年8月26日，福建福船一帆新能源装备制造有限公司在六鳌镇福船一帆码头举行Enercon智利海外塔筒项目首批产品完工交付仪式。该项目地址位于智利的安托法加斯塔，项目总装机容量980兆瓦，由德国最大的风力发电机制造商Enercon提供的140台风力发电机组成。

（陈玺鸿）

·云霄县·

【概况】 云霄县位于漳州市东南部。2022年辖6个镇、3个乡。云霄县（含常山）辖区面积为1119.67平方千米，其中陆域面积1053.08平方千米（云霄县陆域面积953.44平方千米+常山华侨经济开发区面积99.64平方千米）。年末户籍人口46.80万人（含常山2.16万人），常住人口38.76万人（不含常山）。人口自然增长率1.61‰。

2022年8月26日，福建福船一帆新能源装备制造有限公司承接的Enercon智利海外塔筒项目首批产品完工交付。图为交付仪式

（查自强 摄）

【国民经济发展】 2022年，云霄县生产总值231.05亿元，比上年增长6.5%。其中：第一产业增加值57.10亿元，比上年增长4.7%；第二产业增加值74.94亿元，比上年增长9.6%；工业增加值58.68亿元，比上年增长6.5%；第三产业增加值99.01亿元，比上年增长5%。人均地区生产总值65479元。规模以上工业总产值114.35亿元，比上年增长8.4%。农林牧渔业总产值100.40亿元，比上年增长5.3%。固定资产投资160.90亿元，比上年增长16.1%。社会消费品零售总额114.70亿元，比上年增长6.4%。外贸出口额14.47亿元，比上年增长43.9%；实际利用外资1.1亿元，比上年增长649%。一般公共预算总收入12.09亿元，比上年同口径增长15.0%；其中地方一般公共预算收入9.14亿元，比上年同口径增长20.6%。

【重点项目】 2022年，云霄县168个县级以上重点项目累计完成投资237.8亿元，开工建设项目87个，竣工投产项目77个。漳州核电1、2号机组内穹顶成功吊装，相继进入设备安装阶段，3、4号机组通过国家核准。闽粤联网工程投用，抽水蓄能电站完成征迁372公顷，主体工程开

2022年4月14日，云霄县闽粤联网工程首台“巨无霸”换流变压器运抵（云霄县融媒体中心 供图）

工。推进华龙科技文化园、漳州220千伏水晶输变电工程等大体量项目。

【城乡建设】 2022年，云霄县县级城镇棚户区改造获评全省第一，演武亭、旧实小（二期）安置房交付使用，下港、岱北等片区安置房建设推进，第二自来水厂建成投用，城乡供水一体化工程推进，投资14亿元的中心城区污水治理提质增效工程开工。实施44个乡村振兴试点示范建设项目，打造“礁美荷东线”“泮坑棪树线”“下河坡兜线”3条乡村振兴“串点连线成片”线路，下河村被评为2022年全国特色产业亿元村，下河乡坡兜村、火田镇白石村、和平乡泮坑社区入选“福建省高级版绿盈乡村”。

【社会民生】 2022年，云霄县新建校舍面积1万平方米，新增学前学位620个，普惠性幼儿园覆盖率达96.7%。县医院被列入国家卫健委“千县工程”名单，中医院被评为“三级中医医院”，医保经办便民服务实现村（居）全覆盖。县融媒体中心进入全省县级融媒体30强，建成向东渠事迹展示馆、党校新校区、足球训练中心、书画写生创作基地等文体场馆。推进殡葬改革，建成马铺乡公益性骨灰楼堂，推动云霄经济开发区纳入集中治丧范围。

【生态文明建设】 2022年，云霄县落实中央和省生态环保督察反馈问题整改工作，阳下港污染扰民等环保信访件全部清零，红树林完成退养604.8公顷，实现“问题销号”和“功能区调规”同步推进，384.2公顷互花米草全部除治，央视《大美中国》栏目两次聚焦漳江口红树林生态美景。抓好漳江流域综合治理，达成漳江国省控断面及重要水源地水质III类以上目标。全年受理办结群众环保投诉229件，完成生态水系建设14千米，造林绿化933.33公顷，城市空气质量优良率99.3%。

【云霄获批筹建国家地理标志产品保护示范区】 2022年8月22日，云霄县入选国家知识产权局公布2022年国家地理标志产品保护示范区筹建名单。国家地理标志产品保护示范区是指以国家知识产权局认定的地理标志为对象，具有较大产业规模、较显著社会经济效益、较高保护水平，制度健全、机制完善、管理规范，产品特色鲜明、知名度高，对周边相关产业能起到显著示范带动作用的区域，对国内地理标志保护起示范、引领、推广作用的保护地域。国家地理标志产品保护示范区筹建期为3年。云霄县为此次福建省地区唯一一个获批地区。

【闽粤联网投产】 2022年9月30日，闽粤电力联网工程竣工投产并举行投产大会。闽粤联网工程作为国家“十四五”发展规划重点电力项目，总投资32亿元，其建成投运将实现闽粤两省电网异步互联，对落实国家能源安全新战略、提升省际电量余缺互补和紧急事故支援能力、加快构建新型电力系统具有重要意义。

（徐捷　吴若阳）

·诏安县·

【概况】　诏安县位于漳州市最南端。2022年辖10个镇、5个乡、1个省级工业园区。辖区面积1300.5平方千米。年末户籍人口68.17万人，常住人口55.47万人。人口自然增长率0.73‰。

【国民经济发展】　2022年，诏安县生产总值350.05亿元，比上年增长5%。其中，第一产业增加值60.91亿元，比上年增长3.6%；第二产业增加值176.79亿元，比上年增长5.6%；工业增加值158.16亿元，比上年增长5.2%；第三产业增加值112.35亿元，比上年增长4.7%。人均地区生产总值62766元，比上年增长5.4%。规模以上工业总产值480.05亿元，比上年增长6.7%。农林牧渔业总产值112.72亿元，比上年增长4.1%。固定资产投资77.2亿元，比上年增长15%。社会消费品零售总额117.82亿元，比上年增长8.6%。外贸出口额50.51亿元，比上年增长8.89%；实际利用外资1346万美元，比上年增长115.4%。一般公共预算总收入8.34亿元，比上年同口径下降10.3%；其中地方一般公共预算收入5.85亿元，比上年同口径下降12.2%。

【重点项目】　2022年，诏安县200个县级以上重点项目完成投资174.33亿元。年内，诏安港区万吨级深水码头项目签约，漳汕高铁诏安南站纳入全线规划布点，国家粮油食品（诏安）贸易加工园区、中菲经贸创新发展示范园区诏安片区项目拉开序幕，哈溪水库、霞宫高速等项目被纳入国家和省级专项规划。实现新增16家工业企业上规模、53个工业项目新开工、35个工业项目新投产，工业投资比上年增长70.4%，工业贷款余额比上年增长112.96%。攻坚破解征迁扫尾问题20个，获批重点项目用地21宗、成片开发方案5个，向上争取各类资金27.96亿元，全年新开工重点项目153个、总投资176.59亿元。

【城乡建设】　2022年，诏安县启动实施18个公共设施提升补短板项目，推进文化艺术中心、诏安大酒店等品质提升项目。推进乡村振兴创星竞赛，承办全市乡村振兴现场会并作典型发言。开展村集体“三资”清理攻坚行动，收回处置被侵占集体资源，集体经济收入50万元以上的村较2021年增加15个。启动农村生活污水治理一体化项目，改建镇村污水配套管网49.77千米，新改建农村公路57.34千米。

【社会民生】　2022年，诏安县民生相关支出占财政支出比重达79.04%。新增诏安石雕技艺、南筝等2个省级非遗项目，诏安运动员在第17届省运会斩获奖牌31枚，在全国皮划艇青年锦标赛中获第三名。成立诏安医学人才智库、健康委员会，县总医院与漳州市医院全面开展业务托管合作，围绕分级诊疗体系建设、学科建设、薪酬制度等实施系列改革。江滨新区教育综合体项目开工，推进14个公办幼儿园和3所中小学项目建设，组建6个中小学名校教育集团校，新聘任教师229名。发放各类优抚金3607.64万元，发放低保、特困人员和残疾人救助金1.69亿元，低保标准由家庭年人均收入7908元提高到9780元。提升改造三星级以上农村幸福院71家，金星乡古关社区入选全国示范性老年友好型社区。创建全国食品安全示范城市，推进“米袋子”“菜篮子”等十大重点工程。

【生态文明建设】　2022年，诏安县开展海上“清海”攻坚和养殖设施提升行动，用5个月全面清理辖区海域海上违规养殖4606.67公顷，升级改造筏式养殖2706.67公顷、网箱养殖1.2万口。在全市率先启动入海排污口整治工程，“一口一策”找准源头、分类施治。全面摸排整治流域污染源852个，关停牛蛙等违

2022年12月22日，第二届诏商大会暨民营企业投资创业大会在漳州市诏安县举行。图为大会现场（李南轩 摄）

规“四场”养殖1252家，诏安湾和小流域水质明显改善。启动实施诏安湾西岸海洋生态保护修复项目，在全市率先完成互花米草除治任务。

【第二届诏商大会暨民营企业投资创业大会举办】 2022年12月22日，诏安县举办第二届诏商大会暨民营企业投资创业大会，现场开展招商推介、项目签约、主题论坛、企业家座谈会、聘任招商大使等活动，诏安县人民政府与厦门市工商联签署战略合作协议。活动现场集中签约项目29个，总投资211.35亿元。

（吴超瑜）

·东山县·

【概况】 东山县位于漳州市南部沿海。2022年辖7个镇。辖区面积248.87平方千米。年末户籍人口22.29万人，常住人口22.12万人。人口自然增长率0.06‰。

【国民经济发展】 2022年，东山县生产总值249.43亿元，比上年增长8.6%。其中，第一产业增加值49.34亿元，比上年增长3.3%；第二产业增加值98.55亿元，增长13.7%；工业增加值73.70亿元，比上年增长15.3%；第三产业增加值101.53亿元，比上年增长6.8%。人均地区生产总值112862元，比上年增长8.3%。规模以上工业总产值254.95亿元，比上年增长21.2%。农林牧渔业总产值104.42亿元，比上年增长4.2%。固定资产投资93.24亿元，比上年增长16.5%。社会消费品零售总额90.72亿元，比上年增长4.7%。外贸出口额126.81亿元，比上年增长18.6%；实际利用外资1159万美元。一般公共预算总收入20.26亿元，比上年同口径增长28.5%；其中地方一般公共预算收入16.27亿元，比上年同口径增长56.1%。

【重点项目】 2022年，东山县总投资超70亿元的“三大工业项目”推进，一道新能源一期竣工投产，全省首块高效单晶光伏组件正式下线，单月产值超3亿元。旗滨一窑多线一期年底竣工点火，二期项目开工。太阳海缆主体工程进度超75%。引进中国海洋生态牧场渔旅融合综合体等109个项目、总投资130.7亿元。盘活处置批而未供、闲置土地92.6公顷，实现供地172.47公顷、用海1280公顷，争取预算内资金、专项债和政策性贷款29.6亿元。139个重点项目完成投资97亿元，58个项目开工、41个项目建成投用。

【城乡建设】 2022年，东山县完成漳汕高铁可研报告编制等前期工作。投入2.7亿元改善城市面貌，主城区主次干道实现“白改黑”、198条背街小巷完成硬化，标准化提升4个城区农贸市场，建成19处口袋公园，改造13个老旧小区。新建改造道路66千米。冬古作业区疏港公路三期、西铜公路路面改造工程等建成通车，被列为“四好农村路”全国示范县创建单位。总投资17亿元城乡污水收集处理系统项目有序实施，陈城污水处理厂主体完工，完成20个农村生活污水治理项目，入选全国农村黑臭水体治理试点县。推进“全省农房建设试点县”工作，后林、亲营等4

个新农房示范小区主体建成。投入1.07亿元建成92个乡村振兴示范项目，编制14个村庄规划，创建“绿盈乡村”5个，湖尾、张家、岐下村获评省级森林村庄，澳角村入选省级美丽休闲乡村。杏陈、前楼镇和顶西、湖塘等7个村分别入选第二批省级乡村治理示范镇村。

【社会民生】 2022年，东山县投入惠民资金10.5亿元。完成红旗水库扩容，实现岛外引水第二水源全线通水。港西小学、石埔和后林幼儿园建成投用，新增公办幼儿园、小学学位740个。新中医院、妇幼保健院投入使用，全县共有医疗卫生机构184家，卫技人员1418人，执业（助理）医师486人。石埔及坑北村生命公园等民生工程投入使用，新建5家农村幸福院、6个长者食堂。“一盘一策”推进问题楼盘复工复产，采取“证缴分离”方法，解决群众不动产办证历史遗留问题。完成国家信访局“治重化积”和市级信访积案54件。安全生产专项整治三年行动完成，蝉联平安中国建设示范县、省级双拥模范县。社会保障和就业支出3.62亿元，惠及群众近5万人。全县参加职工基本养老保险56983人、职工基本医疗保险38695人、居民基本医疗保险16.62万人、城乡居民社会养老保险94755人。纳入城镇居民最低生活保障人数1010人、农村居民最低生活保障人数2615人。

【生态文明建设】 2022年，东山县推进“一廊道三林区”木麻黄种植，种植木麻黄4.84万株。推进八尺门海域综合治理生态修复和海洋生态保护修复项目，海域清淤、红树林项目主体工程年底完工，完成清淤139.38万立方米，种植红树林5万余株。推进乌礁湾“排骨滩”整治，清理无序养殖近3万格、筏式吊养13.33公顷。清退东山湾、诏安湾等海域养殖面积842.6公顷。近岸海域一、二类海水水质达标率达92.6%。

【全域旅游拓展】 2022年，东山县苏峰山旅游综合体、原味前楼等项目开工建设，开通东山湾及鱼骨沙洲海上旅游航线。成立民宿发展协会，创新开展海上民宿试点，进一步规范民宿和短租房管理。铜陵镇获评福建省全域旅游生态小镇，南门湾夜市成为旅游消费新热点。全年累计接待游客523.16万人次，旅游收入61.85亿元，分别比上年增长8.9%和8.2%。

【戏曲电影《谷文昌的故事》首映式在东山举行】 2022年5月22日，戏曲电影《谷文昌的故事》首映仪式在福建谷文昌干部学院举行。戏曲电影《谷文昌的故事》由中共福建省委宣传部、中共东山县委宣传部、北京红旗颂文化有限公司、上海万春文化传媒有限公司、福建省森百田文化传媒有限公司、河南电影电视制作集团有限公司等单位联合摄制，作品以豫剧作为表现形式，讲述谷文昌同志带领东山人民治沙造林，让“荒岛”变“宝岛”，用实际行动赢得百姓爱戴和敬仰的感人故事。影片全部选在谷文昌先进事迹的发祥地——东山县取景拍摄。

2022年5月22日，戏曲电影《谷文昌的故事》首映仪式在福建谷文昌干部学院举行。图为首映式现场　（东山县融媒体中心 供图）

【全省第一本“立体分层设权”海域使用权证颁发】 2022年9月23日，东山县不动产登记中心向厦门引航站颁发采用“立体分层设权”方式确权的海域使用证书，这是全省首次颁发的“立体分层设权”海域使用证书。

（黄克桐　陈锦生）

·南靖县·

【概况】 南靖县位于漳州市西北部。2022年辖11个镇、1个国家级高新园区、1个土楼管委会。辖区面积1962平方千米。年末户籍人口35.1万人，常住人口30.36万人。人口自然增长率-0.50‰。

【国民经济发展】 2022年，南靖县完成地区生产总值397.3亿元，比上年增长6.3%。其中，第一产业增加值80.79亿元，比上年增长6.1%；第二产业增加值183.99亿元，比上年增长7.5%；工业增加值161.04亿元，比上年增长7.6%；第三产业增加值132.49亿元，比上年增长4.9%。规模以上工业总产值511.5亿元，比上年增长10%。农林牧渔业总产值139.9亿元，比上年增长6.7%。固定资产投资101.7亿元，比上年增长11.1%。社会消费品零售总额117亿元，比上年增长6.8%。实际利用外资1530万美元。一般公共预算总收入14.08亿元，比上年同口径增长2.5%；其中地方一般公共预算收入10.03亿元，比上年同口径增长10.4%。城镇居民人均可支配收入42263元，比上年增长7.6%；农村居民人均可支配收入24950元，比上年增长9.1%。

【重点项目】 2022年，南靖县95个县级以上在建重点项目完成投资171.9亿元。漳武高速（南靖段）、县道马山线、通美云水谣庄园等重大项目建成投用。战略性新兴产业园、城区饮用水引水扩容提升等10个项目获批专项债资金11.1亿元。县城长兴北路拓宽改造、县道山龙线改建等10个项目获批一般债资金1.1亿元。制定出台《四大主导产业购买或租赁标准厂房优惠措施》，全年引进项目80个，总投资191.1亿元，其中亿元以上项目31个，10亿元以上项目8个。在全市率先出台“补充耕地工作奖励政策”，全年完成补充耕地105.45公顷，处置批而未供土地58.87公顷、供而未动（少动）土地224公顷，盘活闲置厂房70.9万平方米，建设标准厂房56万平方米。新增新上规模工业企业24家、国家级高新技术企业46家。品翔电子入选国家级专精特新（指中小企业走专业化、精细化、特色化、新颖化的发展路子）“小巨人”企业名单，三德利涂料通过省级专精特新企业认定，豪士食品总部经济落户南靖县并入选市级企业技术中心、省级工业龙头培育企业。

【农业发展】 2022年，南靖县完成粮食生产3.8万吨。发展兰花、茶叶等九大特色产业，参与制定“金线莲食品安全地方标准”，新认证“三品一标”9个，新增省级“一村一品”示范村3个，市级“一村一品”示范村10个、农业龙头企业14家，获评“省级笋竹精深加工示范县”“现代竹业重点县”和“林下经济重点县”。

【第三产业发展】 2022年，南靖县编制土楼景区总体规划，推进景区高速口连接线拓宽工程，引进方圆里、奢野谷等10个文旅项目，举办南靖土楼主题体彩首发仪式，土楼景区8次亮相央视《新闻联播》等，土楼水乡水利风景区入选国家水利风景区高质量发展典型案例，坎下村被评为省金牌旅游村。全年完成电商交易额21亿元，比上年增长30%；新增新上限上贸易企业64家、规模服务业企业5家。

【城乡建设】 2022年，南靖县实施34个老旧小区改造和教育路、解放路等6条市政道路“白改黑”，完成建设路“一街一景”及“一江两岸”建筑立面、江滨公园（一期）改造等工程，打通紫荆东路、紫荆西路2条断头路，推进城市中轴中山北路打通工程。新改建城区雨污管网26.7千米，新增公共停车场2个、停车位260个。推进山梅百里画廊、富美龙山溪2条示范带，实施串点连线成片项目23个、试点示范项目73个。开展“农村人居环境整治提升五年行动”，完成“应编尽编”村庄规划116个，清理违法用地图斑2721宗，拆除“两违”面积53.2万平方米，整治裸房3565栋，建成农村污水处理站点22个、配套管网360千米，新改建农村公路68千米，完成安全生命防护工程22千米。船场镇下岭村、甘芳村入选第六批“中国传统村落”，书洋镇田中村被评为“福建省美丽休闲乡村”。南坑镇入选“福建省气候康养福地”，金山镇入选省级森林城镇，新增省级森林村庄4个、绿盈乡村2个。

【社会民生】 2022年，南靖县民生保障支出21.9亿元，占财政总支出的75.5%。投入7.3亿元，实施一职校迁建、靖城中心卫生院病房综合楼等11个教育、卫生项目，新增学位4140个、床位70张。通过教育“两项督导”省级评估验收。紧密型县域医共体建设在全国作经验交流。实施南坑镇农村区域性养老服务中心、船场镇西坑村农村幸福院提升工程，建成长者食堂5个。统筹整合各类资金2495.8万元。全面下放低保、特困人员审核权限，城乡低保覆盖率提升至1.82%。新增城镇就业1724人，促进失业人员再就业457人。

【生态文明建设】 2022年，南靖县全年靖城桥国考断面水质均值达到Ⅲ类，省控8个断面和5条小流域水质均值全部达标，县城空气质量优良率达99.7%。完成造林绿化1066.67公顷、森林抚育3666.67公顷、矿山生态修复3.33公顷，石桥生态清洁小流域成功创建国家水土保持示范工程。

【漳武高速（南靖段）通车运营】 2022年4月29日，漳武高速（南靖段）通车运营。漳武高速（南靖段）是《福建省高速公路网规划（2016—2030年）》规划“六纵十横”的第十横，福建省交通扶贫“双百”高速公路项目。线路全长50.7千米，起于南靖县丰田镇五川，途经山城镇、南坑镇、船场镇，止于南靖县书洋镇的曲江附近，设有南靖东、南靖、南靖南坑、南靖土楼4处收费站，南靖土楼服务区和书洋加水区各1处。

【《南靖传统建筑》新书首发】 2022年6月23日，《南靖传统建筑》新书首发式在南靖县云水谣景区世遗土楼和贵楼举行，以此献礼南靖建县700周年。《南靖传统建筑》由中共南靖县委宣传部指导，县文体旅局、县博物馆组织编纂，中国民居建筑大师黄汉民主编。全书分为上、下篇。上篇为传统建筑实例，由18个传统村庄聚落、5类土楼形态、10种土楼活化利用模式、18栋夯土与青红砖民居、10座祠堂书院及寺庙宫观、亭塔桥坊7

2022年4月29日，漳武高速漳州南靖段全线通车运营。图为漳武高速漳州南靖段 （余祥龙 摄）

个部分组成；下篇为传统建筑技艺，涵盖了土木、泥水等23项传统建筑技艺的典型实例。全书共439页，精选图片1324张，全方位诠释南靖传统建筑特点、风格、价值。此次共印发《南靖传统建筑》3000册。

（郑杰林）

·平和县·

【概况】　平和县位于漳州市西南部。2022年辖10个镇、5个乡、1个国有农场、1个工业园区。辖区面积2309.57平方千米。年末户籍人口60.05万人，常住人口45.48万人。人口自然增长率0.69‰。

【国民经济发展】　2022年，平和县生产总值302.89亿元，比上年增长4.8%。其中：第一产业增加值60.25亿元，比上年增长6.1%；第二产业增加值85.58亿元，比上年增长2.6%；工业增加值69.99亿元，比上年增长1.6%；第三产业增加值157.06亿元，比上年增长5.5%。规模以上工业总产值248.91亿元，比上年增长0.5 %。农林牧渔业总产值114.45亿元，比上年增长6.7%。固定资产投资104.69亿元，比上年增长9.4%。社会消费品零售总额109.11亿元，比上年增长4.3%。外贸进出口额 36524万元，比上年增长31.29%；累计到资580万美元，完成市下达年度任务数的46.4%。一般公共预算总收入10.44亿元，比上年同口径增长21.9%；其中地方一般公共预算收入8.02亿元，比上年同口径增长29.3%。

【重点项目】　2022年，平和县乡村振兴产业孵化中心、城乡供水一体化等181个县级以上重点项目完成投资100%，新增入库项目248个，总投资90亿元。协德高新建材等落地建设，宝丽发石业等建成投产，新增规模以上工业企业24家，比上年增长19.5%。盘活圣大、宝达等闲置厂房，引进新型锂电池、豌豆糖浆等重大生产项目。推进工业园区污水处理厂提标扩建、纵三路至上峰路道路改造等项目，加快安厚机械产业园、五寨生态木业产业园建设。

【产业发展】　2022年，平和县推动国家现代农业产业园二期项目建设，建设生态果园1.15万公顷，优化柚类种植结构1.33万公顷以上。蜜柚出口17万吨，白芽奇兰茶品牌价值突破32亿元。发展壮大“柚香奇兰”茶，作为福建省“一县一品”典型代表参与厦门“9·8”乡村振兴产业展推介，产量突破50吨。新增市、县级农业产业化龙头企业共22家。全县粮食生产总面积3981.33公顷，总产量2.36万吨。建筑业产值6.97亿元，比上年增长20.3%，新增建筑资质企业14家，比上年增长41%。参与“全闽乐购”“乐购漳州”等活动，新增限上贸易企业44家。推动“蜜柚外贸企业回归工程”，县内自营出口企业增加11家，总额4200万元。小溪镇、心田村等入选中国淘宝镇、村。推动全域旅游示范县创建，高峰谷成功创建国家AAAA级旅游景区，绳武楼等4个景点入选全国乡村旅游精品线路，大溪镇入选省“全域生态旅游小镇”，灵通风景区入选“省级气候康养福地名单”。

【城乡建设】　2022年，平和县实施城乡建设品质提升项目66个，完成投资27.34亿元，北环路延伸段道路工程一期、东环路一期等有序推进，生活垃圾焚烧发电厂建成投用。改造提升老旧小区2个，城区保洁面积扩展至121万平方米。强化“卫片图斑”整治，处置“两违”76.64万平方米。实施特色乡镇、试点村示范项目97个，完成投资1.8亿元。乡村振兴“串点连线成片”项目28个，完成投资3228万元。16个民生项目得到省总工会、省水利厅等省直单位及闽侯县的对口帮扶。编制村庄规划147个，改造危桥3座，新建改造农村公路61千米，整治裸房2229栋。创建5个省级森林村庄，芦溪镇秀芦村入选第六批“中国传统村落”。

【社会民生】 2022年，平和县完成为民办实事项目10个，推进前岭小学教学楼等项目建设。保障义务教育教师收入水平不低于公务员政策，追加奖励性绩效工资1.17亿元。建成15家卫生院中医馆。成立康乐养护中心，山格镇敬老院成为全市唯一“医养结合”模式改革试点单位，建设村级生命公园4个。加快庄上大楼修缮工程，建设“迁台记忆”馆。《潮剧（平和）》《漳州白皮饼制作技艺》入选省级第七批非遗代表性项目。建立公安执法监督管理中心、智慧执法办案中心，平安三率居全市前列。解决“南山花园”安置房遗留问题。国强乡延山村入选全国综合减灾示范社区。

【生态文明建设】 2022年，平和县推进花山溪流域综合整治，落实“6+8+N”的水土兼治方法，开展“百日攻坚”专项行动，10月中旬起全县水质实现稳定达标，官峰水库先行试验段开工建设，解除“黄牌”警示。开展施工扬尘、渣土车、餐饮油烟等污染源管控，空气质量优良率99.6%。造林绿化5966.87公顷，退果还林217.33公顷。争取“土地整治补充耕地”省级试点，实施“园改耕”项目82个、383.4公顷，耕地“进出平衡”流入净面积320.93公顷，超额完成247.67公顷。

2022 年 9 月 22 日，福建省 2022 年中国农民丰收节平和分会场活动在平和县坂仔镇开幕。图为果农直播销售琯溪蜜柚 （严洁 摄）

【福建省2022年中国农民丰收节平和分会场活动举行】 2022年9月22日，福建省2022年中国农民丰收节平和分会场活动举行。本次活动由福建省农业农村厅、漳州市人民政府主办，漳州市农业农村局、平和县人民政府承办。福建省人大常委会党组副书记、副主任周联清，福建省政协副主席、省老科协会长薛卫民等出席活动。活动以“柚香平和庆丰收、河清海晏迎盛会”为主题，聚焦全面推进乡村振兴、加快农业农村现代化，通过平和特色农业的展览展示、直播带货、农事体验、乡村旅游等活动。活动举行“琯溪有点田”APP发布、平和优质农产品质量安全追溯平台展示以及农产品全产业链绿色联盟签约、校地战略合作签约、特色现代农业项目及农产品供销合作签约。同时举行“庆丰收”农特产品展示和直播，漳州各县（区）最具代表性的特色农旅产品，汇集在活动现场进行集中展销，让观众和游客参观、体验、品尝，并依托农产品电商平台，与新媒体合作，持续开展柚香奇兰、琯溪蜜柚等农产品直播带货，带动本地柚、茶为主的特色产品销售。

（刘小珠）

·华安县·

【概况】 华安县位于漳州市西北部。2022年辖6个镇3个乡。辖区面积1277.60平方千米。年末户籍人口16.10万人，常住人口13.38万人。人口自然增长率-0.35‰。

【国民经济发展】 2022年，华安县生产总值214亿元，比上年增长5.4%。其中，第一产业增加值37.18亿元，比上年增长6.0%；第二产业增加值120.60亿元，比上年增长5.6%；工业增加值108.36亿元，比上年增长5.2%；第三产业增加值56.22亿元，比上年增长4.8 %。人均地区生产总值15.97万元，比上年增长5.5%。规模以上工业总产值346.22亿元，比上年增长7.6 %。农林牧渔业总产值62.86亿元，比上年增长6.6%。固定资产投资89.81亿元，比上年增长14.5%。社会消费品零售总额43.48亿元，比上年减少5.2 %。外贸出口额11.79亿元，比上年增长6.04 %；实际利用外资909.06万美元。一般公共预算总收入8.47亿元，比上年同口径增长7.9 %；其中地方一般公共预算收入6.00亿元，比上年同口径增长11.8%。规模以上工业增加值比上年增长7.3%。

【重点项目】 2022年，华安县37个在建重点项目完成投资55.3亿元，完成年度计划投资143.1%，超序时进度43.1个百分点。其中重大在建工业项目有针织机械产业园项目和宜和兴家具项目。

【城乡建设】 2022年，华安县实施城乡建设品质提升项目59个，完成投资17.74亿元。启动城区智慧停车运营管理项目，大同路等5条市政道路及配套设施改造工程竣工通车。新改建供水管网17.5千米。农村无害化厕所普及率100%。完成裸房整治任务2300栋。加快实施农村生活污水治理PPP项目，铺设污水收集管网约673千米，农村生活垃圾处理率达98%以上。县道湖仙线（X590）西陂至湖林段公路工程主线及连接线竣工通车，新改建农村公路68.9千米。拆除“两违”53.81万平方米。“美丽宜居新华安”视频入选农业农村部全国农村公共服务优秀成果。大地村入选“2022年中国美丽休闲乡村”，岛濑村被认定为第二批省级乡村治理示范村。完成各类造林绿化和森林经营6631.07公顷，截至年底，共创建71个初级版、10个中级版、8个高级版“绿盈乡村”，创建率97.8%。高安镇被确定为“福建省森林城镇”，前岭村、平东村被确定为“省级森林村庄”。

【社会民生】 2022年，华安县民生支出14.5亿元，占一般公共预算支出73.8%。县实验小学综合楼及运动场和第二实验幼儿园迁建工程开工建设，华丰中心小学综合楼及配套等一批项目竣工投用。全县完全小学以上学校课后延时服务100%覆盖，基层中学全部封闭式管理，受益学生1.5万人；学前教育普惠率、义务教育学习标准化创建均达100%；华安一中在“第二届少年硅谷·全国青少年人工智能教育成果展示大赛”荣获一等奖。发放各类助学金154.95万元，惠及学生2728人次。开展基层卫生院“优质服务基层行”活动，3家卫生院完成国家基层医疗卫生机构“基本标准”创建。城镇新增就业人数1548人。提高城乡低保补助和特困对象供养水平，新增低保、特困社会救助对象425人，发放各类救助金2535万元。在全市率先推行“社会治安综合治理+保险”做法，得到省领导批示肯定。集中开展治超治限、自建房安全、电动车（摩托车）雨棚等专项整治，全县生产安全事故起数、死亡人数分别比上年下降57.14%、44.44%，未发生较大及以上生产安全事故。年内，获评“全国信访工作示范县”。

【生态文明建设】 2022年，华安县全县主要流域国省考断面水质均达Ⅰ—Ⅲ类，九龙江（华安段）水环境功能区、县城集中式饮用水源水质达标率均100%。推进“绿盈乡村”创建工作，截至年底，共创建71个初级版、10个中级版、8个高级版“绿盈乡村”，创建率97.8%。通过国家生态文明建设示范县省级预审。依法对福建卓远墙体材料有限公司、漳州合明木业有限公司等5

家企业环境违法行为开展生态环境损害赔偿工作，共缴纳生态环境损害赔偿金19860元。纳入环境污染责任保险企业名单13家企业完成投保工作。推动林下经济发展，被省林业局认定为2022—2024年林下经济重点县。新圩古渡口、仙字潭摩崖石刻入选福建省第一批河湖文化遗产名单，华安县高安镇入选2022年福建省“全域生态旅游小镇”。

【新华（华安）抽水蓄能发电有限公司揭牌】 2022年4月28日，新华（华安）抽水蓄能发电有限公司以及华安抽水蓄能电站建设指挥部揭牌。该项目位于华安县新圩镇华山村，电站为日调节纯抽水蓄能电站，装机容量140万千瓦（4台单机35万千瓦的单级混流可逆式水泵水轮发电电动机组），枢纽工程主要建筑物由上水库、下水库、输水系统、地下厂房和开关站等组成，工程总投资约100亿元，设计年发电量27亿千瓦时，是国家抽水蓄能中长期发展规划“十四五”重点实施项目。

2022 年 5 月 21 日，中国女排与中国女排华安县先锋希望小学少先队员开展共建活动。图为中国女排华安县先锋希望小学的少先队员代表向中国女排赠送祝福贺卡 （李 林 摄）

【中国女排与华安县先锋希望小学少先队员结对共建】 2022年5月21日，“传承中国女排精神，扣好人生第一粒扣子”中国女排与华安县先锋希望小学少先队员结对共建活动在漳州体育训练基地举行。活动由共青团漳州市委、漳州市体育局、漳州市教育局、福建省漳州体育训练基地联合举办。活动中，中国女排与主办单位代表互赠纪念品，少先队员代表向女排队员代表赠送亲手制作的祝福贺卡，表达他们对中国女排的殷殷祝福与感恩之情。中国女排曾于2005年5月捐赠20万元为华安县先锋希望小学援建教学楼，学校从此正式更名为“中国女排华安县先锋希望小学”。

（郑雪慧）

责任编辑：蔡婉玲

人物·荣誉

2022年漳州市获五一劳动奖状、奖章的单位和个人

全国五一劳动奖章（2个）

郭晶晶* 福建福海创石油化工有限公司行政办公室副主任、工会女职委副主任

田原卿* 漳州市第三医院重症医学科护士长、主管护师

全国工人先锋号（3个）

漳州科华新能源技术有限责任公司技术部

福建福船一帆新能源装备制造有限公司生产调度科

福建省烟草公司漳州市公司卷烟营销中心订单部

福建省五一劳动奖状（8个）

福建福海创石油化工有限公司

联盛纸业（龙海）有限公司

豪氏威马（中国）有限公司

福建省禹澄建设工程有限公司

青蛙王子（中国）日化有限公司

焙之道食品（福建）有限公司

诏安县农村信用合作联社

东山县医院

福建省五一劳动奖章（22个）

张明浪 福建傲农生物集团股份有限公司生产车间主任

陆伟大 福建福船一帆新能源装备制造有限公司制造一部部长

黄子欣 漳州万宝能源科技股份有限公司研发工程师

赖伟山 国网福建省电力有限公司平和县供电公司运维检修部（检修建设工区）主任

林正极 漳州宏发电声有限公司产品设计室主任

江兴达 平和县园通速递有限公司快递员

李亚娟* 中国电信股份有限公司漳州分公司智慧社区项目经理

王思涵* 福建漳州城投集团有限公司科研与技术管理部、二级业务主管

贾怀斌（瑶族） 福建古雷石化有限公司生产运行部化工三部聚丙烯装置副经理

吴静颖* 中国人民银行漳州市中心支行调查统计科科员

田清华 古雷港经济开发区消防救援大队大队长

罗万达 福建省烟草公司漳州市公司经理

郑文文 漳州市华威电源科技有限公司人力行

政部经理、工会主席

林　雄　漳州市东山县春秋餐饮管理有限公司经理

冯旺木　中共漳州市委办公室行政科科长、一级主任科员

柯丽娜*　漳州市农业科学研究所食用菌科研人员

谢　强　福建省漳州市中医院骨伤科主任

罗伟强　福建省漳州第一职业中专学校副校长

陈晓菊*　闽南师范大学龙文附属小学校长、语文教师

曾奕彰　漳州科华技术有限责任公司企业技术中心副总经理、研发工程师

郭智伟　漳州市龙海区颜厝镇人民政府劳动和社会保障服务中心主任

黄惠珠*　南靖县第一中学艺术组组长

福建省工人先锋号（11个）

福建三宝钢铁有限公司人力资源部

福建明鑫智能科技股份有限公司夹具组

中国电信股份有限公司龙海分公司石码分局

宏全食品包装（漳州）有限公司制瓶车间

福建舜洋食品有限公司包装车间

云霄县农村信用合作联社马铺信用社

漳州鑫展旺化工有限公司投料组

福建省百得利实业有限公司压延车间

福建省华安县烟草专卖局专卖监督管理办公室

福建古雷石化有限公司生产运行部化工一部

漳州招商局码头有限公司机械部散机队

福建省五一先锋号（6个）

东山县公安局东山县拘留所

南靖县公安局山城派出所

漳州市民政局驻行政服务中心审批窗口

中国共产党漳州市纪律检查委员会 漳州市监察委员会信访室

国家税务总局漳州市龙文区税务局第一税务分局（办税服务厅）

漳州市自然资源局审核审批科

注：标 * 为女同志。

（市总工会）

2022 年漳州市获五四奖章集体和个人名单

全国五四红旗团支部

福建省甲骨文（漳州）技术人才双创基地团支部

全国优秀共青团员

潘恩培*　龙海第一中学 2019 级学生

全国优秀共青团干部

何幼珍*　漳浦县官浔中学团委书记

第十九届“福建青年五四奖章”集体

漳州卫生职业学院现代中药研究团队

漳州市南靖县船场镇稻花香宣讲队

漳州电视台融媒体新闻中心

漳州市公安局巡特警支队三大队

漳州翊瀚众创电子科技有限公司（漳州台商投资区两岸青年创业基地）

第十九届“福建青年五四奖章”个人

高艺滨*　漳州市第二医院感染病区护士长

马伟强　漳州市公安局治安支队六大队副大队长

李利勇　东山县翔业文化发展有限公司总经理

杨恩祥　福建金启点实业有限公司执行董事

林雯雯* 漳州市第四医院心理治疗师
刘铭明 闽南日报社芝山记者站记者
吴海勇 漳州职业技术学院智能制造学院副院长
沈浩伟 诏安县公安局指挥中心综合中队长
黄怡璇* 漳州市芗城区人民检察院一级检察官

2021年度“福建省五四红旗团委”

漳州片仔癀药业股份有限公司团委
漳州市南靖县龙山镇团委

2021年度“福建省五四红旗团（总）支部”

漳州市芗城区人民检察院团支部
漳州市龙海区榜山镇洋西村团支部

2021年度“福建省优秀共青团员”

肖舒翔 长泰第一中学高三（1）班学生
陈乐湛* 东山第二中学高二（8）班学生
钟松涛 漳州卫生职业学院2019级高职护理（7）班学生
黄艺鑫 龙海第一中学高三（1）班学生

2021年度“福建省优秀共青团干部”

吴圣聪 漳州市交通发展集团有限公司团委书记
张小莹* 龙溪师范学校附属小学少先队大队辅导员
张 勰 漳州市云霄县公安局巡特警反恐大队团支部书记
陈艺芬* 漳浦道周中学团委副书记
陈琪嫔* 漳州市龙文区团校校长

注：标 * 为女同志。

（团市委）

2022 年漳州市获三八红旗集体、三八红旗手的集体和个人

2022年度全国三八红旗集体

福建省漳州市妇联

2021—2022年度福建省三八红旗手标兵

张明理 漳州市云霄县农业农村局经作站站长、农业推广研究员

2021—2022年度福建省三八红旗手

梁小梅 漳州市凯盛环境服务集团有限公司监事
张正根 大闽食品（漳州）有限公司行政科科长
廖映苹 漳州市龙海区卫健局党组书记、局长
陈燕治 福建聚芝林医药连锁有限公司总经理
杨彬珍 漳州市长泰区总医院重症医学科护士长
林鸿斌 漳州市漳浦县中医院护理部主任
吴小妙 漳州市云霄县下河乡巾帼志愿服务队负责人
沈杰珍 漳州市诏安县总医院院感科科长
方雪萍 漳州市东山县妇联主席
李庆丽 福建省润和集团党支部书记、副总经理
张雯婷 中共南靖县委组织部副部长、部务会成员
吕燕雅 福建立兴食品股份有限公司总经办秘书处经理
游婉瑜 漳州市财政局党组成员、二级调研员
吴春凤 漳州市医院儿科护士长
蔡淑丽 福建开度律师事务所律师
范凌燕 漳州市实验小学教导处副主任
杨秀灵 漳州市九龙江集团有限公司高级审计师
朱淑凤 漳州市平和县育英小学教研室主任

刘惠琴　福建福海创石油化工有限公司工会副主席、女职委主任

邱　榕　漳州市芗城区东铺头社区卫生服务中心党支部书记

2021—2022年度福建省三八红旗集体名单

漳州市芗城区人民检察院

漳州市龙文区步文街道龙江社区居委会

漳州市长泰宾馆有限责任公司

漳州市漳浦县绥安镇绥南社区居委会

漳州市云霄县机关幼儿园

漳州市诏安县梅岭镇南门哨所

漳州市东山县西埔镇中兴社区居委会

漳州市南靖县船场镇“稻花香”巾帼宣讲队

漳州市华安县华丰镇新村社区居委会

漳州市重点少年儿童业余体育学校

福建福海创石油化工有限公司 QHSE 部化验检测团队 PX 化验室

（市妇联）

2022 年漳州市现役军人荣获二等功情况表

表 7

姓名	性别	籍贯	现服役部队	立功情况
林光耀	男	龙海	中国人民解放军某部	立二等功 1 次
蔡条阳	男	漳浦	中国人民解放军某部	立二等功 1 次
林莉君	女	漳浦	第 80 集团军某旅	立二等功 1 次
倪文智	男	漳浦	中国人民解放军某部	立二等功 1 次
吴颜辉	男	诏安	空军某部	立二等功 1 次
杨艺标	男	诏安	中国人民解放军某部	立二等功 1 次
沈培辉	男	诏安	中国人民解放军某部	立二等功 1 次
陈　抒	男	东山	第 73 集团军某旅	立二等功 1 次
蔡旭华	男	东山	中国人民解放军某部	立二等功 1 次

（市退役军人事务局）

责任编辑：蔡钰臻

附录

政府工作报告

——2023 年 1 月 3 日在漳州市第十七届人民代表大会第二次会议上

漳州市人民政府市长 王进足

各位代表：

现在，我代表漳州市人民政府，向大会报告政府工作，请予审议，并请市政协委员提出意见。

一、2022年工作回顾

2022 年是党的二十大胜利召开之年，是本届政府全面履职的第一年。在以习近平同志为核心的党中央坚强领导下，在省委和省政府以及市委的正确领导下，全市人民团结拼搏、迎难而上，坚决落实“疫情要防住、经济要稳住、发展要安全”重要要求，坚持稳中求进工作总基调，聚焦提高效率、提升效能、提增效益，全方位推进高质量发展。全市地区生产总值 5706.58 亿元、增长 6.9%，一般公共预算总收入（同口径）341.03 亿元、增长 8.3%，地方一般公共预算收入（同口径）250.6 亿元、增长 16.7%，规模工业增加值增长 10.2%，固定资产投资增长 10.1%，社会消费品零售总额增长 5.5%，出口总额增长 17.8%，城镇居民、农村居民人均可支配收入分别增长 7.1%、9.4%，居民消费价格指数（市辖区）上涨 1.6%，完成年度节能减排任务，顺利完成市第十七届人大一次会议、市十七届人大常委会第十次会议确定的目标任务。

一年来，我们抓竞赛、稳增长，经济运行提质提效。开展“产业发展项目建设攻坚年”活动，实施“七比一看”竞赛，比学赶超、奋勇争先的氛围更加浓厚。突出抓产业、突破抓工业，推进“千百亿产业培育行动计划”，深入开展“千名干部挂千企”帮扶活动，加快培育 9 个千亿级、5 个超五百亿产业集群，新增新上“四上”企业 1497 家、比 2021 年多 698 家，国家高新技术企业总数突破 700 家。加大项目前期工作力度，建强市县两级项目前期办，增强项目谋划、生成、落地的能力，接续举行季度项目集中签约、开竣工、招商大会等活动。习近平总书记访问沙特两次提及的中沙古雷乙烯项目正式开工建设。云霄抽水蓄能等 349 个项目开工建设，总投资 2401.5 亿元；闽粤电力联网工程等 274 个项目竣工投用，完成投资 945.3 亿元；古雷炼化一体化二期等 1363 个项目新签约，总投资 3132 亿元；重大项目前期工作取得突破，漳州核电 3# 和 4# 机组获国家核准，闽南海上风电基地规划获国家能源局批复；漳州核电

1# 和 2# 机组、联盛林浆纸一体化等重点项目加快建设。强化要素保障，全年获批建设用地近 3 万亩；实施“亩均论英雄”，着手改造 592 家低效企业、4.8 万亩低效工业用地，处置批而未供土地 13831.7 亩，清理闲置土地 7618 亩；争取上级资金 73.3 亿元、地方政府专项债券额度 158.6 亿元，57 个项目争取国家发改委基础设施投资基金 147.4 亿元、资金额度居全省第一。加快片区开发，中心城区 15 个重点片区稳步推进。高新区“三大片区”完成启动区征迁，收储土地 7000 亩，绿色发展及产业配套设施项目获国开行授信贷款 122.3 亿元，片仔癀健康美妆园、万洋智造产业园、泓光光刻胶、建筑业总部等 35 个项目接续落地。稳定市场主体，制定出台助企纾困“30 条”等系列扶持政策，全面落实各级稳经济扶持政策，落实新的组合式税费支持政策，减、免、退、缓税收 132.98 亿元，新注册市场主体增长 17.4%，总量超 74 万户。加快县域发展，长泰区、龙文区和华安县分别入选 2022 年度福建省城市发展“十优”区、经济发展“十佳”县。

一年来，我们抓防控、战疫情，抗疫斗争有力有效。（略）

一年来，我们抓整治、防风险，安全发展向稳向好。扎实开展安全生产专项整治三年行动，全市安全生产事故起数、死亡人数呈现“双下降”。积极创建全国市域社会治理现代化试点合格城市，深入开展信访“治重化积”工作，实现信访件化解率“三个百分百”。常态化推进扫黑除恶，组织开展夏季治安打击整治“百日行动”，刑事案件呈现“一降三升”良好态势。深入打好污染防治攻坚战，加快两轮中央环保督察反馈问题整改销号，花山溪饮用水水源地风险问题完成“黄牌”摘牌，入选 2022 年全国农村黑臭水体治理试点城市，生态环境质量持续改善。全面推进耕地违法图斑整治、互花米草除治等工作。着力防范化解重点企业信贷风险，年末全市不良贷款率 0.71%，保持在历史低位。全力“保交楼、稳民生”，率先采取“政府主导、国企托管、捆绑运作”模式化解房地产市场风险，有力推进 19 个房地产风险项目处置。守牢粮食安全底线，实施“绿色储粮、科学保粮”三年行动，完成粮食播种面积 92.8 万亩、产量超 42 万吨，超额完成省政府下达指标任务。加强食品安全和药品安全监管，两项工作满意率保持全省前列。

一年来，我们抓改革、扩开放，体制机制创新创先。实施 290 项营商环境提升改革创新举措，进驻省网上办事大厅事项数 6 万项，推行“房地分离”“安商一体化”“拿地即开工”，政务服务非常满意率保持全省前列，城市信用排名稳定在全国 30 位左右。率先开展“林业地票”试点，南靖县发放全国首张林业地票、完成全国首单农田碳汇试点项目交易，华安县入选全国 2022 年农村综合性改革试点试验名单。成立全市财税工作领导小组，建立健全财税常态化联动机制。全面调整优化市属国有企业结构布局，形成“10+3”架构，5 家国企获得 AA^+ 以上信用评级。盘活城市资产资源，有效增加收入。大力实施“万才聚漳”行动计划，举办“人才漳州月”活动，高层次人才队伍不断壮大，“科特派”工作成效保持全省前列。设立芗城、龙文两个新经济产业园。主动融入“海丝”核心区建设，谋划实施中菲“两国双园”，加快国家跨境电商综合试验区建设，成功举办金砖国家传统医药高级别会议。出台通关便利化正向激励实施办法，推行“通关一体化两步申报”等创新举措。持续探索漳台融合发展新路，开展 100 场对台交流活动，全市新批办台资企业项目 90 个，海峡两岸最大的石化合作项目古雷炼化一体化项目投入商业运营。

一年来，我们抓实事、惠民生，群众福祉更多更好。全面完成 30 个为民办实事项目，财政民生支出达 79.3%。出台稳岗稳工系列政策，城镇新增就业 45178 人。加大对困难群众的救助，发放救助补助资金 9.4 亿元。开工建设漳州一中古雷分校、漳州三中龙文校区等教育项目，新增幼儿园学位 4700 个、中小学学位 1.1 万个，公办幼儿园在园幼儿占比提高到 62.5%。新建 19 家省级普惠性托育园，新增普惠性托位 1370 个。推进 41 个重点医疗卫生项目建设，新增医疗床位 500 张、卫技人员 1021 人，市医院总部院区正式开诊，片仔癀名医馆开馆运营。建设10个区域性养老服务中心和35个长者食堂，完成2100户特殊困难老年人家庭适老化改造。建设22个公益性“生命公园”。开展“一月一主题、文化进万家”活动，启动“用闽南文化点亮千年漳州古城”行动计划，持续打响“福”文化品牌。组织203场（次）全民健身赛事活动，第十七届省运会取得金牌数和总分全省第四的历史性佳绩。实施城市建设品质提升“五大工程”，扎实推动“完整社区”建设，改造老旧小区227个，新增城市公共停车泊位5356个、公园绿地94公顷、口袋公园83个，入选全国第二批海绵城市建设示范城市。新开工保障性安居工程8018套，新建成10472套。中心城区7800套住房不动产权登记历史遗留问题得到解决。全国文明城市创建工作巩固提升，常态化、长效化机制建立健全。推进819个乡村振兴试点示范项目，打造36条乡村振兴“串点连线成片”线路；加快发展11个乡村特色产业，推广129个优新品种，培育1个国家级“一村一品”示范村（镇）、28个省级示范村，打造2个全国乡村特色产业十亿元镇，新增115家市级以上农业龙头企业；推进农村建设品质提升行动，新建乡镇污水管网219公里，新建改造农村公路646.7公里，实现农村水冲式卫生厕所全覆盖，村庄规划编制、现有裸房整治等工作成效居全省前列。

一年来，我们抓作风、促落实，自身建设强化优化。全面贯彻新时代党的建设总要求，认真开展迎接党的二十大召开和学习宣传贯彻党的二十大精神各项工作，持续加强政府系统政治建设。严格执行中央八项规定及其实施细则精神，预计市本级“三公”经费支出下降20%。扎实开展“学谷公、抓落实、促发展”行动，深入开展干部作风“五不”问题专项整治，持之以恒纠治“四风”。认真执行市人大及其常委会决议决定，自觉接受市人大法律监督和工作监督，主动接受市政协民主监督，办理人大代表建议分解件272件、政协委员提案交办件656件，满意率均为100%。加强法治政府建设，实施“八五”普法规划，《漳州市政务服务条例》成为“放管服”改革后我省设区市第一部专门规范政务服务的地方性法规，“新时代110警务机制改革创新”获评全国法治政府建设示范项目。审计监督力度不断加大。妇女儿童、青少年、残疾人、民族宗教、精神文明、档案管理、社会科学、防汛防台、防震减灾、红十字会、退役军人事务、国防动员、外事及援藏援疆援宁等工作取得新成效。

各位代表，成绩的取得，是习近平新时代中国特色社会主义思想科学指引的结果，是党中央、国务院、省委和省政府以及市委坚强领导的结果，是全市人民凝心聚力、爱拼敢赢的结果。在此，我谨代表漳州市人民政府，向辛勤工作在各个领域的全市人民，向人大代表、政协委员、各民主党派、各人民团体、社会各界人士及离退休老同志，向驻漳中央和省属单位、驻军部队、武警官兵、公安干警、消防救援队伍，以及关心、支持、参与漳州发展的海内外朋友，表示崇高的敬意和衷心的感谢！

我们深刻体会到，做好政府工作必须坚持党的全面领导，必须坚持守正创新，必须坚持为民造福，必须坚持高质量发展，必须坚持斗争精神。这些重要原则，我们在今后工作中必须牢牢把握、严格遵循。

我们也清醒看到，世界变局加快演变，外部环境动荡不安，我国经济恢复的基础尚不牢固，需求收缩、供给冲击、预期转弱三重压力仍然较大，疫情还在持续，稳增长压力不小。我市实体经济不强，产业转型升级任重道远；人才支撑相对较弱，科技创新内生动力不足；城市现代化水平不高，精细化管理有待提升；教育、卫生、养老等民生短板亟待补齐，生态环境领域治理力度还要加大；营商环境仍需持续优化，干部担当作为有待强化。对此，我们要直面挑战、正视不足，采取更加有力措施解决。

二、全力做好2023年工作

2023年是全面贯彻落实党的二十大精神的开局之年。我们要以习近平新时代中国特色社会主义思想为指导，全面贯彻落实党的二十大精神，紧扣“四个更大”重要要求，坚持稳中求进工作总基调，完整、准确、全面贯彻新发展理念，服务和融入新发展格局，全方位推进高质量发展，更好统筹疫情防控和经济社会发展，更好统筹发展和安全，全面深化改革开放，大力提振市场信心，把实施扩大内需战略同深化供给侧结构性改革有机结合起来，深入开展“产业发展项目建设提升年”活动，突出做好稳增长、稳就业、稳物价工作，有效防范化解重大风险，推动经济实现质的有效提升和量的合理增长，推动建设现代化滨海城市取得新进展新成效，全力打造全省高质量发展新的重要增长极。

主要预期目标是：地区生产总值增长 6.5%，一般公共预算总收入增长 7.5%，地方一般公共预算收入增长 6%，规模工业增加值增长 8.6%，固定资产投资增长 7.5%，社会消费品零售总额增长 10%，出口总额增长 8%，城镇居民、农村居民人均可支配收入分别增长 7%、8%，居民消费价格指数（市辖区）涨幅控制在 3% 左右，完成节能减排任务。新的一年，我们将深入实施“十四五”规划，重点抓好以下十个方面工作：

（一）着力扩大内需、激活动能，全力推动投资消费提升

强化项目引领。坚定实施扩大内需战略，坚持长中短项目统筹、大中小项目配套、央国企及政民外项目齐抓，努力扩大投资，让投资有回报、产品有市场、企业有利润、员工有收入、政府有税收。抓好 178 个省级重点项目和 876 个市级重点项目建设，提速推进 22 个超百亿重特大项目，新开工重点项目 200 个以上，完成投资 2100 亿元以上。注重项目策划，充分发挥项目前期办作用，力争新策划储备项目总投资 3100 亿元以上。强化全过程跟踪，用好项目全过程闭环管理 2.0 平台，力争新增固定资产投资入库项目 1100 个以上、总投资 2200 亿元以上。做实全要素保障，分类分档给予用地、用能、信贷、排放等要素保障，发挥 13 支国企产业基金引导作用，用足用好预算内投资、地方政府专项债券、政策性开发性金融工具，推动资源要素向优质企业、重大项目、重点区域集中。

强化招商引资。坚持领导挂帅、团队出征、市县联动、全员参与，借智发力、全域全力大招商、招大商，力争新签约二、三产项目 250 个、总投资 1000 亿元以上。注重靶向招商，完善招商图谱和目标企业库，着力招引投资强度大、亩产效益高、带动能力强的优质产业项目。突出产业链招商，立足全市“9+5”和县区“3+X”产业，重点招引“油头”“食头”等龙头项目，补强产业链薄弱环节。创新招商方式，深入开展驻点、产业基金、行业协会、产业园、第三方招商和“定制化厂房 + 预招商”。建立健全招商激励机制，配强专业招商队伍。

强化消费拉动。把恢复和扩大消费摆在优先位置，常态化开展全闽乐购活动，全面刺激和促进消费。提升传统消费，加大新能源汽车、智能家电、健康餐饮等供给和奖补，鼓励扩大信息、文化、健身、旅游等消费。培育新型消费，组织千企万店联合平台开展线上促消费，发展自助经营、共享经济等新业态，培育 3 个以上直播电商基地。实施消费提质增量工程，发展夜间经济、首店经济、品牌连锁经济，推动各县区打造夜间经济聚集区、主城区引进大型商超、重点商圈布局“城市展示厅”。健全商贸物流体系，支持邮政、快递、物流、商贸流通等企业开展市场化合作，发展公路港、“云仓储”等物流新业态，贯通县乡村三级商业体系和快递物流配送体系，释放农村消费潜力。全面实施“安商一体化”，支持刚性和改善性住房需求，加强地价房价联动、一手二手联动、预售资金开发贷资金联动，销售商品房 620 万平方米以上，促进房地产业平稳健康发展。

（二）着力突出工业、壮大产业，全力推动实体经济提升

加速建设工业强市。坚定不移突出工业、突破工业，推动制造业高端化、智能化、绿色化发展，力争完成工业投资 1000 亿元以上，新增新上规模工业企业 200 家以上。实施产业集群培优扶强专项行动，“一企一策”壮大全市工业 50 强，推动龙头企业与上下游企业开展“手拉手”供需对接；“一链一策”推动 8 个制造业铸链强链，加快培育先进制造业集群。实施专精特新中小企业突破专项行动，优化扶持培育政策，力争 10 家以上企业新认定第五批国家专精特新“小巨人”企业、40 家以上企业新认定专精特新中小企业。实施技术改造专项行动，组织实施 200 个以上省、市重点技改项目，推动 10 家以上企业通过省、

市企业技术中心认定。实施数字化转型专项行动，推进“上云用数赋智”工程，加快食品加工、冶金新材料、建材家居等产业数字化改造；启动“工业大脑”建设，抓好工业互联网标识二级节点建设，推动食品加工、石油化工等产业先行接入。实施绿色发展专项行动，力争全市国家级绿色制造单位突破 20 家、省级突破 50 家。实施社会资金和工业要素融合行动，新建厂房 400 万平方米。

加速发展现代服务业。落实好加快服务业提升发展若干措施，强化现代金融对产业的支撑作用，推动金融机构在加大信贷投放、服务实体经济中做大做强，力争普惠小微贷款余额增长 15%。制定促进总部经济、平台经济加快发展行动方案，着力招引区域贸易总部企业，推动每个县区引进培育 2-3 家竞争力强的平台企业。推动家政服务提质扩容，鼓励发展员工制家政企业。推动现代服务业同先进制造业深度融合，发展生产性服务外包，促进电子商务等服务业企业向制造环节拓展。推动现代服务业同现代农业深度融合，发展冷链物流，加快区域农产品集散地市场信息化建设，探索建立区域性大宗农产品电子商务创新平台，支持企业发展特色农业专业化服务。

加速做大“四大经济”。向数字要动力，优化布局物联网、大数据、智能制造等产业，提速语堂数字经济产业园、大数据中心等 90 个重点项目建设，提高招商局•芯云谷、漳州物联网产业园、甲骨文（漳州）双创基地等重点园区产业集聚度，争创省级数字经济集聚区，力争数字经济规模超 2800 亿元、增长 15%。向海洋要空间，深化“海上漳州”建设，整合湾区、港区资源，完善港口集疏运体系，加快临港产业发展；开辟海上牧场，发展深海装备养殖，建设水产种苗基地集中区，培育十大优新品种“万亩百亿”产业，建设“蓝色粮仓”，力争海洋经济生产总值增长 8.8%。向绿色要效益，大力发展核电、海上风电、光伏发电、储能等新能源产业，推动闽南海上风电基地和华安抽水蓄能电站获得核准、漳州核电 3# 和 4# 机组以及集中式光伏发电试点项目开工、漳州 LNG 接收站投产，加快打造全国重要的清洁能源基地。向文旅要活力，突出打造以世遗土楼为主题的山区生态游、以国道 G228 线滨海风景道为串联的海滨度假游、以漳州古城为主体的闽南文化体验游，推动 25 个“文旅 +”项目建设。

（三）着力打造平台、搭建载体，全力推动重点区域提升

高标准建设古雷石化基地。继续举全市之力加快古雷石化基地建设，确保实现工业产值超 1 千亿元、在建产业项目总投资超 1 千亿元、新签约和在谈项目总投资超 1 千亿元。攻坚突破“油头”，力争古雷炼化一体化二期项目正式开工、中沙古雷乙烯项目加快建设，打造世界级大炼油、大芳烃、大乙烯石化基地。延伸发展“化尾”，围绕“芳烃 - 聚酯”“烯烃 - 塑料”筑链，布局高端聚酯、聚烯烃和电子化学等产业，推动盛桐碳四等项目投产、中沙工程改性材料等项目签约，促进精细化工产业沿链聚合。深化产城融合，加强园区和城市配套，扎实创建国家级东山湾古雷经济技术开发区。持续完善提升石化基地规划，积极争取新的支持政策。

高质量打造重点产业片区。坚持产城融合，推动重点产业片区提质升级。提速发展漳州高新区，突出“三大片区”开发，抓好片仔癀大健康智造园、龙轴高端机械零部件制造基地、荔海科创总部、滨江总部集群、九龙江医院、南湖温泉酒店等项目攻坚，力争新签约项目超 50 个、总投资超 300 亿元，推动高新技术产业有新突破，打造漳州新增长点。提质发展台商投资区，加强重大产业项目招商，统筹地铁沿线土地开发和产业导入，对标厦门建设南部滨江片区，开工建设华昌综合体，改造提升灿坤工业园区，抓好生产性服务业配套，建设高质量发展先行区。提振发展漳州开发区，优化升级港口功能，加快“双鱼岛”招商和开发建设，促进港产城融合发展。提效发展常山开发区，优化引侨鼓励政策，大抓侨资项目招商，做大做强食品加工、机械制造等主导产业，打造凝聚侨心、汇聚侨力的华侨城。统筹发展省级以上开发区，分类型提升规划定位、完善基础设施、促进集群集聚，着力打造专业化园区。

高起点谋划开辟特色园区。认真落实中菲两国元首会晤倡议，加快中菲“两国双园”建设，科学构建“一

园五片区”规划体系，合理布局主导产业，梳理生成中菲双方投资贸易合作以及基础设施项目库，重点推进国家战略与应急物资储备保障基地、诏安港区万吨级深水码头等项目建设。把握国家“双碳”战略机遇，谋划推进龙海“零碳”产业园，围绕冷能梯次利用、热电高效利用、海水循环利用，积极策划引进项目，探索气候投融资等新途径，打造全国“双碳”产业示范区。扶持做大芗城、龙文新经济产业园。

（四）着力挖潜增能、降本增效，全力推动发展质效提升

用数据提质效。将数据作为新型生产要素，加快构建数据基础制度，激活数据要素潜能，推动数字产业化、产业数字化，让人民共享数字红利。依托市数据汇聚共享服务平台，整合经济社会各类基础数据和业务数据，进一步健全行业主题数据库，增强整体数据获取、分析、利用能力。搭建准“四上”企业库、储备库、种子库，精准进行企业培育，力促新增新上“四上”企业700家以上。加快推进“数字政府”建设，借助数据提升政府治理效能。

控强度提质效。树牢“亩均论英雄”理念，实施亩均效益评价行动，倒逼高耗低效企业转型升级，保障优质高效企业发展用地。加快存量低效工业用地提质增效，督促未利用土地加快开发，推动“向天空要空间”，建设多层厂房，提高工业用地容积率，力争处置低效用地1万亩以上。严格各区域用地亩均投入产出标准，提升项目投资、企业产出的“含金量”。集约节约利用土地，完善“标准地”出让制度，建立出让用地开工建设跟踪制度，探索实行混合用地供给等配置方式，实施工业企业不动产权属分割转让。

抓产出提质效。坚持“投入与产出挂钩、收益与贡献捆绑”，稳步提高财政收入占GDP比重、税性收入占财政收入比重。严格落实全面预算绩效管理制度，扎实做好生财、聚财、管财、理财、用财五篇文章，提高财政管理绩效综合水平。实施建筑业产值税收匹配度提升行动，强化建安税源培育和管理，进一步完善配套政策，力促建筑业产值超千亿元、税收行业占比8.5%以上。强化经营城市资源理念，建立健全资产盘活工作机制，统筹管理中心城区安置房，充分发挥资产效能、资源效益。

优环境提质效。持续深化“千名干部挂千企”帮扶活动，健全领导包挂、结对服务和企业问题交办等机制，变“企业找政策”为“政策找企业”，为企业提供“妈妈式”服务。切实落实“两个毫不动摇”，设立“漳州企业家日”，依法保护民营企业产权和企业家权益，大力支持民营企业创新转型、发展壮大。优化全流程审批，积极推行“拿地即开工”、探索“竣工即投产”，全面缩短项目审批和验收时间。推行全链条全领域信用监管，编制不罚、轻罚、少罚、免予行政强制“四张清单”，让市场主体感到温暖、增强信心。

（五）着力做优中心、做强县域，全力推动城市能级提升

做优中心城区。主动融入厦漳泉都市圈建设，围绕“一核两翼”空间发展格局，分批推进15个重点片区规划建设，实施“片区收储和综合开发”模式，重点加快芗城西湖片区、龙文建元片区、龙海榜山片区、长泰溪东片区开发，构建功能复合式新型都市区。实施城市更新行动，启动芗城上墩和通北片区、龙文朝阳（上美湖）片区连片改造，改造262个老旧小区、31.9万户居民户内燃气设施，拓展“完整社区”建设，让新区有人气、老城更宜居。拓展对外大通道，力促漳汕高铁等项目开工建设。实施中心城区互联互通工程和高速联络线、出口连接线工程，力促中心城区快联快通、快速上下高速。全域推进海绵城市建设，升级排水防涝设施，新改建污水、雨水、供水管道各60公里以上，推动主城区生态水系优化提升。启动“山水连城”步道和风雨廊项目建设，新建改造一批口袋公园、郊野公园、立体绿化，创建国家生态园林城市。聚力打造“城市大脑”，推进“5G＋光网”双千兆城市建设，启动漳州智慧城管平台二期项目，搭建“1+N”城市运营和应急指挥平台，完善城市信息模型（CIM）基础平台，打造宜居、韧性、智慧城市。

推动县城扩容。实施“大城关”发展战略，推进以县城为重要载体的城镇化建设，做好县城总体规

划和专项规划修编，引导人口、产业和设施集约高效布局，集中力量做强城关和副中心镇。实施县城建设提质升级行动，统筹县城生产、生活、生态、安全需要，抓好宜居建设、绿色人文、交通通达、安全韧性、智慧管理“五大工程”，推进县城公共服务、环境卫生、市政公用、产业配套等设施提级扩能，增强综合承载能力。加大教育、医疗、养老、托幼等公共服务供给，加快补齐县城短板弱项。

壮大县域经济。正视县域经济薄弱短板，大力发展县域经济，推动县域一二三产联动、融合发展。开展晋位比拼活动，在全国范围对标先进，卯足干劲再出发，奋起直追争晋位，争创全省县域经济“十强”、“十佳”县。发挥各地特色，大力发展“3+X”产业，加快壮大实体经济。漳浦重点发展食品医药、家居建材、清洁能源、绿色纸业等产业，协同古雷发展石化中下游产业；云霄重点发展清洁能源、电子信息、食品加工等产业；诏安重点发展食品加工、婴童文化创意、海洋生物、新材料新能源、精密机械制造等产业；东山重点发展建材家居、食品加工、新能源、文旅康养等产业；平和重点发展新型建材、生态木业、食品加工、文旅康养、机械制造等产业；南靖重点发展机械装备、电子信息、食品健康、新能源新材料、土楼文旅等产业；华安重点发展先进装备制造、智能家具家居、文旅、特色农业等产业。推动各县培育百亿产业链条，打造千亿产业集群，壮大县域经济实力。

（六）着力全面振兴、全员组织，全力推动乡村品质提升

突出“十镇百村”示范引领。启动乡村振兴“十镇百村”试点示范三年行动，重点抓好 13 个重点乡镇和 120 个重点村建设，实施 500 个以上重点项目，带动“百镇千村”全面振兴，形成具有漳州特色的乡村振兴示范样板。接续打造“串点连线成片”线路，实施 300 个以上项目，推动乡村向“村村美”拓展、“全域兴”延伸。建设宜居宜业和美乡村，深入推进厕所革命、裸房整治、绿化美化、生活垃圾和污水治理，因地制宜挖掘、改造、提升乡村特有的自然资源和文化遗产，推动“五个美丽”全面铺开。持续落实防止返贫动态监测和帮扶机制，牢牢守住不发生规模性返贫底线。加快民族乡村发展。

加快特色现代农业升级。执行最严格的耕地保护政策，坚决遏制耕地“非农化”、基本农田“非粮化”，大力实施退果还耕、退塘还田和撂荒地复耕，建立 12 个百亩以上规模示范片，推广 12 项稳粮增收关键技术模式，加快推进漳州粮食产业园建设，力争粮食播种面积 92.83 万亩、总产量超 42 万吨，保障粮食和重要农产品稳定安全供给。深入实施特色现代农业“1122”工程，建设 60 个以上农业产业项目，高标准打造一批现代农业产业园、农产品集散中心、优势特色产业集群、产业强镇和“一村一品”专业村。实施种业振兴“六大行动”，提升种业科技创新水平和企业市场竞争力。发展立体生态循环农业，推进苗木、果林、中草药种植与山地养殖等产业融合发展。培育新型农业经营主体和农业产业化联合体，探索建立“龙头企业 + 合作社 + 家庭农场 + 农户”利益联结机制。建设农旅融合田园综合体，创建省级以上数字农业创新应用基地，打造一批省级休闲农业、美丽休闲乡村示范点。

推动乡村治理更加有效。深入开展“基层社会治理水平提升年”专项行动，加快构建自治、法治、德治相融合的乡村治理体系。加快推动镇（乡）村组建乡贤促进会，建立常态化联系服务机制，激活乡贤资源、凝聚乡贤智慧、汇集乡贤力量，助力乡村全面振兴。推进法治乡村建设，实施村（居）法律顾问、乡村“法律明白人”培养工程，情理法结合化解农村矛盾纠纷。注重乡村善治，积极推广“积分制管理”，健全完善村规民约，推进农村移风易俗，滋养文明乡风。

（七）着力科教兴市、人才强市，全力推动创新驱动提升

强化科技创新引擎。漳州高质量发展的出路在创新，要把科技创新放在更加突出的位置，抓牢抓实。大力扶持科技创新平台建设，高标准建设产业技术研究院、企业技术中心，加快培育国家级和省级孵化器、众创空间、双创基地。强化企业科技创新主体地位，实施规模工业企业研发机构广覆盖行动，力争全市 R&D 经费增长 18% 以上。推动企业主导的产学研深度融合，把创新链、产业链、人才链贯通起来。

实施高新技术企业“双倍增”行动，力争申报国家高新技术企业数超360家、规模工业高技术产业增加值占规模工业增加值比重超10%。推进国家知识产权强市试点城市建设，积极争创国家级创新型城市。

办好公平优质教育。漳州高质量发展的根基在教育，要把强教育才之基筑得更牢。深化教育领域综合改革，推广名校集团化办学模式，推进体教深度融合、智商情商逆商同步培养。实施学前教育质量提升行动计划，推动学前教育普及普惠发展。建设城乡紧密型教育共同体，培育百所“老百姓家门口优质初中学校”,推动义务教育优质均衡发展。大力实施县（区）一中振兴工程,推动普通高中多样特色发展。加快漳州职业技术学院古雷校区、城市职业学院高新校区建设，支持闽南师范大学拓展扩容、漳州职业技术学院等院校“创本”。支持和规范民办教育发展。扩大优质资源供给,加快40个重点教育项目建设，新增义务教育学位4000个、公办幼儿园学位2100个。加强师德师风建设，实施名师名校长培养工程，建设高素质专业化创新型教师队伍。

加快建设人才强市。漳州高质量发展的关键在人才，要把招贤引才之门敞得更开。深入实施“万才聚漳”行动计划，着力破解高级人才引进建档难、名校长名教师返聘难等堵点问题，建立高层次专业技术人才编制和高级职称周转池，大力引育高层次科技人才和高水平创新创业团队。加强“双创之星”“首席科技官”“青年人才优秀创业项目”等培育选拔，持续拓展新农人“双百双万”素质提升工程，深入开展大学生实习“扬帆计划”，推动青年发展型城市建设。建立健全“校长库”“医院院长库”，组建首批国务院政府特殊津贴专家工作室。加快建设漳州人才酒店公寓，营造近悦远来的引才留才环境。

（八）着力深化改革、扩大开放，全力推动漳台融合提升

深化重点领域改革。纵深推进“放管服”改革，依托省市场准入效能评估平台，完善隐性壁垒破除协调机制。深化国资国企改革，突出主业主责，强化资本运作，增强国企核心竞争力，聚力培育1家中国500强后备企业。深化市政领域投融资体制改革,成立城市建设投资基金,保障城建重点领域资金需求。改革市、区两级公共设施管理机制，厘清权责边界，试行“清单管理+兜底管理”模式。支持漳浦县、华安县开展农村产权流转交易市场建设试点。全面推开新一轮集体林权制度改革，积极探索开展林业碳汇试点，促进林业地票、林票规模做大、质量做优，推动林票、地票、碳票“三票”融合。

提高对外开放水平。深度融入“海丝”核心区建设,落实对接区域全面经济伙伴关系协定行动计划，力促中菲“两国双园”建设总体方案获批，全面争取外资外贸试点政策，更大力度吸引和利用外资。建立健全侨情数据库，激活侨务资源。积极推动纳入福建自由贸易试验区扩区范围。推进国家跨境电子商务综合试验区建设，支持具备条件的县（区）建设海关特殊监管场所、出口产品集中展示展销区，力促国际快件监管中心早日投用。培育外贸新业态，做大市场采购、跨境电商、保税物流等业态。研究支持稳外贸发展政策，鼓励企业组团“出海”抢订单。

推进漳台融合发展。持续打造台胞台企登陆的第一家园。坚持以通促融，实施新一轮漳台产业合作计划，推进石油化工、机械装备、精致农业等重点产业深度融合，争创两岸产业融合发展示范区。坚持以惠促融，积极推进“台湾小镇”和台湾青年就业创业基地建设，持续优化涉台营商环境，吸引更多台湾青年来漳实习就业创业,不断增强台胞台商获得感,打造两岸“家乡化”服务引领区。坚持以情促融,加大对台交流基地建设力度,加强宗亲、乡亲、姻亲、民间信仰等交流互动,持续办好海峡论坛漳州活动、农博会•花博会、海峡（漳州）茶会、海峡两岸（漳州）青年交流周等品牌活动，构建两岸基层融合发展先行区。

（九）着力绿色发展、系统治理，全力推动生态效益提升

加快绿色低碳发展。推动经济社会发展绿色转型，协同推进降碳、减污、扩绿、增长，建设生态漳州、富美漳州。深化运用EOD模式,推动产业园区、“高能耗”行业绿色化升级,实施开发区循环化改造,

降低园区单位能耗水平。落实排污权交易，探索实施碳排放权、用水权等资源环境权益交易。加强资源节约集约循环利用，倡导绿色低碳生活方式，提高生活垃圾分类覆盖面和准确率。

强化污染防治攻坚。持续推进中央和省级环保督察反馈问题整改，确保如期交账销号。深入实施蓝天工程，强化 PM_2.5、二氧化氮和臭氧协同治理，抓好工地扬尘等重点领域整治，切实提升空气环境质量。深入实施碧水工程，排查整治各类污染，有效削减入河污染物排放总量，确保县级以上饮用水源地、农村“千吨万人”水源Ⅰ～Ⅲ类水质比例保持 100%。深入实施碧海工程，推进近岸海域污染防治工程，加强入海排污口排查整治，加大海漂垃圾常态化清理力度。深入实施净土工程，落实农用地和建设用地土壤污染防治，加强危险废物全过程信息化管理，确保重点建设用地安全利用率 95% 以上。

提高生态系统质量。坚持山水林田湖草沙一体化保护和系统治理，统筹推进美丽城市、美丽乡村、美丽河湖、美丽海湾、美丽园区建设，加快推进九龙江、鹿溪、南溪等重要流域生态系统保护和修复，抓好东山八尺门海域、长泰吴田山、九龙江口和漳江口红树林湿地等生态修复。严格落实“三线一单”，严控“两高”产业布局，推动生态系统保护一体化。深化国土绿化美化、森林质量提升等行动，加强水土流失治理，筑牢生态安全屏障。实施江河湖库连通工程，加快九龙江南引工程、漳浦朝阳水库、平和官峰水库等重点水利工程建设，规划建设一批地面库。健全生态环境损害赔偿、多元化生态补偿制度体系，巩固提升漳州绿色生态优势。

（十）着力保障民生、增进福祉，全力推动美好生活提升

多渠道促增收。强化就业优先政策，建立全市企业用工与人才需求信息库，搭建线上灵活就业公共服务平台。加快零工市场和就业驿站建设，优化创业扶持政策，加大职业技能培训力度，促进大学生等重点群体就业，加强困难群体就业帮扶，城镇新增就业 4 万人以上。突出提低、扩中、调高“三轮驱动”，实施重点群体增收计划，增加低收入者收入，壮大中等收入群体。

多维度优保障。认真落实新阶段疫情防控各项举措，着力保健康、防重症，进一步强化医疗资源储备、分级分类救治、就医用药保障，继续加快 60 岁以上老年人等重点人群疫苗接种，确保顺利渡过流行期。紧盯教育医疗等民生所需、一老一小等民生所急、品质生活等民生所好，实施 45 项为民办实事项目。坚持应保尽保，深入实施全民参保计划，促进多层次医疗保障有序衔接，健全分层分类的社会救助体系。加快增加“托位”，争创第二批全国婴幼儿照护服务示范城市，主城区新增 0-3 岁普惠性托位 2000 个。有效拓展“床位”，实施 32 个医疗卫生重点项目，力促市中医院新院区、市第二中医院新院区、第四医院扩建项目开工，推动市医院总部院区全面开诊，加快名医馆建设，激励名医入漳，推进疾控中心标准化建设，提高县级医院医疗卫生服务能力；在龙文、东山探索“全生命周期”健康管理；完善生育支持体系，积极应对人口老龄化少子化。开展“养老服务质量提升年”专项行动，推进省医养结合综合试点工作，鼓励社会力量兴办养老机构，扩大居家养老适老化改造覆盖面，新增养老床位 1000 张以上，养老机构护理型床位占比 60% 以上。优化配置“餐位”，合理选点布局城市餐厅，推动新建小区同步配套建设，新增 10 个以上城市餐厅。建设一批“园位”，新开工 200 个公益性“生命公园”。推动文化惠民项目化，深入实施“用闽南文化点亮千年漳州古城”行动计划，举办“闽南文化节”、闽南（漳州）革命历史展览，规划建设开漳圣王文化园，改造提升县区博物馆，鼓励社会力量兴办各类博物馆，推动市图书馆新馆和中国女排精神展示馆开馆；实施文化振兴行动，加大文化遗产保护力度，擦亮漳州海洋文化名片；以迎接创建全国文明城市总评年为契机，推进各领域文明创建，提高全社会文明程度。加强体育惠民，抓好一批智慧体育公园、游泳健身场地建设，组织开展不少于 150 场全民健身赛事活动。加强住房惠民，建设 6578 套棚改安置房、1400 套以上保障性租赁住房，解决好新市民、青年人等住房问题。

多元化强治理。健全社区治理体系，深化全国市域社会治理现代化试点合格城市建设。加强和改进

人民信访工作，及时把矛盾纠纷化解在基层、化解在萌芽状态。强化社会治安整体防控，推动公安机关“市县主战、派出所主防”实战化职能体系建设，推进扫黑除恶常态化，集中打击整治群众反映强烈的突出违法犯罪。加强房地产、金融等领域风险监测预警和应急处置，牢牢守住不发生系统性区域性风险底线。构筑“大安全大应急”工作格局，深入开展安全生产专项整治行动，增强防灾减灾救灾能力。强化食品药品安全监管，持续创建国家食品安全示范城市。

同时，全力支持国防和军队建设，加强国防动员、国防教育、人民防空、军民融合、双拥优抚、征兵等工作，完善退役军人服务保障体系。支持工青妇和红十字会等群团组织更好发挥作用，切实保障妇女、儿童、老年人、残疾人合法权益。扎实做好民族、宗教、外事、侨务、气象、地震、档案等工作，认真开展第五次全国经济普查，进一步做好援藏援疆援宁工作，促进各项事业全面进步。

三、建设新时代人民满意政府

目标在前，重任在肩。我们要胸怀“国之大者”，坚持把党的二十大精神贯穿政府工作各方面、全过程，以奋发有为的精神状态和“时时放心不下”的责任意识履职尽责，全面提升政府治理能力现代化水平。

建设学习型政府。注重理论武装，学深悟透习近平新时代中国特色社会主义思想和党的二十大精神，深刻领悟“两个确立”的决定性意义，把忠诚拥护“两个确立”、坚决做到“两个维护”作为最高政治原则，增强“四个意识”、坚定“四个自信”、做到“两个维护”。强化业务学习，大力发扬专业精神，以“懂行”的人干“内行”的事。坚持学思用贯通，围绕国家之令、漳州之能、发展之需、民生之求，切实做到前瞻性思考、全局性谋划、整体性推进，以情况“了然于胸”支撑履职“精准入微”。

建设服务型政府。始终把群众的诉求作为政府的工作追求，真心关怀安危冷暖，真情解决“急难愁盼”。大兴调查研究之风，建立健全问需于民、问计于民、问效于民的制度机制。大力倡导“马上就办、真抓实干”，推行“一线办公”，细化“两单一表”，完善任务分解、责任落实、过程督办、评估问效的抓落实责任体系和闭环管理链条。加快“互联网＋政务服务”优化升级，让群众少跑腿、企业好办事。坚持雷厉风行、埋头苦干，把眼光放在做好当下、着眼长远上，把重心放在服务群众、推动发展上。

建设法治型政府。全面贯彻落实习近平法治思想，强化重大行政决策程序规范化建设。深化行政执法体制改革，全面推进跨领域跨部门综合执法和基层“一支队伍管执法”，严格规范公正文明执法。实施“八五”普法规划，扎实做好《漳州市海域养殖生态保护管理办法》等法规起草工作，营造浓厚的法治氛围。深化全过程人民民主探索实践，加强政府协商，广泛听取民意，自觉接受人大监督、政协民主监督、监察监督，主动接受群众和舆论监督，进一步加强审计、财会、统计监督，让权力在阳光下运行。

建设创新型政府。坚持既依法依规又不墨守陈规，做到超常规又不违规。大力推动政府治理理念创新、服务模式创新、体制机制创新，以政府创新引领带动全社会创新发展。突出问题导向，善于摸清底数、找准症结，推行异常管理，提高解决问题的穿透力和实效性，做到心中有数、脚下有步、手中有招。以部门为单位，制定汇总政府系统“工作创新清单”，树牢数据意识、做细统计分析、用足科技手段，提升政府运行效率、治理效能。健全激励机制和容错纠错机制，激发全社会干事创业活力，让愿担当、敢担当、善担当蔚然成风，让干部敢为、地方敢闯、企业敢干、群众敢首创。

建设廉洁型政府。深入落实新时代党的建设总要求，进一步增强坚定不移全面从严治党的政治定力。持之以恒加固中央八项规定精神堤坝，重点纠治形式主义、官僚主义。紧盯干部作风“五不”问题，科学精准靶向整治。严控“三公”经费和一般性支出，以政府的紧日子换取群众的好日子。坚持不敢腐、不能腐、不想腐一体推进，强化廉政风险防控，深化整治权力集中、资金密集、资源富集领域的腐败，巩固发展风清气正的良好政治生态。

各位代表，踔厉奋发向前进，勇毅前行谱新篇。让我们更加紧密地团结在以习近平同志为核心的党中央周围，在省委和省政府以及市委的坚强领导下，坚定信心、埋头苦干、砥砺前行，为加快建设现代化滨海城市、全面推进中国式现代化作出更大贡献！

（注：部分内容省略）

漳州市2022年国民经济和社会发展统计公报

漳州市统计局　国家统计局漳州调查队

2023年3月17日

2022年，全市各级各部门坚持以习近平新时代中国特色社会主义思想为指导，全面贯彻落实党的二十大精神，坚持稳中求进工作总基调，深入实施“产业发展项目建设攻坚年”活动、“七比一看”竞赛，统筹疫情防控和经济社会发展，有效应对超预期因素冲击，着力推动高质量发展，经济实现质的有效提升和量的合理增长。

一、综合

初步核算，全年地区生产总值5706.58亿元，比上年增长6.9%，其中，第一产业增加值571.50亿元，增长4.3%；第二产业增加值2859.95亿元，增长8.5%；第三产业增加值2275.13亿元，增长5.9%。三次产业比例由上年的10.1 ∶ 49.7 ∶ 40.2调整为10.0 ∶ 50.1 ∶ 39.9。全年人均地区生产总值112578元，增长6.9%。

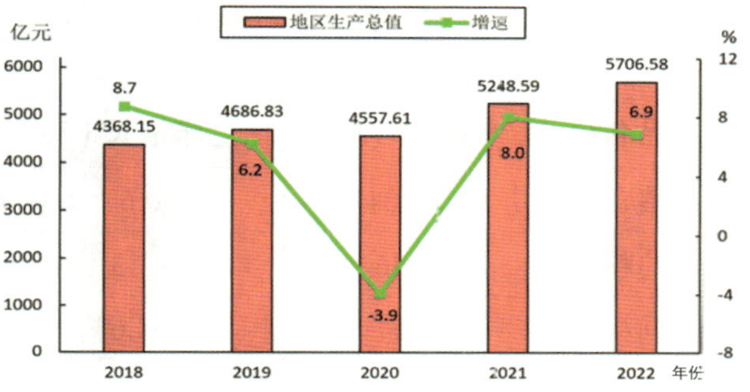

图1　2018—2022年地区生产总值及其增长速度示意图

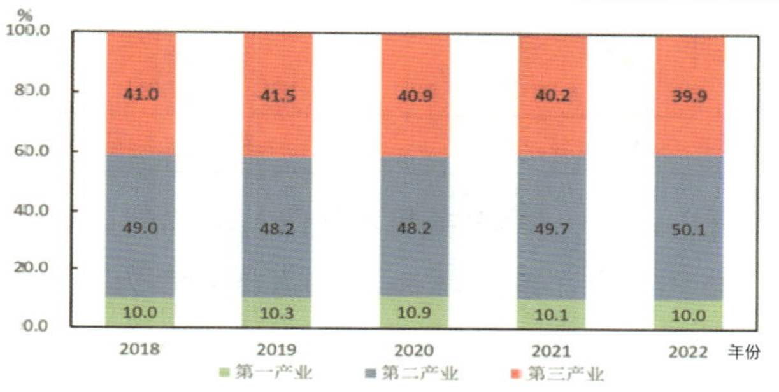

图2　2018—2022年三次产业增加值占地区生产总值比重图

年末全市常住人口506.8万人，比上年末减少0.2万人，其中，城镇常住人口321万人，城镇化率为63.3%。全年出生人口3.7万人，出生率为7.30‰；死亡人口3.5万人，死亡率为6.90‰；自然增长率为0.39‰。年末户籍人口数为527.2万人，比上年末增加1.0万人，增长0.19%。

2022年年末人口数及其构成表

表1

指标	年末数（万人）	比重（%）
全市常住人口	506.8	100.0
其中：城镇	321.0	63.3
乡村	185.8	36.7
其中：男性	260.8	51.5
女性	246.0	48.5

续表 1

指标	年末数（万人）	比重（%）
其中：0—15 岁（含不满 16 周岁）	101.5	20.0
16—59 岁（含不满 60 周岁）	308.7	60.9
60 周岁及以上	96.6	19.1
其中：65 周岁及以上	67.3	13.3

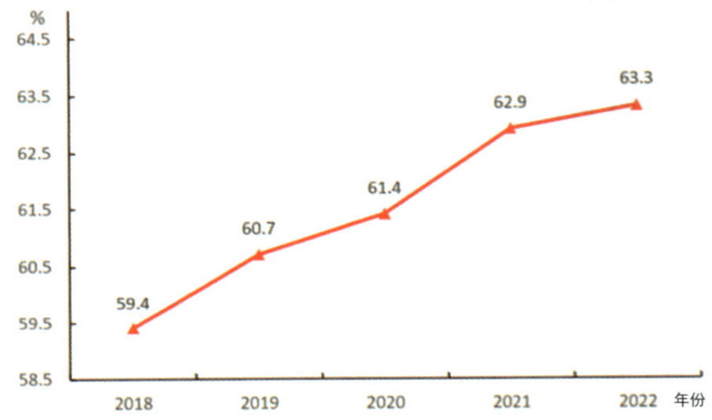

图 3 2018—2022 年年末常住人口城镇化率图

全年全市新增城镇就业人数 4.52 万人，其中，城镇失业人员再就业 1.32 万人，城镇困难群体再就业 0.35 万人。全年组织职业技能等级认定 22307 人，获得职业技能等级证书 18374 人，取证率 82.4%。全年办理劳动能力鉴定 3252 件，办理工伤认定案件 4716 件。

全年市辖区居民消费价格比上年上涨 1.6%，分行业看，食品烟酒类价格上涨 2.1%，衣着类价格下降 2.2%，居住类价格上涨 1.5%，生活用品及服务价格类下降 0.5%，交通通信类价格上涨 4.1%，教育文化娱乐类价格上涨 1.2%，医疗保健类价格上涨 0.7%，其他用品及服务类价格上涨 1.1%。

2022 年市辖区居民消费价格比上年涨跌幅度表

表 2

指标	市辖区（%）
居民消费价格	1.6
其中：食品烟酒类	2.1
衣着类	−2.2
居住类	1.5

续表 2

指标	市辖区（%）
生活用品及服务类	-0.5
交通和通信类	4.1
教育文化和娱乐类	1.2
医疗保健类	0.7
其他用品和服务类	1.1

全年新登记市场主体 14.62 万户，日均新登记市场主体 0.04 万户，年末市场主体总数达 74.87 万户。

二、农业

全年农林牧渔业总产值 1066.35 亿元，比上年增长 4.6%。粮食总产量 42.01 万吨，增长 0.6%；油料产量 3.26 万吨，下降 1.3%；糖料产量 3.51 万吨，下降 4.6%；茶叶产量 6.79 万吨，增长 8.8%；园林水果产量 414.84 万吨，增长 8.1%；蔬菜产量 256.62 万吨，增长 3.5%；食用菌产量 45.99 万吨，增长 4.1%。

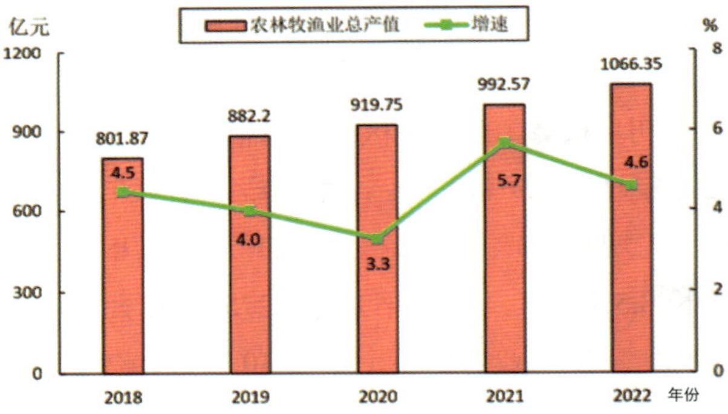

图 4 2018—2022 年农林牧渔业总产值及其增长速度图

2022年主要农产品产量图

表 3

产品名称	产量（万吨）	比上年增长（%）
粮食	42.01	0.6
油料	3.26	−1.3
糖料	3.51	−4.6
茶叶	6.79	8.8
园林水果	414.84	8.1

续表 3

产品名称	产量（万吨）	比上年增长（%）
蔬菜	256.62	3.5
食用菌	45.99	4.1
肉类	42.20	5.0
禽蛋	8.65	12.2
牛奶	2.48	17.2
水产品	210.48	1.0

木材产量246.36万立方米，比上年增长4.2%。年末活立木（森林）总蓄积量5322.85万立方米。

肉类总产量42.20万吨，比上年增长5.0%。禽蛋产量8.65万吨，增长12.2%。牛奶产量2.48万吨，增长17.2%。年末生猪存栏146.95万头，增长2.0%；生猪出栏240.78万头，增长6.8%。

水产品总产量210.48万吨，比上年增长1.0%，其中，淡水产品产量32.98万吨，增长6.3%。近海捕捞31.79万吨，增长0.03%；海水养殖145.71万吨，增长0.8%；淡水捕捞1.42万吨，增长1.0%；淡水养殖31.56万吨，增长6.5%。

新增和改善灌溉面积7.34万亩，新增高效节水灌溉面积9890亩。

三、工业和建筑业

全年全部工业增加值2231.98亿元，比上年增长7.9%。规模以上工业增加值增长10.2%。在规模以上工业中，分经济类型看，股份制企业增长11.5%，外商及港澳台商投资企业增长6.8%，国有控股企业增长31.4%，私有企业增长8.6%；分轻重行业看，轻工业增长6.6%，重工业增长13.1%；分门类看，采矿业下降27.6%，制造业增长10.2%，电力、热力、燃气及水生产和供应业增长10.3%。

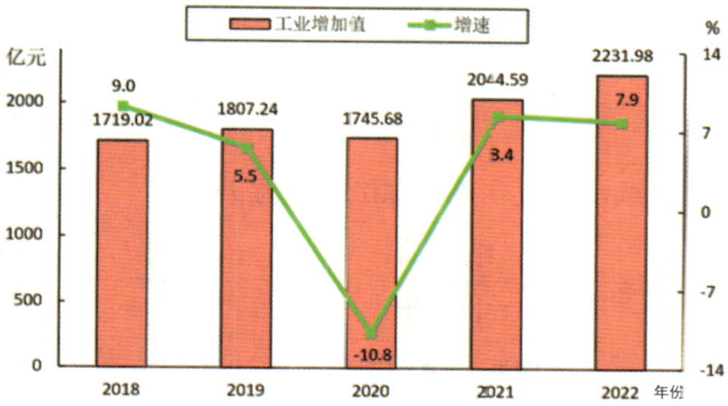

图 5 2018—2022 年全部工业增加值及其增长速度图

年末规模以上工业法人企业2529家，比上年末增加147家，其中，年产值过5亿元、50亿元、100亿元的企业分别为320家、17家和8家。规模以上工业的34个行业大类中有12个行业增加值增速在两位数以上，其中，石油、煤炭及其他燃料加工业增长143.5%，化学纤维制造业增长83.2%，通用设备制造业增长34.1%，水的生产和供应业增长27.8%，黑色金属冶炼和压延加工业增长26.6%，医药制造业增长21.0%。

表 4　2022 年规模以上工业企业主要工业产品产量表

产品名称	计量单位	产量	比上年增长（%）
饲料	吨	6514224	7.9
精制食用植物油	吨	92842	3.9
成品糖	吨	307482	–24.3
冷冻水产品	吨	640295	15.1
速冻食品	吨	123641	15.1
罐头	吨	1682717	2.3
酱油	吨	19648	–16.8
饮料酒	千升	217546	-14.4

续表 4

产品名称	计量单位	产量	比上年增长（%）
饮料	吨	2434941	7.2
精制茶	吨	13665	-14.7
纱	吨	22437	-20.0
服装	万件	1974	-20.7
轻革	平方米	20179836	-1.0
鞋	万双	1153	-29.3
人造板	立方米	14431119	0.3
家具	件	85261673	-10.8
机制纸及纸板（外购原纸加工除外）	吨	5818075	-5.9
纸制品	吨	2106166	59.8
中成药	吨	22809	31.8
橡胶轮胎外胎	条	1006636	-14.6
水泥	吨	4669367	-6.8
砖	万块	65576	-69.1
瓷质砖	平方米	131857924	-20.8
陶质砖	平方米	16669538	-29.4
平板玻璃	重量箱	33860374	-13.9
钢化玻璃	平方米	5531053	-17.2
卫生陶瓷制品	件	21596509	29.3
生铁	吨	3954548	45.8
钢材	吨	7564289	9.7
金属集装箱	立方米	4321682	-49.9
滚动轴承	万套	5210	-11.3
改装汽车	辆	1723	-35.7
锂离子电池	只	81847777	-43.9
铅酸蓄电池	千伏安时	3439804	19.1
家用电热烘烤器具	个	11392077	-43.5
电光源	万只	901	8.9
灯具及照明装置	套（台、个）	14219535	375.1
电子计算机整机	台	3964124	-8.9
显示器	台	80955	-9.9
卫星导航定位接收机	部	10906	-31.3

续表 4

产品名称	计量单位	产量	比上年增长（%）
电话单机	部	579344	19.9
移动通信手持机（手机）	台	21911400	64.3
光电子器件	万只（片、套）	91723	-75.5
钟	只	32908661	-13.1
表	只	20667843	23.6
眼镜成镜	副	14355724	28.5

全年规模以上工业企业营业收入 7438.1 亿元，比上年增长 9.5%；实现利润总额 577.9 亿元，下降 8.0%；实现利税 724.2 亿元，下降 3.0%。工业产销率为 95.6%，比上年回落 1.6 个百分点。

全年建筑业增加值 631.99 亿元，比上年增长 10.9%。具有资质等级的总承包和专业承包建筑业企业 787 家，比上年增加 126 家，完成建筑业总产值 874.54 亿元，增长 11.9%，其中，国有控股企业产值 102.58 亿元，增长 21.4%；非国有控股建筑企业产值 771.95 亿元，增长 10.7%。

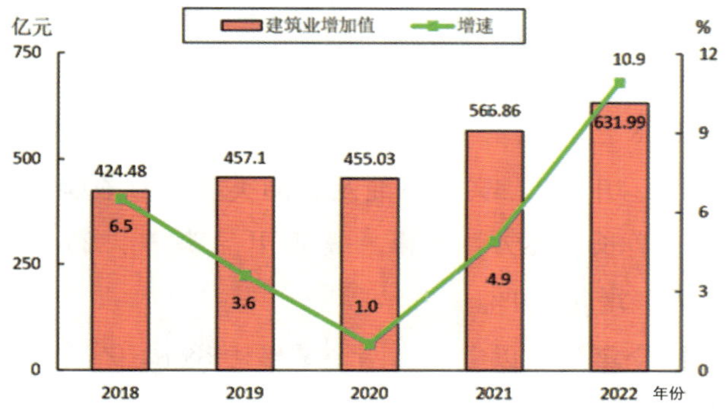

图 6 2018—2022 年建筑业增加值及其增长速度图

四、服务业

全年批发和零售业增加值 463.27 亿元，比上年增长 8.5%；交通运输、仓储和邮政业增加值 225.76 亿元，增长 3.7%；住宿和餐饮业增加值 86.15 亿元，增长 6.1%；金融业增加值 227.22 亿元，增长 6.5%；房地产业增加值 343.53 亿元，增长 1.6%。全年规模以上服务业企业营业收入增长 9.3%。

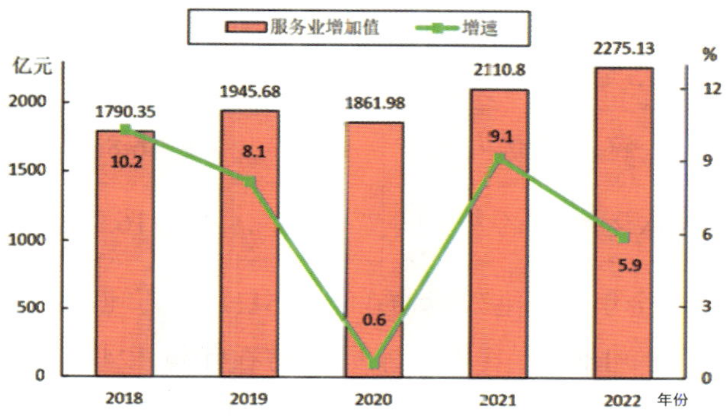

图 7 2018—2022 年服务业增加值及其增长速度图

年末公路通车里程 1.32 万公里，比上年增长 3.0%。其中，高速公路通车里程 395.08 公里，增长 0.2%。

全年货物运输总量 8049.11 万吨，比上年下降 9.7%。铁路、公路、水路共完成客运量 1167.42 万人次，下降 13.0%。

2022 年各种运输方式完成货物运输量情况表

表 5

指标	计量单位	绝对数	比上年增长(%)
货运量	万吨	8049.11	-9.7
铁路	万吨	22.17	54.2
公路	万吨	7880.21	-10.3
水运	万吨	146.73	27.5
货物周转量	亿吨公里		
铁路	亿吨公里		
公路	亿吨公里	92.49	-4.1
水运	亿吨公里	23.09	133.5

2022 年各种运输方式完成旅客运输量情况表
表 6

指标	单位	绝对数	比上年增长(%)
旅客发送量	万人	1167.42	-13.0
铁路	万人	473.22	-24.9
公路	万人	648.93	-1.0
水运	万人	45.27	-19.2
旅客周转量	亿人公里		
铁路	亿人公里		
公路	亿人公里	6.58	6.8
水运	亿人公里	0.04	-16.9

全年沿海港口货物吞吐量 5111.04 万吨，比上年下降 1.8%，其中，外贸货物吞吐量 1242.41 万吨，下降 2.0%。集装箱吞吐量 34.41 万标箱，增长 27.8%。

年末全市汽车保有量（含三轮汽车和低速货车）153.16 万辆，比上年增长 11.5%。其中，私人汽车保有量 67.64 万辆，增长 6.2%。全市轿车保有量 42.77 万辆，增长 6.4%。其中，私人轿车保有量 40.25 万辆，增长 6.8%。

全年完成邮政业务总量 41.29 亿元，比上年增长 17.6%。邮政业全年完成邮政函件业务 92.08 万件，包裹业务 4.77 万件，快递业务量 44848.93 万件。全年完成电信业务总量 50.60 亿元，增长 20.6%。全市电话用户总数 625.47 万户，其中，移动电话用户 558.38 万户。移动电话普及率为 110.1 部 / 百人。固定互联网宽带接入用户 229.70 万户，比上年末增加 22.10 万户，其中，固定互联网光纤宽带接入用户 214.72 万户，增加 19.48 万户。

五、国内贸易

全年社会消费品零售总额 1904.21 亿元，比上年增长 5.5%。分规模看，限额以上消费品零售额 532.80 亿元，增长 15.3%；限额以下消费品零售额 1371.41 亿元，增长 2.2%。

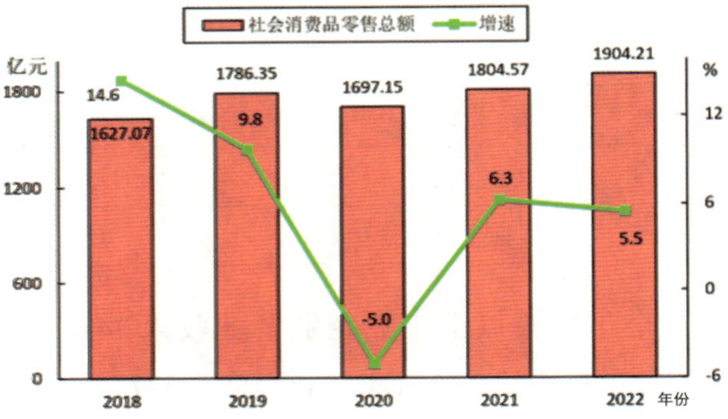

图 8 2018—2022 年社会消费品零售总额及其增长速度图

在限额以上企业商品零售额中，家具类零售额 10.83 亿元，比上年下降 4.2%；服装鞋帽针纺织品类零售额 19.49 亿元，增长 23.3%；粮油食品饮料烟酒类零售额 135.58 亿元，增长 22.0%；通讯器材类零售额 4.84 亿元，下降 9.8%；汽车类零售额 124.45 亿元，增长 12.8%；金银珠宝类零售额 0.79 亿元，增长 15.9%；家用电器和音像器材类零售额 22.26 亿元，下降 4.9%；化妆品类零售额 2.88 亿元，增长 1.3%；日用品类零售额 21.39 亿元，增长 22.4%；石油及制品类零售额 69.48 亿元，增长 20.8%；体育、娱乐用品类零售额 1.48 亿元，增长 4.9%。

全年限额以上商品网上零售额 68.64 亿元，比上年增长 16.2%。

六、固定资产投资

全年固定资产投资 2242.02 亿元，比上年增长 10.1%。分产业看，第一产业投资 38.71 亿元，下降 15.7%；第二产业投资 995.79 亿元，增长 30.2%，其中，工业投资 991.33 亿元，增长 29.7%；第三产业投资 1207.52 亿元，下降 1.5%。民间固定资产投资 1210.02 亿元，增长 16.4%。基础设施投资 603.03 亿元，增长 17.5%。

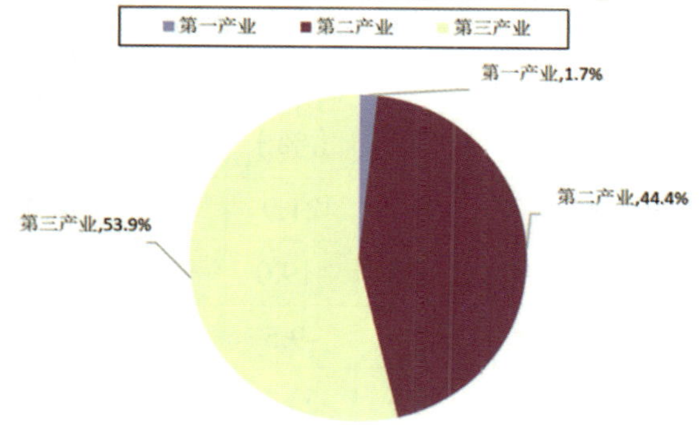

图 9 2022 年三次产业投资占固定资产投资的比重图

2022 年固定资产投资情况表

表 7

指标	投资额（亿元）	比上年增长（%）
固定资产投资	2242.02	10.1
第一产业	38.71	-15.7
第二产业	995.79	30.2
其中：工业	991.33	29.7
第三产业	1207.52	-1.5
按行业分		
农、林、牧、渔业	46.71	-4.0
采矿业	2.94	-84.7
制造业	783.99	34.7
电力、燃气及水的生产和供应业	204.40	25.1
建筑业	4.46	净增
批发和零售业	12.15	9.6
交通运输、仓储和邮政业	122.94	-14.6
住宿和餐饮业	19.09	9.1
信息传输、软件和信息技术服务业	6.99	-47.0
金融业	0.42	-20.6
房地产业	542.30	-9.8
租赁和商务服务业	69.84	48.8
科学研究和技术服务业	4.22	-20.5

续表 7

指标	投资额（亿元）	比上年增长（%）
水利、环境和公共设施管理业	290.51	27.8
居民服务、修理和其他服务业	8.26	308.1
教育	46.88	-8.0
卫生和社会工作	30.74	18.9
文化、体育和娱乐业	36.48	-40.5
公共管理、社会保障和社会组织	8.69	-45.7

全年房地产投资 521.87 亿元，比上年下降 11.0%，其中，住宅投资 373.86 亿元，下降 13.3%。房屋施工面积 4339.82 万平方米，下降 6.3%，其中，住宅施工面积 3119.65 万平方米，下降 6.5%。房屋新开工面积 568.12 万平方米，下降 21.3%，其中，住宅新开工面积 388.46 万平方米，下降 21.5%。房屋竣工面积 559.17 万平方米，下降 5.8%，其中，住宅竣工面积 396.64 万平方米，下降 6.8%。

2022 年房地产开发和销售主要指标情况表

表 8

指标	单位	绝对数	比上年增长（%）
投资完成额	亿元	521.87	-11.0
其中：住宅	亿元	373.86	-13.3
房屋施工面积	万平方米	4339.82	-6.3
其中：住宅	万平方米	3119.65	-6.5
房屋新开工面积	万平方米	568.12	-21.3
其中：住宅	万平方米	388.46	-21.5
房屋竣工面积	万平方米	559.17	-5.8
其中：住宅	万平方米	396.64	-6.8
商品房销售面积	万平方米	698.02	0.3
其中：住宅	万平方米	513.61	-6.3

七、对外经济

全年进出口总额 1200.9 亿元，比上年增长 13.9%，其中，出口 813.2 亿元，增长 17.8%；进口 387.8 亿元，增长 6.6%。进出口顺差 425.4 亿元，比上年增加 97.9 亿元。主要出口商品中，机电产品出口 186.17 亿元，减少 18.9%；农产品出口 264.03 亿元，增长 12.4%；高新技术产品出口 26.31 亿元，减少 31.8%。主要出口目的地中，出口美国 167.82 亿元，增长 13.1%；出口欧盟 98.17 亿元，增长 6.2%；出口东盟 221.95 亿元，增长 37.7%。

2022 年进出口总额及其增长速度表

表 9

指标	绝对数(亿元)	比上年增长(%)
进出口总额	1200.9	13.9
出口额	813.2	17.8
其中：一般贸易	643.8	12.2
加工贸易	99.57	10.1
其中：机电产品	186.17	-18.9
其中：高新技术产品	26.31	-31.8
进口额	387.8	6.6
其中：一般贸易	339.63	7.7
加工贸易	32.47	-16.0
其中：机电产品	30.28	-15.5
其中：高新技术产品	2.35	-73.0

2022 年对主要国家和地区进出口金额及其增长速度表

表 10

国家和地区	出口(亿元)	比上年增长(%)	进口(亿元)	比上年增长(%)
美国	167.82	13.1	14.95	49.4
欧盟	98.17	6.2	9.54	-34.0
东盟	221.95	37.7	38.05	-18.4

续表 10

国家和地区	出口(亿元)	比上年增长(%)	进口(亿元)	比上年增长(%)
日本	59	21.9	11.2	14.4
香港地区	25.65	-19.0	3.64	4902.7
台湾地区	67.5	-9.5	29.13	-22.1
韩国	24.11	53.1	7.02	6.3
俄罗斯联邦	5.9	-26.6	18.22	29.2

批准设立外商直接投资项目 166 个，注册合同外资 18.91 亿美元，比上年增长 318.0%。实际利用外商投资（商务部口径）3.96 亿美元，增长 102.0%，其中，制造业实际使用外资 3.16 亿美元，增长 120.3%；服务业实际使用外资 183 万美元，增长 0.6%。“一带一路”沿线国家对华直接投资（含通过部分自由港对华投资）新设立企业 11 家，增长 266.7%；对华直接投资金额 8880 万美元，增长 421.1%。全年高技术产业实际使用外资 0.45 亿美元，增长 135.8%。

2022 年外商直接投资情况表

表 11

行业	合同项目(个)	合同外资金额(万美元)
总计	166	189058
农、林、牧、渔业	15	635
制造业	31	142500
电力、燃气及水的生产和供应业	1	1160
建筑业	0	450
批发和零售业	33	6001
交通运输、仓储和邮政业	0	1837
住宿和餐饮业	0	1
租赁和商务服务业	24	19260

续表 11

行业	合同项目（个）	合同外资金额（万美元）
居民服务、修理和其他服务业	0	0
文化、体育和娱乐业	12	5839
科学研究和技术服务业	43	14723
教育	0	0
房地产业	1	-4562
信息传输、软件和信息技术服务业	6	1214

八、财政金融

全年一般公共预算总收入 341.03 亿元，扣除增值税留抵退税因素后同口径（以下简称同口径）增长 8.3%，其中，地方一般公共预算收入 250.6 亿元，同口径增长 16.7%；上划中央收入 90.43 亿元，同口径下降 6.2%。一般公共预算支出 499.11 亿元，增长 18.8%。全年财政用于民生支出为 395.95 亿元，比上年增支 66.95 亿元，增长 20.3%，占公共财政支出比重为 79.3%。

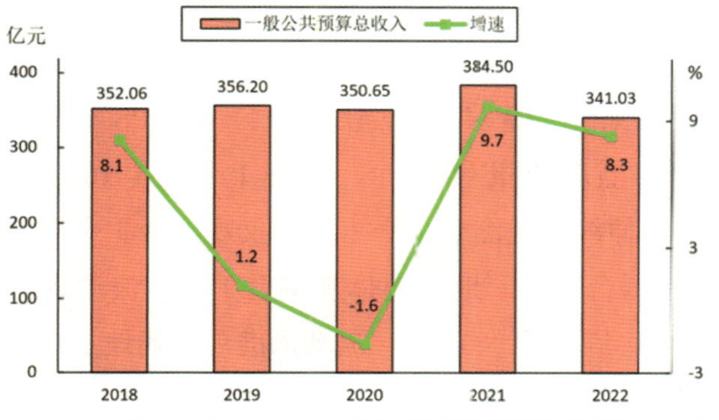

图 10 2018—2022 年一般公共预算总收入及其增长速度图

年末全市金融机构本外币各项存款余额 4374.51 亿元，比上年末增长 13.4%，比年初增加 515.70 亿元。金融机构本外币各项贷款余额 4688.79 亿元，增长 15.8%，比年初增加 638.91 亿元，其中，涉农贷款余额 1740.05 亿元，比年初增加 228.46 亿元；县域贷款余额 1549.53 亿元，比年初增加 255.65 亿元；小微企业贷款余额 697.29 亿元，比年初增加 149.40 亿元。

2022 年年末全部金融机构本外币存贷款余额及其增长速度表

表 12

指标	年末数（亿元）	比上年末增长（%）
各项存款（本外币）	4374.51	13.4
住户存款	2598.37	17.1
非金融企业存款	1072.32	12.1
机关团体存款	554.55	5.6
财政性存款	19.09	-25.4
非银行业金融机构存款	100.40	-4.1
各项存款（人民币）	4336.27	13.5
各项贷款（本外币）	4688.79	15.8
住户贷款	2584.85	9.2
短期贷款	590.83	17.9
中长期贷款	1994.02	6.9
企（事）业单位贷款	2101.58	25.0
短期贷款	753.39	17.3
中长期贷款	1135.26	24.2
票据融资	212.77	69.9
非银行业金融机构贷款	0.04	0
各项贷款（人民币）	4676.32	16.0

全年内外资保险公司保费收入 95.82 亿元，比上年增长 3.9%，其中，寿险保费收入 45.63 亿元，健康险和意外伤害险保费收入 22.28 亿元，财产险保费收入 27.91 亿元。支付各类赔款及给付 34.35 亿元，其中，寿险业务给付 6.52 亿元，健康险和意外伤害险赔款及给付 10.90 亿元，财产险赔款 16.93 亿元。

九、居民收入消费和社会保障

全年全市居民人均可支配收入 36506 元，比上年增长 7.9%。按常住地分，城镇居民人均可支配收入 46380 元，增长 7.1%；农村居民人均可支配收入 25789 元，增长 9.4%。城乡居民人均可支配收入比值为 1.80，比上年缩小 0.04。

居民人均消费支出 24558 元，比上年增长 7.3%。按常住地分，城镇居民人均消费支出 30865 元，增长 6.8%；农村居民人均消费支出 17714 元，增长 7.9%。居民恩格尔系数为 35.1%，其中，城镇为 33.6%，农村为 38.0%。

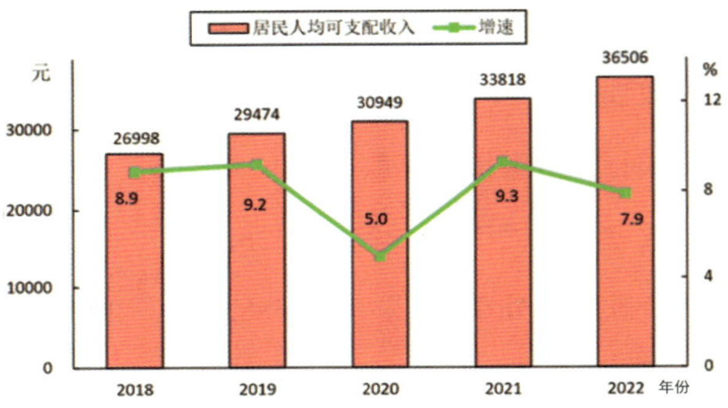

图 11 2018—2022 年居民人均可支配收入及其增长速度图

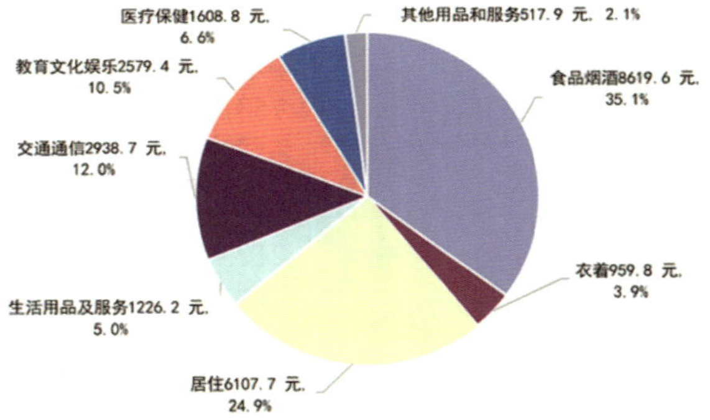

图 12 2022 年全体居民人均消费支出及其构成图

年末全市参加职工基本养老保险人数 150.68 万人，比上年末增加 23.98 万人。参加失业保险人数 57.25 万人，增加 3.72 万人。参加工伤保险人数 93.18 万人，增加 7.33 万人。职工基本医疗参保人数 82.76 万人，增加 3.18 万人。生育保险参保人数 56.14 万人，增加 2.35 万人。全市 17.39 万名企业退休人员养老金月人均提高到 2588.26 元，比上年增加 118.37 元。纳入城乡最低生活保障的居民 9.95 万人，其中，城市最低生活保障人数 1.50 万人，年人均保障标准 9881 元，比上年提高 1878 元；农村最低生活保障人数 8.45 万人，年人均保障标准 9881 元，比上年提高 1878 元，1.0 万人享受农村特困人员救助供养；全年临时救助 3.04 万人次。

年末各类养老服务机构和设施 2414 个，比上年增加 61 个，其中，社会福利院 10 家，社区服务设施 2271 个。养老机构床位数增至 1.37 万张。每千名老人拥有养老床位 37.48 张。福利彩票年度销量达 4.84 亿元，筹集公益金 1.2 亿元。

十、科学技术和教育

年末全市拥有 15 个省级企业重点实验室，43 个省级企业工程技术研究中心，5 个省级科技企业孵化器，1 个产业技术公共服务平台。国家级、省级创新型（试点）企业分别为 2 家、53 家。高新技术企业 769 家。工程技术研究中心 43 个。全市有效发明专利 43343 件，比上年增长 3.2%，其中，有效发明专利 3233 件，增长 21.7%。高价值发明专利 1000 件，增长 24.5%。

年末全市共有地震前兆台站（点）172 个，其中，测震台站 4 个，强震台 14 个，GPS 观测台 8 个，烈度速报台 13 个，台阵 1 个（含 16 个子台），伸缩仪观测台 1 个，重力仪观测台 1 个，地磁观测台 2 个，地下流体观测台 1 个，流动地磁 13 个，流动重力 33 个，流动水准观测场地 5 个，流动 GPS 观测点 20 个，宏观观测点 41 个。

全年全市新建、改扩建学校 41 所，新聘教师 0.2 万人。新建、改扩建校舍面积 51.41 万平方米，新建、改扩建幼儿园 14 所。新招研究生 0.08 万人，普通本专科生 3.29 万人。年末有普通高等学校 7 所，中等职业教育学校 16 所，普通高中 76 所，普通初中 132 所，普通小学 821 所。普通高等学校专任教师 4892 人，中等职业教育学校专任教师 1823 人，普通高中专任教师 7659 人，普通初中专任教师 14776 人，普通小学专任教师 23657 人。全年全日制研究生教育招生 801 人，在学全日制研究生 1909 人，毕业生 497 人；普通高等教育招生 33659 人，在校生 98631 人，毕业生 31140 人；中等职业教育招生 14631 人，在校生 39951 人，毕业生 9633 人；普通高中招生 33768 人，在校生 93627 人，毕业生 25022 人；普通初中招生 61108 人，在校生 184628 人，毕业生 61515 人；普通小学招生 75093 人，在校生 434326 人，毕业生 60661 人；成人高等教育招生 5895 人，在校生 16060 人，毕业生 2507 人。特殊教育在校生 3908 人。幼儿园在园幼儿 197836 人。

十一、文化旅游、卫生健康和体育

年末全市文化系统共有艺术表演团体 9 个，公共图书馆 11 个，文化馆 13 个，博物馆 14 个。公共图书馆图书总藏量 241 万册。文化系统各类艺术表演团体演出 892 场。年末共有剧场、影剧院 30 个，年度电影票房 0.74 亿元。广播电台 1 座，电视台 1 座，广播电视台 9 座。年末广播节目综合覆盖率为 99.74%；电视节目综合覆盖率为 99.75%。全年出版报纸（不含校报、副牌）1 种，总印数 2402.05 万份；期刊 1 种，总印数 2.4 万册。

全年接待国内旅游人数 4871.42 万人次，比上年下降 5.5%；接待入境游客 1.95 万人次，下降 51.5%。其中，接待外国人 1.02 万人次，增长 81.2%；台湾同胞 0.77 万人次，下降 24.1%；港澳同胞 0.17 万人次，下降 92.5%。全年旅游总收入 520.21 亿元，下降 6.4%。其中，国内旅游收入 519.91 亿元，下降 6.2%；国际旅游收入 0.04 亿美元，下降 76.2%。年末 A 级旅游景区 30 家，比上年末增加 6 家。

年末全市共有各级各类医疗卫生机构 3984 个，其中，医院 94 个，卫生院 105 个。医疗机构床位 29862 张，其中，医院、卫生院床位数 27705 张。年末共有卫生技术人员 3.39 万人，其中，医生 1.22 万人，注册护士 1.50 万人（不含 909 部队医院）。

全市举办赛事活动 231 项次，比上年减少 16 项次；参与总人数达到 10.47 万人次，增长 182.8%。获得国内最高水平比赛奖牌 52 枚，其中，金牌 16 枚，银牌 27 枚，铜牌 9 枚。体育产业专项资金规模达 400 万元。

十二、资源、环境和应急管理

全年平均气温 22.2℃，年平均相对湿度 77.4%，全年日照时数 2031.4H，降水量 1565.2mm。

九龙江流域（漳州段）省考断面Ⅰ—Ⅲ类水质比例 100%。市、县集中式饮用水源地水质达标率分别为 100%、100%。全年空气质量达到及好于二级标准 347 天，二级达标天数比例 95.1%，其中，一级优的天数 183 天、二级良好的天数 164 天。

初步测算，2022 年全市森林覆盖率为 45.18%（最新统计口径）。全年植树造林总面积 16.54 万亩，其中，沿海防护林建设 84 亩，纵深防护林 2.566 万亩。商品材产量 145.63 万立方米，比上年下降 5.0%。全市共建立各级自然保护区 31 个，其中，国家级 2 个、省级 2 个，省级以上自然保护区总面积 9461.2 公顷（自然保护地整合优化前）。全年共发生森林火灾 0 起，死亡 0 人，受伤 0 人，直接经济损失 0 万元。

全市共发生各类生产安全事故 60 起，比上年下降 48.7%，死亡人数 42 人，下降 44.0%，受伤人员数 25 人，下降 52.8%。共发生道路交通事故 558 起，死亡 169 人，受伤 521 人，直接经济损失 92.43 万元。

注释：

1. 本公报中数据均为初步统计数。

2. 地区生产总值、各产业增加值绝对数按现价计算，增长速度按不变价格计算。

漳州市机关部门和企事业单位正副职领导名录

漳州市委

书　记　张国旺
副书记　王进足　黄水木
常　委　张慧德　吴卫红*　张　鸿　陈文聪
廖卓文　胡栋良　李宣良　季光明
秘书长　张　鸿
副秘书长　庄跃庆　翁耀琪　孙明春　吕洪业
陈喜平　丁晓亮

漳州市委工作机关及直属单位

市委办

主　任　庄跃庆
副主任　李　琳*　方志活　冯旺木
罗宏坤　洪智强
纪检监察组组长　黄秋杭
纪检监察组常务副组长　郑煜辉

组织部

部　长　季光明
副部长　刘跃光　黄志坚　陈四象
卢　锋　郭丹川
纪检监察组组长　方明聪
纪检监察组常务副组长　蔡惠安

宣传部

部　长　吴卫红*
副部长　周伟辉　陈惠贞*　黄仲芳*　池　毅
胡红光　林伟强
纪检监察组组长　陈义良

统战部

部　长　吴卫红*
副部长　王金狮　陈东海　黄文龙
纪检监察组组长　吴国州

政法委

书　记　张慧德
副书记　李铁军　许育元　袁晓东
纪检监察组组长　江少东

改革办

主　任　张　鸿
常务副主任、政研室主任　翁耀琪
副主任、政研室副主任　卢连发

网信办

主　任　池　毅
副主任　林苏洪*　邹高辉

编办

主　任　黄志坚
副主任　林炳清　叶雪娟*　杨　毅

军民融合办

常务副主任　方建平
副主任　许杰武　陈洪扣　唐云珍

台港澳办
主　任　陈群霞*
副主任　黄林晖　许达武

市直机关工委
书　记　季光明
常务副书记　戴学平
副书记　李恒超
委　员　黄亚杰　庄健民　林志旭　郑聪华
纪检监工委书记　张丹玲*

巡察办
主　任　张建兴
副主任　李坤毅　林　慧*
巡察一组组长　王永光
副组长　吴海映
巡察二组组长　王文智
副组长　蔡瑞明
巡察三组组长　梁　军
副组长　黄瑞全
巡察四组组长　陈　斌
副组长　江永辉
巡察五组组长　郑凤义
副组长　许亚货

老干部局
局　长　陈四象
副局长　黄良谋　张添贵

文明办
主　任　林伟强
副主任　曾小玲*　汪振瑞

党校（行政学院、社会主义学院）
校　长　季光明
常务副校长　沈志雄
副校长　魏育生　庄建平　翁鸿超

党史和地方志研究室
主　任　朱建池
副主任　蔡春枝　陈坤山

档案馆
馆　长　蔡文忠
副馆长　郑文福　李龙章

市委、市政府接待处
处　长　李　琳*
副处长　钟昭容*

讲师团
团　长　朱志锐

漳州市人大常委会

党组书记、主任　李东河
副主任　林俊德　吴芳华*　方木荣
沈茂欣　李亚树
秘书长　欧阳元成
副秘书长　胡进辉　林勇一　王建洋

漳州市人大常委会办事机构、工作机构和市人大专门委员会

人大办
主　任　胡进辉
副主任　邹家杰

研究室
主　任　郑智平

人事代表委
主　任　黄榕城
副主任　张燕秋*

监察司法工委
主　任　戴平忠
副主任　田乾顺

财经委
主　任　丁建木
副主任　张凯祥

农经委
主　任　黄艺敏*

教科文卫委
主　任　林金波
副主任　张智远

侨台委
主　任　杨文辉
副主任　苏勇军

城环委
主　任　朱志宏
副主任　李水春

法工委
主　任　洪耀中

人大法制委员会
主任委员　林俊德
副主任委员　简清溪　洪耀中

人大财政经济委员会
主任委员　李亚树
副主任委员　丁建木　王建洋

人大社会建设委员会
主任委员　林秋生
副主任委员　黄艺敏*　欧阳建福

人大监察和司法委员会
主任委员　方木荣
副主任委员　戴平忠　林如凤*

纪检监察组
组　长　李华英*

漳州市人民政府

党组书记、市长　王进足
党组副书记、副市长　廖卓文
副市长　胡栋良　兰万安　崔为磊　潘全胜
郑立敏　余向红*　林少金　肖申华
秘书长　蔡总平
副秘书长　黄佳生　戴晓清　张志祥　张文彬
戴明利　朱学森　吴维桑　蒋启财

漳州市政府工作部门及直属单位

政府办
党组书记　蔡总平
党组副书记、主任　黄佳生
副主任　林瑞安　黄俊杰　陈良跃　许榆斌*
纪检监察组组长　杨荣武
纪检监察组常务副组长　杨武勤

发改委
党组书记、主任　蔡兴州
党组副书记、副主任　王劲东
副主任　陈　林*　方亚辉　叶俊霞*　蔡进城

纪检监察组组长　陈快荣

教育局

市委教育工委书记、市教育局党组书记、局长
卢炳全
副局长　杜人江　黄勇长
纪检监察组组长　林　蓉*
纪检监察组常务副组长　蒋林宾*

科学技术局

党组书记、局长　林　鹭
副局长　赖耿生　卢志攀

工信局

党组书记、局长　吴凌真
副局长　郭炎河　林进财　杨毅斌
许开明

民宗局

党组书记　蒲少城
局　长　蓝碰金*
副局长　吴火进　何胜火

公安局

党委书记、局长　肖申华
党委副书记、常务副局长　梁宣旗
副局长　陈朝松　杨　波　林培利
副局长、政治部主任　陈仨强
纪检监察组组长　蔡建成
纪检监察组副组长　吴妙辉

民政局

党组书记、局长、市老区办主任　曾建新
副局长　蔡溪根　陈金生　黄哲慧*

财政局

党组书记、局长　许毅忠
副局长　张海鹏　施晓莹*　谢志杰　尤　苗*
纪检监察组组长　李耀华
纪检监察组常务副组长　简三景

司法局

党组书记、局长　施爱武
副局长　洪春煦　龚少瑜　郭龙庆　杨景德

人社局

党组书记、局长　许建华
副局长　吴苏武　林贵达　陈国华　韩瑞发

自然资源局

党组书记、局长　陈爱棋
副局长　许德生　林玉彬　卢　骞　郑荣泉
纪检监察组组长　林建盛

生态环境局

党组书记、局长　郭永忠
副局长　谢卫东　谢建龙
纪检监察组组长　方伟林

住建局

党组书记、局长、市人防办主任　谢宏坤
副局长、市人防办副主任　陈琼辉　杨敦旭
林挺峰
纪检监察组组长　周育民
纪检监察组常务副组长　陈宙鸣

交通运输局

党组书记、局长　张永金
党组副书记、副局长　黄进安
副局长　林　云　胡特新　李　雯*
纪检监察组组长　王晓武

纪检监察组副组长　高　阳

邮政管理局

党组书记、局长　李　雯*

水利局

党组书记、局长　黄泽奇
副局长　方怡海　杨智聪　刘成城　郭毅强

农业农村局

党组书记、局长、市委农办主任、市乡村振兴局局长　蔡志斌
副局长　曾浩川　林东坡　林伟华　郭庆亮
纪检监察组组长　黄启城
纪检监察组常务副组长　林美珠*

商务局

党组书记、局长、市口岸办主任　林百荣
副局长　林建成　沈元标　陈秀绒*

文旅局

党组书记、局长　何金才
副局长　简奕耕　张云峰　杨勇琦
纪检监察组组长　杨跃兴
纪检监察组常务副组长　陈志强

卫健委

党组书记、主任　黄镇平
副主任　方景伟　叶阿良　王强乔
纪检监察组组长　陈江丽*
纪检监察组常务副组长　林巧玲*

退役军人事务局

党组书记、局长、双拥办主任　张国海
副局长　黄顺权　杨裕勇　韩少华

应急局

党委书记、局长　何艳水
副局长　郑清泉　江荣山　谢栋明　余文胜

审计局

党组书记、局长　曾妙玲*
副局长　欧阳辉　郭翠琴*　高振强　陈奕雄

外办

党组书记、主任　杨尚庞
副主任　沈河阳　何华成

国资委

党委书记、主任　赖绍雄
党委副书记　卢宗金
副主任　张伟成　卢海军
纪检监察组组长　曾莉萍*

林业局

党组书记、局长　张其扬
副局长　苏友聪　曾国容　卢建明

海洋渔业局

党组书记、局长　刘兆民
副局长　李伟民　王添文

市场监管局

党组书记、局长　朱东风
副局长　黄添木　许春桥　林丽卿*　张　红*
　　　　李新长　庄政江
纪检组组长　杨跃光
纪检组常务副组长　蔡晓军
知识产权局局长　吴义添

体育局

党组书记　郭德志

局　长　杨素萍*
副局长　王杰东　黄荣才

统计局
党组书记、局长　林同池
副局长　吴文炳　杨宝茹*

医保局
党组书记、局长　詹文华
党组副书记、副局长　高文叶*
副局长　林文利

地方金融监管局
党组书记　钟连海
局长、金融办主任　林贤丽*
副局长　林润森　黄志华

信访局
党组书记、局长　林瑞安
副局长　刘宝明　王东兴　郑炳煌

城管局
党组书记、局长　卢　坚
副局长　张国华　占国兵

行政服务中心
党组书记、主任　戴晓清
副主任　方响宏　王云川　陈敏聪

漳州市政府直属事业单位

发展研究中心
主　任　江智诚
副主任　朱红李*　张清贤

粮食和物资储备局
局　长　王劲东

新闻办公室
主　任　陈惠贞*

供销社
党组书记、主任　陈　志
副主任　许伟明　林阳福

二轻联社
党组书记、主任　林国瑞
副主任　洪文吉　施显天

地震局
党组书记、局长　王文生
副局长　黄添武　方宏芳*

疾病预防控制中心
党委书记、主任　蔡茂荣

医疗保障基金中心
主　任　陈汉忠

市医院
党委书记　郭永林
党委副书记、院长　蔡铭智

市中医院
党委书记　张维波
党委副书记、院长　林石明

驻北京联络处
主　任　陈作术
副主任　陈亚俊

驻上海联络处

主　任　罗道琪

驻深圳办事处

主　任　蔡路生

驻福州办事处

主　任　蔡志伟

政协漳州市委员会

党组书记、主席　吴文团
副主席　黄井南　周小华　陈跃鸿　何伟燕*
　　　　戴鹏飞　卢　力　曹　阳*　蔡兴州
　　　　陈仁朝
秘书长　叶跃西
副秘书长　李涌华　曾贵森　林必强

漳州市政协工作部门

政协办

主　任　李涌华
副主任　蒋一芬*　卢钟山

提案委员会

主　任　黄文疆

经济委员会

主　任　林益生
副主任　许艺彬*

农业和农村委员会

主　任　陈庆华

教科卫体委员会

主　任　陈勇谋

社会和法制委员会

主　任　邱晓晖

台港澳侨联络委员会

主　任　许惠勇
副主任　洪佩瑄*

文化文史和学习委员会

主　任　康元泰

人口资源环境委员会

主　任　李明清
副主任　周少勇

民族和宗教委员会

主　任　陈惠红*
副主任　陈　炜

研究室

主　任　陈俊朋

委员工作室

主　任　陈敏聪

纪检监察组

组　长　王国辉

漳州市纪委监委

市纪委

书　记　陈文聪
副书记　李文兴　林毅峰　赖晓勤*
常　委　张建兴　罗云生　林志辉
　　　　林炳阳　郭明星

市监委

主　任　陈文聪

副主任　李文兴　林毅峰　赖晓勤*

委　员　罗云生　林志辉　郭明星　庄银辉　李瑞强

漳州市中级人民法院

党组书记、院长　吴元祥

党组副书记、副院长　陈志福

副院长　郑通斌　翁志刚　严春森　陈淑香*

纪检监察组组长　欧阳劲松

政治部主任　刘汉池

审判委员会专职委员　周洪福　林　微*

漳州市人民检察院

党组书记、检察长　江　莉*

党组副书记、副检察长　周跃武

副检察长　胡亚金　刘英俊　陈　超

纪检监察组组长　黄水城

政治部主任　陈中坚

检委会专职委员　蔡松俊　吴锡棋

群众团体

总工会

党组书记、常务副主席　张哲青

副主席　杨立伟　曾景贤　林美香*　林　农*

团市委

书　记　张宸珲

副书记　刘书佳*　陈婉儿*

妇联

主　席　黄淑红*

副主席　陈琼英*　赵艺清*

科协

党组书记、主席　张明东

副主席　钟志刚　周云强

社科联

主　席　韩水海

副主席　庄姝璠*

计生协会

党组书记、常务专职副会长　林继锋

专职副会长　曹建奇　柯雅婧*

文联

党组书记、主席　林苏洪*

副主席　张清浪　陈晓君

侨联

党组书记、主席　陈　红*

副主席　蔡春山

台联

党组书记　肖永红

会　长　方丽云*

副会长　卢芸艺*

残联

党组书记、理事长　汪清桦*

副理事长　吴燕聪　曾艺彬*

贸促会

党组书记、会长　蓝文华

副会长　李跃祥　邹国财

职教社
专职副主任 高振灵

红十字会
会　长 余向红*
常务副会长 吴晶晶*
副会长 陈宝芬*

工商联
党组书记 王金狮
党组副书记 张镇山
副主席 张志贤　吴文群

关工委
主　任 李天森
执行主任 周亚冷*
副秘书长 许建华

民主党派

民革漳州市委会
主　委 戴鹏飞
副主委 黄艺敏*　林丽君*　林美凤*

民盟漳州市委会
主　委 吴芳华*
副主委 陆銮眉*　蓝寿义　林汉钦　张小洪*
副主委、秘书长 林连锋

民建漳州市委会
主　委 陈仁朝
副主委 陈惠红*　陈四雄
副主委、秘书长 许惠英*

民进漳州市委会
主　委 黄井南
副主委 林必强　陈　琦*　林阳山
专职副主委、秘书长 杨怡静*

农工党漳州市委会
主　委 何伟燕*
副主委 林如凤*　黄金明　张少榕*　张文山
专职副主委、秘书长 陈文礼

致公党漳州市委会
主　委 兰万安
副主委 蔡溪根　蓝碰金*　陈建国
副主委、秘书长 杨以茸*

九三学社漳州市委会
主　委 曹　阳*
副主委 黄晓农　严惠娇*　张　健　林喜勇

台盟漳州市委会
主　委 方丽云*
副主委 陈红斌　陈奕颖*　许　钢　饶　滢*

县（市、区）四套班子

中共芗城区委
书　记 石振棋
副书记 何才成　洪维椿
常　委 肖扬权　李昭君*　蔡加立　黄平源
戴木典　黄艺群　韩晓东　潘海鹰*

芗城区人大常委会
主　任 曾勇平
副主任 胡敦金　刘志明　刘南煌　雷黄文君*

芗城区人民政府
区　长 何才成
副区长 蔡加立　黄艺群　杨志辉　方龙俊

陈燕惠* 蔡金山 黄灿煌 林国栋
周志平

芗城区政协

主　席 刘建英*

副主席 杨美恋* 杨燕明 张雅玲* 郭达璐*

中共龙文区委

书　记 朱　真*

副书记 林晓强 周绍斌

常　委 黄庆云 叶文辉 刘蓓晖* 沈义勇
江华泉 林燕真 沈晓辉 陈志民

龙文区人大常委会

主　任 戴志嵩

副主任 卢蔚霖 刘　敏* 张少鹏 郑德良

龙文区人民政府

区　长 林晓强

副区长 沈义勇 林培利 林旺盛 黄喆煜
谢　武 杨勇军 刘杏珠* 陈　琦*

龙文区政协

主　席 李华胜

副主席 蔡丽池 杨东黎 庄启龙 吴敏燕*

中共龙海区委

书　记 黄劲武

副书记 陈艺章 张碧兰*

常　委 高国亮 林文生 郭建民 蓝振强
林茂成 陈玉生 林　凌 刘志宏

龙海区人大常委会

主　任 蔡国荣

副主任 郑亚能 黄全海 陈裕成 丁庆雄

龙海区人民政府

区　长 陈艺章

副区长 林茂成 刘志宏 周志伟 傅毅琳*
曾润伍 黄典华 魏毅坤 黄俊铭
陈跃洋

龙海区政协

主　席 洪海涛

副主席 郭丽瑞 阮秀惠*

中共长泰区委

书　记 胡　滨

副书记 尤宇川 孙　可

常　委 张海涛 陈　昕* 曾进兴 郭武俊
郭少聪 陈贵芬* 蔡艺武 蔡文盛

长泰区人大常委会

主　任 周俊雄

副主任 沈龙兴 叶胜发 李　华 黄南山

长泰区人民政府

区　长 尤宇川

副区长 蔡艺武 严惠娇* 叶泳达 沈生辉
梁　真 陈伟泽 许安娜* 王　洵
黄丽坤

长泰区政协

主　席 叶水山

副主席 王高发 王　凌 林宝环* 陈建国

中共漳浦县委

书　记 黄键鹏

副书记 吴丁顺

常　委 戴文利 杨艺明 许建毅 张建华
蓝主保 冯建辉 陈石金 方云柏

刘文杰

漳浦县人大常委会

主　任　刘达文

副主任　王予军　吴水跃　何北贡　王赐义

漳浦县人民政府

县　长　黄庆华

副县长　冯建辉　陈石金　卢秀云*　林　晖　苏诚斌　连少鹏　洪和庭　曾小明　许坤煌　黄松周　林福泉　王龙平　陈志元

漳浦县政协

主　席　林兆波

副主席　涂平辉　郑世然　张少榕*　蓝小红*

中共云霄县委

书　记　蓝良木

副书记　沈顺来　方毅强

常　委　徐玮琳　张东洲　陈顺国　周志坚　叶　芳*　肖华顺　吴志英*　吴南华

云霄县人大常委会

党组书记、主任　林达祥

副主任　方伟仪　张永久　董勇贵

云霄县人民政府

县　长　沈顺来

副县长　陈顺国　林立鹏　方成江　吴荣辉　汤永坚　方锦洲　蔡权城　洪逸峰　张永锟　林治柑

云霄县政协

主　席　林意纯*

副主席　许师逊　吴淑芬*　汤志远　郭　玲*

中共诏安县委

书　记　李亚容

副书记　黄庆华　远　洋

常　委　陈龙跃　陈志亮　陈家明　沈东生　许秀彬*　杨福星　王　锐　李志杰

诏安县人大常委会

主　任　陈一森

副主任　张波灏　钟雪英*　陈燕贞*　陈立生

诏安县人民政府

县　长　黄庆华

副县长　陈龙跃　许春燕*　郭孟超　张海潮　蓝志远　陈三武　黄选谦　侯志斌　曾占壮

诏安县政协

主　席　林惠溪

副主席　陈炎林　陈细勇　李毅军　林伍妹*

中共东山县委

书　记　洪泰伟

副书记　何　霭　刘　晖

常　委　方艺荣　郭颖峰　王朝玲*　曹　威　林燕军　沈惠勇

东山县人大常委会

主　任　李　斌

副主任　陈汉武　刘炜丹　陈诗泉

东山县人民政府

县　长　何　霭

副县长　林裕辉　李达生　朱义兴　张荣聪　陈丽蓉*　蔡猛添　吴乐章

东山县政协

主　席　朱文挺

副主席　蔡力颛* 徐惠玲* 陈良海 何方芳*

中共平和县委

书　记　蔡绿璇*

副书记　黄永健 郑炎山

常　委　王毅伟 郭毅置 李 真* 林炳仁 林丽玲* 林英强 王国东 戴永福

平和县人大常委会

主　任　朱新丰

副主任　朱顺忠 林慧颖* 钟育辉 张连清

平和县人民政府

党组书记、县长　黄永健

副县长　林英强 戴永福 吴映红* 林贵良 吴朝东 林琦志 林方晔 徐荣德 谢钟琛

平和县政协

主　席　李瑞林

副主席　林启明 曾文汉 蔡立保 谢伟宏

中共南靖县委

书　记　李志勇

副书记　蔡铭泉 沈洪坤

常　委　周 广 沈惠平 陈阳升 姚晓明* 胡继城 赖国贤 曾庆丰 林清发

南靖县人大常委会

主　任　林文生

副主任　肖振龙 宋 斌* 张鸿钦 陈立平

南靖县人民政府

县　长　蔡铭泉

副县长　陈阳升 黄梅玲* 窦秉政 简伟翔 潘福宝 陈忘明 谢志峰 吴东照 周 镕

南靖县政协

主　席　陈群伟

副主席　杨志成 黄武松 黄阿中 吴建忠

中共华安县委

书　记　叶 毓

副书记　陈敏杰* 何素平

常　委　戴建敏 罗云漳 唐 耿 蔡森成 郑燕娟* 韩建华 宋秋明 杨增玄

华安县人大常委会

主　任　赖武平

副主任　杨子川 邱龙生 陈锦白

华安县人民政府

县　长　陈敏杰*

副县长　唐 耿 方志伟 李俊毅 许龙通 王 鸿* 黄英龙 蓝 磊

华安县政协

主　席　林炎山

副主席　邹瑞国 郑木根 吴荆华* 林美发

高等院校

闽南师范大学

党委书记　吴彬镪

党委副书记、校长　李顺兴

党委副书记　钟发亮 肖庆伟

副校长　何绍福 蒋一婷* 林致远 张龙海

纪委书记　戴福康

漳州职业技术学院

党委书记　康溪顺
党委副书记、院长　林培榕
党委副书记　李秀玲*
副院长　戴延寿　杨传民　何小海
纪委书记　蔡向东

漳州城市职业学院

党委书记　刘惠河
党委副书记、院长　翁　文
党委副书记　朱镇生
副院长　郑文平　陆志洪*　吴锦城
纪委书记　李德胜

漳州卫生职业学院

党委书记　林　忠
党委副书记、院长　沈国星
党委副书记　黄乃光
副院长　沈小美*　陈义三　蔡韶滨
纪委书记　宋志海

漳州开放大学

党委书记、校长　李　然
党委副书记　林之枫*
副校长　吕峰鹏　陈毅文

漳州科技职业学院

校　长　李奠础
副董事长　黄铁枝
党委副书记　蓝顺宝
副校长　林超融　林炎平

漳州理工职业学院

理事长　林朱江
校　长　支校衡
党委书记　陈恩龙
党委副书记、常务副校长　张海通
党委副书记　陈晓立
副校长　程光耀　林达理

漳州市新闻媒体

闽南日报社

党委书记、社长　胡红光
党委副书记、总编辑　吴鹏举
副总编辑　刘长乐
副社长　杨少勇

漳州广播电台

党支部书记、台长　刘丽贞*

重点开发区（投资区）

漳州开发区

党委书记、管委会主任　黄强中
党委副书记、常务副主任　刘永祥
副主任　蔡志勇　林朝晖　赵金涛　薛志旺
纪委书记、副主任　牛春忠

常山华侨经济开发区

党工委书记　蓝武汉
党工委副书记、管委会主任　阮授智
党工委副书记　何少栋
副主任　薛海州　杨俊乾　林志典
纪工委书记、监察组组长　李继军

古雷港经济开发区

党工委书记　胡栋良
党工委副书记、管委会主任　赵　丰
党工委副书记　陈再顺
常务副主任　朱光勇
副主任　张锦标　林明钦　陈冠宏　周育民

陈志达　林振宗　许晨烨　黄一川

纪工委书记、监察工委主任　王一鸣

漳州台商投资区

党工委书记　蔡丽芬*

党工委副书记、管委会主任　张延能

党工委副书记　罗永生

副主任　游瑞辉　杨英明　郑建和　王上飞

张清顺　屈　拓　陈满载

纪工委书记、监察工委主任　蓝汉义

漳州高新技术产业开发区

党工委书记　苏孝道

党工委副书记、管委会主任　陈建进

党工委副书记　杨怀生　林培兴

管委会副主任　田允瑞　林远鹏　黄伟斌

陈映煌　吴毅锋

纪工委书记、监察工委主任　林仁振

漳州市属重点国有企业

漳州市九龙江集团有限公司

党委书记、董事长　潘　杰

党委副书记、总经理　何惠川

党委副书记　魏育健

副总经理　赖文宁　石金塔　李伟国　陈左耘

曾毓前　刘艺飞

纪委书记　杨秀灵*

福建漳龙集团有限公司

党委书记、董事长　吴子毅

党委副书记、总经理　欧阳黎明

党委副书记、副董事长　陈海波

党委副书记、监事会主席　庄仁龙

副总经理　钟舜杰　张毅宾

纪委书记、监察专员　林树勇

福建漳州发展股份有限公司

党委书记、董事长　赖小强

党委副书记、总经理　陈毅建

党委副书记、监事会主席　韩金鹏

副总经理　林惠娟*　杨智元　李　勤

纪委书记、监察专员　曾高武

福建漳州城投集团有限公司

党委书记、董事长　曾凡沛

党委副书记、总经理　吴国伟

党委副书记、副董事长　吴学恒

党委副书记、监事会主席　陈明松

副总经理　黄木顺　林也坚

纪委书记　黄一鹏

漳州市交通发展集团有限公司

党委书记、董事长　蔡艺良

党委副书记、总经理　林长河

党委副书记、监事会主席　陈　东

副总经理　陈连升　王国华　吴庚晨

纪委书记　黄亚晟

漳州片仔癀药业股份有限公司

党委书记、董事长　林纬奇

党委副书记、总经理　黄进明

党委副书记、监事会主席　陈纪鹏

副总经理　洪　绯*　陈鸿辉

纪委书记　郑建成

福建龙溪轴承（集团）股份有限公司

党委书记、董事长　陈晋辉

党委副书记、总经理　陈志雄

常务副总经理　郑长虹

党委副书记、监事会主席　刘明福

副总经理　张逸青　林通灵　吴岳彬

纪委书记、监察专员　王志劼

漳州市国有资本运营集团有限公司

党委书记、董事长　林柳强
党委副书记、总经理　张小兵
党委副书记、监事会主席　陈德慧
副总经理　周月萍* 颜有清　吴智明　朱建美*
纪委书记、监察专员　洪安乐

漳州市文旅康养集团有限公司

党委书记、董事长　杨志滨
党委副书记、总经理　方木德
党委副书记、监事会主席　康安伟
副总经理　魏蕙雅* 吴杰彬
纪委书记、监察专员　胡南海

漳州信息产业集团有限公司

党委书记、董事长　沈海石
党委副书记、总经理　罗进章

漳州人才发展集团有限公司

党委书记、董事长、总经理　方泗平
党委副书记、监事会主席　林丽冰*
副总经理　陈钦茂　郑　彦* 郑庆祥
纪委书记、监察专员　蓝小川

驻漳中央和省属机关企事业单位

中国人民银行漳州中心支行

党委书记、行长　郑寿明
副行长　林进忠　李明金
纪委书记　康佩芬*

市税务局

党委书记、局长　李　东
副局长　翁锦晖　黄辉煌　姚　斌　陈　敢
纪检组组长　詹黎锋

漳州海关

关　长　孙锦先
纪检组组长　王其毅
副关长　林法戴　林　鑫
漳州海关驻招银办事处主任　刘聪凛

漳州海事局

党委书记、局长　魏金华
政委、党委副书记、纪委书记　朱紫雨
副局长　周文庆　陈木材　黎　云

市气象局

党组书记、局长　黄榕城
副局长　高诚良　刘锦绣*
纪检监察组组长　徐桂妹*

漳州烟草专卖局

党组书记、局长、经理　罗万达
副局长　姜传碧　林　炜　郭艺成
纪检组长　黄闽江

漳州盐业有限责任公司

党总支书记、总经理、盐务局局长　曾立新

中国银行保险监管会漳州监管分局

局　长　吴向阳
副局长　伊跃峰　林松火　林　彦*

邮政公司

党委书记、总经理　阮顺利
副总经理　徐　旭　周少雯
副总经理、纪委书记　郭俊勇

古雷海关

关　长　邢　东

副关长　何　岩　王泽雄

漳州海关缉私分局

局　长　朱正文
政　委　吴续峰
副局长　蔡文川

东山海关

党委书记、关长　张　权
副关长　郑　川　陈长乐
纪检组组长　欧阳丽丽*

东山海关缉私分局

局　长　王旭东

漳州边检站

党委书记、站长　温　亮
副站长　王哲恺　郑　飞
边防检查处处长　傅光彩

厦门港口管理局漳州协调中心

主　任　林奕华

中国电信漳州分公司

党委书记、总经理　张奕培
副总经理　陈建忠　甘忠�　郑长李
纪委书记　曾志聪

中国移动漳州分公司

总经理　沈火平
副总经理　李志勇　钟淑霞*
纪委书记、副总经理　范荣生

中国联通漳州分公司

党委书记、总经理　王宇坤

副总经理　刘启明　王春峰　周炜玉*　高丽君*

福建广电网络集团股份有限公司漳州分公司

党委书记、总经理　朱卫东
副总经理　沈　崑　张金欣
纪委书记　陈木振

国网漳州供电公司

党委书记、副总经理　梁富光
党委副书记、总经理　黄　中
副总经理　张永记　张茂林　温一黄
纪委书记　徐舒亮

中国农业发展银行漳州分行

副行长　沈永春
副行长、纪委书记　郑运辉

中国银行漳州分行

党委书记、行长　张孟禧
副行长　方国梅　詹　艺　陈如光　林　珊*
纪委书记　张昌伟

中国工商银行漳州分行

行　长　庄文聪
副行长　杨　鹏　郭毅晖　纪小围*
纪委书记　刘曾山

中国建设银行漳州分行

党委书记、行长　吴　炜
纪检监察组组长　张国振
副行长　欧阳曙光　杨建斌　黄灿灿

中国农业银行漳州分行

党委书记、行长　方学文
党委副书记、副行长　林丽芳*

党委委员、副行长 胡逸生 周毅斌* 郑朝辉 叶剑飞 许 兴

纪委书记 李仙弟

中国邮政储蓄银行漳州市分行

党委书记、行长 李剑斌

福建兴业银行漳州分行

党委书记、行长 陈 治

副行长 刘宗发 洪跃峰 陈 强

纪委书记、副行长 傅永灿

福建漳州农村商业银行

党委书记、董事长 王惠山

中国人民财产保险股份有限公司漳州分公司

总经理 许捷宏

副总经理 陈跃峰 苏小琦 杨惠民 叶钧平

中国人寿保险公司漳州分公司

党委副书记、副总经理 黄瑞金

副总经理 吴玉华 方丽勤* 沈文奇 许克武

纪委书记 陈鑫灿

中国太平洋人寿保险股份有限公司漳州中心支公司

党委书记、总经理 黄品锋

纪委书记、副总经理 许建生

副总经理 沈阿芬*

（综合各单位）

注：1. 标 * 为女同志；2. 名单以 2022 年 12 月 31 日在职者为准，相同职务人员做适当归类，不作为排序依据。

责任编辑：蔡钰臻

索 引

说 明

一、本索引采用主题词分析法，按主题词首字汉语拼音字母顺序排列。
二、栏目、分目标题用黑体字。“专文”“大事记”“附录”内容不作索引。
三、索引主题词后的数字表示页码，数字后的a、b、c表示栏别左中右。

A

B

C

D

E

F

H

J

M

N

P

Q

R

S

T

W

X

Y

Z